全国二级造价工程师职业资格考试（四川省）辅导教材

建设工程计量与计价实务
（土木建筑工程）
通关必刷习题集

二级造价工程师职业资格考试试题研究组 ◎ 编

西南交通大学出版社
·成都·

图书在版编目（CIP）数据

建设工程计量与计价实务（土木建筑工程）通关必刷习题集 / 二级造价工程师职业资格考试试题研究组编；王飞，何继坤主编. —成都：西南交通大学出版社，2021.9
全国二级造价工程师职业资格考试（四川省）辅导教材
ISBN 978-7-5643-8267-4

Ⅰ. ①建… Ⅱ. ①二… ②王… ③何… Ⅲ. ①土木工程－建筑造价管理－资格考试－习题集 Ⅳ. ①TU723.3-44

中国版本图书馆 CIP 数据核字（2021）第 193584 号

全国二级造价工程师职业资格考试（四川省）辅导教材
Jianshe Gongcheng Jiliang yu Jijia Shiwu (Tumu Jianzhu Gongcheng) Tongguan Bishua Xitiji

建设工程计量与计价实务（土木建筑工程）通关必刷习题集

二级造价工程师职业资格考试试题研究组　编
王　飞　何继坤　主编

责任编辑	韩洪黎
封面设计	GT 工作室
出版发行	西南交通大学出版社 （四川省成都市金牛区二环路北一段 111 号 西南交通大学创新大厦 21 楼）
邮政编码	610031
发行部电话	028-87600564　028-87600533
网址	http://www.xnjdcbs.com
印刷	四川森林印务有限责任公司
成品尺寸	185 mm×260 mm
印张	23
字数	518 千
版次	2021 年 9 月第 1 版
印次	2021 年 9 月第 1 次
书号	ISBN 978-7-5643-8267-4
定价	139.00 元

课件咨询电话：028-81435775
图书如有印装质量问题　本社负责退换
版权所有　盗版必究　举报电话：028-87600562

本书编委会

主编　王　飞　何继坤

主审　霍海娥

编委　曹　丹　侯　君
　　　袁　萍　晨　曦

前言 Preface

2017年,人力资源和社会保障部发布了《关于公布国家职业资格目录的通知》(人社部发〔2017〕68号),随后住房和城乡建设部、交通运输部、水利部、人力资源和社会保障部联合印发了《造价工程师职业资格制度规定》和《造价工程师职业资格考试实施办法》(建人〔2018〕67号),对我国造价工程师考试制度做出了重大调整,将原造价工程师职业资格考试分为一级造价工程师职业资格考试和二级造价工程师职业资格考试。一级造价工程师职业资格考试全国统一大纲、统一命题、统一组织(纸考),二级造价工程师职业资格考试全国统一大纲,各省、自治区、直辖市自主命题并组织实施(纸考、机考)。

2019年,住房和城乡建设部、交通运输部、水利部联合发布了经人力资源和社会保障部审定的《全国二级造价工程师职业资格考试大纲》,标志着二级造价工程师职业资格考试的帷幕正式拉开。2021年,国务院印发了《关于深化"证照分离"改革进一步激发市场主体发展活力的通知》(国发〔2021〕7号),进一步强化了市场对造价工程师的职业资格要求。

四川省于2019年开始组织二级造价工程师职业资格考试,于2021年3月进行了首次考试(纸考),并取得了良好的效果。鉴于广大考生平时工作任务繁重,备考时间紧,很难在短期内熟悉考试大纲的要求和掌握考试培训教材内容的现状,我们特聘请了长期从事造价师职业资格考试培训的专家,在剖析考试大纲、准确把握命题规律、全面预测考题动向的基础上,严格按照四川省二级造价工程师职业资格考试指定教材用书、《建设工程工程量清单计价规范》(GB 50500—2013)、《房屋建筑与装饰工程工程量计算规范》(GB 50854—2013)、《市政工程工程量计算规范》(GB 50857—2013)、《园林绿化工程工程量计算规范》(GB 50858—2013)、《建筑工程建筑面积计算规范》(GB/T 50353—2013)、《四川省建设工程工程量清单计价定额》(2020)编写了本丛书,旨在帮助考生尽快适应二级造价工程师考试大纲、最新培训教材、最新考试命题动态,在较短的时间内顺利通过考试,早日拿到职业资格证书持证上岗。

建议考生可按照以下顺序和方法进行复习并顺利通过考试：

（1）准确领会"**本章考纲要求**"，明确本章考试重点。

（2）全面掌握"**本章知识导图**"，对本章的主要内容和彼此的逻辑关系有充分了解，勾勒出本章清晰轮廓，明确各知识点在整个章节体系中的地位和作用，形成脉络分明的复习主线。

（3）根据每章节的复习主线，认真通过章节练习题进行自测，结合专家解析达到查缺补漏、巩固考点的效果。

（4）通过 3 套**全真模拟试卷和四川省 2020 年二级造价师工程师职业资格考试真题**，考生可深刻把握本科目的重要考点。同时，结合每道题的详细解析，考生能够掌握正确的解题思路和规范的解题步骤。此外，考生还可积累考试经验和掌握应试技巧，达到临场练兵、融会贯通，最终顺利通过考试的目的。

本书紧扣《全国二级造价工程师职业资格考试大纲》和四川省二级造价工程师职业资格考试指定教材，并结合《四川省建设工程工程量清单计价定额》(2020)，紧贴机考，全面覆盖所有知识点，总结归纳考点，突出重点和难点。题型按照《全国二级造价工程师职业资格考试大纲》的要求，力求丰富，难易程度适中，编排顺序按照教材每节知识点的先后顺序排列，便于考生与教材配合同步学习，为考生提供了大量练习、对比、掌握和提高的机会。希望本书能帮助考生提高复习效率，快速掌握本科目考试重点，最终顺利通过考试，为从事建设工程造价管理工作打下坚实的基础，从而为我国建设工程造价管理事业做出贡献。

本套丛书是专门针对四川省二级造价工程师职业资格考试的辅导教材，也可作为建设、设计、施工和工程咨询等单位从事工程造价的专业人员用书和高等院校工程造价专业的教学参考书。

为了给考生提供全面优质的服务，二级造价工程师职业资格考试试题研究组制作了相关的授课视频、电子版实务案例和在线题库，并适时组织线上免费答疑活动（QQ：3262069255）。通过"线上+线下"相结合的方式，帮助考生消化知识难点，掌握应试技巧，顺利通过考试。

由于时间仓促，书中疏漏之处在所难免，还望广大考生和读者批评指正。本书使用过程中如有意见或建议，请发送至电子邮箱 3262069255@qq.com，以便于再版时修正。

二级造价工程师职业资格考试试题研究组

2021 年 9 月

目 录 Contents

第一章 土木建筑工程基础知识 ········· 1

本章考纲要求 ········· 1
本章知识导图 ········· 1

第一节 工业与民用建筑工程的分类、组成及构造 ········· 2
本节知识导图 ········· 2
本节习题精选 ········· 2
本节习题解析 ········· 12

第二节 常用建筑材料 ········· 26
本节知识导图 ········· 26
本节习题精选 ········· 26
本节习题解析 ········· 33

第三节 土建工程主要施工工艺与方法 ········· 44
本节知识导图 ········· 44
本节习题精选 ········· 45
本节习题解析 ········· 62

第四节 土建工程常用施工机械 ········· 82
本节知识导图 ········· 82
本节习题精选 ········· 83
本节习题解析 ········· 88

第五节 土建工程施工组织设计 ········· 96
本节知识导图 ········· 96
本节习题精选 ········· 97
本节习题解析 ········· 104

第二章 工程计量 ... 115

本章考纲要求 ... 115
本章知识导图 ... 116

第一节 工程计量概述 ... 117
本节知识导图 ... 117
本节习题精选 ... 117
本节习题解析 ... 120

第二节 建筑工程识图基本原理与方法 ... 123
本节知识导图 ... 123
本节习题精选 ... 123
本节习题解析 ... 125

第三节 建筑面积计算规则 ... 126
本节知识导图 ... 126
本节习题精选 ... 126
本节习题解析 ... 131

第四节 房屋建筑与装饰工程工程量计算规则及应用 ... 135
本节知识导图 ... 135
本节习题精选 ... 139
本节习题解析 ... 148

第五节 市政工程工程量计算规则及应用 ... 156
本节知识导图 ... 156
本节习题精选 ... 156
本节习题解析 ... 158

第六节 园林绿化工程工程量计算规则及应用 ... 160
本节知识导图 ... 160
本节习题精选 ... 160
本节习题解析 ... 162

第七节　建筑工程工程量清单编制 ································· 163
　　本节知识导图 ··· 163
　　本节习题精选 ··· 163
　　本节习题解析 ··· 167
第八节　计算机辅助工程量计算方法 ······························ 172
　　本节知识导图 ··· 172
　　本节习题精选 ··· 173
　　本节习题解析 ··· 174

第三章　工程计价 ·· 177

本章考纲要求 ·· 177
本章知识导图 ·· 177

第一节　工程计价概述 ··· 178
　　本节知识导图 ··· 178
　　本节习题精选 ··· 178
　　本节习题解析 ··· 180

第二节　2020 年《四川省建设工程工程量清单计价定额》 ········ 182
　　本节知识导图 ··· 182
　　本节习题精选 ··· 183
　　本节习题解析 ··· 189

第三节　建筑安装工程费 ··· 199
　　本节知识导图 ··· 199
　　本节习题精选 ··· 199
　　本节习题解析 ··· 209

第四节　建设工程最高投标限价的编制 ····························· 223
　　本节知识导图 ··· 223
　　本节习题精选 ··· 223
　　本节习题解析 ··· 230

第五节　建设工程投标报价的编制 ……………………………………………… 238
　　本节知识导图 ………………………………………………………………… 238
　　本节习题精选 ………………………………………………………………… 239
　　本节习题解析 ………………………………………………………………… 243

第六节　工程结算与合同价款的调整 …………………………………………… 249
　　本节知识导图 ………………………………………………………………… 249
　　本节习题精选 ………………………………………………………………… 250
　　本节习题解析 ………………………………………………………………… 257

第七节　竣工决算的编制 ………………………………………………………… 267
　　本节知识导图 ………………………………………………………………… 267
　　本节习题精选 ………………………………………………………………… 267
　　本节习题解析 ………………………………………………………………… 270

专项训练题 …………………………………………………………………………… 274

专项训练题解析 ……………………………………………………………………… 284

全真模拟试卷（一） ………………………………………………………………… 289

全真模拟试卷（一）解析 …………………………………………………………… 303

全真模拟试卷（二） ………………………………………………………………… 311

全真模拟试卷（二）解析 …………………………………………………………… 321

全真模拟试卷（三） ………………………………………………………………… 330

全真模拟试卷（三）解析 …………………………………………………………… 340

四川省2020年建设工程计量与计价实务（土木建筑工程）真题 ………………… 346

四川省2020年建设工程计量与计价实务（土木建筑工程）真题解析 …………… 353

参考文献 ……………………………………………………………………………… 358

第一章

土木建筑工程基础知识

 本章考纲要求

1. 工业与民用建筑工程的分类、组成及构造；
2. 常用建筑材料；
3. 土建工程主要施工工艺与方法；
4. 土建工程常用施工机械；
5. 土建工程施工组织设计。

 本章知识导图

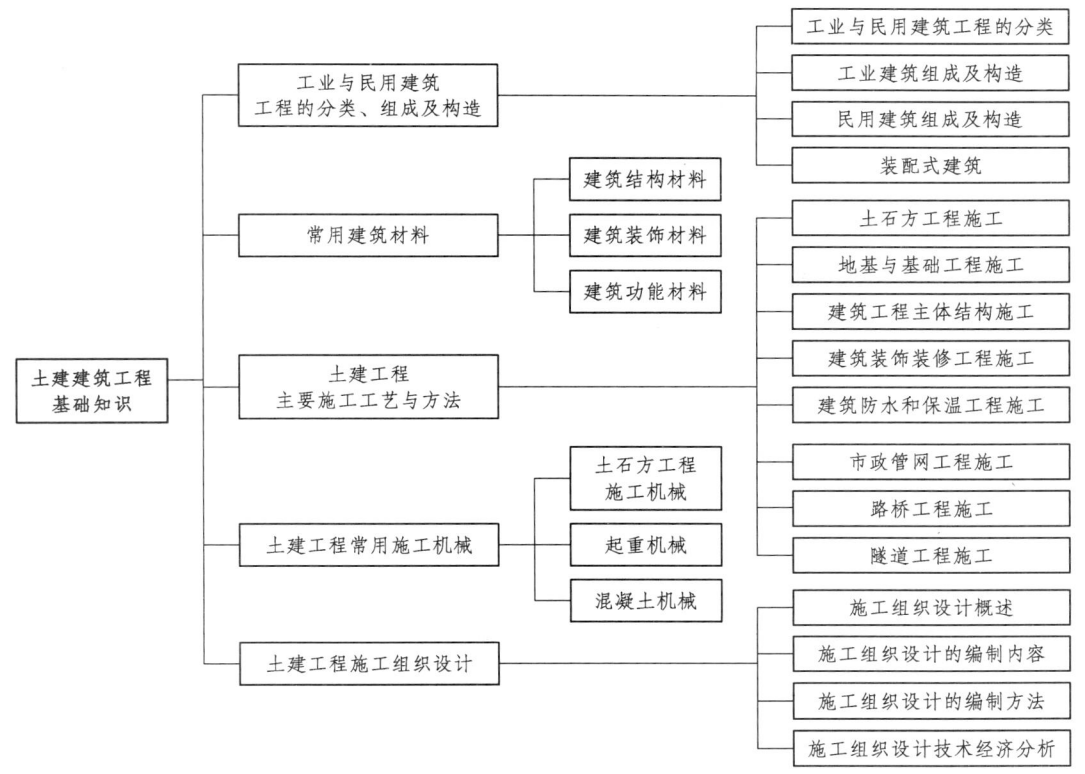

第一节　工业与民用建筑工程的分类、组成及构造

本节知识导图

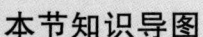

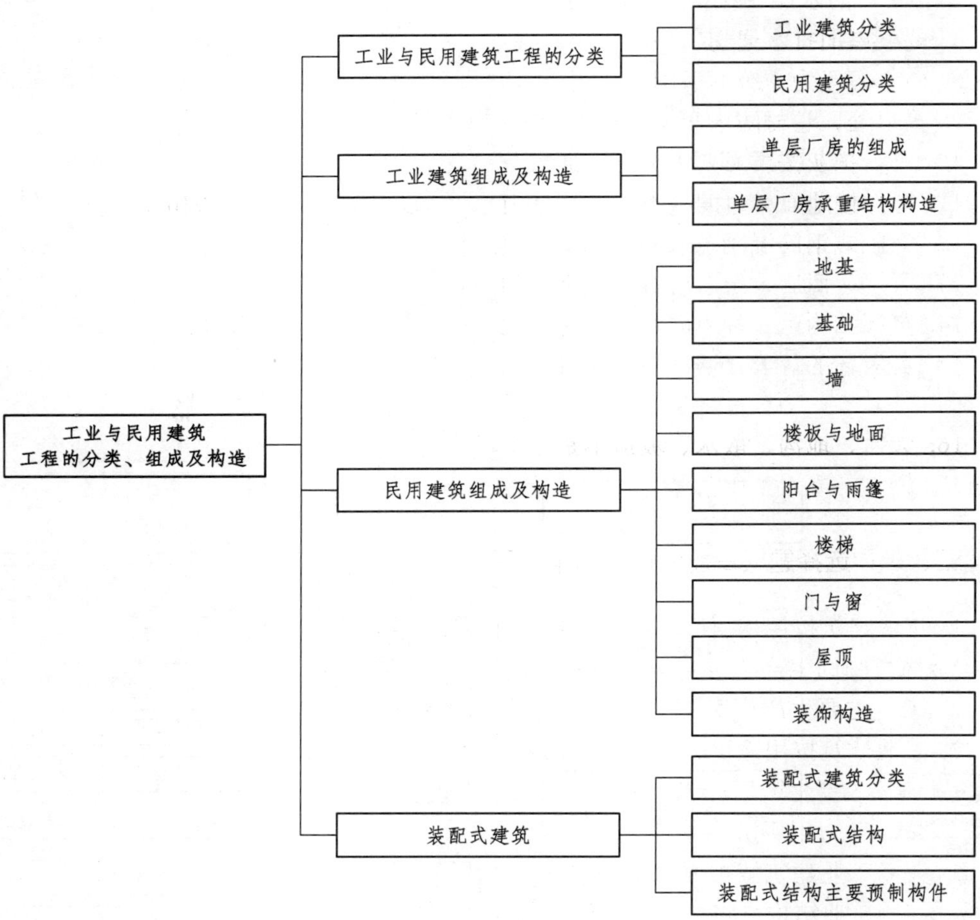

```
                                    ┌─ 工业与民用建筑工程的分类 ─┬─ 工业建筑分类
                                    │                          └─ 民用建筑分类
                                    │
                                    ├─ 工业建筑组成及构造 ─┬─ 单层厂房的组成
                                    │                    └─ 单层厂房承重结构构造
                                    │
                                    │                    ┌─ 地基
                                    │                    ├─ 基础
                                    │                    ├─ 墙
工业与民用建筑                       │                    ├─ 楼板与地面
工程的分类、组成及构造 ──────────────┼─ 民用建筑组成及构造 ┼─ 阳台与雨篷
                                    │                    ├─ 楼梯
                                    │                    ├─ 门与窗
                                    │                    ├─ 屋顶
                                    │                    └─ 装饰构造
                                    │
                                    │                ┌─ 装配式建筑分类
                                    └─ 装配式建筑 ───┼─ 装配式结构
                                                     └─ 装配式结构主要预制构件
```

本节习题精选

一、判断题（判断正误，正确的打√，错误的打×）

1. 墙下独立基础是当上层土质松软，而在不深处有较好的土层时，为了节约基础材料和减少开挖土方量而采用的一种基础形式。（　　）

2. 目前高层建筑中多采用的基础形式是桩基础。（   ）
3. 加气混凝土墙，只可作为非承重墙。（   ）
4. 勒脚的高度一般为室内地坪与室外地坪高差，也可以根据立面的需要而提高勒脚的高度尺寸。（   ）
5. 在抗震设防地区，设置圈梁是减轻震害的重要构造措施。对于4层砖砌体的办公楼应设置3道圈梁。（   ）
6. 平屋顶（从下到上）主要由结构层、找平层、保温层（找坡层）、隔汽层、找平层、结合层、防水层、保护层等部分组成。（   ）
7. 要使屋面排水通畅，平屋顶应设置不小于1%的屋面坡度。（   ）
8. 防水等级为Ⅰ级的适用于重要建筑和高层建筑，应设置两道防水层。（   ）
9. 檐口处，卷材防水和涂膜防水檐口下端可不做鹰嘴和滴水槽。（   ）
10. 一般抹灰按质量要求分为普通抹灰和高级抹灰。（   ）
11. 塑料楼地面材料的种类很多，目前聚氯乙烯塑料地面材料应用最广泛。（   ）
12. 装配式钢筋混凝土结构是我国建筑结构发展的重要方向之一。（   ）
13. 工厂、商店、纪念碑等属于常见的建筑物。（   ）
14. 空间结构是一种单向受力、跨度大、中间不设柱的结构体系。（   ）
15. 剪力墙的墙段长度一般不超过8 m，适用于小开间的住宅和旅馆，在150 m高的范围。（   ）
16. 天窗、地沟、散水、坡道不是单层厂房的围护结构。（   ）
17. 钢筋混凝土基础又称为柔性基础。（   ）

二、单项选择题（每题的备选项中，只有1个最符合题意）

1. 工业建筑按用途可分为多种，装配车间属于（   ）。
    A. 辅助生产厂房　　　　　　　B. 动力用厂房
    C. 主要生产厂房　　　　　　　D. 其他建筑
2. 工业建筑按用途可分为多种，修理车间属于（   ）。
    A. 主要生产厂房　　　　　　　B. 辅助生产厂房
    C. 动力用厂房　　　　　　　　D. 其他建筑
3. 关于工业建筑按主要承重结构分类的描述，下列选项中不正确的是（   ）。
    A. 排架结构是将厂房承重柱的柱顶与屋架或屋面梁做刚性连接，而柱下端则嵌固于基础中，构成平面排架
    B. 刚架结构的基本特点是柱和屋架（或梁）刚性连接，形成一个刚性构件。柱与基础的连接通常为铰接
    C. 钢结构的特点是质量轻，强度高，抗震性能好，施工工期短，适用于跨度较大、超高超重型的工业建筑
    D. 空间结构是一种多向受力、大跨度、中间不设柱的结构体系

4. 民用建筑按使用功能可分为居住建筑和公共建筑，下列不属于居住建筑的是（   ）。
  A. 酒店   B. 公寓   C. 别墅   D. 宿舍

5. 下列关于民用建筑的承重结构体系描述错误的是（   ）。
  A. 混合结构层数一般在 6 层以下，不宜建造大空间的房屋
  B. 剪力墙体系在 180 m 高的范围内都可以适用
  C. 剪力墙一般为钢筋混凝土墙，厚度不小于 160 mm，剪力墙的墙段长度一般不超过 8 m，适用于小开间的住宅和旅馆等
  D. 框架-剪力墙结构一般适用于不超过 180 m 高的建筑

6. 抵抗水平荷载最有效的结构体系是（   ）。
  A. 框架结构   B. 框架-剪力墙结构体系
  C. 剪力墙结构体系   D. 筒体结构

7. 建立飞机库应选用的结构体系是（   ）。
  A. 桁架架构   B. 网架结构
  C. 悬索结构   D. 薄壁空间结构

8. （   ）是将厂房承重柱的柱顶与屋架或屋面梁做铰接连接。
  A. 排架结构 B. 钢结构 C. 刚架结构 D. 空间结构

9. 目前单层厂房中最基本、应用最普遍的结构形式是（   ）。
  A. 排架结构 B. 钢架结构 C. 钢结构 D. 空间结构

10. 空间结构结构体系充分发挥了建筑材料的强度潜力，使结构由单向受力的平面结构，成为能多向受力的空间结构体系，提高了结构的（   ）。
  A. 强度   B. 水平荷载承受能力
  C. 稳定性   D. 刚度

11. 下列选项中，不属于空间结构的是（   ）。
  A. 膜结构 B. 排架结构 C. 网架结构 D. 悬索结构

12. 桁架式钢筋混凝土屋架按外形分很多种，不包括（   ）。
  A. 拱形 B. 梯形 C. 矩形 D. 三角形

13. 下列选项中，关于刚性基础的说法不正确的是（   ）。
  A. 抗压强度较高，抗拉及抗剪强度偏低，应保证其基底只受压，不受拉
  B. 刚性基础的刚性角与基础所采用的材料及基础高度有关
  C. 在设计中，应尽力使基础大放脚与基础材料的刚性角相一致
  D. 由于受地耐力的影响，基底应比基顶墙（柱）宽些

14. 下列关于刚性基础中砖基础的描述不正确的是（   ）。
  A. 砖基础具有就地取材、价格较低、设施简便的特点，在干燥温暖的地区应用很广
  B. 砖基础的剖面为阶梯形，称为放脚。每一阶梯挑出的长度为砖长的 1/5

C. 为保证基础外挑部分在基底反力作用下不至于发生破坏，大放脚的砌法有两皮一收和二一间隔收两种

D. 由于砖基础的强度及抗冻性较差，因此对砂浆与砖的强度等级，根据各地区要求选用

15. 下列关于混凝土基础和毛石混凝土基础的描述有误的是（　　）。
    A. 混凝土基础台阶宽高比为 1∶1～1∶2，实际使用时可把基础断面做成锥形或阶梯形
    B. 毛石混凝土基础是在混凝土基础中加入粒径为 70～150 mm 的毛石
    C. 混凝土基础具有坚固、耐久、刚性角大，可根据需要任意改变其形状
    D. 毛石混凝土基础中的毛石体积不超过总体积的 20%～30%

16. 下列关于钢筋混凝土基础的说法正确的是（　　）。
    A. 钢筋混凝土基础下面设有素混凝土垫层，厚度 150 mm 左右
    B. 钢筋混凝土基础下面设有素混凝土垫层，厚度 200 mm 左右
    C. 无垫层时，钢筋保护层不宜小于 40 mm，以保护受力钢筋不受锈蚀
    D. 无垫层时，钢筋保护层不宜小于 70 mm，以保护受力钢筋不受锈蚀

17. 下列墙体中，属于空体墙的是（　　）。
    A. 空斗墙　　　B. 多孔砖墙　　　C. 空心砖墙　　　D. 砌块墙

18. 适用于中低档民用建筑中的非承重内隔墙的是（　　）。
    A. 加气混凝土墙　　　　　　B. 压型金属板墙
    C. 石膏板墙　　　　　　　　D. 水泥刨花板墙

19. 隔墙按其构造方式可分为（　　）三大类。
    A. 块材隔墙、骨架隔墙、板材隔墙
    B. 空心隔墙、实心隔墙、组合隔墙
    C. 承重墙体、非承重墙体、填充墙体
    D. 砖墙、混凝土墙、石膏板墙

20. 为了防止地面以下土壤中的水分进入砖墙而设置防潮层，下列关于墙体防潮层的描述不正确的是（　　）。
    A. 当室内地面均为实铺时，外墙墙身防潮层在室内地坪以下 60 mm 处设置
    B. 当建筑物墙体两侧地坪不等高时，在较低一侧地表下 60 mm 处设置
    C. 当室内地面采用架空木地板时，外墙防潮层应设在室外地坪以上，地板木搁栅垫木之下
    D. 当建筑物墙体两侧地坪不等高时，在每侧地表下 60 mm 处均需设置

21. 为了防止地表水对建筑基础的侵蚀，在建筑物的四周地面上设置暗沟（明沟）或散水，关于散水和暗沟（明沟）的描述不正确的是（　　）。
    A. 降水量大于 900 mm 的地区应同时设置暗沟（明沟）和散水
    B. 暗沟（明沟）沟底应做纵坡，坡度为 0.5%～1%，坡向窨井
    C. 散水宽度一般为 600～1000 mm，坡度为 3%～5%
    D. 暗沟（明沟）沟底应做横坡，坡度为 0.5%～1%，坡向窨井

22. 下列关于圈梁说法不正确的是（　　）。
    A. 圈梁宽度一般同墙厚，当墙厚不小于 240 mm 时，其宽度不宜小于墙厚的 2/3
    B. 五层宿舍的民用建筑，应在底层和檐口标高处各设置一道圈梁
    C. 圈梁高度不小于 120 mm
    D. 纵向钢筋数量不少于 4 根，直径不应小于 10 mm

23. 某楼层圈梁顶标高 + 3.000 m，门洞尺寸 4000 mm × 4000 mm，圈梁及附加梁设计尺寸：240 mm × 240 mm，则洞口上部设置的附加梁长度应大于（　　）mm。
    A. 6 m　　　　B. 6.48 m　　　　C. 8 m　　　　D. 8.96 m

24. 下列关于构造柱的说法正确的是（　　）。
    A. 最小截面尺寸为 240 mm × 180 mm
    B. 构造柱的箍筋一般不需设置加密区
    C. 构造柱应单独设置基础
    D. 构造柱箍筋间距不小于 250 mm

25. 构造柱可不单独设置基础，但构造柱应伸入室外地面下（　　）mm，或与埋深小于（　　）mm 的基础圈梁相连。
    A. 450；450　　B. 450；500　　C. 500；450　　D. 500；500

26. 关于沉降缝的缝宽描述正确的是（　　）。
    A. 2～3 层时可取 40～80 mm
    B. 4～5 层时可取 80～100 mm
    C. 5 层以上时不应小于 100 mm
    D. 5 层以上时不应小于 120 mm

27. 下列关于烟道与通风道的描述，不正确的是（　　）。
    A. 烟道用于排除燃煤灶的烟气，通风道主要用来排除室内的污浊空气
    B. 烟道道口靠墙上方，比楼板低约 300 mm
    C. 烟道与通风道不能共用，以免串气
    D. 烟道设于厨房内，通风道常设于暗厕内

28. 下列保温材料中可用于外墙内保温的是（　　）。
    A. 膨胀型聚苯乙烯板（EPS）　　B. 挤塑型聚苯乙烯板（XPS）
    C. 岩棉板　　　　　　　　　　D. P-GRC 保温板

29. 外墙内保温结构中，（　　）的作用既能防止保温材料变潮，也能提高墙体的保温能力。
    A. 保温材料　　B. 空气层　　C. 主体结构　　D. 墙体

30. 当房屋的开间、进深较大，楼面承受的弯矩较大时，常采用（　　）。
    A. 板式楼板　　　　　　　B. 梁板式楼板
    C. 井字型密肋楼板　　　　D. 无梁楼板

31. 井字形密肋楼板适用于跨度在（　　）。
    A. 9 m 以内　　　　B. 9 m 以上
    C. 10 m 以内　　　D. 10 m 以上

32. 地面构造主要由（　　）三部分组成。
    A. 基层、垫层、面层　　　　　　　B. 基层、结合层、面层
    C. 垫层、结合层、面层　　　　　　D. 基层、找平层、面层

33. 关于楼梯的描述不正确的是（　　）。
    A. 楼梯由连续梯级的梯段、平台（休息平台）和栏杆扶手三部分组成
    B. 梯段的踏步步数一般不宜超过 18 级，且一般不宜少于 3 级
    C. 楼梯梯段净高不宜小于 2.2 m
    D. 楼梯平台过道处的净高不应小于 2.2 m

34. 由楼梯段和带有平台梁的休息平台板两大构件组合而成的是（　　）。
    A. 整体楼梯　　　　　　　　　　　B. 小型构件装配式楼梯
    C. 中型构件装配式楼梯　　　　　　D. 大型构件装配式楼梯

35. 室外台阶一般包括踏步和平台两部分组成，踏步高度一般为（　　），宽度为（　　）。
    A. 150～200；300～400　　　　　　B. 100～150；300～400
    C. 150～200；400～500　　　　　　D. 100～150；400～500

36. 下列关于屋顶的描述，下列说法错误的是（　　）。
    A. 屋顶是房屋最上层起承重和覆盖作用的构件
    B. 屋顶承受自重及风、沙、雨、雪等荷载及施工或屋顶检修人员的活荷载
    C. 防御自然界太阳辐射热和冬季低温等的影响
    D. 屋顶可分为平屋顶、坡屋顶两种

37. 与坡屋顶相比，平屋顶的优点是（　　）。
    A. 屋面排水速度快　　　　　　　　B. 构造复杂
    C. 减少建筑所占体积　　　　　　　D. 屋面坡度大

38. 平屋顶是指屋面坡度在 10%以下的屋顶，最常用的排水坡度为（　　）。
    A. 1%～2%　　B. 2%～3%　　C. 1%～3%　　D. 2%～5%

39. 坡屋顶是指屋面坡度在（　　）以上的屋顶。
    A. 5%　　　　B. 7%　　　　C. 8%　　　　D. 10%

40. 关于平屋顶构造，下列说法错误的是（　　）。
    A. 要使屋面排水通畅，平屋顶应设置不小于 1%的屋面坡度
    B. 平屋顶排水分有组织排水和无组织排水两种方式
    C. 设有保温层时，利用屋面找平层找坡
    D. 找坡层的厚度最薄处不小于 20 mm，平屋顶材料找坡的坡度宜为 2%

41. 卷材或涂膜防水屋面檐沟和天沟的防水层下应增设附加层，附加层伸入屋面的宽度不应小于（　　）。
    A. 200 mm　　B. 250 mm　　C. 300 mm　　D. 350 mm

42. 女儿墙处应设置泛水，低女儿墙泛水处的防水层可直接铺贴或涂刷至压顶下，对于高女儿墙处的泛水做法，下列说法正确的是（　　）。

A. 防水层泛水高度不应小于 250 mm
B. 防水层泛水高度不应大于 250 mm
C. 防水层泛水高度不应小于 300 mm
D. 防水层泛水高度不应大于 300 mm

43. 关于坡屋顶构造，下列说法错误的是（   ）。
    A. 坡屋顶是指屋面坡度在 10%以上的屋顶
    B. 坡屋顶的承重结构包括硬山搁檩、屋架承重、钢筋混凝土梁板承重等
    C. 屋架的形式较多，有三角形、梯形、矩形、半圆弧形等
    D. 对于空间跨度不大的民用建筑，钢筋混凝土折板结构是目前坡屋顶建筑使用较为普遍的一种结构形式

44. 下列关于墙体饰面装修构造，说法错误的是（   ）。
    A. 一般抹灰按质量要求分为普通抹灰和高级抹灰两级
    B. 按材料和施工方式不同，常见的墙体饰面可分为抹灰类、贴面类、涂料类、裱糊类和铺钉类等
    C. 墙体饰面装修一般由基层和面层组成
    D. 普通标准的抹灰一般由底层和面层组成

45. 下列关于水泥砂浆楼地面的特征描述，错误的是（   ）。
    A. 构造简单、施工方便   B. 造价低、耐水
    C. 易起灰、无弹性   D. 导热性低，装饰效果差

46. 楼地面有多种，常用于人流量较大的交通空间和房间的楼地面是（   ）。
    A. 水泥砂浆楼地面   B. 混凝土楼地面
    C. 石材楼地面   D. 水磨石楼地面

47. 工业化体系建筑中全装配式建筑的主要类型是（   ）。
    A. 装配式砌块建筑   B. 装配式板材建筑
    C. 装配式盒式建筑   D. 装配式升板升层建筑

48. 用预制的块状材料砌成墙体的装配式建筑，适于建造（   ）层建筑，如提高砌块强度或配置钢筋，还可适当增加层数。
    A. 1～3   B. 3～4   C. 2～4   D. 3～5

三、多项选择题（每小题所设选项中有 2 个或 2 个以上正确答案，至少有 1 个错项）

1. 建筑物通常按其使用性质分为（   ）。
   A. 民用建筑   B. 居住建筑
   C. 工业建筑   D. 公共建筑
   E. 构筑物

2. 按厂房层数分类，混合层数厂房多用于（   ）。
   A. 大型机械设备厂房   B. 重型起重运输设备厂房

C. 电子精密仪器厂房　　　　　　　D. 化学工业厂房
E. 热电站主厂房

3. 砖混结构是以小部分钢筋混凝土及大部分砖墙承重的结构，其特点是（　　）。
    A. 开间进深较小　　　　　　　　B. 房间面积小
    C. 适合低层　　　　　　　　　　D. 适合中高层
    E. 抗震性能好

4. 下列适用于展览馆的结构体系有（　　）。
    A. 桁架结构　　　　　　　　　　B. 拱式结构
    C. 网架结构　　　　　　　　　　D. 悬索结构
    E. 薄壁空间结构体系

5. 单层工业厂房一般由（　　）组成。
    A. 承重结构　　　　　　　　　　B. 屋盖结构
    C. 围护结构　　　　　　　　　　D. 支撑结构
    E. 屋架结构

6. 民用建筑一般由基础、楼板与地面、屋顶及（　　）等部分组成。
    A. 墙　　　　　B. 柱　　　　　C. 梁
    D. 楼梯　　　　E. 门窗

7. 降水量大于 900 mm 的地区应设置（　　）。
    A. 坡度为 3%～5%暗沟（明沟）
    B. 坡度为 0.5%～1%暗沟（明沟）
    C. 坡度为 0.5%～1%，宽度为 800 mm 的散水
    D. 坡度为 3%～5%，宽度为 1200 mm 的散水
    E. 坡度为 3%～5%，宽度为 1000 mm 的散水

8. 下列选项中，关于墙体细部构造的描述正确的是（　　）。
    A. 为了防止雨水反溅到墙面，外墙一般需要设置勒脚，勒脚的高度一般为室内地坪与室外地坪高差
    B. 是为了防止地面以下土壤中的水分进入砖墙而设置的防潮层，外墙墙身防潮层在室外地坪以下 60 mm 处
    C. 为了防止地表水对建筑基础的侵蚀，一般需设置散水，散水的宽度为 500～1000 mm
    D. 在抗震设防地区，设置圈梁是减轻震害的重要构造措施
    E. 砖混结构中构造柱的最小截面尺寸为 240 mm×180 mm

9. 变形缝分包括伸缩缝、沉降缝、防震缝，下列关于沉降缝的缝宽说法不正确的是（　　）。
    A. 宽度一般为 20～30 mm　　　　　B. 2～3 层时可取 50～80 mm
    C. 4～5 层时可取 80～120 mm　　　 D. 5 层以上时不应小于 120 mm
    E. 多层砌体建筑的缝宽取 50～100 mm

10. 按照施工方式的不同，楼板可分为（　　）。
   A. 现浇整体式　　　　　　　　B. 井字形密肋式
   C. 预制装配式　　　　　　　　D. 装配整体式
   E. 梁板式

11. 现浇钢筋混凝土楼板主要可分为（　　）。
   A. 板式　　　B. 梁式　　　C. 梁板式
   D. 无梁式　　E. 井字形密肋式

12. 地面主要由面层、垫层和基层三部分组成，当不能满足构造要求时，可考虑增设（　　）。
   A. 结合层　　B. 粘接层　　C. 隔离层
   D. 找坡层　　E. 防水层

13. 垫层是位于面层之下用来承受并传递荷载的部分，它起到承上启下的作用。根据垫层材料的性能，可分为（　　）。
   A. 砂垫层　　B. 刚性垫层　　C. 炉渣垫层
   D. 柔性垫层　E. 混凝土垫层

14. 阳台是楼房中人们与室外接触的场所，阳台按其与外墙的相对位置分为（　　）。
   A. 凹阳台　　B. 挑阳台　　C. 全封闭阳台
   D. 转角阳台　E. 半封闭阳台

15. 按结构形式，雨篷可分为（　　）。
   A. 木结构雨篷　　　　　　　　B. 金属结构雨篷
   C. 板式雨篷　　　　　　　　　D. 混凝土雨篷
   E. 梁板式雨篷

16. 坡屋顶的屋面可分为（　　）三大类。
   A. 平瓦屋面　　　　　　　　　B. 波形瓦屋面
   C. 黏土瓦　　　　　　　　　　D. 小青瓦屋面
   E. 玻璃钢瓦

17. 楼地面装饰按材料形式和施工方式，可分为整体浇筑楼地面、块料楼地面和（　　）。
   A. 水磨石楼地面　　　　　　　B. 混凝土楼地面
   C. 石材楼地面　　　　　　　　D. 卷材楼地面
   E. 涂料楼地面

18. 水磨石楼地面与水泥砂浆楼地面相比，其特点有（　　）。
   A. 无弹性　　B. 施工方便　　C. 不透水
   D. 不起灰　　E. 吸热性强

19. 下列装配式结构中，主要用于高层和超高层公共建筑和住宅建筑的是（　　）。
   A. 装配整体式框架结构　　　　B. 装配整体式剪力墙结构
   C. 装配整体式框架-剪力墙结构　D. 装配整体式部分框支剪力墙结构
   E. 装配整体式筒体结构

20. 盒式建筑的装配形式有（　　）。
   A. 全盒式　　　　　　　　　　B. 半盒式
   C. 板材盒式　　　　　　　　　D. 核心体盒式
   E. 骨架盒式

21. 下列选项中，属于装配式结构主要预制构件的有（　　）。
   A. 叠合梁　　　　　　　　　　B. 预制柱
   C. 预制叠合板剪力墙　　　　　D. 预制阳台、楼梯
   E. 预制雨篷

22. 下列选项中属于构筑物的有（　　）。
   A. 水塔　　　B. 纪念碑　　　C. 厂房
   D. 教学楼　　E. 歌剧院

23. 工业建筑按层数可分为（　　）。
   A. 单层　　　B. 多层　　　　C. 低层
   D. 高层　　　E. 混合层数

24. 下列选项中，属于按车间生产状况分类的是（　　）。
   A. 单层车间　　　　　　　　　B. 冷加工车间
   C. 恒温恒湿车间　　　　　　　D. 洁净车间
   E. 动力用厂房

25. 设计使用年限在 50 年的建筑，适用于（　　）。
   A. 临时建筑　　　　　　　　　B. 纪念性建筑
   C. 普通建筑　　　　　　　　　D. 构筑物
   E. 特别重要的建筑

26. 下列选项中，属于按建筑物承重结构体系分类的是（　　）。
   A. 砖木结构　　　　　　　　　B. 砖混结构
   C. 框架结构　　　　　　　　　D. 钢结构
   E. 剪力墙结构

27. 下列选项中，关于结构体系说法正确的是（　　）。
   A. 混合结构一般适用于 6 层以下的建筑
   B. 框架结构体系的优点是平面布置灵活，可形成较大的建筑空间，但侧向刚度较小
   C. 剪力墙结构一般适用于开间较小的房间，最高可达 170 m
   D. 框架-剪力墙结构是抵抗水平荷载最有效的结构体系
   E. 悬索结构是比较理想的大跨度结构形式之一，可用于体育馆和展览馆

28. 下列选项中，关于工业厂房中承重钢屋架的说法，正确的有（　　）。
   A. 施工进度快　　　　　　　　B. 自重大
   C. 跨度大　　　　　　　　　　D. 整体性差
   E. 安装效率高

29. 下列选项中，属于建筑物的附属结构的有（　　）。
    A. 楼梯　　　　B. 阳台　　　　C. 门窗
    D. 雨篷　　　　E. 散水
30. 桩基的类型有多种，下列属于按材料分类的是（　　）。
    A. 圆木桩　　　　　　　　　　B. 钢筋混凝土桩
    C. 圆形桩　　　　　　　　　　D. 钢板桩
    E. 方形桩
31. 关于基础埋深，下列说法正确的是（　　）。
    A. 从室外设计地面至基础底面的垂直距离称为基础的埋深
    B. 埋深大于 5 m（不含 5 m）或埋深大于或等于基础宽度的 4 倍的基础称为深基础
    C. 埋深为 0.3～5 m 或埋深小于基础宽度的 4 倍的基础称为浅基础
    D. 基础埋深除岩石地基外，不应浅于 0.5 m
    E. 基础顶面应低于设计地面 100 mm 以上，以避免基础外露而遭受外界的破坏
32. 根据墙在建筑物中的位置不同，可分为（　　）。
    A. 内墙　　　　B. 外墙　　　　C. 横墙
    D. 纵墙　　　　E. 隔墙
33. 楼梯由（　　）组成。
    A. 楼梯井　　　　B. 梯段　　　　C. 防滑条
    D. 休息平台　　　E. 栏杆扶手
34. 下列不属于平屋顶防水屋面构造的是（　　）。
    A. 檐口　　　　B. 波形瓦　　　C. 山墙
    D. 平瓦　　　　E. 变形缝

本节习题解析

一、判断题（判断正误，正确的打√，错误的打×）

1. 【答案】√
   【解析】本题主要考查的是墙下独立基础。墙下独立基础是当上层土质松软，而在不深处有较好的土层时，为了节约基础材料和减少开挖土方量而采用的一种基础形式。

2. 【答案】×
   【解析】主要考查的是基础形式。目前高层建筑中多采用的基础形式是箱型基础。

3. 【答案】×
   【解析】本题主要考查的是加气混凝土墙。加气混凝土墙可作承重墙或非承重墙。

4. 【答案】√

【解析】本题主要考查的是勒脚。勒脚，为了防止雨水反溅到墙面，对墙面造成腐蚀破坏，结构设计中对窗台以下一定高度范围内进行外墙加厚，这段加厚部分称为勒脚。勒脚经常采用抹水泥砂浆、水刷石，或在勒脚部位将墙体加厚，或用坚固材料来砌，如石块、天然石板、人造板贴面。勒脚的高度一般为室内地坪与室外地坪高差，也可以根据立面的需要而提高勒脚的高度尺寸。

5. 【答案】×

【解析】本题主要考查的是圈梁的设置。宿舍、办公楼等多层砌体民用房屋，且层数为 3～4 层时，应在底层和檐口标高处各设置一道圈梁。

6. 【答案】×

【解析】本题主要考查的是平屋顶的构造。平屋顶（从下到上）主要由结构层、找平层、隔汽层、保温层（找坡层）、找平层、结合层、防水层、保护层等部分组成。

7. 【答案】√

【解析】本题主要考查的是平屋顶排水。平屋顶排水：要使屋面排水通畅，平屋顶应设置不小于 1% 的屋面坡度。设有保温层时，利用屋面保温层找坡；没有保温层时，利用屋面找平层找坡。找坡层的厚度最薄处不小于 20 mm，平屋顶材料找坡的坡度宜为 2%。平屋顶排水应根据建筑物屋顶形式、气候条件、使用功能等，分为有组织排水和无组织排水两种方式。

8. 【答案】√

【解析】本题主要考查的是防水工程施工。重要建筑和高层建筑适用的防水等级为Ⅰ级，设防要求是两道防水层。

9. 【答案】×

【解析】本题主要考查的是卷材防水施工。卷材防水和涂膜防水檐口下端均应做鹰嘴和滴水槽。

10. 【答案】×

【解析】本题主要考查的是一般抹灰的分类。一般抹灰按质量要求分为普通抹灰、中级抹灰和高级抹灰三级。

11. 【答案】√

【解析】本题主要考查的是塑料楼地面材料。塑料楼地面材料的种类很多，目前聚氯乙烯塑料地面材料应用最广泛。

12. 【答案】√

【解析】本题主要考查的是装配式钢筋混凝土结构。装配式结构是装配式钢筋混凝土结构的简称，是以预制构件为主要受力构件经装配而成的混凝土结构。装配式钢筋混凝土结构是我国建筑结构发展的重要方向之一。

13. 【答案】×

【解析】本题主要考查的是建筑物与构筑物的概念及区别。纪念碑属于构筑物，其余为建筑物。

14.【答案】×

【解析】本题主要考查的是空间结构。空间结构是一种多向受力、跨度大、中间不设柱的结构体系。

15.【答案】×

【解析】本题主要考查的是剪力墙的特点。剪力墙的墙段长度一般不超过 8 m，适用于小开间的住宅和旅馆，在 180 m 高的范围内都可以适用。

16.【答案】×

【解析】本题主要考查的是单层厂房的围护结构。单层厂房的围护结构包括外墙、屋顶、地面、门窗、天窗、地沟、散水、坡道等。

17.【答案】√

【解析】本题主要考查的是刚性基础与柔性基础。钢筋混凝土基础又称为柔性基础。

二、单项选择题（每题的备选项中，只有 1 个最符合题意）

1.【答案】C

【解析】本题主要考查的是工业建筑按照用途的分类。主要生产厂房指进行备料、加工、装配等主要工艺流程的厂房，如机械制造厂中的铸造车间、热处理车间、机加工车间和装配车间等。

2.【答案】B

【解析】本题主要考查的是工业建筑按照用途的分类。辅助生产厂房指为主要生产厂房服务的厂房，如机械制造厂房的修理车间、工具车间等。

3.【答案】A

【解析】本题主要考查的是工业建筑按照承重结构的分类。排架结构是将厂房承重柱的柱顶与屋架或屋面梁做铰接连接，而柱下端则嵌固在基础中，构成平面排架。刚架结构的基本特点是柱和屋架（或梁）刚性连接，形成一个刚性构件。柱与基础的连接通常为铰接。钢结构的特点是质量轻，强度高，抗震性能好，施工工期短，适用于跨度较大、超高超重型的工业建筑。空间结构是一种多向受力、大跨度、中间不设柱的结构体系。这种结构体系充分发挥了建筑材料的强度潜力，使结构由单向受力的平面结构，成为能多向受力的空间结构体系，提高了结构的稳定性。

4.【答案】A

【解析】本题主要考查的是民用建筑按照使用功能的分类。居住建筑是指供人们日常居住生活使用的建筑物。主要包括住宅建筑和宿舍建筑。住宅建筑是以家庭为单位的建筑形式，要求保证居住的安全性和私密性，包括住宅、公寓、别墅等。宿舍建筑是指供学生、工人、单位职工集体居住的建筑形式，包括单身职工宿舍和学生宿舍。公共建筑是指供人们进行各种公共活动的建筑物，包括办公、科研、商业服务、文化、纪念、观演、体育、交通、医疗、学校（除宿舍外）、园林、独立建造的幼托建筑等。

5. 【答案】D

【解析】本题主要考查的是民用建筑按承重结构体系各自的特点。混合结构房屋一般是指楼盖和屋盖采用钢筋混凝土或钢木结构，而墙和柱采用砌体结构建造的房屋，大多用在住宅、办公楼、教学楼建筑中。因为砌体的抗压强度高而抗拉强度很低，所以住宅建筑最适合采用混合结构，一般在6层以下。混合结构不宜建造大空间的房屋。剪力墙一般为钢筋混凝土墙，厚度不小于160 mm，剪力墙的墙段长度一般不超过8 m，适用于小开间的住宅和旅馆等，在180 m高的范围内都可以适用。框架-剪力墙结构一般适用于不超过170 m高的建筑。

6. 【答案】D

【解析】本题主要考查的是民用建筑按主要承重结构分类情况。在高层建筑中，特别是超高层建筑中，水平荷载愈来愈大，起着控制作用。筒体结构是抵抗水平荷载最有效的结构体系。

7. 【答案】D

【解析】本题主要考查的是民用建筑按主要承重结构分类情况。薄壁空间结构也称壳体结构，其厚度比其他尺寸（如跨度）小得多，所以称薄壁。它属于空间受力结构，主要承受曲面内的轴向压力，弯矩很小。它的受力比较合理，材料强度能得到充分利用。薄壳常用于大跨度的屋盖结构，如展览馆、俱乐部、飞机库等。

8. 【答案】A

【解析】本题主要考查的是民用建筑按主要承重结构分类情况。排架结构是将厂房承重柱的柱顶与屋架或屋面梁做铰接连接，而柱下端则嵌固于基础中，构成平面排架，各平面排架再经纵向结构构件连接组成为一个空间结构。

9. 【答案】A

【解析】本题主要考查的是民用建筑按主要承重结构分类情况。排架结构是将厂房承重柱的柱顶与屋架或屋面梁做铰接连接，而柱下端则嵌固于基础中，构成平面排架，各平面排架再经纵向结构构件连接组成为一个空间结构。它是目前单层厂房中最基本、应用最普遍的结构形式。

10. 【答案】C

【解析】本题主要考查的是民用建筑按主要承重结构分类情况。空间结构是一种多向受力、大跨度、中间不设柱的结构体系。这种结构体系充分发挥了建筑材料的强度潜力，使结构由单向受力的平面结构，成为能多向受力的空间结构体系，提高了结构的稳定性。一般常见的有膜结构、网架结构、薄壳结构、悬索结构等。

11. 【答案】B

【解析】本题主要考查的是民用建筑按主要承重结构分类情况。工业建筑按其主要承重结构的形式分类可分为：排架结构、刚架结构、钢结构和空间结构。空间结构是一种多向受力、大跨度、中间不设柱的结构体系。这种结构体系充分发挥了建筑材料的强度潜力，使结构由单向受力的平面结构，成为能多向受力的空间结构体系，提高了结构的稳定性。一般常见的有膜结构、网架结构、薄壳结构、悬索结构等。

12.【答案】C

【解析】本题主要考查的是桁架式钢筋混凝土屋架按外形分类的情况。桁架式钢筋混凝土屋架按外形可分为三角形、梯形、拱形、折线形等类型。

13.【答案】B

【解析】本题主要考查的是刚性基础。刚性基础所用的材料如砖、石、混凝土等，抗压强度较高，但抗拉及抗剪强度偏低。用此类材料建造的基础，应保证其基底只受压，不受拉。由于受地耐力的影响，基底应比基顶墙（柱）宽些。根据材料受力的特点，不同材料构成的基础，其传递压力的角度也不相同。刚性基础中压力分角 α 称为刚性角。在设计中，应尽力使基础大放脚与基础材料的刚性角相一致，以确保基础底面不产生拉应力，最大限度地节约基础材料。受刚性角限制的基础称为刚性基础，构造上通过限制刚性基础宽高比来满足刚性角的要求。

14.【答案】B

【解析】本题主要考查的是刚性基础。砖基础具有就地取材、价格较低、设施简便的特点，在干燥和温暖的地区应用很广。砖基础的剖面为阶梯形，称为放脚。每一阶梯挑出的长度为砖长的1/4。为保证基础外挑部分在基底反力作用下不至于发生破坏，大放脚的砌法有两皮一收和二一间隔收两种。在相同底宽的情况下，二一间隔收可减少基础高度，但为了保证基础的强度，底层需要用两皮一收砌筑。由于砖基础的强度及抗冻性较差，因此对砂浆与砖的强度等级，根据施工地区的潮湿程度和寒冷程度有不同的要求。

15.【答案】A

【解析】本题主要考查的是混凝土基础和毛石混凝土基础。混凝土基础具有坚固、耐久、刚性角大，可根据需要任意改变形状的特点，常用于地下水位高，受冰冻影响的建筑物。混凝土基础台阶宽高比为 1:1~1:1.5，实际使用时可把基础断面做成锥形或阶梯形。毛石混凝土基础是在混凝土基础中加入粒径为 70~150 mm 的毛石，且毛石体积不超过总体积的 20%~30%，称为毛石混凝土基础。如基础体积较大，为了节约混凝土用量，在浇灌混凝土时，也可掺入毛石，做成毛石混凝土基础。

16.【答案】D

【解析】本题主要考查的是钢筋混凝土基础。通常情况下，钢筋混凝土基础下面设有素混凝土垫层，厚度 100 mm 左右；无垫层时，钢筋保护层不宜小于 70 mm，以保护受力钢筋不受锈蚀。

17. 【答案】A

【解析】本题主要考查的是空体墙的种类。空体墙也是一种材料构成，但墙内留有空格，如空花墙、空斗墙、空气间壁墙等。

18. 【答案】C

【解析】本题主要考查的是石膏板墙。石膏板墙主要有石膏龙骨石膏板、轻钢龙骨石膏板、增强石膏空心条板等，适用于中低档民用和工业建筑中的非承重内隔墙。

19. 【答案】A

【解析】本题主要考查的是隔墙的类型。隔墙的类型很多，按其构造方式可分为块材隔墙、骨架隔墙、板材隔墙三大类。

20. 【答案】B

【解析】本题主要考查的是防潮层。墙体防潮层是为了防止地面以下土壤中的水分进入砖墙而设置的材料层。当室内地面均为实铺时，外墙墙身防潮层在室内地坪以下 60 mm 处；当建筑物墙体两侧地坪不等高时，在每侧地表下 60 mm 处，防潮层应分别设置，并在两个防潮层间的墙上加设垂直防潮层；当室内地面采用架空木地板时，外墙防潮层应设在室外地坪以上，地板木搁栅垫木之下。墙身防潮层一般有油毡防潮层、防水砂浆防潮层、细石混凝土防潮层和钢筋混凝土防潮层等。

21. 【答案】D

【解析】本题主要考查的是散水和暗沟（明沟）。为了防止地表水对建筑基础的侵蚀，在建筑物的四周地面上设置暗沟（明沟）或散水。降水量大于 900 mm 的地区应同时设置暗沟（明沟）和散水。暗沟（明沟）沟底应做纵坡，坡度为 0.5% ~ 1%，坡向窨井。外墙与暗沟（明沟）之间应做散水，散水宽度一般为 600 ~ 1000 mm，坡度为 3% ~ 5%。降水量小于 900 mm 的地区可只设置散水。暗沟（明沟）和散水可用混凝土现浇，也可用有弹性的防水材料嵌缝，以防渗水。

22. 【答案】B

【解析】本题主要考查的是圈梁。宿舍、办公楼等多层砌体民用房屋，且层数为 3 ~ 4 层时，应在底层和檐口标高处各设置一道圈梁。当层数超过 4 层时，除应在底层和檐口标高处各设置一道圈梁外，至少应在所有纵、横墙上隔层设置。钢筋混凝土圈梁宽度一般同墙厚，当墙厚不小于 240 mm 时，其宽度不宜小于墙厚的 2/3，高度不小于 120 mm。纵向钢筋数量不少于 4 根，直径不应小于 10 mm，箍筋间距不应大于 300 mm。

23. 【答案】D

【解析】本题主要考查的是圈梁。当圈梁遇到洞口不能封闭时，应在洞口上部设置截面不小于圈梁截面的附加梁，其搭接长度不小于 1 m，且应大于两梁高差的 2 倍，但对有抗震要求的建筑物，圈梁不宜被洞口截断。根据题意，附加梁搭接长度需满足 max［＞1 m，＞1.24 m×2］，即单边搭接长度应大于 2.48 m，故附加梁的长度应大于 2.48×2＋4＝8.96（m），只有 D 选项满足。

24. 【答案】A

【解析】本题主要考查的是构造柱。为了增强建筑物的整体性和稳定性，多层砖混结构建筑的墙体中应设置钢筋混凝土构造柱，并与各层圈梁相连接，形成能够抗弯抗剪的空间框架。它是防止房屋倒塌的一种有效措施。构造柱一般按构造配筋，并按先砌墙后浇灌混凝土柱的施工顺序制成。构造柱的设置部位在外墙四角、错层部位横墙与外纵墙交接处、较大洞口两侧、大房间内外墙交接处等。砖混结构中构造柱的最小截面尺寸为 240 mm × 180 mm，竖向钢筋一般用箍筋间距不大于 250 mm，且在柱上下端应适当加密。构造柱可不单独设置基础，但构造柱应伸入室外地面下 500 mm，或与埋深小于 500 mm 的基础圈梁相连。

25. 【答案】D

【解析】本题主要考查的是构造柱。构造柱可不单独设置基础，但构造柱应伸入室外地面下 500 mm，或与埋深小于 500 mm 的基础圈梁相连。

26. 【答案】D

【解析】本题主要考查的是沉降缝的缝宽。沉降缝宽度要根据房屋的层数定：2～3 层时可取 50～80 mm，4～5 层时可取 80～120 mm，5 层以上时不应小于 120 mm。

27. 【答案】B

【解析】本题主要考查的是构造柱烟道与通风道。烟道用于排除燃煤灶的烟气。通风道主要用来排除室内的污浊空气。烟道设于厨房内，通风道常设于暗厕内。烟道与通风道的构造基本相同，主要不同之处是烟道道口靠墙下部，距楼地面 600～1000 mm，通风道道口靠墙上方，比楼板低约 300 mm。烟道与通风道宜设于室内十字形或丁字形墙体交接处，不宜设在外墙内。烟道与通风道不能共用，以免串气。

28. 【答案】D

【解析】本题主要考查的是墙面保温材料。常用的外保温材料有膨胀型聚苯乙烯板（EPS）、挤塑型聚苯乙烯板（XPS）、岩棉板、玻璃棉毡以及超轻保温浆料等。常用的内保温板有 GRC 内保温板、玻纤增强石膏外墙内保温板、P-GRC 外墙内保温板等。

29. 【答案】B

【解析】本题主要考查的是墙面保温构造。外墙内保温构造由主体结构与保温结构两部分组成，主体结构一般为砖砌体、混凝土墙等承重墙体，也可以是非承重的空心砌块或加气混凝土墙体。保温结构由保温板和空气层组成。空气层的作用既能防止保温材料变潮，也能提高墙体的保温能力。

30. 【答案】B

【解析】本题主要考查的是现浇钢筋混凝土楼板的种类。现浇钢筋混凝土楼板主要分为板式、梁板式、井字形密肋式、无梁式四种。

① 板式楼板：整块板为一厚度相同的平板。根据周边支承情况及板平面长短边

边长的比值,又可把板式楼板分为单向板、双向板和悬挑板。

② 梁板式楼板:梁板式楼板由主梁、次梁(肋)、板组成。当房屋的开间、进深较大,楼面承受的弯矩较大时,常采用这种楼板。梁板式楼板属于有梁板的一种。

③ 井字形密肋楼板:井字形密肋楼板没有主梁,都是次梁(肋),且肋与肋间的跨度较小,当房间的平面形状近似正方形,跨度在 10 m 以内时,常采用这种楼板。井字形密肋楼板也属于有梁板的一种。

④ 无梁楼板:对于平面尺寸较大的房间或门厅,也可以不设梁,直接将板支承于柱上,这种楼板称无梁楼板。无梁楼板分无柱帽和有柱帽两种类型。

31.【答案】C
【解析】本题主要考查的是井字形密肋楼板。跨度在 10 m 以内时,常采用井字形密肋楼板。

32.【答案】A
【解析】本题主要考查的是地面构造。地面主要由面层、垫层和基层三部分组成,当它们不能满足使用或构造要求时,可考虑增设结合层、隔离层、找平层、防水层、隔声层、保温层等附加层。

33.【答案】D
【解析】本题主要考查的是楼梯。楼梯梯段净高不宜小于 2.20 m,楼梯平台过道处的净高不应小于 2 m。

34.【答案】C
【解析】本题主要考查的是小型构件装配式楼梯。小型构件装配式楼梯是将梯段、平台分割成若干部分,分别预制成小构件装配而成。
中型及大型构件装配式楼梯:中型构件装配式楼梯一般是由楼梯段和带有平台梁的休息平台板两大构件组合而成,楼梯段直接与楼梯休息平台梁连接,楼梯的栏杆与扶手在楼梯结构安装后再进行安装。大型构件装配式楼梯是将楼梯段与休息平台一起组成一个构件,每层由第一跑及中间休息平台和第二跑及楼层休息平台板两大构件组合而成。

35.【答案】B
【解析】本题主要考查的是室外台阶。室外台阶一般包括踏步和平台两部分。台阶的坡度应比楼梯小,通常踏步高度为 100 ~ 150 mm,宽度为 300 ~ 400 mm。

36.【答案】D
【解析】本题主要考查的是屋顶。屋顶是房屋最上层起承重和覆盖作用的构件。它的作用主要有三个:一是防御自然界的风、雨、雪、太阳辐射热和冬季低温等的影响;二是承受自重及风、沙、雨、雪等荷载及施工或屋顶检修人员的活荷载;三是屋顶为建筑物的重要组成部分,对建筑形象的美观起着重要的作用。屋顶可分为三大类型:平屋顶、坡屋顶和曲面屋顶。

37.【答案】C

【解析】本题主要考查的是平屋顶与坡屋顶的特点。与坡屋顶相比，平屋顶具有屋面面积小，减少建筑所占体积，降低建筑总高度，屋面便于上人等特点，因而被广泛采用。

38.【答案】B

【解析】本题主要考查的是平屋顶屋面坡度，平屋顶是指屋面坡度在10%以下的屋顶，最常用的排水坡度为2%~3%。

39.【答案】D

【解析】本题主要考查的是坡屋顶。坡屋顶是指屋面坡度在10%以上的屋顶。它包括单坡、双坡、四坡、歇山式、折板式等多种形式。

40.【答案】C

【解析】本题主要考查的是平屋顶构造。平屋顶（从下到上）主要由结构层、找平层、隔汽层、保温层（找坡层）、找平层、结合层、防水层、保护层等部分组成。

（1）平屋顶排水。要使屋面排水通畅，平屋顶应设置不小于1%的屋面坡度。设有保温层时，利用屋面保温层找坡；没有保温层时，利用屋面找平层找坡。找坡层的厚度最薄处不小于20 mm，平屋顶材料找坡的坡度宜为2%。平屋顶排水应根据建筑物屋顶形式、气候条件、使用功能等，分为有组织排水和无组织排水两种方式。

41.【答案】B

【解析】本题主要考查的是平屋顶防水构造。卷材或涂膜防水屋面檐沟和天沟的防水层下应增设附加层，附加层伸入屋面的宽度不应小于250 mm。

42.【答案】A

【解析】本题主要考查的是女儿墙防水构造。高女儿墙泛水处的防水层泛水高度不应小于250 mm，泛水上部的墙体应做防水处理。

43.【答案】C

【解析】本题主要考查的是坡屋顶构造。坡屋顶是指屋面坡度在10%以上的屋顶。与平屋顶相比较，坡屋顶的屋面坡度大，因而其屋面构造及屋面防水方式均与平屋面不同。砖墙承重又叫硬山搁檩，是将房屋的内外横墙砌成尖顶状，在上面直接搁置檩条来支承屋面的荷载。屋架的形式较多，有三角形、梯形、矩形、多边形等，对于空间跨度不大的民用建筑，钢筋混凝土折板结构是目前坡屋顶建筑使用较为普遍的一种结构形式。

44.【答案】A

【解析】本题主要考查的是墙体饰面装修构造。按材料和施工方式的不同，常见的墙体饰面可分为抹灰类、贴面类、涂料类、裱糊类和铺钉类等。饰面装修一般由基层和面层组成，基层即支托饰面层的结构构件或骨架，其表面应平整，并应有一定的强度和刚度。面层附着在基层表面起美观和保护作用，它应与基层牢固结合，且表面需平整均匀。抹灰类是指用石灰砂浆、水泥砂浆、水泥石灰混合砂浆、聚合物水泥砂浆、膨胀珍珠岩水泥砂浆，以及麻刀灰、纸筋灰、石膏灰等作为饰面层的装修做法。一般抹灰按质量要求分为普通抹灰、中级抹灰和高级抹灰三级。普通标准的抹灰一般由底层和面层组成。

45.【答案】D

【解析】本题主要考查的是水泥砂浆楼地面。水泥砂浆地面通常是用水泥砂浆一次抹压而成，即单层做法。水泥砂浆地面构造简单，施工方便，造价低，且耐水，是目前应用最广泛的一种低档地面做法。但地面易起灰，无弹性，热传导性高，且装饰效果较差。

46.【答案】D

【解析】本题主要考查的是楼地面装饰构造。水磨石地面是将用水泥作胶结材料、大理石或白云石等中等硬度石料的石屑作骨料而形成的水泥石屑浆浇抹硬结后，经磨光打蜡而成。水磨石地面坚硬、耐磨、光洁，不透水，不起灰，它的装饰效果也优于水泥砂浆地面，但造价高于水泥砂浆地面，施工较复杂，无弹性，吸热性强，常用于人流量较大的交通空间和房间。

47.【答案】B

【解析】本题主要考查的是装配式板材建筑的特点。装配式板材建筑由预制的大型内外墙板、楼板和屋面板等板材装配而成，又称大板建筑。它是工业化体系建筑中全装配式建筑的主要类型。板材建筑可以减轻结构重量，提高劳动生产率，扩大建筑的使用面积和防震能力。

48.【答案】D

【解析】本题主要考查的是装配式砌块建筑。用预制的块状材料砌成墙体的装配式建筑，适于建造 3~5 层建筑，如提高砌块强度或配置钢筋，还可适当增加层数。

三、多项选择题（每小题所设选项中有 2 个或 2 个以上正确答案，至少有 1 个错项）

1.【答案】AC

【解析】本题主要考查的是建筑物的分类。建筑物通常按其使用性质分为民用建筑和工业建筑两大类。工业建筑指供人们从事各类生产活动的建筑物，民用建筑是供人们从事非生产性活动使用的建筑物。民用建筑又分为居住建筑和公共建筑两类，居住建筑是供人们住宿、生活的建筑物，公共建筑是供人们进行各类社会、文化、经济、政治等活动的建筑物。

2.【答案】DE

【解析】本题主要考查的是工业建筑按照厂房层数的分类。混合层数厂房：同一厂房内既有单层又有多层的厂房称为混合层数的厂房，多用于化学工业、热电站的主厂房等。

3. 【答案】ABC

【解析】本题主要考查的是砖混结构。砖混结构是指建筑物中竖向承重结构的墙、柱等采用砖或砌块砌筑，横向承重的梁、楼板、屋面板等采用钢筋混凝土结构。砖混结构是以小部分钢筋混凝土及大部分砖墙承重的结构。适合开间进深较小，房间面积小，多层或低层的建筑。

4. 【答案】BDE

【解析】本题主要考查的是各结构体系的主要适用范围。

① 拱式结构。由于拱式结构受力合理，在建筑和桥梁中被广泛应用。它适用于体育馆、展览馆等建筑中。

② 悬索结构。悬索结构是比较理想的大跨度结构形式之一，主要用于体育馆、展览馆中。

③ 薄壁空间结构体系。它属于空间受力结构，主要承受曲面内的轴向压力，弯矩很小。它的受力比较合理，材料强度能得到充分利用。薄壳常用于大跨度的屋盖结构，如展览馆、俱乐部、飞机库等。

5. 【答案】AC

【解析】本题主要考查的是单层工业厂房的组成部分。单层厂房一般由承重结构和围护结构组成。承重结构由承受各种竖向和水平荷载作用的构件组成，围护结构由非承重的各类构成组成。

6. 【答案】ADE

【解析】本题主要考查的是民用建筑的组成。民用建筑物一般都由基础、墙、楼板与地面、楼梯、屋顶和门窗六大部分组成。建筑物还有一些附属部分，如阳台、雨篷、散水、勒脚、防潮层等，多层和大型建筑楼层之间还需设置电梯、自动扶梯或坡道等。

7. 【答案】BE

【解析】本题主要考查的是散水及暗沟（明沟）。为了防止地表水对建筑基础的侵蚀，在建筑物的四周地面上设置暗沟（明沟）或散水。降水量大于 900 mm 的地区应同时设置暗沟（明沟）和散水。暗沟（明沟）沟底应做纵坡，坡度为 0.5% ~ 1%，坡向窨井。外墙与暗沟（明沟）之间应做散水，散水宽度一般为 600 ~ 1000 mm，坡度为 3% ~ 5%。降水量小于 900 mm 的地区可只设置散水。暗沟（明沟）和散水可用混凝土现浇，也可用有弹性的防水材料嵌缝，以防渗水。

8. 【答案】ADE

【解析】本题主要考查的是墙体细部构造。墙体细部构造是为了防止地面以下土壤中的水分进入砖墙而设置的材料层。当室内地面均为实铺时，外墙墙身防潮层在室内地坪以下 60 mm 处；当建筑物墙体两侧地坪不等高时，在每侧地表下 60 mm 处，防潮层应分别设置，并在两个防潮层间的墙上加设垂直防潮层；当室内地面采用架空木地板时，外墙防潮层应设在室外地坪以上，地板木搁栅垫木之下。勒脚的高度一般为室内地坪与室外地坪高差，也可以根据立面的需要而提高勒脚的高度尺寸。散水宽度一般为 600~1000 mm，坡度为 3%~5%。砖混结构中构造柱的最小截面尺寸为 240 mm×180 mm。

9.【答案】AE

【解析】本题主要考查的是变形缝的宽度。伸缩缝的宽度一般为 20~30 mm，沉降缝宽度要根据房屋的层数定：2~3 层时可取 50~80 mm，4~5 层时可取 80~120 mm，5 层以上时不应小于 120 mm。防震缝缝宽为：一般多层砌体建筑的缝宽取 50~100 mm；多层钢筋混凝土结构建筑，高度 15 m 及以下时，缝宽为 70 mm；当建筑高度超过 15 m 时，按烈度增大缝宽。

10.【答案】ACD

【解析】本题主要考查的是楼板按施工方法的分类。钢筋混凝土楼板按施工方式的不同可以分为现浇整体式、预制装配式和装配整体式楼板。

11.【答案】ACDE

【解析】本题主要考查的是现浇钢筋混凝土楼板的分类。现浇钢筋混凝土楼板主要分为板式、梁板式、井字形密肋式、无梁式四种。

12.【答案】ACE

【解析】本题主要考查的是地面构造。地面主要由面层、垫层和基层三部分组成，当它们不能满足使用或构造要求时，可考虑增设结合层、隔离层、找平层、防水层、隔声层、保温层等附加层。

13.【答案】BD

【解析】本题主要考查的是垫层。垫层是位于面层之下用来承受并传递荷载的部分，它起到承上启下的作用。根据垫层材料的性能，可把垫层分为刚性垫层和柔性垫层。

14.【答案】ABD

【解析】本题主要考查的是阳台的分类。阳台是楼房中人们与室外接触的场所。阳台主要由阳台板和栏杆扶手组成。阳台板是承重结构，栏杆扶手是围护安全的构件。阳台按其与外墙的相对位置分为挑阳台、凹阳台、半凹半挑阳台、转角阳台。

15.【答案】CE

【解析】本题主要考查的是雨篷。雨篷是设置在建筑物外墙出入口的上方用以挡雨并有一定装饰作用的水平构件。雨篷的支承方式多为悬挑式，按结构形式不同，雨篷有板式和梁板式两种。

16.【答案】ABD

【解析】本题主要考查的是坡屋顶屋面形式。坡屋顶的屋面可分为平瓦屋面、波形瓦屋面、小青瓦屋面，其中平瓦有水泥瓦和黏土瓦两种；波形瓦屋面包括水泥石棉波形瓦、钢丝网水泥瓦、玻璃钢瓦、钙塑瓦、金属钢板瓦、石棉菱苦土瓦等。

17.【答案】DE

【解析】本题主要考查的是楼地面装饰构造的分类情况。楼地面装饰按材料形式和施工方式可分为四大类,即整体浇筑楼地面、块料楼地面、卷材楼地面和涂料楼地面。

18.【答案】CDE

【解析】本题主要考查的是水磨石楼地面的特点。水磨石地面是将用水泥作胶结材料、大理石或白云石等中等硬度石料的石屑作骨料而形成的水泥石屑浆浇抹硬结后,经磨光打蜡而成。水磨石地面坚硬、耐磨、光洁,不透水,不起灰,它的装饰效果也优于水泥砂浆地面,但造价高于水泥砂浆地面,施工较复杂,无弹性,吸热性强,常用于人流量较大的交通空间和房间。

19.【答案】BC

【解析】本题主要考查的是装配式结构的分类及适用范围。装配式结构可分为装配整体式框架结构、装配整体式剪力墙结构、装配整体式框架-剪力墙结构、装配整体式部分框支剪力墙结构。其中,装配整体式剪力墙结构和装配整体式框架-剪力墙结构主要用于高层和超高层公共建筑和住宅建筑。

20.【答案】ACDE

【解析】本题主要考查的是装配式盒式建筑的组成形式。盒式建筑的装配形式有全盒式、板材盒式、核心体盒式、骨架盒式等。

21.【答案】ABCD

【解析】本题主要考查的是装配式主要预制构件的组成。装配式结构的主要预制构件有:叠合梁、预制柱、预制叠合板剪力墙、装配整体式钢筋混凝土楼板、预制外墙挂板、预制阳台、预制楼梯、预制空调板等。

22.【答案】AB

【解析】本题主要考查的是建筑物与构筑物的概念。建筑一般包括建筑物和构筑物,满足功能要求并提供活动空间和场所的建筑称为建筑物,如工厂、住宅、学校、商店等;仅满足功能要求的建筑称为构筑物,如水塔、烟囱、桥梁、纪念碑。

23.【答案】ABE

【解析】本题主要考查的是工业建筑中按层数分类的知识点。工业建筑按层数可分为单层、多层和混合层数。

24.【答案】BCD

【解析】本题主要考查的是工业建筑按车间生产状况分类。工业建筑按车间生产状况可分为:冷加工、热加工、恒温恒湿、洁净、其他特种状况的车间。

25.【答案】CD

【解析】本题主要考查的是建筑物耐久年限。

26.【答案】CE

【解析】本题主要考查的是民用建筑的分类。按建筑物的承重结构体系分类可分为混合结构、框架结构、剪力墙结构、框架-剪力墙结构、筒体结构、桁架等 10 种类型；而砖木结构、砖混结构、钢筋混凝土结构、钢结构和型钢混凝土组合结构属于按建筑物承重结构材料划分。

27. 【答案】ABE

【解析】本题主要考查的是建筑结构体系的特点。剪力墙结构一般适用于开间较小的住宅和旅馆等，在 180 m 高的范围内都可以使用，筒体结构是抵抗水平荷载最有效的结构体系。

28. 【答案】ACE

【解析】本题主要考查的是承重钢屋架的特点。钢屋架的特点有：自重轻，跨度大，整体性好，安装效率高，施工进度快。

29. 【答案】BDE

【解析】本题主要考查的是民用建筑的组成。民用建筑物一般都由基础、墙、楼板与地面、楼梯、屋顶和门窗六大部分组成。建筑物还有一些附属部分，如阳台、雨篷、散水、勒脚、防潮层等，多层和大型建筑楼层之间还需设置电梯、自动扶梯或坡道等。

30. 【答案】ABD

【解析】本题主要考查的是桩基的分类。桩基根据材料可分为木桩、钢筋混凝土桩和钢桩等。

31. 【答案】ADE

【解析】本题主要考查的是基础埋深。基础埋深是指从室外设计地面至基础底面的垂直距离。埋深大于或等于 5 m 或埋深大于或等于基础宽度的 4 倍的基础称为深基础；埋深为 0.5～5 m 或埋深小于基础宽度的 4 倍的基础称为浅基础。基础埋深除岩石地基外，不应浅于 0.5 m；基础顶面应低于设计地面 100 mm 以上，以避免基础外露而遭受外界的破坏。

32. 【答案】ABCD

【解析】本题主要考查的是墙体的类型。墙在建筑物中主要起承重、围护及分隔作用，按墙在建筑物中的位置、受力情况、所用材料和构造方式不同可分为不同类型。根据墙在建筑物中的位置，可分为内墙、外墙、横墙和纵墙；按受力不同，墙可分为承重和非承重墙。建筑物内部只起分隔作用的非承重墙称为隔墙。

33. 【答案】BDE

【解析】本题主要考查的是楼梯的组成。楼梯由连续梯级的梯段、平台（休息平台）和栏杆扶手三部分组成。

34. 【答案】BD

【解析】本题主要考查的是平屋顶防水构造。平屋面构造应包括檐口、檐沟和天沟、女儿墙和山墙、水落口、变形缝等。

第二节 常用建筑材料

本节知识导图

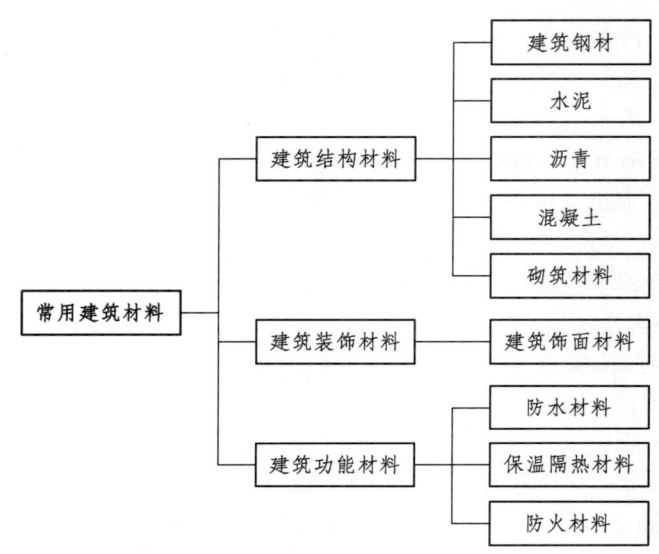

本节习题精选

一、判断题（判断正误，正确的打√，错误的打×）

1. 冷拔低碳钢丝作为结构构件中纵向受力钢筋使用时应采用钢丝焊接网。（　　）

2. HRB400用于常规的钢筋混凝土结构，HRB500多应用于受荷较大且由承载力控制截面配筋的纵向受力钢筋，HRB600主要用于抗震性能要求较高的钢筋混凝土结构。（　　）

3. 对于一般强度的混凝土，水泥强度等级宜为混凝土强度等级的1.5～2.0倍，对于较高强度等级的混凝土，水泥强度宜为混凝土强度等级的1～1.5倍。（　　）

4. 引气剂是在混凝土搅拌过程中，能引入大量分布均匀的稳定而封闭的微小气泡，以减少拌合物泌水离析，改善和易性，同时显著提高硬化混凝土抗冻融耐久性的外加剂。（　　）

5. 多孔砖大面有孔，孔多而小，孔洞垂直于大面（即受压面），孔洞率不小于25%。烧结多孔砖主要用于七层以下建筑物的承重墙体。（　　）

6. 烧结空心砖使用时大面承压，承压面与孔洞平行，所以这种砖强度不高，而且自重较轻，因而多用于非承重墙。（   ）

7. 多层房屋的墙一般采用强度等级为 M5 的水泥石灰混合砂浆，砖基础一般采用不低于 M5 的水泥砂浆。（   ）

8. 人造石材不属建材绿色环保产品，却是现代建筑首选的饰面材料。（   ）

9. 大理石板材质地较密实、抗压强度较高、质地较软，属中硬石材，适用于各类公共建筑工程的室外装饰工程。（   ）

10. 因釉面砖砖体多孔，吸收大量水分后将产生湿胀现象，导致釉面开裂、剥落，因此不用于室外。（   ）

11. 厚度 5 mm 的玻璃用量最大，厚度 8～12 mm 的平板玻璃可用于隔断、橱窗、无框门。（   ）

12. 硅酸盐水泥早期强度高，凝结硬化快，宜用于大体积混凝土工程。（   ）

13. 夹丝玻璃常用于建筑的天窗、采光屋顶、阳台及须有防盗、防抢功能要求的营业柜台的遮挡部位。（   ）

14. 不锈钢是指含铬量在 12% 以上的铁基合金钢。用于建筑装饰的不锈钢材主要有薄板（厚度小于 3 mm）和用薄板加工制成的管材、型材。（   ）

15. SBS 改性沥青防水卷材尤其适用于高温或有强烈太阳辐射地区的建筑物防水。（   ）

16. 钢材具有强度高，塑性、韧性好，材质均匀等优异性能，缺点是耐热性较差。（   ）

17. 细晶粒热轧带肋钢筋分为 HRBF300、HRBF400、HRBF500、HRBF400E、HRBF500E 五种牌号。（   ）

18. 硅酸三钙的主要有水化速度最快、水化热最大、强度高、收缩体积较大等特点。（   ）

19. 常用的沥青主要有石油沥青和乳化沥青。（   ）

20. 砌筑砂浆指的是将砖、石、砌块等块料经砌筑成为砌体的砂浆。（   ）

二、单项选择题（每题的备选项中，只有 1 个最符合题意）

1. 常规的钢筋混凝土结构的钢筋优先选用（   ）钢筋。
   A. HPB300　　　　　　　　　B. HRB400
   C. HRB500　　　　　　　　　D. HRB500E

2. 对于由承载力控制截面配筋的纵向受力钢筋混凝土结构，优先采用（   ）钢筋。
   A. HPB300　　　　　　　　　B. HRB400
   C. HRB500　　　　　　　　　D. HRB600

3. 结构构件中的受力钢筋的变形性能直接影响结构在地震力作用下的延性，对考虑地震作用的主要结构构件的纵向受力钢筋可采用（   ）。

A. 冷加工钢筋 B. 细晶粒热轧钢筋
C. 热处理钢筋 D. 钢丝和钢绞线

4. 热轧钢筋是建筑工程中用量最大的钢材之一，下面（　　）钢筋表示抗震钢筋。
A. HPB300 B. HRB400
C. HRBF400 D. HRBF400E

5. 宜作为构造钢筋使用的是（　　）。
A. 冷拉热轧钢筋 B. 冷轧带肋钢筋
C. 冷拔低碳钢丝 D. 热处理钢筋

6. 主要用作预应力钢筋混凝土轨枕的钢材是（　　）。
A. 冷拉热轧钢筋 B. 冷拔低碳钢筋
C. 冷轧带肋钢筋 D. 热处理钢筋

7. 下列选项中，属于普通硅酸盐水泥代号的是（　　）。
A. P·Ⅰ B. P·Ⅱ C. P·O D. P·P

8. 下列选项中，硅酸盐水泥熟料中水化热最大的是（　　）。
A. 硅酸三钙 B. 硅酸二钙
C. 铝酸三钙 D. 铁铝酸四钙

9. 下列选项中，关于硅酸盐水泥说法正确的是（　　）。
A. 不宜用于大体积混凝土工程 B. 耐热性较好
C. 适用于有抗渗要求的工程 D. 耐冻性较差

10. 建筑石油沥青按（　　）不同分为10号、30号和40号三个牌号。
A. 硬度 B. 凝结速度
C. 针入度 D. 韧性

11. 高速公路路面的沥青，应选用（　　）。
A. 改性石油沥青 B. 重交通道路石油沥青
C. 中交通道路石油沥青 D. 轻交通道路石油沥青

12. 新增机场道面的沥青，应选用（　　）。
A. 改性石油沥青 B. 重交通道路石油沥青
C. 中交通道路石油沥青 D. 轻交通道路石油沥青

13. 用于车间地面工程的沥青是（　　）。
A. 建筑石油沥青 B. 重交通道路石油沥青
C. 中、轻交通道路石油沥青 D. 结构石油沥青

14. 下列选项中，不属于橡胶改性沥青优点的是（　　）。
A. 较好的混溶性 B. 高温变形性小
C. 低温柔性好 D. 硬度高

15. 用于屋面防水工程的沥青是（　　）。
A. 改性石油沥青 B. 重交通道路石油沥青
C. 中、轻交通道路石油沥青 D. 结构石油沥青

16. 我国普通混凝土强度等级划分为 14 级，范围是（　　）。
    A. C15～C80　　　　　　　　　　　B. C10～C75
    C. C20～C85　　　　　　　　　　　D. C15～C75
17. 粒径在 4.75 mm 以下的骨料称为细骨料，以下属于细骨料的是（　　）。
    A. 砂　　　　　B. 砾石　　　　　C. 碎石　　　　　D. 卵石
18. 粒径大于 4.75 mm 的骨料称为粗骨料，以下属于粗骨料的是（　　）。
    A. 砂　　　　　B 水泥　　　　　C. 石子　　　　　D. 外加剂
19. 在混凝土搅拌过程中，能引入大量分布均匀的稳定而封闭的微小气泡，以减少拌合物泌水离析，改善和易性的混凝土外加剂是（　　）。
    A. 减水剂　　　B. 泵送剂　　　　C. 引气剂　　　　D. 膨胀剂
20. 混凝土减水剂是指在保持混凝土（　　）基本相同的条件下，具有减水增强作用的外加剂。
    A. 初凝强度　　B. 坍落度　　　　C. 终凝强度　　　D. 养护时期
21. 延缓混凝土凝结时间，并不显著降低混凝土后期强度的外加剂是（　　）。
    A. 减水剂　　　B. 早强剂　　　　C. 缓凝剂　　　　D. 泵送剂
22. 在采用商品混凝土时要考虑混凝土的经济运距，一般以（　　）为宜，运输时间一般不宜超过（　　）。
    A. 15～20 km；1 h　　　　　　　　B. 15～20 km；0.5 h
    C. 10～20 km；1 h　　　　　　　　D. 15～20 km；0.5 h
23. 烧结普通砖强度划分为（　　）个等级。
    A. 四个　　　　B. 五个　　　　　C. 六个　　　　　D. 七个
24. 能源回收再利用的绿色环保的砌筑材料是（　　）。
    A. 烧结多孔砖　　　　　　　　　　B. 蒸养（压）砖
    C. 加气混凝土砌块　　　　　　　　D. 粉煤灰砌块
25. 主要用于承重结构的是（　　）。
    A. 烧结普通砖　　　　　　　　　　B. 烧结多孔砖
    C. 烧结空心砖　　　　　　　　　　D. 炉渣砖
26. 按结构构造来讲，空心率小于 25% 的是（　　）砌块。
    A. 普通　　　　B. 实心　　　　　C. 空心　　　　　D. 中型
27. 适用于高层建筑填充墙和低层建筑承重墙的是（　　）。
    A. 烧结多孔砖　　　　　　　　　　B. 烧结空心砖
    C. 加气混凝土砌块　　　　　　　　D. 粉煤灰砌块
28. 下列石材中，具有质量轻、强度高、耐腐蚀、耐污染、施工方便等优点的是（　　）。
    A. 石板　　　　B. 料石　　　　　C. 毛石　　　　　D. 人造石材
29. 砂浆按不同的分类方法可分为不同的种类，下列属于按砂浆用途分类的是（　　）。
    A. 砌筑砂浆　　　　　　　　　　　B. 水泥砂浆
    C. 石灰砂浆　　　　　　　　　　　D. 水泥石灰混合砂浆

30. 水泥石灰混合砂浆宜用于砌筑（　　）环境中的砌体。
    A. 潮湿　　　　B. 干燥　　　　C. 室内　　　　D. 室外
31. 砌筑潮湿环境的砌体，应选用（　　）砌筑。
    A. 混合砂浆　　　　　　　　　　B. 石灰砂浆
    C. 水泥砂浆　　　　　　　　　　D. 水泥石灰砂浆
32. 砖柱、砖拱、钢筋砖过梁等一般采用强度等级为（　　）的水泥砂浆。
    A. M5　　　　　　　　　　　　B. M10
    C. M10～M15　　　　　　　　　D. M5～M10
33. 对于砌筑砂浆的用砂即细骨料，应优先选用（　　）。
    A. 粗砂　　　　B. 细砂　　　　C. 中砂　　　　D. 天然砂
34. 为改善砂浆韧性，提高抗裂性，常在砂浆中加入（　　）。
    A. 石膏　　　　B. 粉煤灰　　　C. 纤维　　　　D. 沸石粉
35. 下列不属于常用砂浆外加剂的是（　　）。
    A. 减水剂　　　B. 石灰王　　　C. 抹得乐　　　D. 水泥塑化剂
36. 不能用于卫浴间的墙面和地面材料的是（　　）。
    A. 釉面砖　　　B. 墙地砖　　　C. 陶瓷锦砖　　D. 瓷质砖
37. 玻璃有很多种，主要用于保温隔热、隔声等功能要求较高的建筑物的是（　　）。
    A. 吸热玻璃　　B. 镀膜玻璃　　C. 中空玻璃　　D. 真空玻璃
38. 涂料主要成膜物质是（　　）。
    A. 树脂　　　　B. 滑石粉　　　C. 溶剂　　　　D. 碳酸钙
39. 涂料辅助成膜物质是（　　）。
    A. 树脂　　　　B. 滑石粉　　　C. 溶剂　　　　D. 碳酸钙
40. 涂料次要成膜物质是（　　）。
    A. 树脂　　　　B. 滑石粉　　　C. 溶剂　　　　D. 收缩剂
41. 下列常用于木质地面的涂料有（　　）。
    A. 聚氨酯漆　　　　　　　　　　B. 过氯乙烯地面涂料
    C. 聚氨酯地面涂料　　　　　　　D. 环氧树脂厚质地面涂料
42. 常用于寒冷地区和结构变形较为频繁部位且适宜热熔法施工的聚合物改性沥青防水卷材是（　　）。
    A. SBS改性沥青防水卷材　　　　B. APP改性沥青防水卷材
    C. 沥青复合胎柔性防水卷材　　　D. 聚氯乙烯防水卷材
43. 用于外墙内外保温的一种新型无机保温砂浆材料，且具有良好的保温隔热性能和防火耐老化性能、不空鼓开裂、强度高等特性的材料是（　　）。
    A. 岩棉及矿渣棉　　　　　　　　B. 膨胀蛭石
    C. 膨胀珍珠岩　　　　　　　　　D. 玻化微珠
44. （　　）是一种酸性玻璃质熔岩矿物质，内部多孔、表面玻化封闭，呈球状体细径颗粒。

A. 玻璃棉　　　　B. 玻化微珠　　　C. 泡沫塑料　　　D. 膨胀蛭石

45. 下列绝热材料中，经加热发泡而制成，并具有轻质、保温、绝热、吸声和防震性能的是（　　）。

　　A. 陶瓷纤维　　　B. 膨胀蛭石　　　C. 泡沫塑料　　　D. 植物纤维

三、多项选择题（每小题所设选项中有2个或2个以上正确答案，至少有1个错项）

1. 冷拉热轧钢筋制作中，冷拉可提高钢筋的（　　）。
　　A. 屈服强度　　　B. 塑性　　　　　C. 抗拉强度
　　D. 韧性　　　　　E. 硬度

2. 热处理钢筋，主要用作（　　）等构件。
　　A. 预应力钢筋混凝土轨枕　　　　B. 普通混凝土梁
　　C. 预应力混凝土板　　　　　　　D. 预应力混凝土吊车梁
　　E. 普通混凝土柱

3. 重交通道路石油沥青主要用于（　　）。
　　A. 高速公路　　　　　　　　　　B. 机场道面
　　C. 一级公路路面　　　　　　　　D. 一般的道路路面
　　E. 车间地面等工程

4. SBS橡胶改性沥青具有良好、优异的（　　），是目前应用最成功和用量最大的一种改性沥青。
　　A. 抗压性　　　　B. 耐高温性　　　C. 低温柔性
　　D. 耐疲劳性　　　E. 易燃性

5. 预拌混凝土作为半成品，具有（　　）特点。
　　A. 质量不稳定　　　　　　　　　B. 技术先进
　　C. 节能环保　　　　　　　　　　D. 能提高施工效率
　　E. 有利于文明施工

6. 加气混凝土砌块具有（　　）特点。
　　A. 重量轻　　　　B. 技术先进　　　C. 保温隔热
　　D. 强度高　　　　E. 加工性好

7. 常用的人造石材有（　　）。
　　A. 人造花岗石　　　　　　　　　B. 人造大理石
　　C. 毛石　　　　　　　　　　　　D. 水磨石
　　E. 料石

8. 砌筑砂浆按所用胶凝材料的不同，可分为（　　）。
　　A. 现场拌制砂浆　　　　　　　　B. 水泥砂浆
　　C. 石灰砂浆　　　　　　　　　　D. 水泥石灰混合砂浆
　　E. 预拌砂浆

9. 防水卷材按材料种类划分为（　　）系列。
　　A. 聚合物改性沥青防水卷材　　　B. 合成高分子防水卷材
　　C. 单层防水卷材　　　　　　　　D. 沥青防水卷材
　　E. 多层防水卷材

10. 绝热材料主要用于（　　）。
　　A. 墙体及屋顶　　　　　　　　　B. 楼地面
　　C. 热工设备及管道　　　　　　　D. 冷藏库等工程
　　E. 冬季施工的工程

11. 常用建筑密封材料有（　　）。
　　A. 冷底子油　　　　　　　　　　B. SBS 橡胶改性沥青柔性油毡
　　C. 石棉乳化沥青涂料　　　　　　D. 密封条
　　E. 沥青嵌缝油膏

12. 以下关于建筑密封材料说法，正确的是（　　）。
　　A. 具有较高水密性　　　　　　　B. 具有较高的气密性
　　C. 具有较高的阻燃性　　　　　　D. 嵌入建筑接缝中的嵌缝材料
　　E. 能承受接缝一定的位移

13. 水性防火阻燃液又称水性防火剂、水性阻燃剂，根据水性防火阻燃液的使用对象，可划分为（　　）。
　　A. 木材阻燃处理用的水性防火阻燃液
　　B. 织物阻燃处理用的水性防火阻燃液
　　C. 纸板阻燃处理用的水性防火阻燃液
　　D. 塑料阻燃处理用的水性防火阻燃液
　　E. 钢材阻燃处理用的水性防火阻燃液

14. 钢筋混凝土结构用钢筋主要有（　　）。
　　A. 冷弯薄壁型钢　　　　　　　　B. 冷加工钢筋
　　C. 热处理钢筋　　　　　　　　　D. 压型钢板
　　E. 钢绞线

15. 关于细晶粒热轧钢筋的说法，不正确的是（　　）。
　　A. 细晶粒热轧钢筋指通过控冷控轧的方法，使钢筋组织晶粒细化
　　B. 后缀有 E 的表示抗扭钢筋
　　C. 后缀有 E 的表示抗震钢筋
　　D. 脆性提高
　　E. 脆性降低

16. 关于水泥的说法，正确的是（　　）。
　　A. 水泥是一种液体材料　　　　　B. 水泥是一种粉状材料
　　C. 水泥是良好的水硬性胶凝材料　D. 水泥是一种无机胶凝材料
　　E. 水泥是一种有机胶凝材料

17. 下列属于普通硅酸盐水泥强度等级的是（　　）。
    A. 42.5　　　　B. 42.5R　　　　C. 52.5
    D. 52.5R　　　E. 62.5

18. 下列关于沥青的描述，正确的是（　　）。
    A. 沥青是一种无机胶凝材料
    B. 沥青是一种有机胶凝材料
    C. 主要用于生产防水材料和铺筑沥青路面等
    D. 土木建筑工程中使用的石油沥青主要是建筑石油沥青和道路石油沥青
    E. 建筑石油沥青按针入度不同分为10号、20号、30号和40号四个牌号

19. 常用混凝土外加剂有（　　）。
    A. 减水剂　　　B. 早强剂　　　C. 速凝剂
    D. 引气剂　　　E. 防冻剂

20. 下列属于花岗石板材特点的是（　　）。
    A. 质地坚硬密实　　　　　　B. 耐久性差
    C. 强度高　　　　　　　　　D. 密度大
    E. 耐磨耐酸

21. 下列关于玻璃功能的说法，不正确的是（　　）。
    A. 保温隔热　　　　　　　　B. 控制噪声
    C. 降低建筑物自重　　　　　D. 美化建筑环境
    E. 增加建筑使用面积

22. 下列属于人造木材的是（　　）。
    A. 紫檀木板　　B. 细木工板　　C. 花梨木板
    D. 纤维板　　　E. 胶合板

23. 高聚物改性沥青防水卷材的施工方法，一般有（　　）。
    A. 热熔法　　　B. 干铺法　　　C. 冷粘法
    D. 自粘法　　　E. 机械固定法

24. 关于膨胀珍珠岩特性，说法正确的是（　　）。
    A. 隔声　　　　B. 可燃　　　　C. 无毒
    D. 抗菌　　　　E. 防水

本节习题解析

一、判断题（判断正误，正确的打√，错误的打×）

1. 【答案】√
   【解析】本题主要考查的是冷拔低碳钢丝。低碳钢热轧圆盘条或热轧光圆钢筋经一次或多次冷拔制成的光圆钢丝。冷拔低碳钢丝宜作为构造钢筋使用，作为结构构件中纵向受力钢筋使用时应采用钢丝焊接网。

2. 【答案】√

【解析】本题主要考查的是热轧钢筋的品种规格及应用。

3. 【答案】×

【解析】本题主要考查的是混凝土中水泥强度。对于较高强度等级的混凝土，水泥强度宜为混凝土强度等级的 0.9～1.5 倍。

4. 【答案】√

【解析】本题主要考查的是混凝土外加剂。引气剂是在混凝土搅拌过程中，能引入大量分布均匀的稳定而封闭的微小气泡，以减少拌合物泌水离析，改善和易性，同时显著提高硬化混凝土抗冻融耐久性的外加剂。兼有引气和减水作用的外加剂称为引气减水剂。

5. 【答案】×

【解析】本题主要考查的是烧结多孔砖。烧结多孔砖主要用于六层以下建筑物的承重墙体。

6. 【答案】√

【解析】本题主要考查的是烧结空心砖。烧结空心砖是以黏土、页岩、煤矸石、粉煤灰等为主要原料烧制的主要用于非承重部位的空心砖。其顶面有孔、孔大而少，孔洞为矩形条孔或其他孔形，孔洞率不小于 40%。由于其孔洞平行于大面和条面，垂直于顶面，使用时大面承压，承压面与孔洞平行，所以这种砖强度不高，而且自重较轻，因而多用于非承重墙，如多层建筑内隔墙或框架结构的填充墙等。

7. 【答案】√

【解析】本题主要考查的是砌筑砂浆。水泥砂浆宜用于砌筑潮湿环境以及强度要求较高的砌体。水泥石灰混合砂浆宜用于砌筑干燥环境中的砌体。多层房屋的墙一般采用强度等级为 M5 的水泥石灰混合砂浆，砖柱、砖拱、钢筋砖过梁等一般采用强度等级为 M5～M10 的水泥砂浆，砖基础一般采用不低于 M5 的水泥砂浆，低层房屋或平房可采用石灰砂浆，简易房屋可采用石灰黏土砂浆。

8. 【答案】×

【解析】本题主要考查的是人造石材。人造石材属建材绿色环保产品，是现代建筑首选的饰面材料。

9. 【答案】×

【解析】本题主要考查的是大理石板材。大理石板材质地较密实、抗压强度较高、质地较软，属中硬石材，适用于各类公共建筑工程的室内装饰工程。

10. 【答案】√

【解析】本题主要考查的是釉面砖。釉面砖又称瓷砖，釉面砖为正面挂釉，背面有凹凸纹，以便于粘贴施工。它是建筑装饰工程中最常用的、最重要的饰面材料之一。釉面砖按釉面颜色分为单色（含白色）、花色及图案砖三种；按形状分为正方形、长方形和异形配件砖三种；按外观质量分为优等品、一等品与合格品三个等级。因釉面砖砖体多孔，吸收大量水分后将产生湿胀现象，导致釉面开裂、剥落，因此不用于室外。

11. 【答案】×

    【解析】本题主要考查的是玻璃。厚度 3 mm 的玻璃用量最大。

12. 【答案】×

    【解析】本题主要考查的是硅酸盐水泥。硅酸盐水泥早期强度高，凝结硬化快，水化热较大，不宜用于大体积混凝土工程。

13. 【答案】√

    【解析】本题主要考查的是夹丝玻璃。夹丝玻璃也称防碎玻璃或钢丝玻璃。它是由压延法生产的，即在玻璃熔融状态时将经预热处理的钢丝或钢丝网压入玻璃中间，经退火、切割而成。夹丝玻璃表面可以是压花的或磨光的，颜色可以制成无色透明或彩色的。夹丝玻璃常用于建筑的天窗、采光屋顶、阳台及须有防盗、防抢功能要求的营业柜台的遮挡部位。

14. 【答案】×

    【解析】本题主要考查的是不锈钢。不锈钢是指含铬量在 12% 以上的铁基合金钢。用于建筑装饰的不锈钢材主要有薄板（厚度小于 2 mm）和用薄板加工制成的管材、型材等。

15. 【答案】×

    【解析】本题主要考查的是 SBS 改性沥青防水卷材。SBS 改性沥青防水卷材广泛适用于各类建筑防水、防潮工程，尤其适用于寒冷地区和结构变形频繁的建筑物防水，并可采用热熔法施工。APP 改性防水卷材广泛适用于各类建筑防水、防潮工程，尤其适用于高温或有强烈太阳辐射地区的建筑物防水。

16. 【答案】×

    【解析】本题主要考查的是钢材的特性。钢材具有强度高，塑性、韧性和耐热性好，材质均匀等优异性能。

17. 【答案】×

    【解析】本题主要考查的是细晶粒热轧带肋钢筋的牌号。主要分为 HRBF400、HRBF500、HRBF400E、HRBF500E 四种牌号。

18. 【答案】×

    【解析】本题主要考查的是硅酸三钙的主要特征。硅酸三钙水化速度快，水化热大，强度高，体积收缩适中，抗硫酸盐适中等特点。

19. 【答案】×

    【解析】本题主要考查的是沥青。常用的沥青主要是石油沥青，也会使用少量的煤沥青。

20.【答案】√

【解析】本题主要考查的是砌筑砂浆。砌筑砂浆指的是将砖、石、砌块等块料经砌筑成为砌体的砂浆。

二、单项选择题（每题的备选项中，只有1个最符合题意）

1.【答案】B

【解析】本题主要考查的是各类钢筋的适用范围，HPB300用于一般钢筋混凝土结构的受力筋、分布筋、箍筋、构造柱、圈梁及次要构件的构造；HRB400用于常规的钢筋混凝土结构、HRB500多应用于受荷较大且由承载力控制截面配筋的纵向受力钢筋。

2.【答案】C

【解析】本题主要考查的是各类钢筋的适用范围，HRB500多应用于受荷较大且由承载力控制截面配筋的纵向受力钢筋。

3.【答案】B

【解析】本题主要考查的是热轧钢筋应用范围。结构构件中的受力钢筋的变形性能直接影响结构在地震作用下的延性，对考虑地震作用的主要结构构件的纵向受力钢筋可采用细晶粒热轧钢筋。

4.【答案】D

【解析】本题主要考查的是钢筋牌号。按照现行国家标准规定，热轧光圆钢筋分HPB300一种牌号；普通热轧带肋钢筋俗称螺纹钢，分为HRB400、HRB500、HRB600、HRB400E、HRB500E五种牌号；细晶粒热轧带肋钢筋分HRBF400、HRBF500、HRBF400E、HRBF500E四种牌号。细晶粒热轧钢筋指通过控冷控轧的方法，使钢筋组织晶粒细化，可提高强度，降低脆性。后缀有E的表示抗震钢筋。

5.【答案】C

【解析】本题主要考查的是混凝土结构用钢。冷拔低碳钢丝，低碳钢热轧圆盘条或热轧光圆钢筋经一次或多次冷拔制成的光圆钢丝。冷拔低碳钢丝宜作为构造钢筋使用，作为结构构件中纵向受力钢筋使用时应采用钢丝焊接网。

6.【答案】D

【解析】本题主要考查的是混凝土结构用钢。热处理钢筋强度高、用材省，锚固性好，预应力稳定，主要用作预应力钢筋混凝土轨枕，也可用于预应力混凝土板、吊车梁等构件。

7.【答案】C

【解析】本题主要考查的是普通硅酸盐水泥。由硅酸盐水泥熟料、5%~20%的混合材料、适量石膏磨细制成的水硬性胶凝材料,称为普通硅酸盐水泥,代号 P·O。普通硅酸盐水泥的强度等级分为 42.5、42.5R、52.5、52.5R 四个等级。

8.【答案】C

【解析】本题主要考查的是各类硅酸盐水泥熟料主要特征。硅酸盐水泥熟料中水化热最大的是铝酸三钙,水化速度也是最快的。

9.【答案】A

【解析】本题主要考查的是硅酸盐水泥的主要特征。硅酸盐水泥的主要特征:① 不宜用于大体积混凝土工程;② 不宜用于受化学侵蚀、压力水(软水)作用及海水侵蚀的工程。

10.【答案】C

【解析】本题主要考查的是建筑石油沥青。建筑石油沥青按针入度不同分为 10 号、30 号和 40 号三个牌号。

11.【答案】B

【解析】本题主要考查的是沥青的种类及用途。重交通道路石油沥青主要用于高速公路、一级公路路面、机场道面及重要的城市道路路面工程。

12.【答案】B

【解析】本题主要考查的是沥青的种类及用途。重交通道路石油沥青主要用于高速公路、一级公路路面、机场道面及重要的城市道路路面工程。

13.【答案】C

【解析】本题主要考查的是沥青的种类及用途。中、轻交通道路石油沥青主要用于一般的道路路面、车间地面等工程。

14.【答案】D

【解析】本题主要考查的是橡胶改性沥青的特点。橡胶改性沥青有较好的混溶性,能使沥青具有橡胶的很多优点,如高温变形性小,低温柔性好。

15.【答案】A

【解析】本题主要考查的是改性石油沥青。改性石油沥青用于制作防水卷材和铺筑高等级公路路面等。

16.【答案】A

【解析】本题主要考查的是我国普通混凝土强度等级划分。我国普通混凝土强度等级划分为 14 级:C15、C20、C25、C30、C35、C40、C45、C50、C55、C60、C65、C70、C75 及 C80。

17.【答案】A

【解析】本题主要考查的是砂。粒径在 4.75 mm 以下的细骨料(砂)。

18.【答案】C

【解析】本题主要考查的是石子。粒径大于 4.75 mm 的骨料称为粗骨料(石子)。

19. 【答案】C

【解析】本题主要考查的是常用混凝土外加剂。常用混凝土外加剂有：引气剂是在混凝土搅拌过程中，能引入大量分布均匀的稳定而封闭的微小气泡，以减少拌合物泌水离析，改善和易性，同时显著提高硬化混凝土抗冻融耐久性的外加剂。兼有引气和减水作用的外加剂称为引气减水剂。

20. 【答案】B

【解析】本题主要考查的是混凝土减水剂。混凝土减水剂是指在保持混凝土坍落度基本相同的条件下，具有减水增强作用的外加剂。

21. 【答案】C

【解析】本题主要考查的是缓凝剂。缓凝剂是指延缓混凝土凝结时间，并不显著降低混凝土后期强度的外加剂。

22. 【答案】A

【解析】本题主要考查的是商品混凝土的经济运距。国家提倡或强制要求采用商品混凝土施工，在采用商品混凝土时要考虑混凝土的经济运距，一般以 15～20 km 为宜，运输时间一般不宜超过 1 h。

23. 【答案】B

【解析】本题主要考查的是烧结普通砖强度划分。烧结普通砖强度划分为五个等级：MU30、MU25、MU20、MU15、MU10。

24. 【答案】D

【解析】本题主要考查的是砌筑材料的主要特性。粉煤灰砌块质量比黏土砖略轻，具有保温、隔热、节能、隔音效果优良、可加工性好等特点。是一种能源回收再利用的绿色环保的材料，可以替代混凝土空心砌块及墙板作为非承重墙体材料使用。

25. 【答案】B

【解析】本题主要考查的是烧结多孔砖。烧结多孔砖是以黏土、页岩、煤矸石、粉煤灰等为主要原料烧制的主要用于结构承重的多孔砖。多孔砖大面有孔，孔多而小，孔洞垂直于大面（即受压面），孔洞率不小于 25%。烧结多孔砖主要用于六层以下建筑物的承重墙体。

26. 【答案】B

【解析】本题主要考查的是按结构构造分为实心砌块和空心砌块。按结构构造分为实心砌块和空心砌块两种，空心率小于 25%或无孔洞的砌块为实心砌块，空心率大于或等于 25%的砌块为空心砌块，都能用作承重墙和隔断。

27. 【答案】C

【解析】本题主要考查的是加气混凝土砌块。加气混凝土砌块具有重量轻、保温隔热、强度高、加工性好等特点，加气混凝土砌块质量只相当于黏土砖的 1/4～1/3，普通混凝土的 1/5，适用于高层建筑的填充墙和低层建筑的承重墙。

28.【答案】D

【解析】本题主要考查的是人造石材。

29.【答案】A

【解析】本题主要考查的是砂浆按用途分类。砂浆按用途分类可分为砌筑砂浆、抹面砂浆、其他特种砂浆等。

30.【答案】B

【解析】本题主要考查的是水泥石灰混合砂浆。水泥石灰混合砂浆宜用于砌筑干燥环境中的砌体。

31.【答案】C

【解析】本题主要考查的是水泥砂浆。水泥砂浆宜用于砌筑潮湿环境以及强度要求较高的砌体。

32.【答案】D

【解析】本题主要考查的是水泥砂浆不同强度等级的适用范围。砖柱、砖拱、钢筋砖过梁等一般采用强度等级为 M5～M10 的水泥砂浆。

33.【答案】C

【解析】本题主要考查的是砌筑砂浆的细骨料选择。对于砌筑砂浆的用砂即细骨料，应优先选用中砂。

34.【答案】C

【解析】本题主要考查的是砂浆。为改善砂浆韧性，提高抗裂性，常在砂浆中加入纤维。

35.【答案】A

【解析】本题主要考查的是常用的砂浆外加剂。常用的砂浆外加剂有石灰王、抹得乐、岩砂精、砂浆王、砂浆宝、水泥添加剂、水泥塑化剂等。

36.【答案】A

【解析】本题主要考查的是陶瓷制品。因釉面砖砖体多孔，吸收大量水分后将产生湿胀现象，导致釉面开裂、剥落。

37.【答案】C

【解析】本题主要考查的是节能装饰型玻璃—中空玻璃的特征。中空玻璃主要用于保温隔热、隔声等功能要求较高的建筑物，如宾馆、住宅、医院、商场、写字楼等，也广泛用于车船等交通工具。

38.【答案】A

【解析】本题主要考查的是建筑涂料。现代建筑涂料中，成膜物质多用树脂，尤以合成树脂为主。

39.【答案】C

【解析】本题考查的辅助成膜物质。辅助成膜物质不能构成涂膜，但可用于改善涂膜的性能或影响成膜过程，常用的有助剂和溶剂。

40. 【答案】B

【解析】本题考查的是次要成膜物质。次要成膜物质不能单独成膜，它包括颜料与填料。颜料不溶于水和油，赋予涂料美观的色彩。填料能增加涂膜厚度，提高涂膜的耐磨性和硬度，减少收缩，常用的有碳酸钙、硫酸钡、滑石粉等。

41. 【答案】A

【解析】本题主要考查的是地面涂料的适用范围。一是用于木质地面的涂饰，如常用的聚氨酯漆、钙酯地板漆和酚醛树脂地板漆等；二是用于地面装饰，做成无缝涂布地面等，如常用的过氯乙烯地面涂料、聚氨酯地面涂料、环氧树脂厚质地面涂料等。

42. 【答案】A

【解析】本题主要考查的是常用建筑材料（防水材料）的分类、基本性能及用途。SBS 改性沥青防水卷材，该类防水卷材广泛适用于各类建筑防水、防潮工程，尤其适用于寒冷地区和结构变形频繁的建筑物防水，并可采用热熔法施工。

43. 【答案】D

【解析】本题主要考查的是玻化微珠。玻化微珠是一种酸性玻璃质熔岩矿物质（松脂岩矿砂），内部多孔、表面玻化封闭，呈球状体细径颗粒。广泛应用于外墙内外保温砂浆、装饰板、保温板的轻质骨料。玻化微珠保温砂浆是以玻化微珠为轻质骨料与玻化微珠保温胶粉料按照一定的比例搅拌均匀混合而成的用于外墙内外保温的一种新型无机保温砂浆材料。玻化微珠保温砂浆具有优良的保温隔热性能和防火耐老化性能、不空鼓开裂、强度高等特性。

44. 【答案】B

【解析】本题主要考查的是常用建筑材料（保温隔热材料）的分类、基本性能及用途。玻化微珠是一种酸性玻璃质熔岩矿物质（松脂岩矿砂），内部多孔、表面玻化封闭，呈球状体细径颗粒。

45. 【答案】C

【解析】本题主要考查的是常用建筑材料（保温隔热材料）的分类、基本性能及用途。泡沫塑料是以合成树脂为基料，加入适当发泡剂、催化剂和稳定剂等辅助材料，经加热发泡而制成的具有轻质、保温、绝热、吸声和防震性能的材料。

三、多项选择题（每小题所设选项中有 2 个或 2 个以上正确答案，至少有 1 个错项）

1. 【答案】AC

【解析】本题主要考查的是冷拉热轧钢筋制作。冷拉可使钢筋的屈服强度、抗拉强度提高，但也造成钢材变脆、塑性、韧性降低。

2. 【答案】ACD

【解析】本题主要考查的是热处理钢筋。主要用作预应力钢筋混凝土轨枕，也可以用于预应力混凝土板、吊车梁等构件。

3. 【答案】ABC

【解析】本题主要考查的是重交通道路石油沥青。重交通道路石油沥青主要用于高速公路、一级公路路面，机场道面及重要的城市道路路面工程。

4. 【答案】BCD

【解析】本题主要考查的是改性石油沥青。橡胶改性沥青有较好的混溶性，能使沥青具有橡胶的很多优点，如高温变形性小，低温柔性好。常用的橡胶改性沥青有氯丁橡胶改性沥青、丁基橡胶改性沥青、热塑性弹性体（SBS）橡胶改性沥青、再生橡胶改性沥青等。SBS橡胶改性沥青具有良好的耐高温性、优异的低温柔性和耐疲劳性，是目前应用最成功和用量最大的一种改性沥青，主要用于制作防水卷材和铺筑高等级公路路面等。

5. 【答案】BCDE

【解析】本题主要考查的是预拌混凝土。预拌混凝土作为半成品，质量稳定、技术先进、节能环保，能提高施工效率，有利于文明施工。

6. 【答案】ACDE

【解析】本题主要考查的是加气混凝土砌块。加气混凝土砌块具有重量轻、保温隔热、强度高、加工性好等特点，加气混凝土砌块质量只相当于黏土砖的 1/4～1/3，普通混凝土的1/5，适用于高层建筑的填充墙和低层建筑的承重墙。

7. 【答案】ABD

【解析】本题主要考查的是人造石材。人造石材是以不饱和聚酯树脂为黏结剂，以花岗石碎料、大理石或方解石、白云石、硅砂、玻璃粉等无机物粉料为骨料，以及适量的阻燃剂、颜色等，经配料混合、瓷铸、振动压缩、挤压等方法成型固化制成的。常用的人造石材有人造花岗石、人造大理石和水磨石三种。

8. 【答案】BCD

【解析】本题主要考查的是砌筑砂浆分类。砌筑砂浆指的是将砖、石、砌块等块料经砌筑成为砌体的砂浆。它起黏结、衬垫和传力作用，是砌体的重要组成部分。砂浆按用途可分为砌筑砂浆、抹面砂浆、其他特种砂浆等；按所用胶凝材料的不同，可分为水泥砂浆、石灰砂浆、水泥石灰混合砂浆等；按生产形式可分成现场拌制砂浆和预拌砂浆。

9. 【答案】ABD

【解析】本题主要考查的是防水卷材。防水卷材有聚合物改性沥青防水卷材、合成高分子防水卷材和沥青防水卷材三大系列。

10. 【答案】ACDE

【解析】本题主要考查的是保温隔热材料。在土建工程中，常把用于控制室内热量外流的材料称为保温材料，将防止室外热量进入室内的材料称为隔热材料，两者统称为绝热材料。绝热材料主要用于墙体及屋顶、热工设备及管道、冷藏库等工程或冬季施工的工程。

11.【答案】DE

【解析】本题主要考查的是常用建筑材料（建筑密封材料）的分类、基本性能及用途。常用的不定型密封材料有沥青嵌缝油膏、聚氯乙烯接缝膏、塑料油膏、丙烯酸类密膏、聚氨酯密封膏、聚硫密封膏和硅酮密封膏等。定形密封材料是具有一定形状和尺寸的密封材料，包括密封条带和止水带，如铝合金门窗橡胶密封条、丁腈橡胶-PVC门窗密封条、自黏性橡胶、橡胶止水带、塑料止水带等。

12.【答案】ABDE

【解析】本题主要考查的是常用建筑材料（建筑密封材料）的分类、基本性能及用途。建筑密封材料是能承受接缝位移已达到气密、水密目的而嵌入建筑接缝中的材料。

13.【答案】ABC

【解析】本题主要考查的是常用建筑材料（防火材料）的分类、基本性能及用途。根据水性防火阻燃液的使用对象，可分为木材阻燃处理用的水性防火阻燃液、织物阻燃处理用的水性防火阻燃液及纸板阻燃处理用的水性防火阻燃液三类。

14.【答案】BCE

【解析】本题主要考查的是钢筋混凝土结构用钢筋。钢筋混凝土结构用钢筋主要有热轧钢筋、冷加工钢筋、热处理钢筋、钢丝和钢绞线。冷弯薄壁型钢、压型钢板属于钢结构用钢。

15.【答案】BD

【解析】本题主要考查的是细晶粒热轧钢筋的特点。细晶粒热轧钢筋指通过控冷控轧的方法，使钢筋组织晶粒细化，可提高强度，降低脆性。后缀有E的表示抗震钢筋。

16.【答案】BCD

【解析】本题主要考查的是水泥及胶凝材料。水泥是一种粉状水硬性无机胶凝材料，加水搅拌后成浆体，能在空气中硬化或者在水中硬化，并能把砂、石等材料牢固地胶结在一起。在建筑材料中，经过一系列理化作用，能从浆体变成坚固的石状体，并能将其他固体物料胶结成整体而具有一定机械强度的物质，统称为胶凝材料。根据化学组成的不同，胶凝材料可分为无机与有机两大类。无机胶凝材料按其硬化条件的不同又可分为气硬性和水硬性两类。只能在空气中硬化的称气硬性胶凝材料；既能在空气中，还能更好地在水中硬化的称水硬性胶凝材料，水泥就是良好的水硬性胶凝材料。

17. 【答案】ABCD

【解析】本题主要考查的是普通硅酸盐水泥。由硅酸盐水泥熟料5%~20%的混合材料、适量石膏磨细制成的水硬性胶凝材料，称为普通硅酸盐水泥，代号 P·O 普通硅酸盐水泥的强度等级分为 42.5、42.5R、52.5、52.5R 四个等级。

18. 【答案】BCD

【解析】本题主要考查的是沥青。沥青是一种有机胶凝材料，主要用于生产防水材料和铺筑沥青路面等。常用的沥青主要是石油沥青，也会使用少量的煤沥青。土木建筑工程中使用的石油沥青主要是建筑石油沥青和道路石油沥青。建筑石油沥青按针入度不同分为 10 号、30 号和 40 号三个牌号。主要用作制造油纸、油毡、防水涂料和沥青嵌缝膏。绝大部分用于屋面及地下防水、沟槽防水防腐蚀及管道防腐等工程。

19. 【答案】ABD

【解析】本题主要考查的是混凝土外加剂品种。常用混凝土外加剂有：减水剂、早强剂、引气剂及引气减水剂、缓凝剂、泵送剂、膨胀剂。

20. 【答案】ACDE

【解析】本题主要考查的是天然饰面花岗岩石材。花岗石板材质地坚硬密实、强度高、密度大、耐磨、耐酸、抗风化、耐久性好，主要应用于大型公共建筑或装饰等级要求较高的室内外装饰工程。大理石板材质地较密实、抗压强度较高、质地较软，属中硬石材，适用于各类公共建筑工程的室内装饰工程。

21. 【答案】DE

【解析】本题主要考查的是建筑玻璃的特点。在土木建筑工程中，玻璃是一种重要的建筑材料。建筑玻璃的功能不仅满足采光要求，而且还具有调节光线、保温隔热、节约能源、控制噪声、降低建筑物自重、改善建筑环境、提高建筑艺术水平等功能。

22. 【答案】BDE

【解析】本题主要考查的是建筑装饰木材种类。人造木材包括胶合板、纤维板、胶板夹合板（细木工板）、刨花板。其余为天然木材。

23. 【答案】ACD

【解析】本题主要考查的是高聚物改性沥青防水卷材的施工方法。高聚物改性沥青防水卷材的施工方法一般有热熔法、冷粘法和自粘法等。合成高分子防水卷材的施工方法一般有冷粘法、自粘法、焊接法和机械固定法。

24. 【答案】CD

【解析】本题主要考查的是膨胀珍珠岩特点。膨胀珍珠岩具有吸湿小、无毒、不燃、抗菌、耐腐、施工方便等特点。以膨胀珍珠岩为主，配合适量胶凝材料，经搅拌成型养护后制成的一定形状的板、块、管壳等制品称为膨胀珍珠岩制品。

第三节　土建工程主要施工工艺与方法

本节知识导图

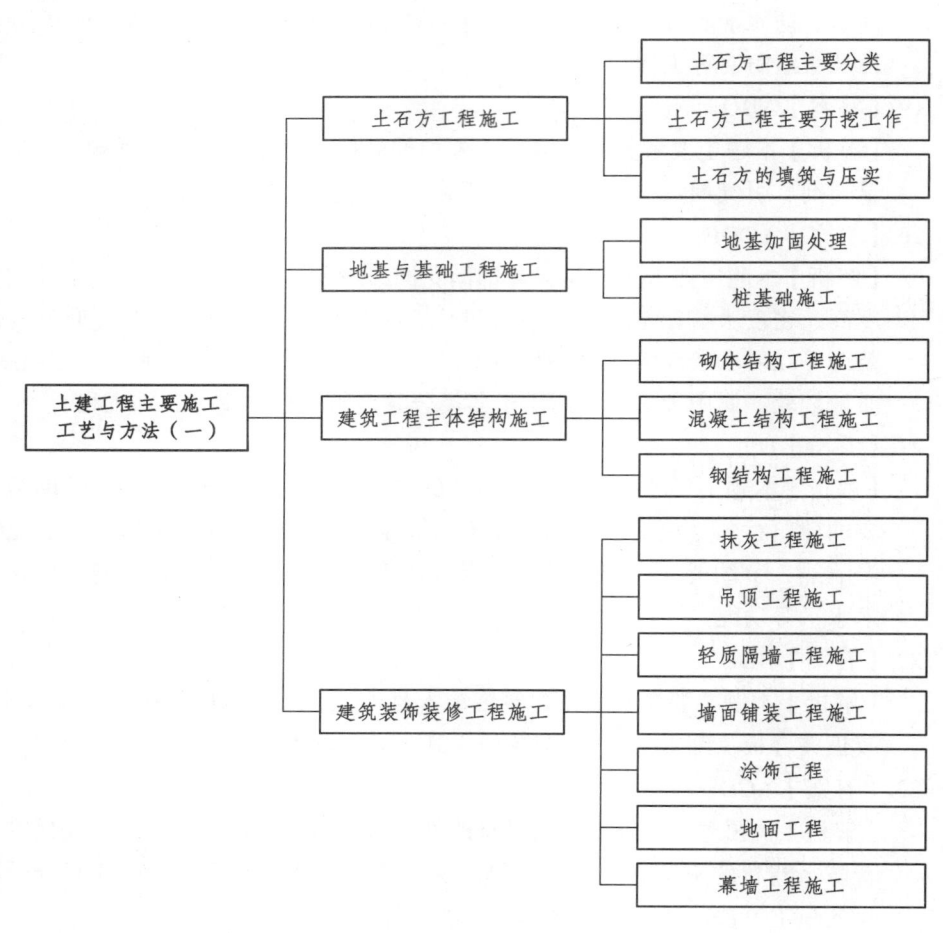

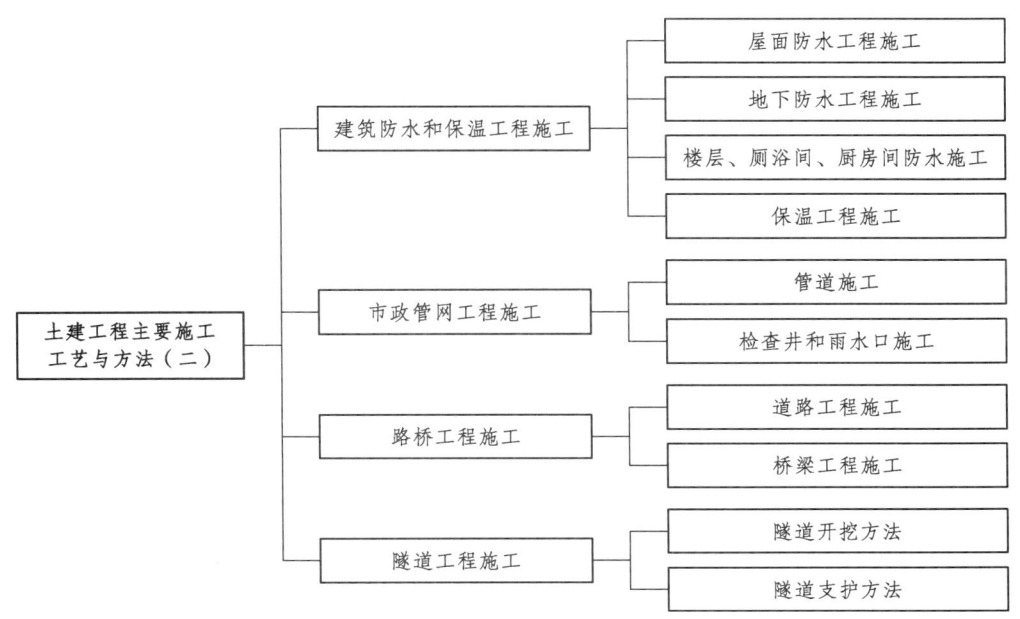

本节习题精选

一、判断题（判断正误，正确的打√，错误的打×）

1. 填方不应分层进行，尽量采用不同类土填筑。（   ）
2. 通常情况下，基坑土方开挖的明排水法主要适用于粗粒土层。（   ）
3. 土石方填筑时硫酸盐含量小于5%的土不能使用。（   ）
4. 地下水距地面 0.8 m 以上的湿陷性黄土不宜采用重锤夯实。（   ）
5. 浇筑前发生初凝，可继续浇筑且运输途中可以加水。（   ）
6. 混凝土泥浆护壁成孔灌注桩施工时，桩顶标高应比设计标高低出 0.8～1.0 m。（   ）
7. 构件平装法和构件立拼法是钢构件的组装方法。（   ）
8. 钢筋加工时可以对钢筋加热。（   ）
9. 混凝土的标准养护主要用于混凝土立方体试件，温度为 10～15 ℃。（   ）
10. 水泥粉煤灰碎石桩及的褥垫层最大颗粒直径不宜大于 30 mm。（   ）
11. 钢筋混凝土预制桩达到设计强度的 70% 方可起吊，达到 100% 方可运输和打桩。堆放层数不宜超过 5 层。（   ）
12. 吊顶板面安装固定时应从板的中间向板的四周固定。（   ）
13. 抹灰总厚度超过 30 mm 时，应采取加强措施。（   ）

14. 在装配整体式结构中，预制构件吊环应采用未经冷加工的 HRB400 钢筋制作。（   ）

15. 高温施工混凝土宜采用选用水化热高的水泥，混凝土浇筑时入模温度不高于 35 °C。（   ）

16. 纵向受力钢筋机械连接接头及焊接接头连接区段的长度为 35d 和 500 mm 相比较的较小值。（   ）

17. 墙面砖铺贴前应浸水 3 h 以上。（   ）

18. 添外加剂法不属于混凝土冬期养护方法。（   ）

19. 当卷材防水层上有重物覆盖或基层变形较大时，不宜采用满粘法铺贴。（   ）

20. 涂膜防水层的施工，遇高低跨屋面时，一般先涂高跨屋面，后涂低跨屋面。（   ）

21. 种植隔热层的屋面坡度小于 20%时，其排水层、种植土层应采取防滑措施。（   ）

22. 对于软土层厚度小于 3 m、埋深较浅的软土地基，宜采用无机结合料浅层拌和、挖除换填、抛石挤淤等浅层地基处理措施。（   ）

23. 一般大跨度斜拉桥可根据桥址处的地形、水文气象条件和结构自身的特点，采用支架法、顶推法或平转等施工方法。（   ）

24. 土石方工程施工包括土石方的开挖、运输、填筑等主要施工过程。（   ）

25. 垂直挡土板式按布置方式分为间断式和连续式两种。（   ）

26. 利用地层与基桩的摩擦力来承载建筑物荷载的桩属于端承桩。（   ）

27. 常用的钢筋混凝土预制方形桩的边长通常为 200～550 mm。（   ）

二、单项选择题（每题的备选项中，只有 1 个最符合题意）

1. 基坑开挖深度超过（   ）称为深基坑。
   A. 5 m　　　　　B. 4 m　　　　　C. 3 m　　　　　D. 6 m

2. 土方边坡坡度以（   ）之比表示。
   A. 高度与底宽度　　　　　B. 底宽度与高度
   C. 高度与斜面长度　　　　D. 斜面长度与高度

3. 在松散土体中开挖 6 m 深的沟槽，支护方式应优先采用（   ）。
   A. 间断式水平挡土板横撑式支撑　　B. 连续式水平挡土板横撑式支撑
   C. 垂直挡土板式支撑　　　　　　　D. 重力式支护结构支撑

4. 在松散潮湿的砂土中挖 4 m 深的基槽，其支护方式不宜采用（   ）。
   A. 悬臂式板式支护　　　　　B. 垂直挡土板式支撑
   C. 间断式水平挡土板支撑　　D. 连续式水平挡土板支撑

5. 通常情况下，基坑土方开挖的明排水法主要适用于（   ）。
   A. 细砂土层　　　B. 粉砂土层　　　C. 粗粒土层　　　D. 淤泥土层

6. 关于土石方填筑，说法正确的是（　　）。
   A. 不宜采用同类土填筑
   B. 从上至下填筑土层的透水性应从小到大
   C. 淤泥宜填在下层
   D. 硫酸盐含量小于5%的土不能使用

7. 土石方在填筑施工时应（　　）。
   A. 先将不同类别的土搅拌均匀　　B. 采用同类土填筑
   C. 分层填筑时需搅拌　　D. 将含水量大的黏土填筑在底层

8. 关于地基夯实加固处理成功的经验是（　　）。
   A. 砂土、杂填土和软黏土层适宜采用重锤夯实
   B. 地下水距地面0.8 m以上的湿陷性黄土不宜采用重锤夯实
   C. 碎石土、砂土、粉土不宜采用强夯法
   D. 工业废渣、垃圾地基适宜采用强夯法

9. 地基处理常采用强夯法，其特点在于（　　）。
   A. 处理速度快、工期短，适用于城市施工
   B. 不适用于黏性土处理
   C. 不适用于"围海造地"地基
   D. 防止粉土及粉砂的液化

10. 钢筋混凝土预制桩的运输和堆放应满足以下要求（　　）。
    A. 混凝土强度达到设计强度的70%方可运输
    B. 混凝土强度达到设计强度的100%方可打桩
    C. 堆放层数不宜超过10层
    D. 不同规格的桩按上小下大的原则堆放

11. 在钢筋混凝土预制桩打桩施工中，应用最多接桩方法是（　　）。
    A. 硫黄胶泥锚接　　B. 焊接连接
    C. 法兰连接　　D. 套筒连接

12. 下列关于接桩和拔桩的说法，错误的是（　　）。
    A. 长桩适合用液压千斤顶抬起
    B. 一般桩可用人字桅杆借卷扬机或用钢丝绳捆紧桩头部借横梁用液压千斤顶抬起
    C. 采用蒸汽锤打桩的，可直接用蒸汽锤拔桩
    D. 常用接桩方法中，焊接接桩应用最多

13. 集水坑应设置在基础范围以外，地下水走向的上游。根据地下水量大小、基坑平面形状及水泵能力，集水坑每隔（　　）设置一个。
    A. 10～20 m　　B. 20～30 m
    C. 20～40 m　　D. 30～50 m

14. 土石方填筑与压实时,(　　)主要用于压实非黏性土。
    A. 气胎碾　　　　　　　　　　B. 羊足碾
    C. 夯实法　　　　　　　　　　D. 振动压实法

15. 混凝土泥浆护壁成孔灌注桩施工时,应(　　)次清孔。
    A. 1　　　　B. 2　　　　C. 3　　　　D. 4

16. 混凝土泥浆护壁成孔灌注桩施工时,桩顶标高应(　　)。
    A. 比设计标高高出 0.8 ~ 1.0 m　　　B. 比设计标高高出 0.6 ~ 0.7 m
    C. 比设计标高低出 0.8 ~ 1.0 m　　　D. 比设计标高低出 0.6 ~ 0.7 m

17. 混凝土泥浆护壁成孔灌注桩施工工序有:①定位;②埋设护筒;③安装导管;④起拔导管、护筒;⑤混凝土养护;⑥灌注水下混凝土;⑦二次清孔;⑧安装钢筋笼;⑨一次清孔;⑩成孔;⑪桩机就位。下列施工顺序正确的是(　　)。
    A. ①→②→③→④→⑤→⑥→⑦→⑧→⑨→⑩→⑪
    B. ①→②→⑪→⑩→⑨→⑧→③→⑦→⑥→④→⑤
    C. ①→④→⑤→②→③→⑧→⑦→⑥→⑪→⑩→⑨
    D. ①→②→⑦→⑥→⑤→④→③→⑪→⑩→⑨→⑧

18. 构造柱砌成的马牙槎,其凹凸尺寸和高度可约为(　　)。
    A. 60 mm 和 345 mm　　　　　　B. 60 mm 和 260 mm
    C. 70 mm 和 385 mm　　　　　　D. 90 mm 和 385 mm

19. 关于砖墙灰缝宽度,下列说法正确的是(　　)。
    A. 灰缝宽度可为 6 mm　　　　　B. 灰缝宽度应为 6 ~ 12 mm
    C. 灰缝宽度应为 8 ~ 12 mm　　　D. 灰缝宽度应为 6 ~ 12 mm

20. 主要用于浇筑平板式楼板或带边梁楼板的工具式模板为(　　)。
    A. 大模板　　　　　　　　　　B. 台模
    C. 隧道模板　　　　　　　　　D. 永久式模板

21. 下列关于钢筋混凝土梁、板模板的说法,正确的是(　　)。
    A. 跨度小于 4 m 的,模板应起拱　　B. 起拱高度宜为 1/1000 ~ 4/1000
    C. 跨度不小于 4 m 的,模板应起拱　D. 不用起拱

22. 大体积混凝土结构浇筑即(　　)。
    A. 边长大于 1 m 的混凝土结构
    B. 高度大于 1 m 的混凝土结构
    C. 长度是宽度 5 倍的混凝土结构
    D. 实体最小几何尺寸不小于 1 m 的混凝土结构

23. 下列关于混凝土的标准养护,说法正确的是(　　)。
    A. 温度为 5 ~ 20 ℃　　　　　　B. 相对湿度在 80%以上
    C. 温度为 10 ℃ ~ 20 ℃　　　　D. 相对湿度在 90%以上

24. 下列关于混凝土的加热养护，说法正确的是（　　）。
    A. 降低了混凝土硬化过程　　　　　B. 可以在湿度很低的环境下进行
    C. 常用的方法是蒸汽养护　　　　　D. 不能使用蒸汽养护
25. 下列关于混凝土冬期施工，说法正确的是（　　）。
    A. 室外日最高气温连续 5 日稳定低于 5 ℃
    B. 室外日最低气温连续 10 日稳定低于 5 ℃
    C. 室外日平均气温连续 5 日稳定低于 5 ℃
    D. 室外日平均气温连续 10 日稳定低于 5 ℃
26. 混凝土冬期养护方法错误的是（　　）。
    A. 不加热也不添加外加剂　　　　　B. 不加热，添加外加剂
    C. 用蒸汽法加热　　　　　　　　　D. 在蓄热法的基础上添加外加剂
27. 关于混凝土高温期的说法，错误的是（　　）。
    A. 当日平均气温达到 30 ℃ 及以上
    B. 当日平均气温达到 35 ℃ 及以上
    C. 连续 5 日，平均气温达到 30 ℃ 及以上
    D. 连续 5 日，平均气温达到 35 ℃ 及以上
28. 关于高温施工混凝土宜采用的原则是（　　）。
    A. 采用高标号水泥用量的混凝土
    B. 选用水化热高的水泥
    C. 混凝土坍落度为 60 mm
    D. 混凝土浇筑时入模温度不应高于 35 ℃
29. 在装配整体式结构中，关于混凝土强度等级说法错误的是（　　）。
    A. 预制构件的混凝土强度等级不宜低于 C30
    B. 预应力混凝土预制构件的混凝土强度等级不宜低于 C40
    C. 预应力混凝土预制构件的混凝土强度等级不应低于 C30
    D. 现浇混凝土的强度等级不应低于 C30
30. 钢结构的连接方式不包括（　　）。
    A. 焊接　　　　　　　　　　　　　B. 螺栓连接
    C. 铆接　　　　　　　　　　　　　D. 化学试剂黏结
31. 下列属于钢构件组装方法的是（　　）。
    A. 地样组装法　　　　　　　　　　B. 构件平装法
    C. 构件立拼法　　　　　　　　　　D. 模具拼装法
32. 下列不属于钢构件的预拼装方法的是（　　）。
    A. 胎模组装法　　　　　　　　　　B. 构件平装法
    C. 构件立拼法　　　　　　　　　　D. 模具拼装法

33. 压型钢板根据截面形式不同，可以分为3种，其中不包括（　　）。
    A. 高波板　　　　B. 中波板　　　　C. 低波板　　　　D. 平板

34. 关于抹灰基层处理，说法不正确的是（　　）。
    A. 砖砌体应清除表面杂物、尘土，抹灰前应洒水湿润
    B. 混凝土表面应凿毛或在表面洒水润湿后涂刷 1∶1 水泥砂浆（加适量胶黏剂）
    C. 加气混凝土应在湿润后边刷界面剂边抹强度不小于 M5 的水泥混合砂浆
    D. 砖砌体不用清除表面杂物、尘土，不用洒水湿润

35. 关于吊顶龙骨安装，说法错误的是（　　）。
    A. 应根据吊顶的设计标高在四周墙上弹线
    B. 主龙骨吊点间距、起拱高度应符合设计要求，当设计无要求时，吊点间距应小于 2.1 m，应按房间短向跨度适当起拱
    C. 吊杆应通直，距主龙骨端部距离不得超过 300 mm
    D. 固定板材的次龙骨间距不得大于 600 mm，在潮湿地区和场所，间距宜为 300 ~ 400 mm

36. 关于吊顶施工，下列说法正确的是（　　）。
    A. 主龙骨吊点间距、起拱高度应符合设计要求。当设计无要求时，吊点间距应小于 1.2 m
    B. 吊杆应通直，距主龙骨端部距离不得小于 400 mm
    C. 固定板材的次龙骨间距不得小于 600 mm
    D. 纸面石膏板螺钉与板边距离：纸包边宜为 15 ~ 20 mm，切割边宜为 10 ~ 15 mm

37. 钢结构单层厂房，安装前（　　）是需要进行吊装稳定性验算的钢结构构件。
    A. 钢柱　　　　B. 钢屋架　　　　C. 吊车梁　　　　D. 钢桁架

38. 下列压型金属板属于中波板的是（　　）。
    A. 波高大于 25 ~ 40 mm 的压型钢板
    B. 波高大于 30 ~ 45 mm 的压型钢板
    C. 波高大于 35 ~ 50 mm 的压型钢板
    D. 波高大于 40 ~ 55 mm 的压型钢板

39. 墙面石材铺装符合规定的是（　　）。
    A. 较厚的石材应在背面粘贴玻璃纤维网布
    B. 较薄的石材应在背面粘贴玻璃纤维网布
    C. 强度较高的石材应在背面粘贴玻璃纤维网布
    D. 采用粘贴法施工时基层应压光

40. 关于竹、木地板铺贴时的误差，说法正确的是（　　）。
    A. 基层平整度误差不得大于 5 mm
    B. 基层平整度误差不得大于 7 mm
    C. 基层平整度误差不得大于 9 mm
    D. 基层平整度误差不得大于 10 mm

41. 具备隔声效果较好、通透性强，被广泛用于各种底层公共空间的外装饰的幕墙是（   ）。
    A. 框架玻璃幕墙　　　　　　　　　B. 全玻璃幕墙
    C. 点支撑玻璃幕墙　　　　　　　　D. 石材幕墙

42. 关于土石方填筑说法中，正确的是（   ）。
    A. 淤泥可作为填土
    B. 冻土可作为填土
    C. 膨胀性土可作为填土
    D. 硫酸盐含量大于 5% 的土不可作为填土

43. 下列关于水泥粉煤灰碎石桩地基承载力提高幅度说法中，正确的是（   ）。
    A. CFG 桩形成的复合地基承载力不可提高
    B. CFG 桩形成的复合地基承载力可提高幅度达 2 倍以上
    C. CFG 桩形成的复合地基承载力可提高幅度达 3 倍以上
    D. CFG 桩形成的复合地基承载力可提高幅度达 4 倍以上

44. 下列关于水泥粉煤灰碎石桩垫层厚度说法中，正确的是（   ）。
    A. 褥垫层厚度可取 50～100 mm　　B. 褥垫层厚度可取 100～200 mm
    C. 褥垫层厚度可取 200～300 mm　　D. 褥垫层厚度可取 300～400 mm

45. 下列应在现场预制的桩是（   ）。
    A. 长度 7 m 的桩　　　　　　　　B. 长度 8 m 的桩
    C. 长度 9 m 的桩　　　　　　　　D. 长度 11 m 的桩

46. 下列关于爆扩成孔灌注桩中，说法错误的是（   ）。
    A. 能节省劳动力　　　　　　　　B. 降低成本
    C. 桩承载力也较大　　　　　　　D. 软土和新填土也可以使用

47. 关于砌筑砂浆选用水泥强度，说法正确的是（   ）。
    A. 选用水泥强度一般是砂浆强度的 2～3 倍
    B. 选用水泥强度一般是砂浆强度的 3～4 倍
    C. 选用水泥强度一般是砂浆强度的 4～5 倍
    D. 选用水泥强度一般是砂浆强度的 5～6 倍

48. 关于厨房、卫生间底部的现浇混凝土坎台高度，说法正确的是（   ）。
    A. 无设计要求时，高度宜为 150 mm
    B. 无设计要求时，高度宜为 200 mm
    C. 无设计要求时，高度宜为 250 mm
    D. 无设计要求时，高度宜为 300 mm

49. 关于模板拆除顺序，下列说法错误的是（   ）。
    A. 先拆承重模板，后拆非承重模板
    B. 先拆侧模板，后拆底模板
    C. 框架结构模板的拆除顺序一般是柱、楼板、梁侧模、梁底模
    D. 拆除大型结构的模板时，必须事先制定详细方案

50. 关于混凝土的标准养护,说法正确的是( )。
    A. 温度为 5~10 ℃   B. 温度为 10~15 ℃
    C. 温度为 15~20 ℃   D. 温度为（20±3）℃

51. 关于混凝土的标准养护,说法正确的是( )。
    A. 相对湿度为 90%以上的潮湿环境或水中养护
    B. 相对湿度为 80%以上的潮湿环境或水中养护
    C. 相对湿度为 70%以上的潮湿环境或水中养护
    D. 相对湿度为 60%以上的潮湿环境或水中养护

52. 关于混凝土浇筑入模温度,说法正确的是( )。
    A. 混凝土浇筑时入模温度不高于 50 ℃
    B. 混凝土浇筑时入模温度不高于 45 ℃
    C. 混凝土浇筑时入模温度不高于 40 ℃
    D. 混凝土浇筑时入模温度不高于 35 ℃

53. 抹灰总厚度超过( )时,应采取加强措施。
    A. 20 mm   B. 25 mm   C. 30 mm   D. 35 mm

54. 关于吊顶龙骨安装说法正确的是( )。
    A. 当设计无要求时,主龙骨吊点间距应小于 1.2 m
    B. 当设计无要求时,主龙骨吊点间距应小于 1.3 m
    C. 当设计无要求时,主龙骨吊点间距应小于 1.4 m
    D. 当设计无要求时,主龙骨吊点间距应小于 1.5 m

55. 吊顶龙骨安装,吊杆应通直,距主龙骨端部距离是( )。
    A. 不得超过 300 mm   B. 不得小于 300 mm
    C. 不得超过 400 mm   D. 不得小于 400 mm

56. 墙面砖铺贴前应至少浸水( )。
    A. 2 h   B. 3 h   C. 4 h   D. 5 h

57. 下列关于混凝土浇筑的说法,错误的是( )。
    A. 浇筑前发生初凝,不可继续浇筑
    B. 运输途中禁止加水
    C. 浇筑过程中发生离析现象可以继续浇筑
    D. 自由倾落高度不宜超过 2 m

58. 下列关于墙面石材铺装说法,错误的是( )。
    A. 墙面砖铺贴前应进行挑选,并应按设计要求进行预拼
    B. 强度较低或较薄的石材应在背面粘贴玻璃纤维网布
    C. 湿作业法施工,每块石材与钢筋网拉接点不得少于 3 个
    D. 当采用粘贴法施工时,基层处理应平整但不应压光

59. 混凝土或抹灰基层涂刷溶剂型涂料时,下列说法错误的是( )。
    A. 含水率不得大于 8%
    B. 涂刷水性涂料时,含水率不得大于 10%

C. 木质基层含水率不得大于12%
D. 施工现场环境温度宜在5~40℃之间

60. 在装配整体式结构中，关于混凝土强度等级说法正确的是（　　）。
    A. 预制构件的混凝土强度等级不宜低于C40
    B. 预应力混凝土预制构件的混凝土强度等级不宜低于C50
    C. 预应力混凝土预制构件的混凝土强度等级不应低于C40
    D. 现浇混凝土的强度等级不应低于C25

61. 在装配整体式结构中，预制构件吊环应采用（　　）。
    A. 未经冷加工的HPB300钢筋制作
    B. 未经冷加工的HRB400钢筋制作
    C. 未经冷加工的HRB500钢筋制作
    D. 未经冷加工的HRB600钢筋制作

62. 关于钢筋加工下列说法正确的是（　　）。
    A. 高温状态下进行
    B. 不应对钢筋加热
    C. 钢筋可多次弯折到位
    D. 包括冷拉、调制、剪切和弯曲，但不包括除锈

63. 采用防水卷材层进行铺贴，距屋面周边（　　）内以及叠层铺贴的各层之间应满粘。
    A. 700 mm　　　B. 800 mm　　　C. 900 mm　　　D. 1200 mm

64. 卷材防水层施工时，应先进行细部构造处理，然后由屋面（　　）。
    A. 最低标高向上铺贴　　　B. 最高标高向下铺贴
    C. 最低标高向下铺贴　　　D. 最高标高向上铺贴

65. 关于卷材防水层施工铺贴顺序，说法不正确的是（　　）。
    A. 卷材宜平行屋脊铺贴
    B. 上下层卷材可以相互垂直铺贴
    C. 顺檐沟、天沟方向铺贴
    D. 由屋面最低标高向上铺贴

66. 采用二层胎体增强材料时，上下层搭接缝应错开，其间距不应小于幅宽的（　　）。
    A. 1/5　　　B. 1/4　　　C. 1/3　　　D. 1/2

67. 以地下结构本身的密实性（即防水混凝土）实现防水功能，使结构承重和防水合为一体的防水方案称之为（　　）。
    A. 结构自防水　　　B. 表面防水层防水
    C. 止水带防水　　　D. 防排结合

68. 以下表面防水层防水属于刚性防水的是（　　）。
    A. 卷材防水层　　　B. 涂膜防水层
    C. 刚性防水　　　D. 水泥砂浆防水

69. 关于防水混凝土在施工中应注意的事项，下列说法错误的是（ ）。
    A. 保持施工环境干燥，避免带水施工
    B. 防水混凝土浇筑时的自落高度不得大于 1.5 m
    C. 防水混凝土应自然养护，养护时间小于 14 d
    D. 喷射混凝土终凝 2 h 后应采取喷水养护，养护时间不得少于 14 d

70. 以下表面防水层防水属于柔性防水的是（ ）。
    A. 卷材防水层   B. 橡胶止水带防水
    C. 刚性防水   D. 水泥砂浆防水

71. "地下建筑墙体做好后，直接将卷材防水层铺贴墙上，然后砌筑保护墙"该描述指的是（ ）。
    A. 外贴法   B. 内贴法   C. 满粘法   D. 点粘法

72. 止水带的构造形式，目前采用较多的是（ ）。
    A. 粘贴式   B. 可卸式   C. 埋入式   D. 橡胶止水带

73. 卷材防水层内贴法如图 1.3.1 所示，图中"2"指的是（ ）。

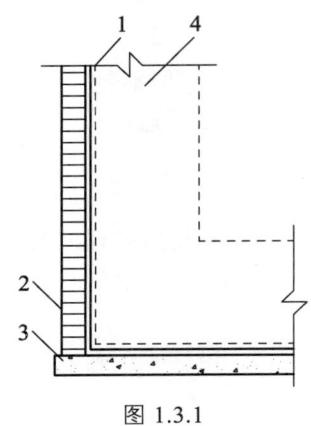

图 1.3.1

    A. 卷材防水层   B. 保护墙
    C. 垫层   D. 尚未施工的构筑物

74. 关于外墙外保温施工环境要求，下列说法正确的是（ ）。
    A. 外保温工程施工期间以及完工后 24 h 内，基层及环境空气温度应不低于 0 ℃。
    B. 夏季无须避免阳光曝晒
    C. 在 5 级以上大风天气和雨天不得施工
    D. 外保温工程应做好系统在檐口、勒脚处的包边处理

75. 关于屋面保温工程干铺法施工，下列说法错误的是（ ）。
    A. 板状材料保温层采用干铺法施工时，保温材料应紧靠在基层表面上
    B. 保温材料应铺平垫稳
    C. 分层铺设的板块上下层接缝不宜相互错开
    D. 板间缝隙应采用同类材料的碎屑嵌填密实

76. 关于城市排水管道的施工顺序有：① 沟槽土方开挖；② 管道安装；③ 管道基础浇筑；④ 管道试压、冲洗、闭水试验；⑤ 土方回填。正确的顺序为（　　）。
    A. ①→②→③→④→⑤   B. ①→③→②→④→⑤
    C. ①→③→④→②→⑤   D. ①→③→②→⑤→④

77. 市政管道施工中的不开槽管法施工的优点不包括（　　）。
    A. 高效、优质   B. 对环境友善
    C. 不污染环境   D. 造价低

78. 关于管道不开槽施工法中的浅埋暗挖法，以下说法不正确的是（　　）。
    A. 浅埋暗挖法的技术核心是依据新奥法的基本原理
    B. 是一种抑制围岩过大变形的综合配套施工技术
    C. 适用于不宜明挖施工的含水量较小的各种地层
    D. 不适用于地沉陷要求严格的情况下修建埋置较浅的地下结构工程

79. 路基施工横挖法适用于（　　）。
    A. 短而深的路堑
    B. 较长的路堑
    C. 较长、较深、两端地面纵坡较小的路堑
    D. 过长，弃土运距过远，一侧堑壁较薄的傍山路堑

80. 对于软土层厚度小于 3 m、埋深较浅的软土地基，不宜采用（　　）。
    A. 无机结合料浅层拌和   B. 挖除换填
    C. 抛石挤淤   D. 排水固结法

81. 路基施工，路堑石方开挖，可采用（　　）。
    A. 爆破法   B. 挖除换填法   C. 刚性桩   D. 排水固结

82. 图 1.3.2 所表达的路堑土方开挖的方法是（　　）。

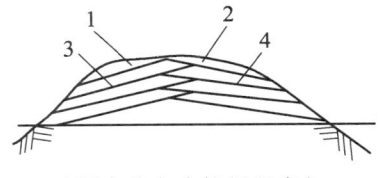

（图中数字为挖掘顺序）

图 1.3.2

    A. 分层纵挖法   B. 通道纵挖法
    C. 分段纵挖法   D. 纵面和平法

83. 关于路堤中涵洞的设置，说法错误的是（　　）。
    A. 钢筋混凝土盖板涵，可就地浇筑混凝土涵洞基础和涵墙
    B. 混凝土拱涵，不可就地灌筑，需分段预制安装施工
    C. 钢筋混凝土圆管涵，在开挖基槽、铺筑垫层、浇筑管基后，进行排管、处理接缝、砌筑端墙及铺砌洞口等完成施工
    D. 石砌拱涵，可采用砌筑施工

84. 关于热拌沥青混合料路面施工压路机初压、复压、终压三个阶段，正确的是（   ）。
    A. 初压应选用轻型钢筒式压路机或开启振动装置的振动压路机
    B. 复压应紧接初压后，选用重型轮胎式压路机、振动压路机或钢筒式压路机，碾压 1~2 遍
    C. 终压选用双轮钢筒式压路机或关闭振动的振动压路机，慢而均匀地碾压，至少两遍
    D. 应从路中心向外侧碾压

85. 桥梁墩台基础通常可分为浅基础和深基础两大类，（   ）往往采用敞坑开挖的方式施工，因而也称为明挖基础。
    A. 明挖法   B. 暗挖法   C. 深基础   D. 浅基础

86. 在跨越山谷、险沟、海洋的大桥建设中，大桥的墩台常采用（   ）墩台。
    A. 现场浇筑   B. 石砌   C. 砌块式   D. 装配式

87. 关于桥梁墩台的模板类型，混凝土墩台高度小于 30 m 的可采用（   ）。
    A. 固定式轻型脚手架   B. 简易活动脚手架
    C. 固定模板   D. 滑动模板

88. 我国公路桥梁的主流结构形式是（   ）。
    A. 梁式桥   B. 拱桥   C. 悬索桥   D. 斜拉桥

89. 普通型钢筋混凝土拱桥可选用方法不包括（   ）。
    A. 无支架缆索吊装法   B. 整孔吊装法
    C. 转体法   D. 悬臂法

90. 以下关于悬索桥锚碇的说法，不正确的是（   ）。
    A. 锚碇结构分为重力式、隧道式及岩锚式三种
    B. 锚碇结构以重力式、隧道式为主
    C. 锚锭一般是大体积混凝土结构
    D. 岩锚式一般与重力式组合

91. （   ）开挖施工，适用于开挖软岩，不适用于开挖地下水较多、围岩不太稳定的底地层。
    A. 钻爆法   B. TMB 法   C. 独臂钻   D. 盾构法

三、多项选择题（每小题所设选项中有 2 个或 2 个以上正确答案，至少有 1 个错项）

1. 下列关于土方开挖的降水与排水的说法，正确的是（   ）。
    A. 明排水法不宜用于粗粒土层
    B. 明排水法可用于渗水量小的黏土层
    C. 采用明排水法时，集水坑应设置在基础范围以内

D. 采用明排水法时，集水坑应设置在地下水走向的上游

E. 采用明排水法时，集水坑每隔 20～40 m 设置一个

2. 下列土石方在填筑压实施工，说法错误的是（　　）。

A. 先将不同类别的土搅拌均匀

B. 采用同类土填筑

C. 分层填筑时需搅拌

D. 将含水量大的黏土填筑在底层

E. 分层填筑时不需搅拌

3. 下列关于水泥粉煤灰碎石桩的说法，正确的是（　　）。

A. 复合地基承载力提高幅度可达 3 倍以上

B. 地基变形量小

C. 桩的承载能力来自桩全长产生的摩阻力及桩端承载力

D. 褥垫层材料最大粒径不宜大于 30 mm

E. 褥垫层厚度可取 100～300 mm

4. 下列关于水泥粉煤灰碎石桩，说法错误的是（　　）。

A. 复合地基承载力提高幅度可达 4 倍以上

B. 地基变形量大

C. 桩的承载能力来自桩全长产生的摩阻力及桩端承载力

D. 褥垫层材料最大粒径不宜大于 20 mm

E. 褥垫层厚度可取 200～300 mm

5. 关于钢筋混凝土预制桩加工制作，说法错误的是（　　）。

A. 长度在 10 m 以下的桩一般在工厂预制

B. 堆放层数不宜超过 5 层

C. 桩强度达到设计强度 80% 时方可运输

D. 桩的强度达到设计强度的 70% 方可起吊

E. 桩强度达到设计强度 100% 时方可打桩

6. 在钢筋混凝土预制桩打桩施工中，属于接桩方法是（　　）。

A. 硫黄胶泥锚接　　　　　　　B. 焊接连接

C. 法兰连接　　　　　　　　　D. 套筒连接

E. 锤击沉桩

7. 在钢筋工程施工中，关于钢筋连接下列说法正确的是（　　）。

A. 当受力钢筋采用机械连接接头或焊接接头时，设置在同一构件内的接头宜相互错开

B. 纵向受力钢筋机械连接接头及焊接接头连接区段的长度为 $35d$ 且不小于 500 mm

C. 接头宜设置在有抗震设防要求的框架梁端、柱端的箍筋加密区

D. 直接承受动力荷载的结构构件中，纵向钢筋不宜采用焊接接头

E. 在梁、柱类构件的纵向受力钢筋搭接长度范围内，可不配置箍筋

8. 下列选项中，属于大模板特点的有（   ）。
   A. 提高机械化程度   B. 减少用工量
   C. 缩短工期   D. 模板能自爬
   E. 重量小

9. 下列关于模板拆除顺序，说法正确的是（   ）。
   A. 先拆非承重模板，后拆承重模板
   B. 先拆承重模板，后拆非承重模板
   C. 先拆侧模板，后拆底模板
   D. 先拆底模板，后拆侧模板
   E. 拆除大型结构的模板时，必须事先制定详细方案

10. 下列关于混凝土浇筑的说法，正确的是（   ）。
    A. 浇筑前发生初凝，不可继续浇筑
    B. 运输途中禁止加水
    C. 浇筑过程中发生离析现象不能浇筑
    D. 自由倾落高度不宜超过 2 m
    E. 节点处的混凝土实行"先低后高"的浇捣原则，即先浇低强度等级混凝土，后浇高强度等级混凝土

11. 关于混凝土养护，下列说法正确的是（   ）。
    A. 标准养护用于对混凝土立方体试件进行养护
    B. 标准养护的温度为 10～20 ℃
    C. 加热养护加速混凝土硬化过程
    D. 加热养护常用的方法是蒸汽养护
    E. 自然养护所指常温状态是平均气温不低于 0 ℃

12. 关于混凝土养护，下列说法错误的是（   ）。
    A. 标准养护，不能用于混凝土试件养护
    B. 标准养护的温度为 10～20 ℃
    C. 加热养护降低混凝土硬化过程
    D. 加热养护常用的方法是蒸汽养护
    E. 自然养护所指常温状态是平均气温不低于 5 ℃

13. 关于混凝土冬期施工措施中，下列说法正确的是（   ）。
    A. 宜采用硅酸盐水泥
    B. 提高水灰比，增加用水量
    C. 浇筑前将混凝土或其组成材料加温，提高混凝土的入模温度
    D. 人工制造一个适宜的温湿条件，对混凝土进行养护
    E. 搅拌时，加入一定的外加剂

14. 在装配整体式结构中，关于混凝土强度等级的说法，正确的是（   ）。
    A. 预制构件的混凝土强度等级不宜低于 C30
    B. 预应力混凝土预制构件的混凝土强度等级不宜低于 C40

C. 预应力混凝土预制构件的混凝土强度等级不应低于 C30

D. 现浇混凝土的强度等级不应低于 C30

E. 预制构件吊环应采用未经冷加工的 HPB300 钢筋制作

15. 下列选项中，不属于钢构件的预拼装方法的是（　　）。
    A. 地样组装法　　　　　　　　B. 构件平装法
    C. 构件立拼法　　　　　　　　D. 模具拼装法
    E. 胎膜组装法

16. 下列选项中，不属于钢构件的组装方法的是（　　）。
    A. 地样组装法　　　　　　　　B. 构件平装法
    C. 构件立拼法　　　　　　　　D. 模具拼装法
    E. 胎膜组装法

17. 在装配整体式结构中，关于混凝土强度等级说法错误的是（　　）。
    A. 预制构件的混凝土强度等级不宜低于 C40
    B. 预应力混凝土预制构件的混凝土强度等级不宜低于 C40
    C. 预应力混凝土预制构件的混凝土强度等级不应低于 C40
    D. 现浇混凝土的强度等级不应低于 C25
    E. 预制构件吊环应采用未经冷加工的 HRB400 钢筋制作

18. 关于吊顶施工说法，正确的是（　　）。
    A. 主龙骨吊点间距、起拱高度应符合设计要求。当设计无要求时，吊点间距应小于 1.2 m
    B. 吊杆应通直，距主龙骨端部距离不得小于 400 mm
    C. 固定板材的次龙骨间距不得小于 600 mm
    D. 纸面石膏板螺钉与板边距离：纸包边宜为 15~20 mm，切割边宜为 10~15 mm
    E. 板周边钉距宜为 150~170 mm

19. 下列关于爆扩成孔灌注桩施工特点，说法正确的是（　　）。
    A. 能节省劳动力　　　　　　　B. 降低成本
    C. 桩承载力也较大　　　　　　D. 软土可以使用
    E. 新填土不可以使用

20. 关于涂膜防水的一般要求，下列说法正确的是（　　）。
    A. 遇高低跨屋面时，一般先涂高跨屋面，后涂低跨屋面
    B. 对同一屋面上，先涂布排水较集中的节点部位，再进行大面积涂布
    C. 当需铺设胎体增强材料时，屋面坡度小于 15% 时可平行屋脊铺设
    D. 空铺附加层，其空铺宽度宜为 90 mm
    E. 涂膜防水层上应设置保护层，以提高防水层的使用年限

21. 管道不开槽埋管法的施工方法指在不开挖或只开挖少量作业坑的条件下，利用岩土钻掘技术进行敷设、修复和更换管道。以下属于该法的是（　　）。
    A. 顶管法　　B. 盾构法　　C. 浅埋暗挖法
    D. 开槽埋管法　　E. 刚性接口安装法

22. 路基施工纵挖法分为（　　）。
    A. 分层纵挖法　　　　　　　　B. 分段纵挖法
    C. 通道纵挖法　　　　　　　　D. 横挖法
    E. 混合法

23. 关于路基施工纵挖法，下列说法正确的是（　　）。
    A. 分层纵挖法适用于短而深的路堑
    B. 横挖法适用于较长的路堑
    C. 通道纵挖法适用于较长、较深、两端地面纵坡较小的路堑
    D. 分段纵挖法适用于过长，弃土运距过远，一侧堑壁较薄的傍山路堑
    E. 混合法即将横挖法与纵挖法混合使用

24. 软土路基施工，当软土层较厚、路基填土高度超过地基极限填土高度时，应采用（　　）。
    A. 挖除换填法　　　　　　　　B. 排水固结法
    C. 抛石挤淤法　　　　　　　　D. 加固土桩
    E. 刚性桩

25. 以下关于路堤中涵洞的设置，说法正确的是（　　）
    A. 钢筋混凝土盖板涵，可就地浇筑混凝土涵洞基础和涵墙
    B. 混凝土拱涵，不可就地灌筑，需分段预制安装施工
    C. 钢筋混凝土圆管涵，在开挖基槽、铺筑垫层、浇筑管基后，进行排管、处理接缝、砌筑端墙及铺砌洞口等完成施工
    D. 石砌拱涵，可采用砌筑施工
    E. 箱涵的施工方法与盖板涵类似

26. 桥梁墩台基础施工，明挖基础对于坑壁不加固的基坑，可采用（　　）施工方法。
    A. 垂直开挖　　　　　　　　　B. 放坡开挖
    C. 挡板支撑　　　　　　　　　D. 喷射混凝土护壁
    E. 板桩围堰

27. 斜拉桥的上部结构由（　　）三大部分组成。
    A. 锚锭　　　B. 主梁　　　C. 桥塔
    D. 斜拉索　　E. 主缆

28. 基坑支护中板式支护结构由（　　）组成。
    A. 锚固系统　　B. 挡墙系统　　C. 支撑系统
    D. 排水系统　　E. 降水系统

29. 换填地基法是先将基础底面以下一定范围内的软弱土层挖去，然后回填（　　）的材料。
    A. 具有膨胀性　　B. 强度较高　　C. 压缩性较低
    D. 压缩性较高　　E. 无侵蚀性

30. 夯实地基法的主要有（　　）两种。
    A. 重锤夯实法　　　　　　　　B. 人工夯实法
    C. 强夯法　　　　　　　　　　D. 机械夯实法
    E. 振动压实法

31. 泥浆护壁成孔方式中的潜水钻适用于（　　）土质。
    A. 黏性土　　　B. 淤泥　　　C. 淤泥质土
    D. 粉土　　　　E. 碎石土

32. 人工挖孔灌注桩的特点有（　　）。
    A. 单桩承载力低，沉降量较大
    B. 可直接检查桩直径、垂直度和持力层情况，桩质量可靠
    C. 施工机具设备简单，工艺操作简单
    D. 施工人员较多，占场地较大
    E. 施工无振动、无环境污染，对周边建筑无影响

33. 下列关于砌体结构施工基本规定，说法正确的是（　　）。
    A. 基底标高不同时，应从低处砌起，并应由高处向低处搭砌
    B. 当设计无要求时，搭接长度 L 不应大于基础底的高差 H
    C. 砌体的转角处和交接处应同时砌筑
    D. 对于墙上洞口、沟槽可在砌筑完毕后在墙体上开凿洞口、沟槽
    E. 宽度超过 500 mm 的洞口上部，应设置钢筋混凝土过梁

34. 下列关于模板安装说法正确的是（　　）。
    A. 必须按照图纸上所要求的形状、线形和尺寸安装，并保证误差在规定的范围内
    B. 当在模板内浇注混凝土时，模板将会发生轻度挠曲，所以不得预留任何空隙余量
    C. 模板应正确安装，并精确定位，所有的模板应在垂直或水平的连接处安装固定
    D. 对跨度不小于 4 m 的钢筋混凝土梁、板，其模板应按设计要求起拱
    E. 模板与混凝土的接触面应清理干净并涂刷隔离剂，但不得采用影响结构性能或妨碍装饰工程施工的隔离剂

35. 用于振动捣实混凝土拌合物的振动器按其工作方式可分为（　　）。
    A. 内部振动器　　　　　　　　B. 上部振动器
    C. 外部振动器　　　　　　　　D. 表面振动器
    E. 振动台

36. 混凝土养护一般可分为（　　）。
    A. 机械养护　　B. 人工养护　　C. 标准养护
    D. 加热养护　　E. 自然养护

37. 钢结构构件的连接方式分为（　　）等。
    A. 焊接　　　　B. 套筒连接　　C. 螺栓连接
    D. 铆接　　　　E. 螺纹连接

38. 止水带的构造形式主要有（　　）。
   A. 橡胶式 B. 粘贴式 C. 钢板式
   D. 埋入式 E. 可卸式

39. 保温材料性能必须符合设计要求，下列属于对屋面保温材料性能要求的有（　　）。
   A. 导热系数 B. 燃烧性能 C. 防水性能
   D. 表观密度 E. 抗压强度

40. 市政管网工程中关于开槽埋管法的"四合一"施工包括（　　）四个工序合在一起施工。
   A. 平基 B. 稳管 C. 管座
   D. 接管 E. 抹带

41. 钢架支护是隧道开挖支护的一种形式，目前使用的钢架主要包括（　　）。
   A. 格栅钢架 B. 型钢钢架 C. 钢纤维钢架
   D. 钢木钢架 E. 钢丝钢架

本节习题解析

一、判断题（判断正误，正确的打√，错误的打×）

1. 【答案】×
   【解析】本题主要考查的是土方回填。同类土，分层填。

2. 【答案】√
   【解析】本题主要考查的是土石方工程的准备与辅助工作。明排水法由于设备简单和排水方便，采用较为普遍，宜用于粗粒土层，也用于渗水量小的黏土层。

3. 【答案】×
   【解析】本题主要考查的是土石方填筑与压实。硫酸盐含量大于5%的土均不能做填土。

4. 【答案】√
   【解析】本题主要考查的是地基加固处理。重锤夯实法适用于地下水距地面0.8 m以上的稍湿的黏土、砂土、湿陷性黄土、杂填土和分层填土。

5. 【答案】×
   【解析】本题主要考查的是混凝土结构工程施工。① 混凝土浇筑前不应发生离析或初凝现象，如已发生，须重新搅拌。浇筑混凝土前，应清除模板内或垫层上的杂物。② 混凝土运输、输送、浇筑过程中严禁加水，混凝土运输、输送、浇筑过程中散落的混凝土严禁用于结构浇筑。

6. 【答案】×
   【解析】本题主要考查的是地基与基础工程施工。灌注桩的桩顶标高至少要比设计标高高出 0.8～1.0 m，桩底清孔质量按不同成桩工艺有不同的要求，应按相关规范要求执行。

7. 【答案】×

【解析】本题主要考查的是钢结构工程施工。钢构件的组装方法较多，但较常采用的是地样组装法和胎膜组装法。

8. 【答案】×

【解析】本题主要考查的是混凝土结构工程施工。钢筋加工包括冷拉、调直、除锈、剪切和弯曲等，宜在常温状态下进行，加工过程中不应对钢筋进行加热，钢筋应一次弯折到位。

9. 【答案】×

【解析】本题主要考查的是混凝土结构工程施工。标准养护，混凝土在温度为 20 ℃±3 ℃、相对湿度为 90% 以上的潮湿环境或水中进行的养护，称为标准养护。标准养护用于对混凝土立方体试件进行养护。

10. 【答案】√

【解析】本题主要考查的是地基加固处理。褥垫层颗粒直径不宜大于 30 mm；厚度可取 200～300 mm。

11. 【答案】×

【解析】本题主要考查的是桩基础施工。钢筋混凝土预制桩应在混凝土达到设计强度的 70% 方可起吊，达到 100% 方可运输和打桩。堆放层数不宜超过 4 层，不同规格的桩应分别堆放。

12. 【答案】√

【解析】本题主要考查的是建筑装饰装修工程施工。板材应在自由状态下进行安装，固定时应从板的中间向板的四周固定。

13. 【答案】×

【解析】本题主要考查的是建筑装饰装修工程施工。抹灰总厚度超过 35 mm 时，应采取加强措施。

14. 【答案】×

【解析】本题考查的是装配式混凝土结构工程施工，装配整体式结构中，预制构件吊环应采 HPB300 钢筋制作。

15. 【答案】×

【解析】本题主要考查的是混凝土结构工程施工。高温施工宜采用低水泥用量的原则，并可采用粉煤灰取代部分水泥；宜选用水化热较低的水泥；混凝土坍落度不宜小于 70 mm，混凝土浇筑入模温度不应高于 35 ℃。

16. 【答案】×

【解析】本题主要考查的是钢筋的连接。纵向受力钢筋机械连接接头及焊接接头连接区段的长度为 35d（d 为纵向受力钢筋的较大直径）且不小于 500 mm。

17. 【答案】×

【解析】本题主要考查的是建筑装饰装修工程施工。墙面砖铺贴前应进行挑选，并应浸水 2 h 以上，晾干表面水分。

18. 【答案】×

【解析】本题主要考查的是混凝土冬季养护。混凝土冬期养护方法主要有三类：① 混凝土养护期间不加热的方法，如蓄热法、掺外加剂法等。② 混凝土养护期间加热的方法，如电热法、蒸汽加热法和暖棚法等。③ 综合方法，即把上述两类方法综合应用，如目前常用的综合蓄热法，即在蓄热法基础上掺外加剂（早强剂或防冻剂）或进行短时加热等综合措施。

19. 【答案】√

【解析】本题主要考查的是卷材防水施工。当卷材防水层上有重物覆盖或基层变形较大时，应优先采用空铺法、点粘法、条粘法或机械固定法，但距屋面周边 800 mm 内以及叠层铺贴的各层之间应满粘。

20. 【答案】√

【解析】本题主要考查的是涂膜防水层的施工。涂膜防水层的施工应按"先高后低，先远后近"的原则进行。遇高低跨屋面时，一般先涂高跨屋面，后涂低跨屋面。对同一屋面上，先涂布排水较集中的水落口、天沟、檐沟、檐口等节点部位，再进行大面积涂布。

21. 【答案】×

【解析】本题主要考查的是种植隔热层施工。种植隔热层与防水层之间宜设细石混凝土保护层。种植隔热层的屋面坡度大于 20%时，其排水层、种植土层应采取防滑措施。排水层应与排水系统连通，挡墙或挡板泄水孔的留设应符合设计要求，并不得堵塞。

22. 【答案】√

【解析】本题主要考查的是软土路基施工。软土泛指软黏土、淤泥质土、淤泥、泥炭质土、泥炭等软弱土，因其含水率高、孔隙比大、压缩性高、抗剪强度低，作为路基时必须加固。对于软土层厚度小于 3 m、埋深较浅的软土地基，宜采用无机结合料浅层拌和、挖除换填、抛石挤淤等浅层地基处理措施；软土层较厚、路基填土高度超过地基极限填土高度时，应采用排水固结法、粒料桩、加固土桩、刚性桩等深层地基处理措施。

23. 【答案】×

【解析】本题主要考查的是斜拉桥施工。斜拉桥的上部结构由主梁、桥塔和斜拉索三大部分组成，一般大跨度斜拉桥主梁多采用悬臂浇筑或悬臂拼装的方法施工，中小跨度的斜拉桥则可根据桥址处的地形、水文气象条件和结构自身的特点，采用支架法、顶推法或平转等施工方法。

24. 【答案】×

【解析】本题主要考查的是土石方工程施工概念。土石方工程施工包括土石方的开挖、运输、填筑、平整与压实等主要施工过程。

25. 【答案】×

【解析】本题主要考查的是基坑支护中的横撑式支撑。横撑式支撑分为水平挡土板式和垂直挡土板式，水平挡土板式的布置又分为间断式和连续式两种。

26. 【答案】×

【解析】本题主要考查的是桩基础施工。利用地层与基桩的摩擦力来承载建筑物荷载的桩属于摩擦桩。

27. 【答案】√

【解析】本题主要考查的是钢筋混凝土预制桩。常用的钢筋混凝土预制方形桩的边长通常为 200～550 mm。

二、单项选择题（每题的备选项中，只有1个最符合题意）

1. 【答案】A

【解析】本题考查的是基坑开挖的概念。超过 5 m 称为深基坑。

2. 【答案】A

【解析】本题考查的是土石方工程施工技术。土方边坡坡度以其高度（H）与底宽度（B）之比表示。

3. 【答案】C

【解析】本题考查的是土石方工程施工技术。湿度小的黏性土挖土深度小于 3 m 时，可用间断式水平挡土板支撑；对松散、湿度大的土可用连续式水平挡土板支撑，挖土深度可达 5 m。对松散和湿度很高的土可用垂直挡土板式支撑，其挖土深度不限。

4. 【答案】C

【解析】本题考查的是土石方工程施工技术。湿度小的黏性土挖土深度小于 3 m 时，可用间断式水平挡土板支撑，对松散、湿度大的土可用连续式水平挡土板支撑，挖土深度可达 5 m，对松散和湿度很高的土可用垂直挡土板式支撑，挖土深度不限。

5. 【答案】C

【解析】本题考查的是土石方工程的准备与辅助工作。明排水法由于设备简单和排水方便，采用较为普遍，宜用于粗粒土层，也用于渗水量小的黏土层。

6. 【答案】B

【解析】本题考查的是土石方填筑与压实。选项 A 错误，填方宜采用同类土填筑；选项 C 错误，淤泥不宜做填土用；选项 D 错误，硫酸盐含量大于 5%的土均不能做填土。

7.【答案】B

【解析】本题考查的是土石方的填筑与压实。选项A、C错误，填方施工应接近水平地分层填土、分层压实，每层的厚度根据土的种类及选用的压实机械而定；选项B正确，填方宜采用同类土填筑；选项D错误，填方土料为黏性土时，填土前应检查其含水量是否在控制范围以内，含水量大的黏土不宜做填土用。

8.【答案】D

【解析】本题考查的是地基加固处理。选项A、B错误，重锤夯实法适用于地下水距地面0.8 m以上的稍湿的黏土、砂土、湿陷性黄土、杂填土和分层填土；选项C错误，强夯法适用于加固碎石土、砂土、低饱和度粉土、黏性土、湿陷性黄土、高填土、杂填土以及"围海造地"地基、工业废渣、垃圾地基等处理。

9.【答案】D

【解析】本题考查的是地基加固处理。选项A、C错误，强夯法不得用于不允许对工程周围建筑物和设备有一定振动影响的地基加固；选项B错误，强夯法适用于加固碎石土、砂土、低饱和度粉土、黏性土、湿陷性黄土、高填土、杂填土以及"围海造地"地基、工业废渣、垃圾地基等的处理；选项D正确，也可用于防止粉土及粉砂的液化，消除或降低大孔土的湿陷性等级。

10.【答案】B

【解析】本题考查的是桩基础施工。钢筋混凝土预制桩应在混凝土达到设计强度的70%方可起吊，达到100%方可运输和打桩。堆放层数不宜超过4层，不同规格的桩应分别堆放。

11.【答案】B

【解析】本题考查的是桩基础施工。常用的接桩方法有焊接、法兰接或硫黄胶泥锚接。焊接接桩应用最多。

12.【答案】A

【解析】本题考查的是桩基础施工。当已打入的混凝土预制桩由于某种原因拔出时，长桩可用拔桩机进行，一般桩可用人字桅杆借卷扬机或用钢丝绳捆紧桩头部借横梁用液压千斤顶抬起，采用蒸汽锤打桩的，可直接用蒸汽锤拔桩。

13.【答案】C

【解析】本题考查的是土石方工程的准备与辅助工作。集水坑应设置在基础范围以外，地下水走向的上游。根据地下水量大小、基坑平面形状及水泵能力，集水坑每隔20~40 m设置一个。

14.【答案】D

【解析】本题考查的是土石方施工技术。平整场地等大面积填土多采用碾压法，小面积的填土工程多用夯实法，而振动压实法主要用于压实非黏性土。

15.【答案】B

【解析】本题考查的是地基与基础工程施工。混凝土泥浆护壁成孔灌注桩施工时，需要二次清孔。

16.【答案】A

【解析】本题考查的是地基与基础工程施工。灌注桩的桩顶标高至少要比设计标高高出 0.8～1.0 m，桩底清孔质量按不同成桩工艺有不同的要求，应按相关规范要求执行。

17.【答案】B

【解析】本题考查的是地基与基础工程施工。

18.【答案】B

【解析】本题考查的是建筑工程主体结构施工技术。墙体应砌成马牙槎，马牙槎凹凸尺寸不宜小于 60 mm，高度不应超过 300 mm，马牙槎应先退后进，对称砌筑。

19.【答案】C

【解析】本题考查的是砌体结构工程施工。砖墙灰缝宽度宜为 10 mm，且不应小于 8 mm，也不应大于 12 mm。竖向灰缝不应出现瞎缝、透明缝和假缝。

20.【答案】B

【解析】本题考查的是混凝土结构工程施工。主要用于浇筑平板式楼板或带边梁楼板的工具式模板为台模。

21.【答案】C

【解析】本题考查的是混凝土结构工程施工。对跨度不小于 4 m 的钢筋混凝土梁、板，其模板应按设计要求起拱；当设计无具体要求时，起拱高度宜为跨度的 1/1000～3/1000。

22.【答案】D

【解析】本题考查的是混凝土结构工程施工。大体积混凝土结构是指混凝土结构物实体最小几何尺寸不小于 1 m 的大体量混凝土，或预计会因混凝土中胶凝材料水化引起的温度变化和收缩而导致有害裂缝产生的混凝土。

23.【答案】D

【解析】本题考查的是混凝土结构工程施工，混凝土在温度为 20 ℃ ± 3 ℃，相对湿度为 90% 以上的潮湿环境或水中进行的养护，称为标准养护。

24.【答案】C

【解析】本题考查的是混凝土结构工程施工，为了加速混凝土的硬化过程，对混凝土拌合物进行加热处理，使其在较高的温度和湿度环境下迅速凝结、硬化的养护，称为加热养护。

25.【答案】C

【解析】本题考查的是混凝土结构工程施工，当室外日平均气温连续 5 日稳定低于 5 ℃ 时，应采取冬期施工措施。

26.【答案】A

【解析】本题考查的是混凝土结构工程施工，混凝土冬期养护方法主要有三类：① 混凝土养护期间不加热的方法，如蓄热法、掺外加剂法等。② 混凝土养护期间加热的方法，如电热法、蒸汽加热法和暖棚法等。③ 综合方法，即把上述两类方法综合应用，如目前常用的综合蓄热法，即在蓄热法基础上掺外加剂（早强剂或防冻剂）或进行短时加热等综合措施。

27.【答案】A

【解析】本题考查的是混凝土结构工程施工，当日平均气温达到 30 ℃ 及以上时，应按高温施工要求采取措施。

28.【答案】D

【解析】本题考查的是混凝土结构工程施工，高温施工宜采用低水泥用量的原则，并可采用粉煤灰取代部分水泥；宜选用水化热较低的水泥；混凝土坍落度不宜小于 70 mm，混凝土浇筑入模温度不应高于 35 ℃。

29.【答案】D

【解析】本题考查的是装配式混凝土结构工程施工，装配整体式结构中，预制构件的混凝土强度等级不宜低于 C30；预应力混凝土预制构件的混凝土强度等级不宜低于 C40，且不应低于 C30；现浇混凝土的强度等级不应低于 C25。

30.【答案】D

【解析】本题考查的是钢结构工程施工。钢结构的连接方式分为焊接、螺栓连接、铆接等。

31.【答案】A

【解析】本题考查的是钢结构工程施工。钢构件的组装方法较多，但较常采用的是地样组装法和胎膜组装法，B、C、D 选项为钢构件的预拼装方法。

32.【答案】A

【解析】本题考查的是钢结构工程施工，钢构件拼装方法有构件平装法、构件立拼法和利用模具拼装法三种。

33.【答案】D

【解析】本题考查的是压型钢板的分类。压型钢板截面形式不同，其应用范围也不相同，其要求如下：

高波板，即波高大于 50 mm 的压型钢板，多用于单坡长度较长的屋面。
中波板，即波高为 35～50 mm 的压型钢板，多用于屋面板。
低波板，即波高为 12～35 mm 的压型钢板，多用于墙面板和现场复合的保温屋面，也可用于墙面的内板。

34.【答案】D

【解析】本题考查的是建筑装饰装修工程施工。砖砌体表面应清除杂物，应散水湿润。

35.【答案】B

【解析】本题考查的是吊顶龙骨安装。主龙骨吊点间距、起拱高度应符合设计要求。当设计无要求时，吊点间距应小于 1.2 m，应按房间短向跨度适当起拱。主龙骨安装后应及时校正其位置标高。

36. 【答案】A

【解析】本题考查的关于吊顶施工相关参数。吊杆应通直，距主龙骨端部距离不得超过 300 mm，固定板材的次龙骨间距不得大于 600 mm，在潮湿地区或场所，间距宜为 300~400 mm，纸面石膏板螺钉与板边距离：纸包边宜为 10~15 mm，切割边宜为 15~20 mm。考生应注意区分相关细部数据。

37. 【答案】B

【解析】本题考查的是建筑工程主体结构施工技术。钢屋架侧向刚度较差，安装前需进行吊装稳定性验算，稳定性不足时应进行吊装临时加固，通常可在钢屋架上下弦处绑扎杉木杆加固。

38. 【答案】C

【解析】本题考查的是钢结构工程施工。中波板即波高大于 35~50 mm 的压型钢板，多用于屋面板。

39. 【答案】B

【解析】本题考查的是墙面铺装工程。墙面石材铺装应符合下列规定：① 墙面砖铺贴前应进行挑选，并应按设计要求进行预拼。② 强度较低或较薄的石材应在背面粘贴玻璃纤维网布。③ 当采用湿作业法施工时，固定石材的钢筋网应与预埋件连接牢固。④ 当采用粘贴法施工时，基层处理应平整但不应压光。

40. 【答案】A

【解析】本题考查的是建筑装饰装修工程施工技术。基层平整度误差不得大于 5 mm。

41. 【答案】B

【解析】本题考查的是建筑装饰装修工程施工技术。由玻璃板和玻璃肋制作的玻璃幕墙称为全玻璃幕墙，采用较厚的玻璃隔声效果较好、通透性强，用于外墙装饰时使室内外环境浑然一体，被广泛用于各种底层公共空间的外装饰。

42. 【答案】D

【解析】本题考查的是土石方填筑与压实。淤泥、冻土、膨胀性土及有机物含量大于 8% 的土，以及硫酸盐含量大于 5% 的土均不能作为填土。

43. 【答案】D

【解析】本题考查的是地基加固处理。水泥粉煤灰碎石桩（CFG 桩）是在碎石桩基础上加进一些石屑、粉煤灰和少量水泥，加水拌和制成的具有一定黏结强度的桩。桩的承载能力来自桩全长产生的摩阻力及桩端承载力，桩越长承载力愈高，桩土形成的复合地基承载力提高幅度可达 4 倍以上且变形量小，适用于多层和高层建筑地基，是近年来新开发的一种地基处理技术。

44. 【答案】C

【解析】本题考查的是地基加固处理。褥垫层厚度可取 200~300 mm。

45. 【答案】D

【解析】本题考查的是桩基础施工。长度在 10 m 以上的桩，通常在现场附近露天预制。

46.【答案】D

【解析】本题考查的是地基与基础工程施工。这种桩成孔方法简便，能节省劳动力，降低成本，做成的桩承载力也较大。爆扩桩的适用范围较广，除软土和新填土外，其他各种土层中均可使用。

47.【答案】C

【解析】本题考查的是砌体结构工程施工。选用水泥强度一般是砂浆强度的4~5倍。

48.【答案】A

【解析】本题考查的是砌体结构工程施工。在厨房、卫生间、浴室等处采用轻骨料混凝土小型空心砌块、蒸压加气混凝土砌块砌筑墙体时，墙底部宜现浇混凝土坎台，其高度宜为150 mm。

49.【答案】A

【解析】本题考查的是砌体结构工程施工。选项A说法错误，先拆非承重模板，后拆承重模板。

50.【答案】D

【解析】本题考查的是混凝土结构工程施工。混凝土在温度为20 ℃±3 ℃，相对湿度为90%以上的潮湿环境或水中进行的养护，称为标准养护。

51.【答案】A

【解析】本题考查的是混凝土结构工程施工。混凝土在温度为20 ℃±3 ℃，相对湿度为90%以上的潮湿环境或水中进行的养护，称为标准养护。

52.【答案】D

【解析】本题考查的是混凝土结构工程施工。高温施工宜采用低水泥用量的原则，并可采用粉煤灰取代部分水泥，宜选用水化热较低的水泥，混凝土坍落度不宜小于70 mm，混凝土浇筑入模温度不应高于35 ℃。

53.【答案】D

【解析】本题考查的是建筑装饰装修工程施工。大面积抹灰前应设置标筋。抹灰应分层进行，每遍厚度宜为5~7 mm。抹石灰砂浆和水泥混合砂浆每遍厚度宜为7~9 mm。当抹灰总厚度超出35 mm时，应采取加强措施。

54.【答案】A

【解析】本题考查的是建筑装饰装修工程施工。主龙骨吊点间距、起拱高度应符合设计要求。当设计无要求时，吊点间距应小于1.2 m，应按房间短向跨度适当起拱。

55.【答案】A

【解析】本题考查的是建筑装饰装修工程施工。吊杆应通直，距主龙骨端部距离不得超过300 mm。

56.【答案】A

【解析】本题考查的是建筑装饰装修工程施工。墙面砖铺贴前应进行挑选，并应浸水2 h以上，晾干表面水分。

57. 【答案】C
【解析】本题考查的是混凝土结构工程施工。先浇筑竖向结构。在浇筑竖向结构混凝土前,应先在底部填厚度不大于 30 mm、与混凝土内砂浆成分相同的水泥砂浆;浇筑过程中混凝土不得发生离析现象。

58. 【答案】C
【解析】本题考查的是装饰工程施工。① 墙面砖铺贴前应进行挑选,并应按设计要求进行预拼。② 强度较低或较薄的石材应在背面粘贴玻璃纤维网布。③ 当采用湿作业法施工时,固定石材的钢筋网应与预埋件连接牢固。每块石材与钢筋网拉接点不得少于 4 个。④ 当采用粘贴法施工时,基层处理应平整但不应压光。

59. 【答案】D
【解析】本题考查的是装饰工程施工。混凝土或抹灰基层涂刷溶剂型涂料时,含水率不得大于 8%;涂刷水性涂料时,含水率不得大于 10%;木质基层含水率不得大于 12%。施工现场环境温度宜为 5~35 ℃,并应注意通风换气和防尘。

60. 【答案】D
【解析】本题考查的是装配式混凝土结构工程施工。装配整体式结构中,预制构件的混凝土强度等级不宜低于 C30;预应力混凝土预制构件的混凝土强度等级不宜低于 C40,且不应低于 C30;现浇混凝土的强度等级不应低于 C25。

61. 【答案】A
【解析】本题考查的是装配式混凝土结构工程施工。装配整体式结构中,预制构件吊环应采用未经冷加工的 HPB300 钢筋制作。

62. 【答案】B
【解析】本题考查的是混凝土结构工程施工。钢筋加工应在常温下进行,加工过程中不应对钢筋进行加热,钢筋应一次弯折到位,包括冷拉、调制、除锈、剪切和弯曲。

63. 【答案】B
【解析】本题考查的是防水卷材施工。卷材防水层一般用满粘法、点粘法、条粘法和空铺法等来进行铺贴。当卷材防水层上有重物覆盖或基层变形较大时,应优先采用空铺法、点粘法、条粘法或机械固定法,但距屋面周边 800 mm 内以及叠层铺贴的各层之间应满粘。

64. 【答案】A
【解析】本题考查的是铺贴顺序与卷材接缝。卷材防水层施工时,应先进行细部构造处理,然后由屋面最低标高向上铺贴。

65. 【答案】B
【解析】本题考查的是铺贴顺序与卷材接缝。卷材防水层施工时,应先进行细部构造处理,然后由屋面最低标高向上铺贴。D 正确,檐沟、天沟卷材施工时,宜顺檐沟、天沟方向铺贴,搭接缝应顺流水方向。C 正确,卷材宜平行屋脊铺贴。A 正确,上下层卷材不得相互垂直铺贴。本题选择不正确的,故选 B。

66. 【答案】C

【解析】本题考查的是涂膜防水层施工的一般要求。采用二层胎体增强材料时，上下层不得相互垂直铺设，搭接缝应错开，其间距不应小于幅宽的1/3。

67. 【答案】A

【解析】本题考查的是地下防水工程施工。地下工程防水方案主要有以下三类：一是结构自防水。它是以地下结构本身的密实性（即防水混凝土）实现防水功能，使结构承重和防水合为一体，A正确。二是表面防水层防水，即在结构的外表面加设防水层，以达到防水的目的。常用的防水层有水泥砂浆防水层、卷材防水层、涂膜防水层等。三是防排结合，即采用防水加排水措施，排水方案可采用盲沟排水、渗排水、内排水等。

68. 【答案】D

【解析】本题考查的是表面防水层施工防水。

水泥砂浆防水层是一种刚性防水层，它是依靠提高砂浆层的密实性来达到防水要求。这种防水层取材容易，施工方便，防水效果较好，成本较低，适用于地下砖石结构的防水层或防水混凝土结构的加强层。水泥砂浆防水层又可分为：① 刚性多层法防水层。利用素灰（即较稠的纯水泥浆）和水泥砂浆分层交叉抹面而构成的防水层，具有较高的抗渗能力。② 刚性外加剂法防水层。在普通水泥砂浆中掺入防水剂，使水泥砂浆内的毛细孔填充、胀实、堵塞，获得较高的密实度，提高抗渗能力。

69. 【答案】C

【解析】本题考查的是防水混凝土在施工中应注意的事项。① 保持施工环境干燥，避免带水施工。② 防水混凝土采用预拌混凝土时，入泵坍落度宜控制在120～140 mm，坍落度每小时损失不应大于 20 mm，坍落度总损失值不应大于40 mm。③ 防水混凝土浇筑时的自落高度不得大于1.5 m；防水混凝土应采用机械振捣，并保证振捣密实。④ 防水混凝土应自然养护，养护时间不少于 14 d。⑤ 喷射混凝土终凝 2 h 后应采取喷水养护，养护时间不得少于14 d；当气温低于 5 ℃时，不得喷水养护。⑥ 防水混凝土结构的变形缝、施工缝、后浇带、穿墙管、埋设件等设置和构造必须符合设计要求。

70. 【答案】A

【解析】本题考查的是卷材防水层。卷材防水层是用沥青胶结材料粘贴油毡而成的一种防水层，属于柔性防水层。这种防水层具有良好的韧性和延伸性，可以适应一定的结构振动和微小变形，防水效果较好，目前仍作为地下工程的一种防水方案而被较广泛采用。

71. 【答案】A

【解析】本题考查的是防水卷材施工。① 外贴法。外贴法是指在地下建筑墙体做好后，直接将卷材防水层铺贴墙上，然后砌筑保护墙。② 内贴法。内贴法施工是指在地下建筑墙体施工前，先砌筑保护墙，然后将卷材防水层铺贴在保护墙上，最后进行地下建筑墙体浇筑。满粘法和点粘法属于卷材防水屋面施工的铺贴方法。

72.【答案】C
【解析】本题考查的是止水带的施工。止水带构造形式有粘贴式、可卸式和埋入式等。目前较多采用的是埋入式。根据防水设计的要求，有时在同一变形缝处可采用数层、数种止水带的构造形式。

73.【答案】B
【解析】本题考查的是卷材防水的施工。该图表示的是防水施工的内贴法，图中数字表示含义如下：1—卷材防水层；2—保护墙；3—垫层；4—尚未施工的构筑物。

74.【答案】C
【解析】本题考查的是外墙外保温施工。施工环境要求：外保温工程施工期间以及完工后 24 h 内，基层及环境空气温度应不低于 5 ℃，A 错误。夏季应避免阳光曝晒，B 错误。在 5 级以上大风天气和雨天不得施工，C 正确。D 选项属于构造要求，不属于施工环境要求。

75.【答案】C
【解析】本题考查的是屋面保温施工。干铺法施工：板状材料保温层采用干铺法施工时，保温材料应紧靠在基层表面上，应铺平垫稳，A、B 正确。分层铺设的板块上下层接缝应相互错开，C 错误。板间缝隙应采用同类材料的碎屑嵌填密实，D 正确。本题目选择错误的选项，故选 C。

76.【答案】B
【解析】本题考查的是城市排水管道施工。开槽埋管法施工：城市排水管道的施工，就开槽法施工而言，一般的施工程序为：施工准备工作→沟槽土方开挖→管道垫层、基础的浇筑→管道附属构筑物的施工→管道安装（下管和稳管）→管道工程的中间检查与验收→管道试压、冲洗、闭水试验→砌筑附属构筑物→土方回填→管道工程的检查和验收等程序。

77.【答案】D
【解析】本题考查的是不开槽管法施工。管道不开槽施工法指在不开挖或只开挖少量作业坑的条件下，利用岩土钻掘技术进行敷设、修复和更换管道。它高效、优质、对环境友善，具有不影响交通、不污染环境等优点。

78.【答案】D
【解析】本题考查的是不开槽管法施工。浅埋暗挖法：浅埋暗挖法的技术核心是依据新奥法的基本原理，施工中采用多种辅助措施加固围岩，充分调动围岩的自承能力，开挖后及时支护、封闭成环，使其与围岩共同作用形成联合支护体系，是一种抑制围岩过大变形的综合配套施工技术。适用于不宜明挖施工的含水量较小的各种地层，尤其对城市城区地面建筑物密集、交通运输繁忙、地下管线密布，且对地沉陷要求严格的情况下修建埋置较浅的地下结构工程更为适用。

79. 【答案】A

【解析】本题考查的是一般路基施工。路基施工包括路堑开挖、路堤填筑、压实和整修等。路堑土方开挖采用机械挖土,有横挖法、纵挖法和混合法。横挖法适用于短而深的路堑,按其横断面从路堑两端挖掘,用人力挖堑时,为加快进度可在不同高度处分为几个阶梯挖掘,其深度视工作便利与安全而定,一般为 1.5~2.0 m。纵挖法分为分层纵挖法、通道纵挖法和分段纵挖法,分层纵挖法适用于较长的路堑开挖,通道纵挖法适用于较长、较深、两端地面纵坡较小的路堑开挖,分段纵挖法适用于过长,弃土运距过远,一侧堑壁较薄的傍山路堑开挖。

80. 【答案】D

【解析】本题考查的是软土路基施工。对于软土层厚度小 3 m、埋深较浅的软土地基,宜采用无机结合料浅层拌和、挖除换填、抛石挤淤等浅层地基处理措施。

81. 【答案】A

【解析】本题考查的是一般路基施工。路堑石方开挖采用爆破法,常用爆破技术有预裂爆破、光面爆破和微差爆破。

82. 【答案】A

【解析】本题考查的是路堑土方开挖的方法。纵挖法如图 1.3.3 所示。

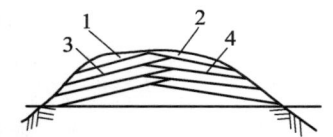 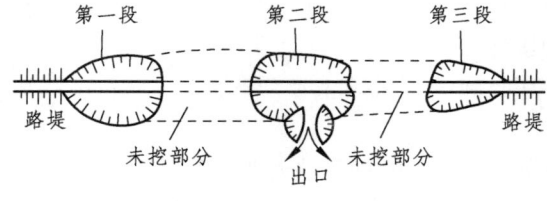

(a)分层纵挖法(图中数字为挖掘顺序)   (b)通道纵挖法(图中数字为拓宽顺序)

(c)分段纵挖法

图 1.3.3 纵挖法

83. 【答案】B

【解析】本题考查的是涵洞施工。对于路堤中设置的涵洞,如钢筋混凝土盖板涵,可就地浇筑混凝土涵洞基础和涵墙;对钢筋混凝土圆管涵,在开挖基槽、铺筑垫层、浇筑管基后,进行排管、处理接缝、砌筑端墙及铺砌洞口等完成施工;对混凝土拱涵,可就地灌筑、分块预制砌筑、分段预制安装施工;对石砌拱涵,可采用砌筑施工;箱涵的施工方法与盖板涵类似。

84.【答案】C

【解析】本题考查的是路面面层施工。沥青混合料摊铺可用人工或机械进行。热拌沥青混合料路面施工的关键是摊铺和压实成型。应选择合理的压路机组合，按初压、复压、终压（包括成型）三个阶段进行压实。初压应选用轻型钢筒式压路机或关闭振动装置的振动压路机，从外侧向路中心碾压两遍；复压应紧接初压后，选用重型轮胎式压路机、振动压路机或钢筒式压路机，碾压4~6遍；终压应紧接在复压后，选用双轮钢筒式压路机或关闭振动的振动压路机，慢而均匀地碾压，至少两遍。

85.【答案】

【解析】本题考查的是墩台基础施工。墩台基础通常可分为浅基础和深基础两大类，浅基础往往采用敞坑开挖的方式施工，因而也称为明挖基础。

86.【答案】D

【解析】本题考查的是墩台施工。在跨越山谷、险沟、海洋的大桥建设中，由于施工场地狭窄，机械设备难以达到施工现场或是运输成本过高等原因，大桥的墩台常采用装配式墩台，砌块式墩台的施工大体上与石砌墩台相同，只是预制块的形式因墩台形状不同而有很多变化。

87.【答案】C

【解析】本题考查的是墩台施工。桥梁墩台的模板类型有固定式模板、拼装式模板、组合钢模板、滑升模板及整体吊装模板等。石砌墩台可采用挤浆法分段砌筑，墩台高度小于6 m的多采用固定式轻型脚手架，高度为6~25 m的可采用简易活动脚手架，较高的墩台可采用悬吊脚手架。混凝土墩台的施工与其他钢筋混凝土构件的施工方法及所用模板基本相同，墩台高度小于30 m的可采用固定模板，大于30 m的常采用滑动模板施工。

88.【答案】A

【解析】本题考查的是公路桥梁。我国建成的超过55万座公路桥梁中，95%以上为梁式桥，由此可见，梁式桥一直是我国公路桥梁的主流结构形式。

89.【答案】B

【解析】本题考查的是拱桥施工。普通型钢筋混凝土拱桥可选用有支架、无支架缆索吊装法、转体法及悬臂法施工。B选项整孔吊装法来自梁式桥施工。钢梁桥是将工厂加工好的构件运至现场，选用拖拉法、悬臂拼装法、整孔吊装法、支架拼装法、缆索吊拼装法、转体法及顶推法等方法进行拼装施工。

90.【答案】D

【解析】本题考查的是悬索桥施工。悬索桥的施工主要包括锚碇、桥塔、主缆、吊索和加劲梁等的制作和安装，其中锚碇结构分为重力式、隧道式及岩锚式三种，以前两种为主，岩锚式一般与隧道式组合，锚碇一般是大体积混凝土结构。

91.【答案】C

【解析】本题考查的是隧道工程施工。独臂钻开挖施工，适用于开挖软岩，不适用于开挖地下水较多、围岩不太稳定的底地层。

三、多项选择题（每小题所设选项中有2个或2个以上正确答案，至少有1个错项）

1. 【答案】BDE

   【解析】本题主要考查的是土石方工程主要开挖工作。明排水法宜用于粗粒土层，也用于渗水量小的黏土层。集水坑应设置在基础范围以外，地下水走向的上游。根据地下水量大小、基坑平面形状及水泵能力，集水坑每隔20～40 m设置一个。

2. 【答案】ACD

   【解析】本题主要考查的是土石方的填筑与压实。选项A和选项C错误，填方施工应接近水平地分层填土、分层压实，每层的厚度根据土的种类及选用的压实机械而定；选项B、E正确，填方宜采用同类土，分层填筑；选项D错误，填方土料为黏性土时，填土前应检查其含水量是否在控制范围以内，含水量大的黏土不宜做填土用。

3. 【答案】BCD

   【解析】本题主要考查的是地基加固处理。桩的承载能力来自桩全长产生的摩阻力及桩端承载力，桩越长承载力愈高，桩土形成的复合地基承载力提高幅度可达4倍以上且变形量小，适用于多层和高层建筑地基，是近年来新开发的一种地基处理技术。褥垫层是保证桩和桩间土共同作用承担荷载，是水泥粉煤灰碎石桩形成复合地基的重要条件。褥垫层材料宜用中砂、粗砂、级配砂石和碎石，最大粒径不宜大于30 mm。不宜采用卵石，因为卵石咬合力差，施工时扰动较大、褥垫厚度不容易保证均匀。褥垫层的位置位于CFG桩和建筑物基础之间，厚度可取200～300 mm。

4. 【答案】BD

   【解析】本题主要考查的是地基加固处理。桩的承载能力来自桩全长产生的摩阻力及桩端承载力，桩越长承载力愈高，桩土形成的复合地基承载力提高幅度可达4倍以上且变形量小，适用于多层和高层建筑地基，是近年来新开发的一种地基处理技术。褥垫层是保证桩和桩间土共同作用承担荷载，是水泥粉煤灰碎石桩形成复合地基的重要条件。褥垫层材料宜用中砂、粗砂、级配砂石和碎石，最大粒径不宜大于30 mm。不宜采用卵石，因为卵石咬合力差，施工时扰动较大、褥垫厚度不容易保证均匀。褥垫层的位置位于CFG桩和建筑物基础之间，厚度可取200～300 mm。

5. 【答案】BC

   【解析】本题主要考查的是桩基础施工。选项A正确，长度在10 m以下的短桩，一般多在工厂预制；选项B错误，堆放层数不宜超过4层；选项C错误，强度达到100%方可运输和打桩。

6. 【答案】ABC

   【解析】本题主要考查的是桩基础施工。常用的接桩方法有焊接、法兰接或硫黄胶泥锚接。焊接接桩应用最多。

7.【答案】ABD

【解析】本题主要考查的是钢筋工程施工。加钢筋连接的要求。C 错误，接头不宜设置在有抗震设防要求的框架梁端、柱端的箍筋加密区，E 错误，在梁、柱类构件的纵向受力钢筋搭接长度范围内，应按设计要求配置箍筋。

8.【答案】ABC

【解析】本题主要考查的是模板工程施工。其重量大，装拆皆需起重机械吊装，但可提高机械化程度，减少用工量和缩短工期。

9.【答案】ACE

【解析】本题主要考查的是模板工程施工。先拆非承重模板，后拆承重模板；先拆侧模板，后拆底模板。框架结构模板的拆除顺序一般是柱、楼板、梁侧模、梁底模。拆除大型结构的模板时，必须事先制定详细方案。

10.【答案】ABCD

【解析】本题主要考查的是混凝土结构工程施工。① 混凝土浇筑前不应发生离析或初凝现象，如已发生，须重新搅拌。浇筑混凝土前，应清除模板内或垫层上的杂物。② 混凝土运输、输送、浇筑过程中严禁加水，混凝土运输、输送、浇筑过程中散落的混凝土严禁用于结构浇筑。③ 先浇筑竖向结构。在浇筑竖向结构混凝土前，应先在底部填厚度不大于 30 mm、与混凝土内砂浆成分相同的水泥砂浆；浇筑过程中混凝土不得发生离析现象。④ 混凝土自高处倾落时，其自由倾落高度不宜超过 2 m；若混凝土自由下落高度超过 2 m，应设串筒、斜槽、溜管或振动溜管等。⑤ 混凝土输送宜采用泵送方式。混凝土的浇筑工作应尽可能分段、分层连续进行，随浇随捣。⑥ 节点处的混凝土实行"先高后低"的浇捣原则，即先浇高强度等级混凝土，后浇低强度等级混凝土，严格控制在先浇筑的混凝土初凝前继续浇捣梁板的混凝土，事先做好技术交底和准备工作。

11.【答案】ACD

【解析】本题主要考查的是混凝土结构工程施工。标准养护：混凝土在温度为 20 ℃±3 ℃ 相对湿度为 90%以上的潮湿环境或水中进行的养护，称为标准养护。标准养护用于对混凝土立方体试件进行养护。加热养护：为了加速混凝土的硬化过程，对混凝土拌合物进行加热处理，使其在较高的温度和湿度环境下迅速凝结、硬化的养护，称为加热养护，常用的加热养护方法是蒸汽养护。自然养护：在常温下（平均气温不低于 5 ℃）采用适当的材料覆盖混凝土，并采取浇水润湿、防风防干、保温防冻等措施所进行的养护，称为自然养护。

12.【答案】ABC

【解析】本题主要考查的是混凝土结构工程施工。标准养护：混凝土在温度为 20 ℃±3 ℃ 相对湿度为 90%以上的潮湿环境或水中进行的养护，称为标准养护。标准养护用于对混凝土立方体试件进行养护。加热养护：为了加速混凝土的硬化过程，对混凝土拌合物进行加热处理，使其在较高的温度和湿度环境下迅速凝结、硬化的养护，称为加热养护，常用的加热养护方法是蒸汽养护。自然养护：在常温下（平均气温不低于 5 ℃）采用适当的材料覆盖混凝土，并采取浇水润湿、防风防干、保温防冻等措施所进行的养护，称为自然养护。

13. 【答案】ACDE

【解析】本题主要考查的是混凝土结构工程施工。① 宜采用硅酸盐水泥或普通硅酸盐水泥；采用蒸汽养护时，宜采用矿渣硅酸盐水泥。② 降低水灰比，减少用水量，使用低流动性或干硬性混凝土。③ 浇筑前将混凝土或其组成材料加温，提高混凝土的入模温度，使混凝土既早强又不易冻结。④ 对已经浇筑的混凝土采取保温或加温措施，人工制造一个适宜的温湿条件，对混凝土进行养护。⑤ 搅拌时，加入一定的外加剂，加速混凝土硬化，使其尽快达到临界强度，或降低水的冰点，使混凝土在负温下不致冻结。

14. 【答案】ABCE

【解析】本题主要考查的是装配式混凝土结构工程施工，装配整体式结构中，预制构件的混凝土强度等级不宜低于C30；预应力混凝土预制构件的混凝土强度等级不宜低于C40，且不应低于C30；现浇混凝土的强度等级不应低于C25。

15. 【答案】AE

【解析】本题主要考查的是钢结构工程施工，钢构件预拼装方法有构件平装法、构件立拼法和利用模具拼装法三种。

16. 【答案】BCD

【解析】本题主要考查的是钢结构工程施工，钢构件组装方法有地样组装法和胎膜组装法两种。

17. 【答案】ACE

【解析】本题主要考查的是装配式混凝土结构工程施工，装配整体式结构中，预制构件的混凝土强度等级不宜低于C30；预应力混凝土预制构件的混凝土强度等级不宜低于C40，且不应低于C30；现浇混凝土的强度等级不应低于C25。预制构件吊环应采用未经冷加工的 HPB300 钢筋制作。

18. 【答案】AE

【解析】本题主要考查的关于吊顶施工相关参数，考生应注意区分相关细部数据。主龙骨吊点间距、起拱高度应符合设计要求。当设计无要求时，吊点间距应小于 1.2 m，应按房间短向跨度适当起拱。主龙骨安装后应及时校正其位置标高。吊杆应通直，距主龙骨端部距离不得超过 300 mm。当吊杆与设备相遇时，应调整吊点构造或增设吊杆。次龙骨应紧贴主龙骨安装。固定板材的次龙骨间距不得大于 600 mm，在潮湿地区和场所，间距宜为 300～400 mm。纸面石膏板螺钉与板边距离：纸包边宜为 10～15 mm，切割边宜为 15～20 mm；水泥加压板螺钉与板边距离宜为 8～15 mm。板周边钉距宜为 150～170 mm，板中钉距不得大于 200 mm。

19. 【答案】ABCE

【解析】本题主要考查的是地基与基础工程施工。这种桩成孔方法简便，能节省劳动力，降低成本，做成的桩承载力也较大。爆扩桩的适用范围较广，除软土和新填土外，其他各种土层中均可使用。

20. 【答案】ABCE
【解析】本题主要考查的是涂膜防水层施工的一般要求。包括：
① 涂膜防水层的施工应按"先高后低，先远后近"的原则进行。遇高低跨屋面时，一般先涂高跨屋面，后涂低跨屋面。对同一屋面上，先涂布排水较集中的水落口、天沟、檐沟、檐口等节点部位，再进行大面积涂布。
② 涂膜应根据防水涂料的品种分层分遍涂布，待先涂的涂层干燥成膜后，方可涂后一遍涂料，且前后两遍涂料的涂布方向应相互垂直。
③ 当需铺设胎体增强材料时，屋面坡度小于15%时可平行屋脊铺设，屋面坡度大于15%时应垂直于屋脊铺设。采用二层胎体增强材料时，上下层不得相互垂直铺设，搭接缝应错开，其间距不应小于幅宽的1/3。
④ 涂膜防水层应沿找平层分隔缝增设带有胎体增强材料的空铺附加层，其空铺宽度宜为100 mm，D错误。天沟、檐沟、檐口、泛水和立面涂膜防水层的收头，应用防水涂料多遍涂刷或用密封材料封严。涂膜防水层上应设置保护层，以提高防水层的使用年限。

21. 【答案】ABC
【解析】本题主要考查的是管道施工。市政管道一般在道路红线内平面位置和标高不同，应分别进行施工。按照室外管道的沟槽开挖方式不同，可分为开槽埋管法和不开槽埋管法等施工方法，不开槽埋管法又分为顶管法、盾构法、浅埋暗挖法等施工方法；按照管道安装方式的不同，可分为柔性接口安装和刚性接口安装等施工方法。

22. 【答案】ABC
【解析】本题主要考查的是一般路基施工。纵挖法分为分层纵挖法、通道纵挖法和分段纵挖法。分层纵挖法适用于较长的路堑开挖；通道纵挖法适用于较长、较深、两端地面纵坡较小的路堑开挖；分段纵挖法适用于过长，弃土运距过远，一侧堑壁较薄的傍山路堑开挖。

23. 【答案】CDE
【解析】本题主要考查的是一般路基施工。一般路基施工包括路堑开挖、路堤填筑、压实和整修等。路堑土方开挖采用机械挖土，有横挖法、纵挖法和混合法。横挖法适用于短而深的路堑，按其横断面从路堑两端挖掘，用人力挖堑时，为加快进度可在不同高度处分为几个阶梯开挖，其深度视工作便利与安全而定，一般为1.5～2.0 m。纵挖法分为分层纵挖法、通道纵挖法和分段纵挖法，分层纵挖法适用于较长的路堑开挖。通道纵挖法适用于较长、较深、两端地面纵坡较小的路堑开挖。分段纵挖法适用于过长，弃土运距过远，一侧堑壁较薄的傍山路堑开挖。混合法即将横挖法与纵挖法混合使用，适用于路堑纵向长度和挖深都很大时，先将路堑纵向挖通后，然后沿横向坡面挖掘，以增加开挖坡面。路堑石方开挖采用爆破法，常用爆破技术有预裂爆破、光面爆破和微差爆破。

24.【答案】BDE

【解析】本题主要考查的是软土路基施工。对于软土层厚度小于 3 m、埋深较浅的软土地基，宜采用无机结合料浅层拌和、挖除换填、抛石挤淤等浅层地基处理措施；软土层较厚、路基填土高度超过地基极限填土高度时，应采用排水固结法、粒料桩、加固土桩、刚性桩等深层地基处理措施。

25.【答案】ACDE

【解析】本题主要考查的是涵洞。对于路堤中设置的涵洞，如钢筋混凝土盖板涵，可就地浇筑混凝土涵洞基础和涵墙；对钢筋混凝土圆管涵，在开挖基槽、铺筑垫层、浇筑管基后，进行排管、处理接缝、砌筑端墙及铺砌洞口等完成施工；对混凝土拱涵，可就地灌筑、分块预制砌筑、分段预制安装施工；对石砌拱涵，可采用砌筑施工；箱涵的施工方法与盖板涵类似。

26.【答案】AB

【解析】本题主要考查的是墩台基础施工。墩台基础通常可分为浅基础和深基础两大类，浅基础往往采用敞坑开挖的方式施工，因而也称为明挖基础，对于坑壁不加固的基坑，可采用垂直开挖和放坡开挖两种施工方法，当基坑较深、土方数量较大，或基坑放坡开挖受场地限制，或基坑地质松软、含水量较大、坡度不易保持时，可采用基坑开挖后护壁加固的方法施工，护壁加固方式可采用挡板支撑护壁、喷射混凝土护壁和混凝土围圈护壁等。根据题干"坑壁不加固的基坑"，也能选出 A、B，而选项 C、D、E 均加固坑壁。

27.【答案】BCD

【解析】本题主要考查的是斜拉桥施工。斜拉桥的上部结构由主梁、桥塔和斜拉索三大部分组成。选项 A、E 属于悬索桥施工。悬索桥的施工主要包括锚碇、桥塔、主缆、吊索和加劲梁等的制作和安装。

28.【答案】BC

【解析】本题主要考查的是板式支护结构。板式支护结构由挡墙系统和支撑（或拉锚）系统两大系统组成。

29.【答案】BCE

【解析】本题主要考查的是换填地基法。换填地基法是先将基础底面以下一定范围内的软弱土层挖去，然后回填强度较高、压缩性较低并且没有侵蚀性的材料，如中粗砂、碎石或卵石、灰土、素土、石屑、矿渣等，再分层夯实后作为地基的持力层。换填地基按其回填的材料可分为灰土地基、砂和砂石地基、粉煤灰地基等。

30.【答案】AC

【解析】本题主要考查的是夯实地基法分类。夯实地基法主要有重锤夯实法和强夯法两种。

31.【答案】ABC

【解析】本题主要考查的是泥浆护壁成孔方式中潜水钻的适用土质范围。泥浆护壁成孔桩中的潜水钻适用于黏性土、淤泥、淤泥质土及砂土土质。

32. 【答案】BCE

【解析】本题主要考查的是人工挖孔灌注桩的特点。人工挖孔灌注桩具有以下特点：
① 单桩承载力高，结构受力明确，沉降量小；
② 可直接检查桩直径、垂直度和持力层情况，桩质量可靠；
③ 施工机具设备简单，工艺操作简单，占场地小；
④ 施工无振动、无噪声、无环境污染，对周边建筑无影响。

33. 【答案】AC

【解析】本题主要考查的是砌体结构施工基本规定。基底标高不同时，应从低处砌起，并应由高处向低处搭砌。当设计无要求时，搭接长度 L 不应小于基础底的高差 H，搭接长度范围内下层基础应扩大砌筑。砌体的转角处和交接处应同时砌筑，当不能同时砌筑时，应按规定留槎、接槎。对设计要求的洞口、沟槽、管道应于砌筑时正确留出或预埋，未经设计同意，不得打凿墙体和在墙体上开凿水平沟槽。宽度超过 300 mm 的洞口上部，应设置钢筋混凝土过梁。

34. 【答案】ACDE

【解析】本题主要考查的是模板安装。内容包括：
① 模板的安装，必须保证正确地形成图纸上所要求的形状、线形和尺寸，并在规定的误差范围内。
② 当在模板内浇注混凝土时，模板将会发生轻度挠曲，所以在安装模板时应留出适当的修正量。
③ 模板应正确安装，并精确定位，所有的模板应在垂直或水平的连接处安装固定。
④ 必须避免利用下层模板作为上层模板的支承。如必须这样做，则下层模板必须能承受上下层的全部荷载，并待上层混凝土达到规定的强度后，才允许拆除下层模板。
⑤ 模板与混凝土的接触面应清理干净并涂刷隔离剂，但不得采用影响结构性能或妨碍装饰工程施工的隔离剂。
⑥ 对跨度不小于 4 m 的钢筋混凝土梁、板，其模板应按设计要求起拱；当设计无具体要求时，起拱高度宜为跨度的 1/1000～3/1000。

35. 【答案】ACDE

【解析】本题主要考查的是混凝土振动密实成型的振动器分类。用于振动捣实混凝土拌合物的振动器按其工作方式可分为内部振动器、外部振动器、表面振动器和振动台四种。

36. 【答案】CDE

【解析】本题主要考查的是混凝土养护。混凝土养护一般可分为标准养护、加热养护和自然养护。

37. 【答案】ACD

【解析】本题主要考查的是钢结构的连接方式。钢结构的连接方式分为焊接、螺栓连接、铆接等。

38. 【答案】BDE

【解析】本题主要考查的是止水带构造形式。止水带构造形式有粘贴式、可卸式和埋入式等。目前较多采用的是埋入式。根据防水设计的要求，有时在同一变形缝处可采用数层、数种止水带的构造形式。

39. 【答案】ABDE

【解析】本题主要考查的是屋面保温工程施工中保温材料要求。保温材料的导热系数、表观密度或干密度、抗压强度或压缩强度、燃烧性能必须符合设计要求。

40. 【答案】ABCE

【解析】本题主要考查的是市政管网工程施工工艺。管道施工的"四合一"施工，即平基、稳管、管座、抹带四个工序合在一起施工。

41. 【答案】AB

【解析】本题主要考查的是隧道开挖钢架支护。目前使用的钢架主要有格栅钢架和型钢钢架。

第四节 土建工程常用施工机械

本节知识导图

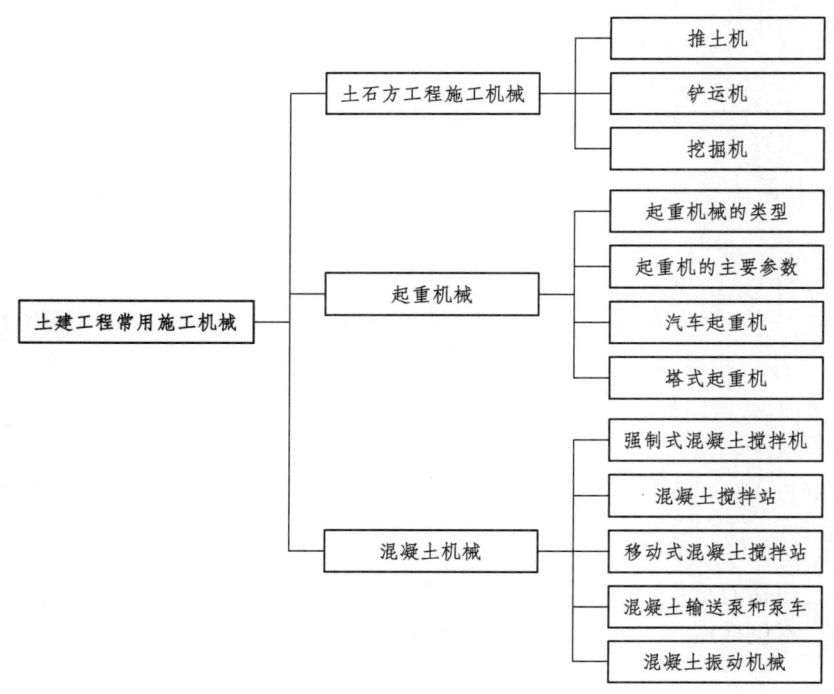

本节习题精选

一、判断题（判断正误，正确的打✓，错误的打×）

1. 推土机采用并列推土法施工时，并列台数不宜超过三台，否则互相影响。（　　）
2. 当铲运机铲土接近设计标高时，宜沿平整场地区域每隔 10 m 左右，配合水平仪抄平，铲出一条标准槽，以此为准，使整个区域平整达到设计要求。（　　）
3. 反铲挖掘机的挖土特点是前进向上，强制切土。（　　）
4. 移动式混凝土搅拌站独有的特点是移动灵活、拆装迅捷简便、存放管理简单。（　　）
5. 推土机运距在 100 m 之内生产效率最高。（　　）
6. 铲运机常用于坡度在 25°以内的大面积场地平整。（　　）

二、单项选择题（每题的备选项中，只有 1 个最符合题意）

1. 以下不属于推土机的优点的是（　　）。
   A. 灵活、运输方便　　　　　　　B. 所需工作面较大
   C. 行驶速度快　　　　　　　　　D. 易于转移
2. 关于铲运机的特点和用途说法正确的是（　　）。
   A. 能独立、综合地完成铲装、运输、卸土三个工序的土方机械
   B. 具有较低的效率和经济性
   C. 铲斗容量不大
   D. 运距较短
3. 4~14 m^3 容量的铲运机为（　　）。
   A. 小容量　　　　　　　　　　　B. 中等容量
   C. 大容量　　　　　　　　　　　D. 更大容量
4. 铲运机铲土的施工方法不包括（　　）。
   A. 下坡铲土　　　　　　　　　　B. 跨铲法
   C. 助铲法　　　　　　　　　　　D. 斜角铲土法
5. （　　）挖掘机具有良好的越野性。
   A. 履带式　　　　　　　　　　　B. 轮胎式
   C. 汽车式　　　　　　　　　　　D. 悬挂式
6. 巨型挖掘机的斗容量为（　　）。
   A. 1~5 m^3　　　　　　　　　　B. 5~15 m^3
   C. 15 m^3 以上　　　　　　　　D. 30 m^3 以上
7. 关于起重机起重量 Q，下列说法正确的是（　　）。
   A. 包括起重钩、吊环之类吊具的质量
   B. 不包括抓斗、电磁吸盘的质量

C. 塔式起重机的起重量包括吊具的质量

D. 单位仅能为 t

8. 关于起重机幅度 R，下列说法正确的是（　　）。

　　A. 起重机回转中心轴线至起重吊钩底线的水平距离称为幅度

　　B. 起重机的幅度与起重臂的长度和仰角有关

　　C. 起重机的幅度是表示起重机在移位时的工作范围

　　D. 是衡量起重机工作性能的一个辅助参数

9. 汽车起重机作业时，必须先（　　）。

　　A. 伸展吊臂　　　　　　　　B. 打开支腿

　　C. 起重吊钩　　　　　　　　D. 打开伸缩臂

10. 常用汽车起重机的起重量为（　　）。

　　A. 3 ~ 12 t　　　　　　　　B. 16 ~ 40 t

　　C. 65 ~ 125 t　　　　　　　D. 125 t 以上

11. 关于塔式起重机特点的说法，不正确的是（　　）。

　　A. 塔式起重机的吊臂很长

　　B. 塔式起重机的塔身高度大

　　C. 能起吊各种类型的建筑材料、制品、预制构件及建筑设备

　　D. 安装就位的速度快、空钩下降的速度慢

12. 依靠自身的液压装置，通过增加或减少塔身的标准节来增高或减低塔身的高度，此描述为（　　）塔式起重机。

　　A. 自升式　　　B. 内爬式　　　C. 附着式　　　D. 上旋式

13. 关于混凝土搅拌机的说法，不正确的是（　　）。

　　A. 强制式搅拌机除可用于搅拌一般骨料的塑性混凝土

　　B. 强制式搅拌机特别适于搅拌干硬性混凝土

　　C. 自落式搅拌机特别适于搅拌轻骨料混凝土

　　D. 强制式搅拌机特别适于搅拌轻骨料混凝土

14. 以下为移动式搅拌站独有特点的是（　　）。

　　A. 用于搅拌一般骨料的塑性混凝土

　　B. 是全自动控制系统

　　C. 适用于施工线长的施工单位的需求

　　D. 存放管理简单

15. 关于混凝土内部振动器说法正确的是（　　）。

　　A. 又称附着式振动器

　　B. 振捣混凝土应按分层浇筑厚度分别进行振捣

　　C. 插入混凝土深度不应小于 30 mm

　　D. 振捣棒移动方式必须按行列式进行

16. 参考图 1.4.1 和图 1.4.2，以下说法正确的是（   ）。

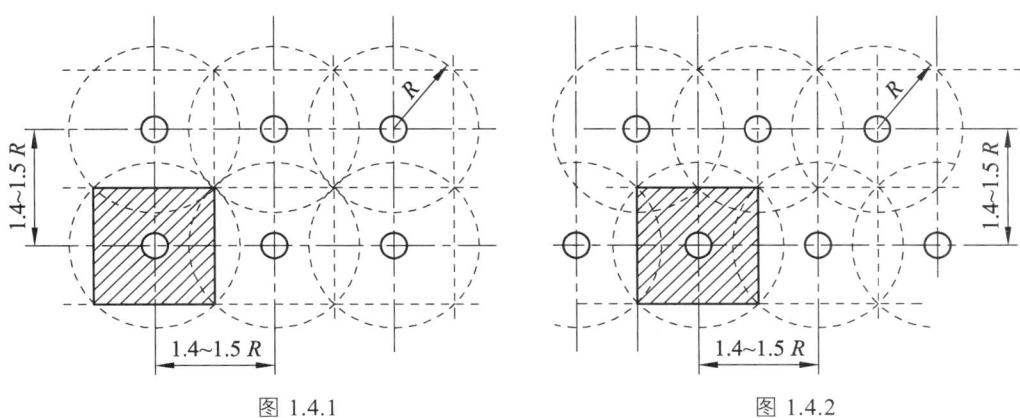

图 1.4.1   图 1.4.2

A. 振捣插点间距不应小于振动棒的作用半径的 1.4 倍
B. R 为 8～10 倍振动棒直径
C. 图 1.4.1 振动棒插点的布置为交错式
D. 图 1.4.2 振动棒插点的布置为行列式

17. 外部振动器又称（   ）。
A. 附着式振动器　　　　　　B. 插入式振动器
C. 表面振动器　　　　　　　D. 平板振动器

18. 使用外部振动器，当钢筋配置较密和构件断面较深、较窄时，可采取（   ）的方法。
A. 在构件两侧安设振动器同时进行振动
B. 振捣两遍
C. 反复多次振捣
D. 边浇筑边振动

19. 关于表面振动器的说法，下列选项中正确的是（   ）。
A. 具有体积小、结构简单和操作方便的优点
B. 振动器的平板能覆盖已振实部分的边缘，应相互搭接 30～50 mm
C. 最好振捣三遍
D. 以混凝土表面不出现浮浆为准

20. 附着式振动器具有体积小、结构简单和操作方便的优点，它适用于（   ）。
A. 形状复杂的薄壁构件和钢筋密集的特殊构件的密实成型
B. 基础、柱、梁、墙等深度或厚度较大的结构构件的混凝土捣实
C. 楼板、地面和薄壳等薄壁构件
D. 预制构件

21. 下列关于振动台的描述，说法正确的是（   ）。
    A. 是混凝土预制构件厂中的移动生产设备
    B. 用于振实预制构件
    C. 振动时构件在振动台下方
    D. 可与其他振动机械同时使用

三、多项选择题（每小题所设选项中有 2 个或 2 个以上正确答案，至少有 1 个错项）

1. 下列关于推土机施工方法描述，正确的是（   ）。
    A. 下坡推土法，推土机顺地面坡势进行下坡推土，可以借机械本身的重力作用增加铲刀的切土力量
    B. 分批集中、一次推送法，可使铲刀的推送数量增大，缩短运输时间，提高生产效率 12%～18%
    C. 并列推土法，并列台数不宜超过三台，否则互相影响
    D. 沟槽推土法，可以和分批集中、一次推送法联合运用
    E. 斜角推土法，一般在管沟回填且无倒车余地时可采用这种方法

2. 下列关于起重机自重的描述，正确的是（   ）。
    A. 自重是指起重机处于工作状态时其自身的全部重量
    B. 自重是指起重机处于停歇状态时其自身的全部重量
    C. 单位为 t 或 kg
    D. 反映了起重机设计制造水平
    E. 反映了起重机材料的生产技术水平

3. 关于混凝土搅拌机，下列说法不正确的是（   ）。
    A. 强制式搅拌机除可用于搅拌一般骨料的塑性混凝土外，还特别适于搅拌干硬性混凝土和轻骨料混凝土
    B. 混凝土搅拌站是由搅拌主机、物料称量系统、物料输送系统、物料贮存系统、控制系统五大组成系统和其他附属设施组成
    C. 混凝土振动器是对浇灌后的混凝土进行振实的机械
    D. 混凝土输送泵和泵车是一种有效但价格较贵的输送机械
    E. 泵送混凝土作业的机械化程度低

4. 按与混凝土接触的方式不同，混凝土振动机械分为（   ）。
    A. 内部振动器   B. 外部振动器
    C. 上面振动器   D. 平板振动器
    E. 振动台

5. 以下关于表面振动器说法正确的是（   ）。
    A. 要求振动器的平板与混凝土保持接触
    B. 振捣两遍方向应互相垂直

C. 第一遍主要使混凝土密实

D. 第二遍主要使混凝土表面平整

E. 以混凝土表面不出现浮浆为准

6. 下列关于推土机特点说法，正确的是（　　）。

A. 按工作装置的操纵系统不同，可分为机械式和液压式

B. 是一种既能浅挖又能短距离推运的土方机械

C. 在200 m运距之内生产效率最高

D. 在50～100 m短距离转运土方时最为经济

E. 广泛用于基坑的开挖、管沟的回填、场地平整等作业中

7. 下列关于推土机的分类，说法正确的是（　　）。

A. 按行走装置的不同有轮胎式和履带式

B. 按工作装置的构成不同可分为固定式与回转式

C. 按容量大小可分为小容量、中等容量和大容量

D. 按工作装置的操作系统不同可分为机械式和液压式

E. 按牵引方式的不同可分为拖式和自行式两种

8. 铲运机的分类有多种，下列属于按牵引力的方式分类的是（　　）。

A. 自由式　　　B. 强制式　　　C. 拖式

D. 重力式　　　E. 自行式

9. 铲运机铲土的施工方法包含（　　）。

A. 下坡铲土　　B. 斜角铲土　　C. 跨铲法

D. 助铲法　　　E. 并列铲土法

10. 单斗液压挖掘机按行走机构不同，可分为（　　）。

A. 装载式　　　B. 履带式　　　C. 悬挂式

D. 铰链式　　　E. 拖式

11. 国产液压挖掘机斗容量主要有（　　）。

A. 0.2 m³　　　B. 0.5 m³　　　C. 1.0 m³

D. 1.2 m³　　　E. 2.5 m³

12. 反铲挖掘机的特点不包括（　　）。

A. 前进向上，强制切土

B. 能开挖停机面以内的Ⅰ～Ⅱ级土

C. 能开挖停机面以下的Ⅰ～Ⅲ级级的砂土或黏土

D. 可以挖掘独立基坑、沉井，适于水下挖土

E. 适宜开挖深度4 m以内的基坑

13. 下列关于塔式起重机的分类正确的有（　　）。

A. 轨道式塔式起重机　　　　B. 机械式塔式起重机

C. 液压式塔式起重机　　　　D. 内爬式塔式起重机

E. 上回转自升塔式起重机

14. 下列属于起重机主要参数的有（　　）。
    A. 起重量　　　B. 起重半径　　　C. 回转速度
    D. 机械功率　　E. 自重和配重
15. 汽车起重机按起重量大小可分为（　　）。
    A. 3～14 t　　　B. 15～30 t　　　C. 16～50 t
    D. 60～120 t　　E. 65～125 t
16. 混凝土搅拌站的组成包括（　　）。
    A. 检测系统　　　　　　　　B. 搅拌主机
    C. 物料称量系统　　　　　　D. 控制系统
    E. 振捣系统
17. 按混凝土振动器与混凝土的接触方式不同，可分为（　　）。
    A. 活塞式振动器　　　　　　B. 插入式振动器
    C. 附着式振动器　　　　　　D. 表面振动器
    E. 振动台
18. 下列关于混凝土振动器的描述，说法正确的有（　　）。
    A. 内部振动器适用于基础、柱、梁、墙等深度或厚度较大的结构构件的混凝土捣实
    B. 内部振动器振动棒的前端应插入前一层混凝土中，插入深度不应小于 100 mm
    C. 内部振动器振捣插点间距不应大于振动棒的作用半径的 1.5 倍
    D. 外部振动器又称平板振动器
    E. 振捣棒移动方式有行列式和交错式两种

本节习题解析

一、判断题（判断正误，正确的打√，错误的打×）

1. 【答案】×

   【解析】本题主要考查的是并列推土法。在较大面积的平整场地施工中，采用两台或三台推土机并列推土。能减少土的散失，因为两台或三台单独推土时，有四边或六边向外撒土，而并列后只有两边向外撒土，一般可使每台推土机的推土量增加 20%。并列推土时，铲刀间距 15～30 cm。并列台数不宜超过四台，否则互相影响。

2. 【答案】√

   【解析】本题主要考查的是铲运机施工。当铲运机铲土接近设计标高时，为了正确控制标高，宜沿平整场地区域每隔 10 m 左右，配合水平仪抄平，先铲出一条标准槽，以此为准，使整个区域平整达到设计要求。

3. 【答案】×

   【解析】本题主要考查的是挖掘机施工。

① 正铲挖掘机。正铲挖掘机的挖土特点是：前进向上，强制切土。其挖掘力大，生产率高，能开挖停机面以内的Ⅰ~Ⅳ级土，开挖大型基坑时需设下坡道，适宜在土质较好、无地下水的地区工作。根据挖掘机与运输工具的相对位置不同，正铲挖土和卸土的方式有以下两种：正向挖土、侧向卸土；正向挖土、后方卸土。
② 反铲挖掘机。反铲挖掘机的特点是：后退向下，强制切土。其挖掘力比正铲小，能开挖停机面以下的Ⅰ~Ⅲ级的砂土或黏土，适宜开挖深度4 m以内的基坑，对地下水位较高处也适用。反铲挖掘机的开挖方式可分为沟端开挖与沟侧开挖。
③ 抓铲挖掘机。抓铲挖掘机的挖土特点是：直上直下，自重切土。其挖掘力较小，只能开挖Ⅰ~Ⅱ级土，可以挖掘独立基坑、沉井，特别适于水下挖土。

4.【答案】√
【解析】本题主要考查的是移动式混凝土搅拌站。移动式混凝土搅拌站是将混凝土搅拌站的物料储料、称量、输送、搅拌、卸料及全自动控制系统整体集中在一个拖挂单元的混凝土生产设备。它与固定式全自动搅拌站的所有动作过程、操作方式、维修保养完全相同。特别适用于需要频繁转场、施工期短和施工线长的施工单位的需求，同时具备移动灵活、拆装迅捷简便、存放管理简单等独有的特点。

5.【答案】√
【解析】本题主要考查的是推土机运输距离。推土机运距在100 m之内生产效率最高。

6.【答案】×
【解析】本题主要考查的是铲运机施工。铲运机常用于坡度在20°以内的大面积场地平整。

二、单项选择题（每题的备选项中，只有1个最符合题意）

1.【答案】B
【解析】本题主要考查的是推土机施工。推土机操作灵活、运输方便，所需工作面较小，行驶速度较快，易于转移。

2.【答案】A
【解析】本题主要考查的是铲运机的特点和用途。
铲运机是一种能独立、综合地完成铲装、运输、卸土三个工序的土方机械，它又是土方工程中最主要的和应用最广泛的土方工程机械之一。
铲运机的挖土、装土、运土、卸土和推土等过程，都能自己单独连续地完成，因而具有较高的效率和经济性。其铲斗容量较大（目前最大的有30 m³以上），运距可较远（自行式铲运机的运距有的可达50 m），操作人员少，一般铲运机仅需一名司机。

3.【答案】B
【解析】本题主要考查的是铲运机的分类。铲运机按斗容量分为：① 小容量：3 m³以下；② 中等容量：4~14 m³；③ 大容量：15~25 m³或更大。

4. 【答案】D

【解析】本题主要考查的是铲运机铲土的施工方法。

铲运机铲土的施工方法：

① 下坡铲土。应尽量利用有利地形进行下坡铲土。这样可以利用铲运机的重力来增大牵引力，使铲斗切土加深，缩短装土时间从而提高生产率。一般地面坡度以 5°～7°为宜。如果自然条件不允许，可在施工中逐步创造一个下坡铲土的地形。

② 跨铲法。跨铲法是预留土坡，间隔铲土的方法。可使铲运机在挖两边土槽时减少向外撒土量，挖土坡时增加了两个自由面，阻力减小，铲土容易，土坡高度不应大于 300 mm，宽度以不大于拖拉机两履带间净距为宜。

③ 助铲法。在地势平坦、土质较坚硬时，可采用推土机助铲以缩短铲土时间。此法的关键是双机要紧密配合，否则达不到预期效果。

D 为干扰项，没有斜角铲土法。

5. 【答案】B

【解析】本题主要考查的是单斗挖掘机的类型和分级。按行走机构的不同，液压挖掘机可分为履带式、轮胎式、汽车式、悬挂式及拖式等形式。履带式具有良好的通过性，轮胎式具有良好的越野性。

6. 【答案】C

【解析】本题主要考查的是巨型挖掘机的斗容量。按斗容量大小来区分，单斗液压挖掘机有小型、中型、重型和巨型四类。铲斗容积 1 m³ 以下为小型，1～5 m³ 为中型，5～15 m³ 为重型，15 m³ 以上为巨型挖掘机。

7. 【答案】C

【解析】本题主要考查的是起重机的起重量（Q）。起重量是起重机起吊重物的质量，单位为"t"或"kg"。起重量通常不包括起重钩、吊环之类吊具的质量，但包括抓斗、电磁吸盘的质量，而塔式起重机的起重量则要包括吊具的质量。

8. 【答案】B

【解析】本题主要考查的是起重机的幅度（R）。起重机回转中心轴线至起重吊钩中心线的水平距离称为幅度（或称起重半径），单位为"m"。起重机的幅度与起重臂的长度和仰角有关。由于起重机的幅度是表示起重机在不移位时的工作范围，因此幅度也是衡量起重机工作性能的一个重要参数。

9. 【答案】B

【解析】本题主要考查的是汽车起重机的工作过程。

汽车起重机是指装在通用或专用汽车底盘上的起重机，汽车原有的驾驶室用作重机行驶操纵，在回转平台上另设有一驾驶室，专门用于起重作业操纵，因而有两个驾驶室。汽车起重机行驶速度高，多在 60 km/h 以上，一般可与汽车编队行驶，具有载重汽车的行驶性能，因而转移工地迅速方便。汽车起重机作业时，必须先打开支腿，以增大机械的支承面积，保证必要的稳定性。

10. 【答案】B

【解析】本题主要考查的是常用汽车起重机的起重量。按起重量大小分为：小型

（3～12 t）、中型（16～50 t）、大型（65～125 t）、特大型（125 t 以上）。常用汽车起重机的起重量为 16～40 t。

11.【答案】D

【解析】本题主要考查的是塔式起重机的特点。

① 塔式起重机的吊臂很长，其直立塔身又靠近建筑物，且吊臂装在塔身的顶部，故幅度利用率大，可达全幅度的 80%。

② 塔式起重机的塔身高度大，因而具有较高的起升高度，可满足不同层数及高度的建筑物与构筑物的施工。

③ 塔式起重机具有可靠的自身稳定与平衡，无需牵缆。起吊性能好，起吊重物能同时进行垂直和水平运输，并同时可做 360°全回转运动，机动、灵活、迅速。

④ 能起吊各种类型的建筑材料、制品、预制构件及建筑设备，特别适合起吊超长、超宽的重大物件。

⑤ 塔式起重机具有多种工作速度。起升机构的工作速度一般包括正常作业的起吊速度、安装就位的慢速度、空钩下降的快速度等，大大地提高了生产效率。

⑥ 机械化、标准化程度高，能适应频繁的工地转移，并且工作平稳，安全可靠。

12.【答案】A

【解析】本题主要考查的是塔式起重机的类型。

塔式起重机的类型很多，常用的主要有以下类型：

① 自升式塔式起重机。它是依靠自身的液压装置，通过增加或减少塔身的标准节来增高或减低塔身的高度。

② 内爬式塔式起重机。它是一种安装在建筑物内部（电梯井、楼梯间或特设开间等）的塔式起重机。借助建筑物的结构作为塔身支承，当建筑物施工高度增加时，通过专门的爬升装置沿建筑物向上爬升。

③ 附着式塔式起重机。这种塔式起重机当塔身达到一定高度时，为保证整机的稳定性，通过专门的支撑装置（附着装置），将塔身按每隔 20 m 高度左右锚固在建筑物外部，以改善塔身受力。

④ 上回转塔式起重机（或称上旋式）。回转支承安装在塔身上部，塔机旋转时，塔身及以下装置不转动，而回转支承以上的吊臂、平衡臂等绕塔身中心线做 360°全回转。

⑤ 小车变幅塔式起重机。利用起重小车沿水平起重臂运行来实现变幅的塔式起重机。

⑥ 动臂变幅塔式起重机。利用起重臂的仰俯实现变幅的塔式起重机。

13.【答案】C

【解析】本题主要考查的是混凝土搅拌机。强制式搅拌机主要是根据剪切机理进行搅拌。在这种搅拌机中有随搅拌轴转动的叶片。这些不同角度和位置的叶片转动时通过物料，克服物料的惯性、摩擦力和黏滞力，强制其产生周向、径向、轴向运动，而叶片通过后的空间又由翻越叶片的物料、两侧倒塌的物料和相邻叶片推送过来的物料所填充。这种由叶片强制物料产生剪切位移达至均匀混合的搅拌，比原有的自落式搅拌机要强烈得多。因此强制式搅拌机除可用于搅拌一般骨料的塑性混凝土外，还特别适于搅拌干硬性混凝土和轻骨料混凝土。

14. 【答案】D

【解析】本题主要考查的是移动式搅拌站。移动式混凝土搅拌站是将混凝土搅拌站的物料储料、称量、输送、搅拌、卸料及全自动控制系统整体集中在一个拖挂单元的混凝土生产设备。它与固定式全自动搅拌站的所有动作过程、操作方式、维修保养完全相同。特别适用于需要频繁转场、施工期短和施工线长的施工单位的需求，同时具备移动灵活、拆装迅捷简便、存放管理简单等独有的特点。

15. 【答案】B

【解析】本题主要考查的是混凝土内部振动器。内部振动器又称插入式振动器、振动棒振捣混凝土应按分层浇筑厚度分别进行振捣，振动棒的前端应插入前一层混凝土中，插入深度不应小于 50 mm；振动棒应垂直于混凝土表面并快插慢拔均匀振捣；当混凝土表面无明显塌陷、有水泥浆出现、不再冒气泡时，可结束该部位振捣。振动棒与模板的距离不应大于振动棒作用半径的 50%；振捣插点间距不应大于振动棒的作用半径的 1.4 倍。振捣棒移动方式有行列式和交错式两种。

16. 【答案】B

【解析】本题主要考查的是混凝土内部振动器。内部振动器又称插入式振动器、振动棒振捣混凝土应按分层浇筑厚度分别进行振捣，振动棒的前端应插入前一层混凝土中，插入深度不应小于 50 mm；振动棒应垂直于混凝土表面并快插慢拔均匀振捣；当混凝土表面无明显塌陷、有水泥浆出现、不再冒气泡时，可结束该部位振捣。振动棒与模板的距离不应大于振动棒作用半径的 50%；振捣插点间距不应大于振动棒的作用半径的 1.4 倍。振捣棒移动方式有行列式和交错式两种。

17. 【答案】A

【解析】本题主要考查的是混凝土外部振动器。表面振动器又称平板振动器，是放在混凝土表面进行振捣，适用于振捣楼板、地面和薄壳等薄壁构件。

18. 【答案】D

【解析】本题主要考查的是混凝土外部振动器。外部振动器又称附着式振动器，使用外部振动器时，应考虑其有效作用范围约 1~1.5 m，作用深度约 250 mm。当构件尺寸较厚时，需在构件两侧安设振动器同时进行振动。当钢筋配置较密和构件断面较深、较窄时，亦可采取边浇筑边振动的方法。

19. 【答案】B

【解析】本题主要考查的是表面振动器。表面振动器又称平板振动器，是放在混凝土表面进行振捣，适用于振捣楼板、地面和薄壳等薄壁构件。当采用表面振动器时，要求振动器的平板与混凝土保持接触，其移动间距应保证振动器的平板能覆盖已振实部分的边缘，应相互搭接 30~50 mm，以保证衔接处混凝土的密实。最好振捣两遍，两遍方向互相垂直。第一遍主要使混凝土密实，第二遍主要使混凝土表面平整。每一位置的延续时间一般为 25~40 s，以混凝土表面均匀出现浮浆为准。A 选项是外部振动器的优点。

20.【答案】A

【解析】本题主要考查的是附着式振动器。附着式振动器具有体积小、结构简单和操作方便的优点，它适用于形状复杂的薄壁构件和钢筋密集的特殊构件的密实成型。B 选项为内部振动器的适用范围；C 选项为表面振动器的适用范围；D 选项为振动台的适用范围。

21.【答案】B

【解析】本题主要考查的是振动台。振动台是混凝土预制构件厂中的固定生产设备，用于振实预制构件。

三、多项选择题（每小题所设选项中有 2 个或 2 个以上正确答案，至少有 1 个错项）

1.【答案】ABDE

【解析】本题主要考查的是使用推土机推土的几种施工方法。

① 下坡推土法。推土机顺地面坡势进行下坡推土，可以借机械本身的重力作用增加铲刀的切土力量，因而可增大推土机铲土深度和运土数量，提高生产效率，在推土丘、回填管沟时均可采用。

② 分批集中、一次推送法。在较硬的土中，推土机的切土深度较小，一次铲土不多，可分批集中，再整批地推送到卸土区。应用此法，可使铲刀的推送数量增大，缩短运输时间，提高生产效率 12%~18%。

③ 并列推土法。在较大面积的平整场地施工中，采用两台或三台推土机并列推土。能减少土的散失，因为两台或三台单独推土时，有四边或六边向外撒土，而并列后只有两边向外撒土，一般可使每台推土机的推土量增加 20%。并列推土时，铲刀间距 15~30 cm。并列台数不宜超过四台，否则互相影响。

④ 沟槽推土法。就是沿第一次推过的原槽推土，前次推土所形成的土坡能阻止土的散失，从而增加推运量。这种方法可以和分批集中、一次推送法联合运用。能够更有效地利用推土机，缩短运土时间。

⑤ 斜角推土法。将铲刀斜装在支架上，与推土机横轴在水平方向形成一定角度进行推土。一般在管沟回填且无倒车余地时可采用这种方法。

2.【答案】ADE

【解析】本题主要考查的是起重机的自重和配重。自重是指起重机处于工作状态时其自身的全部重量，单位为"t"。它反映了起重机设计制造和材料的生产技术水平。配重是为了平衡起重臂工作时的起重荷载而配置的。

3.【答案】DE

【解析】本题主要考查的是混凝土搅拌机。混凝土输送泵和泵车是输送混凝土的专用机械。它们以泵为动力，沿管道连续输送混凝土，可以一次完成水平和垂直运输,将混凝土直接输送到浇筑地点。中间环节少,生产效率高,特别是对施工场地狭窄,浇筑工作面小,或配筋密集的建筑物浇筑,是一种有效而经济的输送机械。泵送混凝土作业具有机械化程度高、机动性好、输送量大、占用人力少、工人劳动强度低、施工组织简单、工程进度快、造价低、混凝土质量高等优点。

4. 【答案】ABDE

【解析】本题主要考查的是混凝土振动机械的分类。按与混凝土接触的方式不同,混凝土振动机械分为内部振动器、外部振动器、表面振动器和振动台四种。

5. 【答案】ABCD

【解析】本题主要考查的是表面振动器。表面振动器又称平板振动器,是放在混凝土表面进行振捣,适用于振捣楼板、地面和薄壳等薄壁构件。当采用表面振动器时,要求振动器的平板与混凝土保持接触,其移动间距应保证振动器的平板能覆盖已振实部分的边缘,应相互搭接 30~50 mm,以保证衔接处混凝土的密实。最好振捣两遍,两遍方向互相垂直。第一遍主要使混凝土密实,第二遍主要使混凝土表面平整。每一位置的延续时间一般为 25~40 s,以混凝土表面均匀出现浮浆为准。

6. 【答案】ABE

【解析】本题主要考查的是推土机特点。推土机是一种既能浅挖又能短距离推运的土方机械。在平整场地时具有独特的优势。运距在 100 m 之内生产效率最高,尤其在 30~60 m 短距离转运土方时最为经济。它被广泛使用在基坑的开挖、管沟的回填、工地的现场清除、场地平整等作业中。按工作装置的操纵系统不同,可分为机械式和液压式。

7. 【答案】ABD

【解析】本题主要考查的是推土机的分类。推土机的类型很多,按行走装置的不同有轮胎式和履带式之分,按工作装置的构成不同可分为固定式与回转式两种,按工作装置的操作系统的不同可以分为机械式和液压式两种。

8. 【答案】CE

【解析】本题主要考查的是铲运机的分类。根据铲斗容量、卸土方法、行走机构可分为以下几种:

(1)按斗容量分为:①小容量:$3 m^3$ 以下;②中等容量:$4~14 m^3$;③大容量:$15~25 m^3$ 或更大。

(2)按卸土方法分为:①自由式卸土;②半强制式卸土;③强制式卸土。

(3)按牵引方式的不同可分为拖式和自行式两种。

9. 【答案】ACD

【解析】本题主要考查的是铲运机铲土的施工方法。铲运机铲土的施工方法:①下坡铲土;②跨铲法;③助铲法。

10. 【答案】BCE

【解析】本题主要考查的是单斗挖掘机的分类。单斗液压挖掘机可分为履带式、轮胎式、汽车式、悬挂式及拖式等形式。

11. 【答案】ACE

【解析】本题主要考查的是国产液压挖掘机斗容量分类。国产液压挖掘机斗容量主要有 0.2 m³、0.4 m³、0.6 m³、1.0 m³、2.0 m³ 和 2.5 m³ 等 6 种类型。

12. 【答案】ABD

【解析】本题主要考查的是反铲挖掘机的特点。

① 正铲挖掘机的挖土特点是：前进向上，强制切土。其挖掘力大，生产率高，能开挖停机面以内的Ⅰ～Ⅳ级土，开挖大型基坑时需设下坡道，适宜在土质较好、无地下水的地区工作。根据挖掘机与运输工具的相对位置不同，正铲挖土和卸土的方式有以下两种：正向挖土、侧向卸土；正向挖土、后方卸土。

② 反铲挖掘机的挖土特点是：后退向下，强制切土。其挖掘力比正铲小，能开挖停机面以下的Ⅰ～Ⅲ级级的砂土或黏土，适宜开挖深度 4 m 以内的基坑，对地下水位较高处也适用。反铲挖掘机的开挖方式可分为沟端开挖与沟侧开挖。

③ 抓铲挖掘机的挖土特点是：直上直下，自重切土。其挖掘力较小，只能开挖 Ⅰ～Ⅱ级土，可以挖掘独立基坑、沉井，特别适于水下挖土。

13. 【答案】ADE

【解析】本题主要考查的是塔式起重机的分类。塔式起重机可分为上回转式塔式起重机、上回转自升塔式起重机、下回转式塔式起重机、轨道式塔式起重机、固定式塔式起重机、内爬式塔式起重机等。

14. 【答案】ABCE

【解析】本题主要考查的是塔式起重机的主要参数。塔式起重机的主要参数有：起重量、幅度（起重半径）、起重力矩、起升高度、工作速度（包括起升、变幅、回转和行走）、自重和配重。

15. 【答案】CE

【解析】本题主要考查的是汽车起重机按起重量大小分类。汽车起重机按起重量大小可分为：小型（3～12 t）、中型（16～50 t）、大型（65～125 t）、特大型（125 t 以上）。常用汽车起重机的起重量为 16～40 t。

16. 【答案】BCD

【解析】本题主要考查的是混凝土搅拌站的组成。混凝土搅拌站是由搅拌主机、物料称量系统、物料输送系统、物料贮存系统、控制系统五大组成系统和其他附属设施组成。

17. 【答案】BCDE

【解析】本题主要考查的是混凝土振动机械。按与混凝土接触的方式不同，混凝土振动机械分为内部（插入式）振动器、外部振动器（附着式振动器）、表面振动器和振动台四种。

18. 【答案】AE

【解析】本题主要考查的是内部振动器又称插入式振动器，其工作部分是一棒状空心圆柱体，内部装有偏心振子，在电动机带动下产生高速转动而产生高频微幅的振动。内部振动器适用于基础、柱、梁、墙等深度或厚度较大的结构构件的混凝土捣实。振动棒振捣混凝土应按分层浇筑厚度分别进行振捣，振动棒的前端应插入前一层混凝土中，插入深度不应小于 50 mm；振动棒应垂直于混凝土表面并快插慢拔均匀振捣；当混凝土表面无明显塌陷、有水泥浆出现、不再冒气泡时可结束该部位振捣。振动棒与模板的距离不应大于振动棒作用半径的 50%；振捣插点间距不应大于振动棒的作用半径的 1.4 倍。振捣棒移动方式有行列式和交错式两种。外部振动器又称附着式振动器。

第五节　土建工程施工组织设计

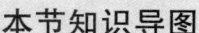

本节知识导图

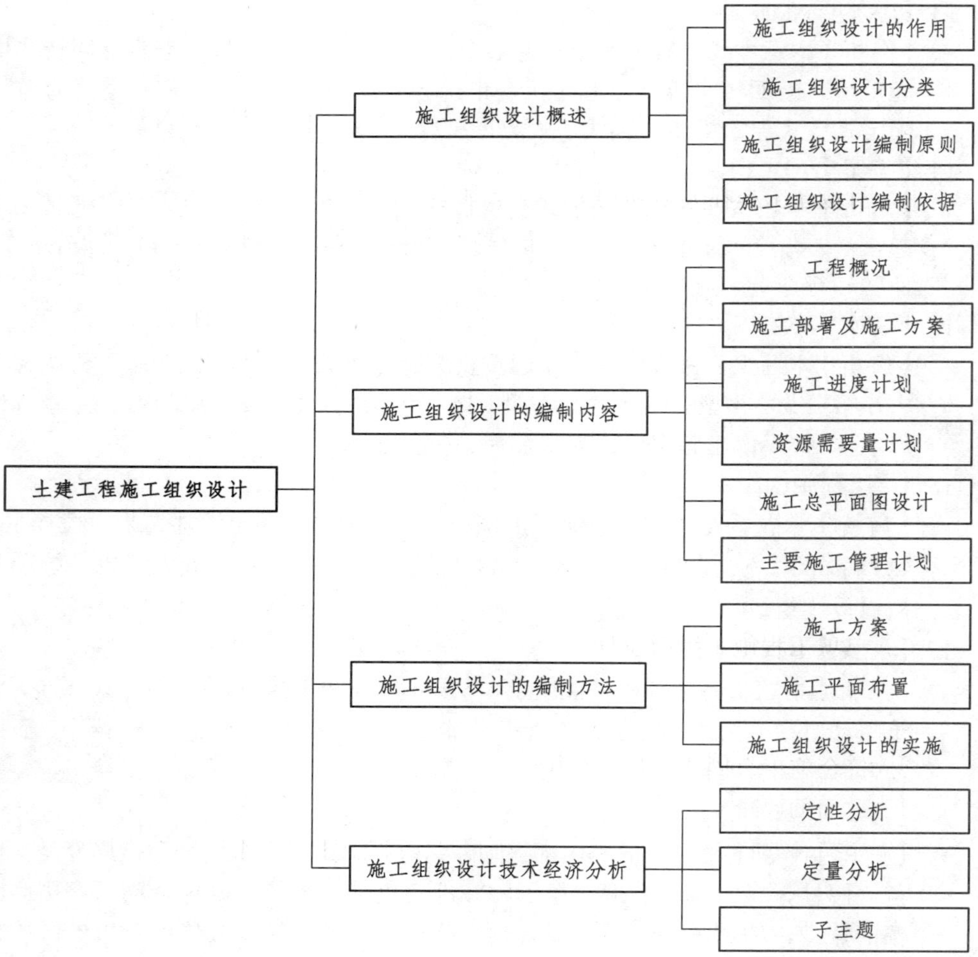

```
土建工程施工组织设计
├── 施工组织设计概述
│   ├── 施工组织设计的作用
│   ├── 施工组织设计分类
│   ├── 施工组织设计编制原则
│   └── 施工组织设计编制依据
├── 施工组织设计的编制内容
│   ├── 工程概况
│   ├── 施工部署及施工方案
│   ├── 施工进度计划
│   ├── 资源需要量计划
│   ├── 施工总平面图设计
│   └── 主要施工管理计划
├── 施工组织设计的编制方法
│   ├── 施工方案
│   ├── 施工平面布置
│   └── 施工组织设计的实施
└── 施工组织设计技术经济分析
    ├── 定性分析
    ├── 定量分析
    └── 子主题
```

本节习题精选

一、判断题（判断正误，正确的打√，错误的打×）

1. 施工组织设计是以施工项目为对象编制的，用以规范和指导施工的技术、经济和管理的综合性文件，是解决工程项目如何建造的问题。（   ）
2. 成本管理计划应以项目施工预算和施工进度计划为依据编制。（   ）
3. 施工方案是分部工程施工组织设计的核心。（   ）
4. 施工组织设计的技术经济分析常用的方法有定性分析和定量分析两种，一般以定量分析为主，定性分析为辅。（   ）
5. 根据季节、气候的变化制定相应的季节性安全施工措施属于环境管理计划。（   ）
6. 单位工程施工平面图设计反映了已建工程和拟建工程之间，以及各种临时建筑、设施相互之间的空间关系。（   ）

二、单项选择题（每题的备选项中，只有1个最符合题意）

1. 关于施工组织设计的描述，不正确的是（   ）。
   A. 是根据国家有关技术政策、建设项目要求、施工组织的原则，结合工程的具体条件编制
   B. 对拟建工程在人力和物力、时间和空间、技术和组织等方面统筹安排
   C. 是从工程施工到竣工验收为止的施工阶段全过程控制质量、安全、进度和工程成本的规范性文件
   D. 是工程造价进度款结算、工程变更、竣工结算的重要依据
2. 施工组织总设计一般是由（   ）负责，会同其他工程师共同编制。
   A. 设计单位总工程师　　　　　　　B. 建设单位总工程师
   C. 总承包单位总工程师　　　　　　D. 监理单位总工程师
3. 单位工程施工组织设计是以（   ）为对象编制。
   A. 建设项目　　B. 单项工程　　C. 单位工程　　D. 分部工程
4. 单位工程施工组织设计的编制依据是（   ）。
   A. 施工组织总设计　　　　　　　　B. 单位工程施工组织设计
   C. 单项工程施工组织设计　　　　　D. 分部分项工程施工组织设计
5. 下列关于施工组织设计编制原则，说法有误的是（   ）。
   A. 必须执行工程建设程序，遵守现行相关法律、法规
   B. 符合施工合同或招标文件中有关工程进度、质量、安全、环境保护、造价等方面的要求
   C. 坚持科学的施工程序和合理的施工顺序，采用流水施工和网络计划等方法
   D. 与质量、安全、环境和经济四个管理体系有效结合，采取必要的技术管理措施，大力推进科学文明施工

6. 下列关于施工组织设计编制依据，说法有误的是（   ）。
   A. 与工程建设有关的法律、法规和相关文件
   B. 施工企业的生产能力、机具设备状况、技术水平等
   C. 工程所在地区行政主管部门的批准文件，施工单位对施工的要求
   D. 工程施工范围内的现场条件、工程地质及水文地质、气象等自然条件
7. 下列关于施工组织设计的编制内容工程概况的描述，正确的是（   ）。
   A. 本地区经济状况　　　　　　　B. 本地区市场需求
   C. 本地区水文地质条件　　　　　D. 本地区人材机市场价格
8. 下列关于施工部署及施工方案的描述，正确的是（   ）。
   A. 全面部署施工任务，合理安排施工顺序，确定主要工程的施工方案
   B. 是对构成整个施工项目的各项施工活动做出全盘统筹的预期进展计划
   C. 是施工组织设计在时间上的体现和安排
   D. 用来正确处理全工地在施工期间所需各项设施和永久性建筑之间的空间关系
9. 关于施工进度计划的描述，正确的是（   ）。
   A. 全面部署施工任务，合理安排施工顺序，确定主要工程的施工方案
   B. 是对构成整个施工项目的各项施工活动做出全盘统筹的预期进展计划
   C. 具体指导现场施工部署
   D. 用来正确处理全工地在施工期间所需各项设施和永久性建筑之间的空间关系
10. 当采用网络图表达施工进度计划时，应确定关键工作、关键线路和进行工期优化。用（   ）表达进度计划比横道图更加直观、明了，既能够清楚表达出各项目之间的逻辑关系，同时又可以应用计算机进行计算和输出。
    A. 网络图　　　　B. 香蕉图　　　　C. 直方图　　　　D. 排列图
11. 施工总平面图是施工组织设计的一个重要组成部分，是以（   ）为对象，具体指导现场施工部署的平面图。
    A. 整个工程　　　B. 单项工程　　　C. 单位工程　　　D. 分部工程
12. 下列关于进度管理计划的说法，错误的是（   ）。
    A. 对项目施工进度进行逐级分解，通过阶段目标的实现保证最终工期目标的完成
    B. 建立有管理层次的项目管理组织机构并明确职责
    C. 建立施工进度动态管理机制，及时纠正施工过程中的进度偏差，并制定特殊情况下的赶工措施
    D. 按照项目施工的技术规律和合理的施工顺序，保证各工序在时间上和空间上的顺利衔接
13. 成本管理计划应以（   ）为依据编制。
    A. 施工预算与施工成本
    B. 施工预算与施工进度计划
    C. 施工成本与施工进度计划
    D. 环境管理计划与施工进度计划

14. 下列关于单位工程施工方案的编制顺序，正确的是（   ）。
    A. 确定施工顺序→确定施工方法→确定施工流向→流水段的划分→施工机械的选择
    B. 确定施工方法→确定施工顺序→确定施工流向→流水段的划分→施工机械的选择
    C. 确定施工流向→确定施工顺序→确定施工方法→流水段的划分→施工机械的选择
    D. 确定施工流向→确定施工顺序→流水段的划分→确定施工方法→施工机械的选择

15. 下列关于施工部署的说法中，错误的是（   ）。
    A. 确定工程开展程序
    B. 拟定各工程项目的施工方案
    C. 明确施工任务的划分与组织安排
    D. 编制施工准备工作计划

16. 确定施工顺序需要考虑的因素中，不包括的是（   ）。
    A. 施工顺序　　　B. 施工组织　　　C. 施工质量　　　D. 施工强度

17. 下列关于施工任务的划分与组织安排的描述，不正确的是（   ）。
    A. 划分参与建设的各施工单位的施工任务，明确建设单位与施工单位的关系
    B. 建立施工现场统一的组织领导机构及职能部门
    C. 确定综合的和专业化的施工组织，明确各施工单位之间的分工与协作关系
    D. 划分施工阶段，确定各施工单位分期分批的主导施工项目和穿插施工项目

18. 单位工程施工组织设计的核心是（   ）。
    A. 施工方案　　　　　　　　　　B. 施工部署
    C. 单位工程施工方案　　　　　　D. 分部分项施工方案

19. 下列关于施工顺序的描述，正确的是（   ）。
    A. 主要解决施工项目在平面上、空间上的施工顺序，是指导现场施工的主要环节
    B. 应着重考虑建设单位生产和使用的要求，平面上各部分施工的繁简程度，施工技术与组织上的要求等
    C. 必须符合由结构构造确定的工艺顺序，还应与所选用的施工方法和施工机械协调一致
    D. 必须满足施工流向、施工方法和流水施工条件的要求

20. 下列关于施工方法的描述，错误的是（   ）。
    A. 其内容应简明扼要、重点突出
    B. 凡新技术、新工艺和对拟建工程起关键作用的项目，应详细而具体地拟定操作过程和方法
    C. 凡常规做法和工人熟练项目，不必详细拟定，只需提出拟建工程中的特殊要求即可
    D. 凡常规做法和工人熟练项目，也需要详细拟定操作过程和方法

21. 下列关于施工总平面图设计，说法错误的是（　　）。
    A. 是拟建工程项目施工现场的总体平面布置图，用以表示全工地在施工期间所需各项设施和永久性建筑物之间的合理布局关系
    B. 是拟建工程项目施工现场的总体平面布置图，用以表示全工地在施工期间所需各项设施和临时性建筑物之间的合理布局关系
    C. 应在保证施工现场各项施工过程顺利进行的前提下，平面布置科学合理，尽量减少施工用地
    D. 临时设施应方便生产和生活，办公区、生活区和生产区宜分离设置，应符合节能、环保、安全和消防等要求

22. 下列关于单位工程施工平面图设计，说法错误的是（　　）。
    A. 单位工程施工平面图设计是对建筑物或构筑物施工现场的平面规划，是施工方案在施工现场空间上的体现
    B. 反映了已建工程和拟建工程之间，以及各种临时建筑、设施相互之间的空间关系
    C. 每个工程在施工之前都要进行现场布置和规划，所以在施工组织设计中可不进行单位工程施工平面图设计
    D. 每个工程在施工之前都要进行现场布置和规划，所以在施工组织设计中均要进行单位工程施工平面图设计

23. 下列关于单位工程施工平面图设计包括的主要内容，说法错误的是（　　）。
    A. 建设工程平面图上已建和拟建的地上及地下一切工程项目和管线
    B. 塔式起重机的布置数量
    C. 材料、加工半成品、构件和机具堆场
    D. 安全、防火设施

24. 下列关于施工组织设计的审核和批准，说法正确的是（　　）。
    A. 当工程实行施工总承包时，施工组织总设计由施工总承包单位组织编制
    B. 当工程未实行施工总承包时，施工组织总设计由施工单位组织编制
    C. 施工组织总设计应由总承包单位技术负责人审批后，向建设单位报批
    D. 当工程实行施工总承包时，施工组织总设计由建设单位组织编制

25. 关于施工组织设计的审核和批准，说法错误的是（　　）。
    A. 施工组织设计实施前应严格执行编制、审核、审批程序
    B. 施工组织设计编制应坚持"谁负责实施，谁组织编制"的原则
    C. 施工组织总设计应由总承包单位技术负责人审批后，向监理报批
    D. 当工程实行施工总承包时，施工组织总设计由建设单位组织编制

26. 关于定量分析中成本指标的说法，错误的是（　　）。
    A. 一般需计算完成施工方案需发生的直接费和间接费
    B. 降低成本额 = 全部承包成本 − 全部计划成本
    C. 降低成本额 = 全部计划成本 − 全部承包成本
    D. 降低成本率是降低成本额与承包成本额的比值

27. 定量分析中包括主要材料消耗指标的分析，需要计算的指标不包括（   ）。
   A. 节约钢材百分比　　　　　　　B. 节约木材百分比
   C. 节约水泥百分比　　　　　　　D. 节约砂石百分比

三、多项选择题（每小题所设选项中有 2 个或 2 个以上正确答案，至少有 1 个错项）

1. 施工组织设计按编制对象和范围不同可划分为（   ）。
   A. 施工组织总设计　　　　　　　B. 单项工程施工组织设计
   C. 单位工程施工组织设计　　　　D. 施工方案
   E. 分部工程施工组织设计

2. 施工组织设计的编制内容包括资源需要量计划、施工总平面设计、主要施工管理计划及（   ）。
   A. 工程概况　　　　　　　　　　B. 施工部署及施工方案
   C. 施工进度计划　　　　　　　　D. 进度管理计划
   E. 成本管理计划

3. 主要施工管理计划内容包括（   ）。
   A. 环境管理计划　　　　　　　　B. 资源需要量计划
   C. 施工进度计划　　　　　　　　D. 进度管理计划
   E. 成本管理计划

4. 编制资源需要量计划应包括（   ）。
   A. 市场供应关系计划
   B. 主要材料、构件及半成品需要量计划
   C. 综合劳动力需要量计划
   D. 主要施工机械需要量计划
   E. 资金需要量计划

5. 施工总平面图布置设计的内容包括（   ）。
   A. 地上地下相邻建筑物的位置及尺寸
   B. 施工范围内的地形状况
   C. 工程范围内地震烈度
   D. 全部拟建的建筑物或构筑物的位置及尺寸
   E. 施工范围内的地下常年水位

6. 主要施工管理计划包括（   ）。
   A. 资源管理计划　　　　　　　　B. 安全管理计划
   C. 环境管理计划　　　　　　　　D. 质量管理计划
   E. 成本管理计划

7. 关于施工总平面设计的描述，正确的是（   ）。
   A. 施工总平面图是拟建工程项目施工现场的总体平面布置图

B. 施工总平面图设计依据包括工程设计文件，以及建设项目的总平面图、区域规划图、地形图等
C. 施工总平面图是施工现场的合理布置和科学管理，是文明施工的前提
D. 对各种机械设备的设置和工作范围、施工工艺路线进行布置
E. 是对建筑物或构筑物施工现场的平面规划，是施工方案施工现场空间上的体现

8. 下列关于施工组织设计技术经济分析描述，正确的有（　　）。
   A. 施工组织设计的技术经济分析常用的方法有定性分析和定量分析两种
   B. 施工组织设计的定性技术经济分析评价是结合施工实际经验，对若干施工方案的优缺点进行分析比较，选择最优设计方案
   C. 要求工程尽快完成以便尽早投入生产或使用时，选择施工方案就要在确保工程质量、安全和成本相同的条件下，优先考虑缩短施工周期的方案
   D. 施工组织设计的定量分析是通过计算各个施工方案的主要技术经济指标，进行综合比较分析，从中选择技术经济最优的方案
   E. 定量分析常采用的技术经济指标有施工周期指标、成本指标及施工进度计划指标

9. 下列关于施工组织设计的描述，正确的有（　　）。
   A. 以单位工程为对象编制
   B. 用以规范和指导施工的技术、经济和管理的综合性文件
   C. 主要目的是解决工程项目建设的施工技术和安全问题
   D. 施工组织设计的编制与建筑产品及工程特点有关
   E. 施工组织设计的编制与现场施工条件有关

10. 施工组织设计的主要作用包含（　　）。
    A. 明确工程施工顺序、劳动组织措施、施工进度计划及资源需用量与供应计划
    B. 指导工程招标和签订施工合同，是合同文件的组成部分
    C. 统筹和协调施工中各参建主体及政府质量监督、安全监督等的工作衔接
    D. 是工程施工阶段全过程控制质量、安全、进度和工程成本的规范性文件
    E. 是工程造价进度款结算、工程变更、竣工决算的重要依据

11. 施工组织设计按编制阶段的不同可分为（　　）。
    A. 施工组织总设计
    B. 单位工程施工组织设计
    C. 分部分项工程施工组织设计
    D. 标前设计
    E. 标后设计

12. 下列关于施工方案描述，正确的是（　　）。
    A. 由总承包单位的总工程师负责编制
    B. 由工程项目主管工程师负责编制

C. 可作为编制季度、月度计划的依据

D. 是以某些新结构、新工艺、技术复杂的分部分项工程为编制对象

E. 是部分特殊专业工程的具体施工设计

13. 施工组织设计的编制原则包含（　　）。

    A. 需符合施工合同或招标文件中有关工程进度、质量、安全、环境保护、造价等方面的要求

    B. 必须使用新技术和新工艺，推广应用新材料和新设备

    C. 应当积极利用工程特点、组织开发、创新施工技术和施工工艺

    D. 采取技术和管理措施，推广建筑节能和绿色施工

    E. 与质量、环境和职业健康安全三个管理体系有效结合，大力推进科学文明施工

14. 下列不属于施工组织设计编制依据的是（　　）。

    A. 地区或行业标准和技术经济指标

    B. 建设单位对施工的要求

    C. 工程施工合同、招标投标文件、设计文件

    D. 与工程有关的资源供应情况

    E. 建设单位的生产能力、机具设备状况、技术水平等

15. 下列关于编制施工进度计划的具体步骤，说法正确的是（　　）。

    A. 列出工程项目一览表及其各项工程量

    B. 确定各单项工程的施工期限

    C. 确定各单位工程开工、竣工时间和相互搭接关系

    D. 编制季度、月度计划

    E. 编制施工进度计划横道图或网络图

16. 下列关于资源需要量计划的内容不包括（　　）。

    A. 常用物资需要量计划

    B. 综合劳动力需要量计划

    C. 常用施工机械需要量计划

    D. 主要材料、构件及半成品需要量计划

    E. 资金需要量计划

17. 成本管理计划内容包含（　　）。

    A. 根据项目施工预算，制定项目施工成本目标

    B. 根据施工进度计划，对项目施工成本目标进行阶段分解

    C. 建立施工成本管理的组织机构并明确职责，制定相应管理制度

    D. 制定现场环境保护的控制措施

    E. 建立施工进度动态管理机制，及时纠正施工过程中的进度偏差，并制定特殊情况下的赶工措施

18. 单位工程施工方案的编制应包含（　　）。
    A. 确定施工流向和顺序　　　　　　B. 确定施工综合用工量
    C. 流水段的划分　　　　　　　　　D. 确定施工方法
    E. 确定施工主要材料、构件及半成品
19. 施工平面布置应包含（　　）。
    A. 施工现场平面图设计　　　　　　B. 施工总平面图设计
    C. 单项工程施工平面图设计　　　　D. 单位工程施工平面图设计
    E. 分部分项工程施工平面图设计
20. 定量分析常用的技术经济指标有（　　）。
    A. 技术经济指标　　　　　　　　　B. 施工周期指标
    C. 劳动量消耗指标　　　　　　　　D. 主要材料消耗指标
    E. 施工现场场地综合利用指标

本节习题解析

一、判断题（判断正误，正确的打√，错误的打×）

1. 【答案】√
   【解析】本题主要考查的是施工组织设计的编制。施工组织设计是以施工项目为对象编制的，用以规范和指导施工的技术、经济和管理的综合性文件，是解决工程项目如何建造的问题。由于受建筑产品及其施工特点的影响，每一个工程项目开工前，都必须根据工程特点与施工条件来编制施工组织设计。

2. 【答案】√
   【解析】本题主要考查的是成本管理。成本管理计划应以项目施工预算和施工进度计划为依据编制。

3. 【答案】×
   【解析】本题主要考查的是施工方案。施工方案是单位工程施工组织设计的核心。

4. 【答案】×
   【解析】本题主要考查的是施工组织设计的技术经济分析。施工组织设计的技术经济分析常用的方法有定性分析和定量分析两种，一般以定性分析为主、定量分析为辅。

5. 【答案】×
   【解析】本题主要考查的是安全管理计划的内容。根据季节、气候的变化制定相应的季节性安全施工措施属于安全管理计划。

6. 【答案】√
   【解析】本题主要考查的是单位工程施工平面图设计。单位工程施工平面图设计是对建筑物或构筑物施工现场的平面规划，是施工方案在施工现场空间上的体现。反映了已建工程和拟建工程之间,以及各种临时建筑、设施相互之间的空间关系。施工现场的合理布置和科学管理是文明施工的前提,同时对加快施工速度,降低施工成本,提高工程质量和保证施工安全有极其重要的意义。因此,每个工程在施工之前都要进行现场布置和规划,在施工组织设计中均要进行单位工程施工平面图设计。

二、单项选择题（每题的备选项中,只有 1 个最符合题意）

1. 【答案】C

   【解析】本题主要考查的是施工组织设计的作用。其作用有：① 根据国家有关技术、建设项目要求,结合工程的具体条件,明确工程的具体施工方案、施工顺序、劳动组织措施、施工进度计划及资源需用量与供应计划,明确临时设施、材料和机具的具体位置,有效地使用施工场地,提高经济效益。② 指导工程投标和签订施工合同,并作为投标文件的主要内容及合同文件的组成部分,参与招标投标活动的竞争。③ 统筹和协调施工中建设单位、施工单位、监理单位及政府质量监督、安全监督等的工作衔接。④ 是从承接工程任务开始到竣工验收合同交付使用为止的施工阶段全过程控制质量、安全、进度和工程成本的规范性文件。⑤ 是工程造价进度款结算、工程变更、竣工结算的重要依据。

2. 【答案】C

   【解析】本题主要考查的是施工组织总设计的编制。它是以一个建设项目为编制对象,规划其施工全过程各项活动的技术、经济的全局性控制性文件。它是整个建设项目施工的战略部署,涉及范围较广,内容比较概括。一般是由总承包单位的总工程师负责,会同设计和分包单位的工程师共同编制。施工组织总设计是施工单位编制年度施工计划和单位工程施工组织设计的依据。

3. 【答案】C

   【解析】本题主要考查的是单位工程施工组织设计的编制。它是以单位工程为编制对象,用来指导其施工全过程各项活动的技术、经济的局部性、指导性文件。

4. 【答案】A

   【解析】本题考查的是主要单位工程施工组织设计的编制依据。施工组织总设计是施工单位编制年度施工计划和单位工程施工组织设计的依据。

5. 【答案】D

   【解析】本题主要考查的是施工组织设计的编制原则。必须执行工程建设程序,遵守现行相关法律、法规,贯彻落实工程项目所在地的管理制度及政策。符合施工合同或招标文件中有关工程进度、质量、安全、环境保护、造价等方面的要求。积极开发、使用新技术和新工艺,推广应用新材料和新设备。在目前市场经济条件下,施工企业应当积极利用工程特点、组织开发、创新施工技术和施工工艺。坚持科学的施工程序和合理的施工顺序,采用流水施工和网络计划等方法。科学配置资源,合理布置现场,采取季节性施工措施,实现均衡施工,达到合理的技术经济指标。采取技术和管理措施，推广建筑节能和绿色施工。与质量、环境和职业健康安全三个管理体系有效结合，采取必要的技术管理措施，大力推进科学文明施工。

6. 【答案】C

【解析】本题主要考查的是施工组织设计编制依据。施工组织设计编制依据有：
① 与工程建设有关的法律、法规和相关文件。
② 国家现行有关标准和技术经济指标。
③ 工程所在地区行政主管部门的批准文件，建设单位对施工的要求。
④ 工程施工合同和招标投标文件。
⑤ 工程设计文件。
⑥ 工程施工范围内的现场条件、工程地质及水文地质、气象等自然条件。
⑦ 与工程有关的资源供应情况。
⑧ 施工企业的生产能力、机具设备状况、技术水平等。

7. 【答案】C

【解析】本题主要考查的是工程概况包括的内容。
① 本项目的性质、规模、建设地点、结构特点、建设期限、分批交付使用的条件、合同条件。
② 本地区地形、地质、水文和气象情况。
③ 施工力量、劳动力、机具、材料、构配件等资源供应情况。
④ 施工环境及施工条件等。

8. 【答案】A

【解析】本题主要考查的是施工部署及施工方案。
① 根据工程情况，结合人力、材料、机械设备、资金、施工方法等条件，全面部署施工任务，合理安排施工顺序，确定主要工程的施工方案。
② 对拟建工程可能采用的几个施工方案进行定性、定量的分析，通过技术经济评价，选择最佳方案。

9. 【答案】B

【解析】本题主要考查的是施工进度计划。施工进度计划是对构成整个施工项目的各项施工活动做出全盘统筹的预期进展计划。编制施工进度计划要结合施工合同、施工方案、施工程序、工期、资源条件以及各单位（单项）工程的制约关联等，对各个单位（单项）工程的施工进展做出协调安排。据此确定出各个单位（单项）工程的准备工作、施工期限及其开工和竣工的日期。施工进度计划是施工组织设计在时间上的体现和安排。编制施工进度计划应采用先进的计划理论和方法，如流水施工横道图、垂直图、网络图等，合理确定施工顺序和各工序的作业时间，使工期、成本和资源的利用达到最佳结合状态，即资源均衡、工期合理、成本低廉。其主要内容包括：编制说明，施工进度计划，分期分批施工工程的开工日期、完工日期以及工期一览表，资源需要量以及供应平衡表等。

10. 【答案】A

【解析】本题主要考查的是施工进度计划的编制。当采用网络图表达施工进度计划时，应确定关键工作、关键线路和进行工期优化。用网络图表达进度计划比横道图更加直观、明了，既能够清楚表达出各项目之间的逻辑关系，同时又可以应用计算机进行计算和输出，对进度计划进行动态调整、优化、统计资源数量和输出图表等。

11. 【答案】A

【解析】本题主要考查的是施工总平面图。施工总平面图是施工组织设计的一个重要组成部分，是以整个工程为对象，具体指导现场施工部署的平面表达，用来正确处理全工地在施工期间所需各项设施和永久性建筑之间的空间关系。

12. 【答案】B

【解析】本题主要考查的是进度管理计划。项目施工进度管理应按照项目施工的技术规律和合理的施工顺序，保证各工序在时间上和空间上的顺利衔接。
进度管理计划应包括以下内容：① 对项目施工进度计进行逐级分解，通过阶段性目标的实现保证最终工期目标的完成。② 建立施工进度管理的组织机构并明确职责，制定相应管理制度。③ 针对不同施工阶段的特点制定进度管理的相应措施，包括施工组织措施、技术措施和合同措施等。④ 建立施工进度动态管理机制，及时纠正施工过程中的进度偏差，并制定特殊情况下的赶工措施。⑤ 根据项目周边环境特点，制定相应的协调措施，减少外部因素对施工进度的影响。

13. 【答案】B

【解析】本题主要考查的是成本管理计划的编制依据。成本管理计划应以项目施工预算和施工进度计划为依据编制。

14. 【答案】D

【解析】本题主要考查的是单位工程施工方案的编制顺序。
确定施工流向→确定施工顺序→流水段的划分→确定施工方法→施工机械的选择

15. 【答案】B

【解析】本题主要考查的是施工部署包含的内容。施工部署的内容包括确定工程开展程序、拟定主要工程项目的施工方案、明确施工任务的划分与组织安排、编制施工准备工作计划等内容。

16. 【答案】D

【解析】本题主要考查的是施工顺序需要考虑的因素。施工顺序是指单位工程中各分项工程或工序之间进行施工的先后次序。确定各施工过程的施工顺序，必须符合由结构构造确定的工艺顺序，还应与所选用的施工方法和施工机械协调一致，同时还要考虑施工组织、施工质量、安全技术的要求，以及当地气候条件等因素。它主要解决各工序在时间上的衔接与搭接问题，以充分利用空间、争取时间、缩短工期为主要目的。

17.【答案】A

【解析】本题主要考查的是施工任务的划分与组织安排。在明确施工项目管理体制、机构的条件下，划分参与建设的各施工单位的施工任务，明确总包单位与分位单位的关系，建立施工现场统一的组织领导机构及职能部门，确定综合的和专业化的施工组织，明确各施工单位之间的分工与协作关系，划分施工阶段，确定各施工单位分期分批的主导施工项目和穿插施工项目。

18.【答案】A

【解析】本题主要考查的是单位工程施工方案。施工方案是单位工程施工组织设计的核心。

19.【答案】C

【解析】本题主要考查的是施工顺序。施工顺序是指单位工程中各分项工程或工序之间进行施工的先后次序。确定各施工过程的施工顺序，必须符合由结构构造确定的工艺顺序，还应与所选用的施工方法和施工机械协调一致，同时还要考虑施工组织、施工质量、安全技术的要求，以及当地气候条件等因素。它主要解决各工序在时间上的衔接与搭接问题，以充分利用空间、争取时间、缩短工期为主要目的。

20.【答案】D

【解析】本题主要考查的是施工方法。施工方法是针对拟建工程的主要分部分项工程而言的，其内容应简明扼要、重点突出。凡新技术、新工艺和对拟建工程起关键作用的项目，以及工人在操作上还不够熟练的项目，应详细而具体地拟定该项目的操作过程和方法、质量要求和保证质量的技术安全措施，可能发生的问题和预防措施等。凡常规做法和工人熟练项目，不必详细拟定，只要对这些项目提出拟建工程中的特殊要求即可。

21.【答案】B

【解析】本题主要考查的是施工总平面图设计相关内容。施工总平面图是拟建工程项目施工现场的总体平面布置图，用以表示全工地在施工期间所需各项设施和永久性建筑物之间的合理布局关系。

施工总平面图设计原则：应在保证施工现场各项施工过程顺利进行的前提下，平面布置科学合理，尽量减少施工用地。同时，合理组织运输、减少二次运输。合理划分整个施工场区，尽量利用永久性建筑物、构筑物或现有设施为施工服务。临时设施应方便生产和生活，办公区、生活区和生产区宜分离设置，应符合节能、环保、安全和消防等要求，遵守当地主管部门和建设单位的相关规定。

22.【答案】C

【解析】本题主要考查的是单位工程施工平面图设计。单位工程施工平面图设计是对建筑物或构筑物施工现场的平面规划，是施工方案在施工现场空间上的体现，反映了已建工程和拟建工程之间，以及各种临时建筑、设施相互之间的空间关系。施工现场的合理布置和科学管理是文明施工的前提，同时对加快施工速度，降低施工成本，提高工程质量和保证施工安全有极其重要的意义。因此，每个工程在施工之前都要进行现场布置和规划，在施工组织设计中均要进行单位工程施工平面图设计。

23. 【答案】B
【解析】本题主要考查的是单位工程施工平面图设计的内容。
单位工程施工平面图应包括的主要内容一般有：
① 建设工程平面图上已建和拟建的地上及地下一切工程项目和管线。
② 测量放线标桩、地形等高线、土方取弃场地。
③ 塔式起重机以及垂直运输设施（如井架等）的位置。
④ 材料、加工半成品、构件和机具堆场。
⑤ 生产、生活用临时设施（包括钢筋棚、仓库、办公室、供水供电线路和道路等）并附一览表。一览表中应分别列出名称、规格和数量。
⑥ 安全、防火设施。

24. 【答案】A
【解析】本题主要考查的是施工组织设计的审核和批准。
① 施工组织设计实施前应严格执行编制、审核、审批程序。没有批准的施工组织设计不得实施。
② 施工组织设计编制应坚持"谁负责实施，谁组织编制"的原则。施工组织总设计由施工总承包单位组织编制，当工程未实行施工总承包时，施工组织总设计应由建设单位负责组织各施工单位编制，单位工程或专项工程施工组织设计由施工单位组织编制。
③ 施工组织设计编制、审核和审批。施工组织总设计应由总承包单位技术负责人审批后，向监理报批。单位工程施工组织设计应由施工单位技术负责人或技术负责人授权的技术人员审批。重点、难点分部分项工程施工方案应由施工单位技术部门组织相关专家评审，施工单位技术负责人批准。施工单位完成内部编制、审核、审批程序后，报总承包单位审核、审批，然后由总承包单位项目经理或其授权人签章后，向监理报批。

25. 【答案】D
【解析】本题主要考查的是施工组织设计的审核和批准。
① 施工组织设计实施前应严格执行编制、审核、审批程序。没有批准的施工组织设计不得实施。
② 施工组织设计编制应坚持"谁负责实施，谁组织编制"的原则。施工组织总设计由施工总承包单位组织编制，当工程未实行施工总承包时，施工组织总设计应由建设单位负责组织各施工单位编制，单位工程或专项工程施工组织设计由施工单位组织编制。
③ 施工组织设计编制、审核和审批。施工组织总设计应由总承包单位技术负责人审批后，向监理报批。单位工程施工组织设计应由施工单位技术负责人或技

术负责人授权的技术人员审批。重点、难点分部分项工程施工方案应由施工单位技术部门组织相关专家评审，施工单位技术负责人批准。施工单位完成内部编制、审核、审批程序后，报总承包单位审核、审批，然后由总承包单位项目经理或其授权人签章后，向监理报批。

26.【答案】C

【解析】本题主要考查的成本指标分析。成本指标反映了施工方案的成本高低。一般需计算完成施工方案需发生的直接费和间接费。成本分析的指标有：

① 降低成本额，即全部承包成本 – 全部计划成本。

② 降低成本率，即降低成本额与承包成本额的比值。

27.【答案】D

【解析】本题主要考查的是主要材料消耗指标。主要材料消耗指标反映了各个施工方案的主要材料节约情况。需要计算的指标有：

① 节约钢材百分比。

② 节约木材百分比。

③ 节约水泥百分比。

三、多项选择题（每小题所设选项中有2个或2个以上正确答案，至少有1个错项）

1.【答案】ACD

【解析】本题主要考查的是施工组织设计的分类。施工组织设计按编制对象和范围不同可划分为三类：施工组织总设计、单位工程施工组织设计和分部分项工程施工组织设计（施工方案）。

2.【答案】ABC

【解析】本题主要考查的是施工组织设计的编制内容。一般包括工程概况、施工部署与施工方案、施工进度计划、资源需要量计划、施工平面布置图设计和主要施工管理计划。主要施工管理计划应包括进度管理计划、质量管理计划、安全管理计划、环境管理计划、成本管理计划以及其他管理计划等内容。

3.【答案】ADE

【解析】本题主要考查的是主要施工管理计划的内容。主要施工管理计划应包括进度管理计划、质量管理计划、安全管理计划、环境管理计划、成本管理计划以及其他管理计划等内容。

4.【答案】BCDE

【解析】本题主要考查的是资源需要量计划，包括：

（1）综合劳动力需要量计划。

（2）主要材料、构件及半成品需要量计划。

（3）主要施工机械需要量计划。

（4）资金需要量计划。

5. 【答案】ABD

【解析】本题主要考查的是施工总平面图布置设计的内容，包括：项目施工用地范围内的地形状况、施工用的各种道路；地上、地下相邻的既有建筑物、构筑物及其他设施的位置和尺寸；全部拟建的建筑物、构筑物及其基础设施的位置和尺寸；临时施工设施，包括生产、生活设施及施工现场必备的文明、安全、消防、保卫、防污染设施和环境保护设施。

6. 【答案】BCDE

【解析】本题主要考查的是施工管理计划的内容。施工组织设计的主要施工管理计划应包括进度管理计划、质量管理计划、安全管理计划、环境管理计划、成本管理计划以及其他管理计划等内容。各项管理计划的制订应根据项目的特点有所侧重。

7. 【答案】ABD

【解析】本题主要考查的是施工总平面设计。

施工总平面图是拟建工程项目施工现场的总体平面布置图，用以表示全工地在施工期间所需各项设施和永久性建筑物之间的合理布局关系。

施工总平面图设计原则：应在保证施工现场各项施工过程顺利进行的前提下，平面布置科学合理，尽量减少施工用地。同时，合理组织运输、减少二次运输。合理划分整个施工场区，尽量利用永久性建筑物、构筑物或现有设施为施工服务。临时设施应方便生产和生活，办公区、生活区和生产区宜分离设置，应符合节能、环保、安全和消防等要求，遵守当地主管部门和建设单位的相关规定。

施工总平面图设计依据包括工程设计文件，以及建设项目的总平面图、区域规划图、地形图、竖向设计图，建设项目范围内部相关的已有和拟建的各种地上、地下设施和管线位置等。同时参考建设项目的施工部署、主要建筑物的施工方案和施工进度计划等技术资料，施工现场的自然条件、技术经济条件和社会环境调查报告，施工资源配置，施工现场的水、电、暖、气、通信等接入位置和容量等情况。

施工总平面图设计编制方法：应明确施工用地范围内的地形状况，以及全部拟建的建（构）筑物和其他基础设施的位置。确定为全工地施工服务的临时设施的位置，对施工现场必备的安全、消防、保卫和环境保护等设施做出规划，确定永久性测量放线桩位置，对各种机械设备的设置和工作范围、施工工艺路线进行布置。

8. 【答案】ABD

【解析】本题主要考查的是施工组织设计技术经济分析。

施工组织设计的技术经济分析常用的方法有定性分析和定量分析两种，一般以定性分析为主、定量分析为辅。

施工组织设计的定性分析是结合施工实际经验，对若干施工方案的优缺点进行分析比较。

施工组织设计的定量分析是通过计算各个施工方案的主要技术经济指标，进行综合比较分析，从中选择技术经济最优的方案。常用的技术经济指标有：
① 施工周期指标。当要求工程尽快完成以便尽早投入生产或使用时，选择施工方案 就要在确保工程质量、安全和成本较低的条件下，优先考虑缩短施工周期的方案。施工周期指建设项目从正式开工到全部投产使用为止的持续时间。应计算的相关指标有施工准备 期、部分投产期和单位工程工期等。
② 劳动量消耗指标。它能反映施工机械化程度和劳动生产率水平。通常，在施工方案中劳动量消耗越小，则机械化程度和劳动生产率越高。
③ 主要材料消耗指标。
④ 成本指标。
⑤ 经济指标。
⑥ 施工现场场地综合利用指标。

9.【答案】BDE
【解析】本题主要考查的是施工组织设计概念。施工组织设计是以施工项目为对象编制的，用以规范和指导施工的技术、经济和管理的综合性文件，是解决工程项目如何建造的问题。由于受建筑产品及其施工特点的影响，每一个工程项目开工前，都必须根据工程特点与施工条件来编制施工组织设计。

10.【答案】ACD
【解析】本题主要考查的是施工组织设计的主要作用，包括以下几个方面：
① 根据国家有关技术、建设项目要求，结合工程的具体条件，明确工程的具体施工方案、施工顺序、劳动组织措施、施工进度计划及资源需用量与供应计划，明确临时设施、材料和机具的具体位置，有效地使用施工场地，提高经济效益。
② 指导工程投标和签订施工合同，并作为投标文件的主要内容及合同文件的组成部分，参与招标投标活动的竞争。
③ 统筹和协调施工中建设单位、施工单位、监理单位及政府质量监督、安全监督等的工作衔接。
④ 是从承接工程任务开始到竣工验收合同交付使用为止的施工阶段全过程控制质量、安全、进度和工程成本的规范性文件。
⑤ 是工程造价进度款结算、工程变更、竣工结算的重要依据。

11.【答案】DE
【解析】本题主要考查的是施工组织设计的分类。根据编制阶段的不同，施工组织设计可划分为两类：一类是投标前编制的施工组织设计，简称"标前设计"；另一类是中标后编制的施工组织设计，简称"标后设计"。

12.【答案】DE
【解析】本题主要考查的是分部分项工程施工组织设计（施工方案）。施工组织总设计，一般是由总承包单位的总工程师负责，会同设计和分包单位的工程师共同编制。施工组织总设计是施工单位编制年度施工计划和单位工程施工组织设计的依据。单位工程施工组织设计，由承包单位工程项目主管工程师负责编制的，可作为编制季度、月度计划和分部分项工程施工组织设计的依据。分部分项工程施工组织设计，也称施工方案。它是以某些新结构、新工艺、技术复杂的或缺乏施工经验的分部分项工程为编制对象，如大型吊装工程、复杂的基础工程以及有特殊要求的高级装饰工程等。用来指导其施工活动的技术、经济文件。它结合施工单位的月、旬作业计划，把单位工程施工组织设计进一步具体化，是部分特殊专业工程的具体施工设计。

13.【答案】ACDE

【解析】本题主要考查的是施工组织设计编制原则。

① 必须执行工程建设程序，遵守现行相关法律、法规，贯彻落实工程项目所在地的管理制度及政策。

② 符合施工合同或招标文件中有关工程进度、质量、安全、环境保护、造价等方面的要求。

③ 积极开发、使用新技术和新工艺，推广应用新材料和新设备。在目前市场经济条件下，施工企业应当积极利用工程特点、组织开发、创新施工技术和施工工艺。

④ 坚持科学的施工程序和合理的施工顺序，采用流水施工和网络计划等方法。科学配置资源，合理布置现场，采取季节性施工措施，实现均衡施工，达到合理的技术经济指标。

⑤ 采取技术和管理措施，推广建筑节能和绿色施工。

⑥ 与质量、环境和职业健康安全三个管理体系有效结合，采取必要的技术管理措施，大力推进科学文明施工。

14.【答案】AE

【解析】本题主要考查的是施工组织设计编制依据。施工组织设计编制依据：① 与工程建设有关的法律、法规和相关文件。② 国家现行有关标准和技术经济指标。③ 工程所在地区行政主管部门的批准文件，建设单位对施工的要求。④ 工程施工合同和招标投标文件。⑤ 工程设计文件。⑥ 工程施工范围内的现场条件、工程地质及水文地质、气象等自然条件。⑦ 与工程有关的资源供应情况。⑧ 施工企业的生产能力、机具设备状况、技术水平等。

15.【答案】ACE

【解析】本题主要考查的是编制施工进度计划的具体步骤。主要包括：

① 列出工程项目一览表及其各项工程量。

② 确定各单位工程的施工期限。

③ 确定各单位工程开工、竣工时间和相互搭接关系。

④ 编制施工进度计划。施工进度计划属于控制性计划，不宜过细，一般用图表表示，通常有横道图和网络图两种。

16.【答案】AC

【解析】本题主要考查的是资源需要量计划的内容。资源需要量计划包括以下几个方面：

① 综合劳动力需要量计划；

② 主要材料、构件及半成品需要量计划；

③ 主要施工机械需要量计划；

④ 资金需要量计划。

17.【答案】ABC

【解析】本题主要考查的是成本管理计划的内容。成本管理计划应包括下列内容：

① 根据项目施工预算，制定项目施工成本目标。

② 根据施工进度计划，对项目施工成本目标进行阶段分解。

③ 建立施工成本管理的组织机构并明确职责，制定相应管理制度。

④ 采取合理的技术、组织和合同等措施，控制施工成本。

⑤ 确定科学的成本分析方法，制定必要的纠偏措施和风险控制措施。

18.【答案】ACD

【解析】本题主要考查的是单位工程施工方案的编制内容。单位工程施工方案的编制应包含：① 确定施工流向；② 确定施工顺序；③ 流水段的划分；④ 确定施工方法；⑤ 施工机械的选择。

19.【答案】BD

【解析】本题主要考查的是施工平面布置。施工平面布置应包含：

① 施工总平面图设计；② 单位工程施工平面图设计。

20.【答案】BCDE

【解析】本题主要考查的是定量分析常用的技术经济指标。常用的指标有：

① 施工周期指标；② 劳动量消耗指标；③ 主要材料消耗指标；④ 成本指标；

⑤ 经济指标；⑥ 施工现场场地综合利用指标。

第二章

工程计量

本章考纲要求

1. 工程计量概述；
2. 建筑工程识图基本原理与方法；
3. 建筑面积计算规则；
4. 房屋建筑与装饰工程工程量计算规则及应用；
5. 市政工程工程量计算规则及应用；
6. 园林绿化工程工程量计算规则及应用；
7. 建筑工程工程量清单编制；
8. 计算机辅助工程量计算方法。

本章知识导图

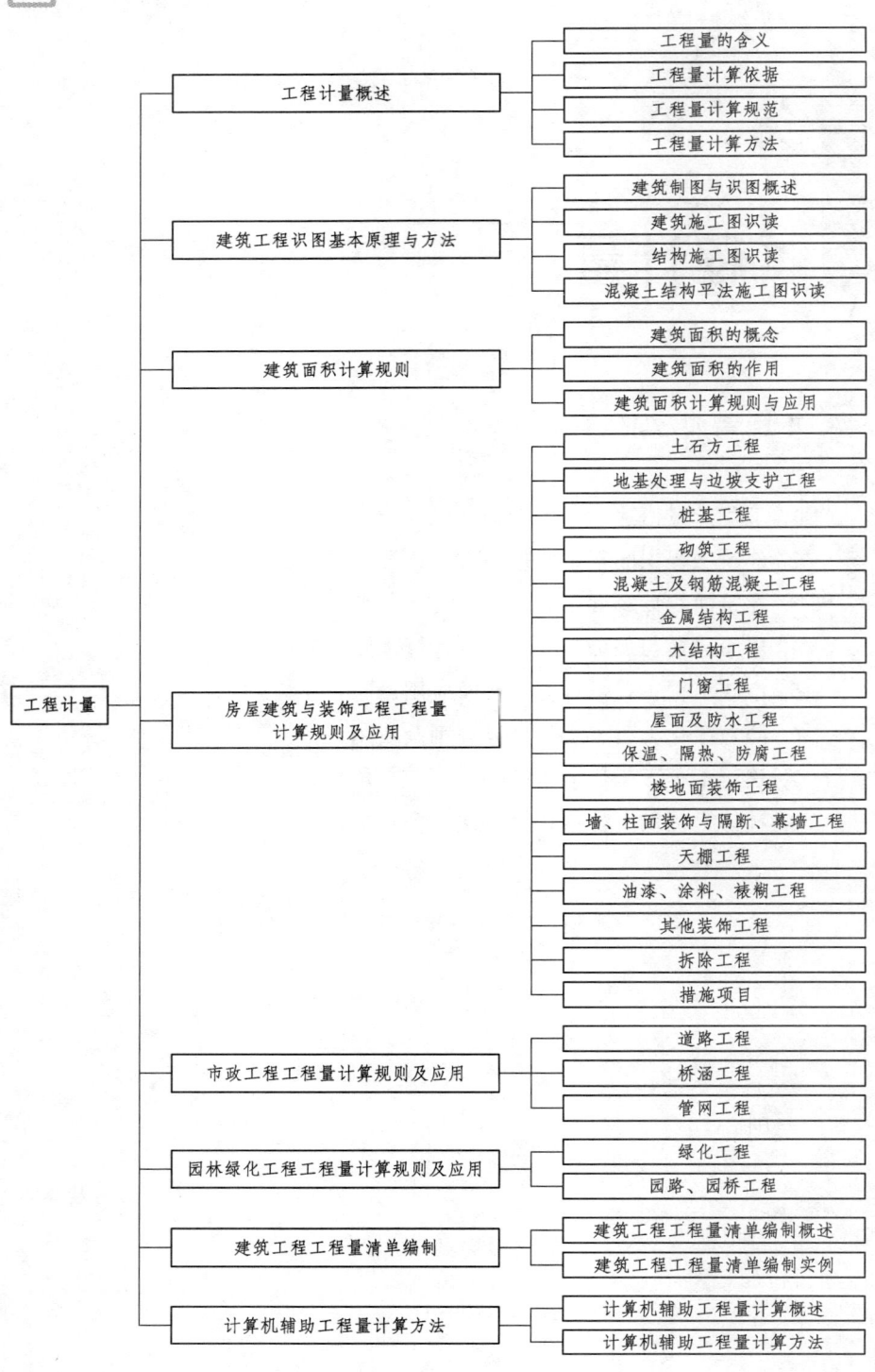

第一节 工程计量概述

本节知识导图

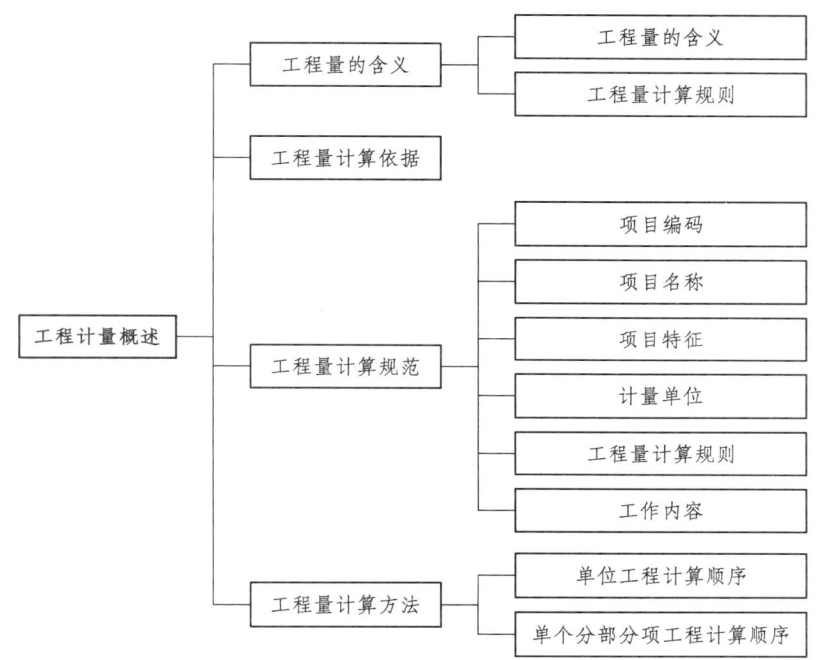

本节习题精选

一、判断题（判断正误，正确的打√，错误的打×）

1. 工程计量不仅包括招标阶段工程量清单编制中工程量的计算，也包括中标价以及合同履约阶段的变更、索赔、支付和结算中工程量的计算和确认。（   ）

2. 工程量计算规范，对于不能计量的措施项目则规定了项目编码、项目名称和工作内容及包含范围。（   ）

3. 同一招标工程的项目编码可以重码。（   ）

4. 工程量清单的分部分项工程和措施项目的项目名称应按工程量计算规范附录中的项目名称结合拟建工程的实际确定。（   ）

5. 项目特征是表征构成分部分项工程项目、其他项目自身价值的本质特征，是对体现分部分项工程量清单、措施项目清单价值的特有属性和本质特征的描述。（   ）

6. 在编制工程量清单时，必须对项目特征的进行准确和全面的描述。（　　）

7. 实际项目实施中，施工图纸中特征与分部分项工程项目特征不一致或发生变化，即可按设计约定调整该分部分项工程的综合单价。（　　）

二、单项选择题（每题的备选项中，只有1个最符合题意）

1. 下列有关工程量清单项目编码的描述，不正确的是（　　）。
   A. 项目编码是分部分项工程和措施项目工程量清单项目名称的阿拉伯数字标识
   B. 同一招标工程的项目编码一到九位不得有重码
   C. 同一招标工程的项目编码的十到十二位不得有重码
   D. 项目编码的最后三位可以采取自编的方式

2. 下列关于工程量计量单位的说法，不正确的是（　　）。
   A. 清单项目的计量单位应按工程量计算规范附录中规定的计量单位确定
   B. 清单计算规范中的计量基本单位与消耗量定额中所采用基本单位相同
   C. 质量以"t"或"kg"为单位
   D. 工程量计算规范附录中有两个计量单位的，应结合拟建工程项目的实际情况，选择其中一个确定

3. 下列关于工程量计算规则的描述中，不正确的是（　　）。
   A. 工程量计算规范统一规定了工程量清单项目的工程量计算规则
   B. 清单计算规范的原则是按施工图图示尺寸（数量）计算清单项目工程数量的净值
   C. "设计图示钢筋长度"包含钢筋的锚固长度和施工搭接长度
   D. 计算钢筋工程量时，下料余量不计算，在综合单价中综合考虑

4. 工程计量不包括（　　）。
   A. 招标阶段工程量清单编制中的工程量计算
   B. 投标报价的工程量计算
   C. 设计阶段的工程量计算
   D. 合同履行阶段的变更、索赔、支付和结算中工程量的计算和确认

5. 工程量是工程计量的结果，是指按一定规则并以物理计量单位或自然计量单位所表示的建设工程各分部分项工程、措施项目或（　　）的数量。
   A. 结构构件　　　　　　　　　　B. 其他项目
   C. 构件总和　　　　　　　　　　D. 工程量总和

三、多项选择题（每小题所设选项中有2个或2个以上正确答案，至少有1个错项）

1. 下列有关工程量清单项目特征的描述，正确的是（　　）。
   A. 从本质上讲，项目特征体现的是对清单项目的成本要求

B. 项目特征是对体现分部分项工程量清单、措施项目清单价值的特有属性和本质特征的描述

C. 项目特征是确定一个清单项目综合单价不可缺少的重要依据

D. 必须对项目特征进行准确和全面的描述

E. 项目特征需按工程量计算规范附录中规定的项目特征予以描述

2. 工程量计算是工程计价活动的重要环节，依据（　　）规定，进行工程数量的计算活动。

A. 工程设计图纸　　　　　　B. 施工组织设计及有关技术经济文件
C. 施工合同　　　　　　　　D. 招标文件
E. 相关工程国家标准的计算规则、计量单位

3. 工程计量的特点有（　　）。

A. 多阶段性　　　　　　　　B. 不确定性
C. 大额性　　　　　　　　　D. 多次性
E. 恒定性

4. 工程量是工程计量的结果，按一定规则并以物理计量单位或自然计量单位所表示的建设工程（　　）的数量。

A. 分部分项工程　　　　　　B. 措施项目
C. 其他项目　　　　　　　　D. 结构构件
E. 招标项目

5. 工程量计算规范附录对分部分项工程和可计量的措施项目的（　　）、计量单位、工程量计算规则及工作内容做了规定。

A. 项目编码　　　　　　　　B. 项目名称
C. 项目特征描述的内容　　　D. 暂列金
E. 规费

6. 关于项目编码，说法正确的有（　　）。

A. 项目编码采用十二位阿拉伯数字表示
B. 一至九位应按计量规范附录规定设置
C. 十至十二位应根据拟建工程的工程量清单项目名称设置
D. 同一招标工程的项目编码不得有重码
E. 一至十二位应按计量规范附录规定设置

7. 工程量清单项目特征描述的重要意义在于（　　）。

A. 项目特征是区分具体清单项目的依据
B. 执行定额
C. 合理组价
D. 项目特征是履行合同义务的基础
E. 项目特征是确定综合单价的前提

8. 下列关于工程量清单计算规范中的单位，说法正确的是（　　）。
   A. 长度以"m"为单位
   B. 自然计量的以"个、件、根、组、系统"为单位
   C. 面积以"m²"为单位
   D. 质量以"t"或"100 kg"为单位
   E. 体积以"10 m³"为单位

本节习题解析

一、判断题（判断正误，正确的打√，错误的打×）

1. 【答案】×
   【解析】本题主要考查的是工程计量的含义。工程计量不仅包括招标阶段工程量清单编制中工程量的计算，也包括投标价以及合同履约阶段的变更、索赔、支付和结算中工程量的计算和确认。

2. 【答案】√
   【解析】本题主要考查的是工程量计算规范。对于不能计量的措施项目规定了项目编码、项目名称和工作内容及包含范围。

3. 【答案】×
   【解析】本题主要考查的是工程量计算规范。同一招标工程的项目编码不得有重码。

4. 【答案】√
   【解析】本题主要考查的是工程量计算规范。工程量清单的分部分项工程和措施项目的项目名称应按工程量计算规范附录中的项目名称结合拟建工程的实际确定。

5. 【答案】×
   【解析】本题主要考查的是工程量计算规范。项目特征是表征构成分部分项工程项目、措施项目自身价值的本质特征，是对体现分部分项工程量清单、措施项目清单价值的特有属性和本质特征的描述。

6. 【答案】√
   【解析】本题主要考查的是工程量计算规范。在编制工程量清单时，必须对项目特征的进行准确和全面的描述。

7. 【答案】×
   【解析】本题主要考查的是工程量计算规范。实际项目实施中，施工图纸中特征与分部分项工程项目特征不一致或发生变化，即可按合同约定调整该分部分项工程的综合单价。

二、单项选择题(每题的备选项中,只有1个最符合题意)

1.【答案】C

【解析】本题考查的是项目编码。项目编码是指分部分项工程和措施项目清单名称的阿拉伯数字标识。工程量清单项目编码采用十二位阿拉伯数字表示,一至九位应按计量规范附录规定设置,十至十二位应根据拟建工程的工程量清单项目名称设置,同一招标工程的项目编码不得有重码。当同一标段(或合同段)的一份工程量清单中含有多个单位工程且工程量清单是以单位工程为编制对象时,在编制工程量清单时应特别注意对项目编码十至十二位的设置不得有重码的规定。

2.【答案】B

【解析】本题考查的是计量单位。清单项目的计量单位应按工程量计算规范附录中规定的计量单位确定。规范中的计量单位均为基本单位,与消耗量定额中所采用基本单位扩大一定的倍数不同。如质量以"t"或"kg"为单位,长度以"m"为单位,面积以"m^2"为单位,体积以将"m^3"为单位,自然计量的以"个、件、根、组、系统"为单位。工程量计算规范附录中有两个或两个以上计量单位的,应结合拟建工程项目的实际情况,选择其中一个确定。

3.【答案】C

【解析】本题考查的是工程量计算规则。工程量计算规范统一规定了工程量清单项目的工程量计算规则。其原则是按施工图图示尺寸(数量)计算清单项目工程数量的净值,一般不需要考虑具体的施工方法、施工工艺和施工现场的实际情况而发生的施工余量。如"现浇构件钢筋",其计算规则为"按设计图示钢筋长度乘单位理论质量计算",其中"设计图示钢筋长度"即为钢筋的净量,包括设计(含规范规定)标明的搭接、锚固长度,其他如施工搭接或下料余量不计算工程量,在综合单价中综合考虑。

4.【答案】C

【解析】本题主要考查的是工程计量的含义。工程计量具有多阶段性和多次性,工程计量不仅包括招标阶段工程量清单编制中的工程量的计算,也包括投标报价以及合同履行阶段的变更、索赔、支付和结算中工程量的计算和确认。

5.【答案】A

【解析】本题主要考查的是工程计量的含义。工程量是工程计量的结果,是指按一定规则并以物理计量单位或自然计量单位所表示的建设工程各分部分项工程、措施项目或结构构件的数量。

三、多项选择题(每小题所设选项中有2个或2个以上正确答案,至少有1个错项)

1.【答案】BCD

【解析】本题考查的是项目特征。项目特征是表征构成分部分项工程项目、措施项目自身价值的本质特征，是对体现分部分项工程量清单、措施项目清单价值的特有属性和本质特征的描述。从本质上讲，项目特征体现的是对清单项目的质量要求，是确定一个清单项目综合单价不可缺少的重要依据，在编制工程量清单时，必须对项目特征进行准确和全面的描述。项目特征应按工程量计算规范附录中规定的项目特征，结合拟建工程项目的实际予以描述，能够体现项目本质区别的特征和对报价有实质影响的内容都必须描述。

2. 【答案】ABE

【解析】本题主要考查的是工程计量的含义。工程量计算是工程计价活动的重要环节，是依据工程设计图纸、施工组织设计及有关技术经济文件，按照相关工程国家标准的计算规则、计量单位等规定，进行工程数量的计算活动，在工程建设中简称工程计量。

3. 【答案】AD

【解析】本题主要考查的是工程量计算规范。由于工程计价的多阶段性和多次性，工程计量也具有多阶段性和多次性。

4. 【答案】ABD

【解析】本题主要考查的是工程计量的含义。工程量是工程计量的结果，是指按一定规则并以物理计量单位或自然计量单位所表示的建设工程各分部分项工程、措施项目或结构构件的数量。

5. 【答案】ABC

【解析】本题主要考查的是工程量计算规范。工程量计算规范附录对分部分项工程和可计量的措施项目的项目编码、项目名称、项目特征描述的内容、计量单位、工程量计算规则及工作内容做了规定。

6. 【答案】ABCD

【解析】本题主要考查的是工程量计算规范的项目编码。工程量清单项目编码采用十二位阿拉伯数字表示，一至九位应按计量规范附录规定设置，十至十二位应根据拟建工程的工程量清单项目名称设置，同一招标工程的项目编码不得有重码。

7. 【答案】ADE

【解析】本题主要考查的是工程量计算规范。工程量清单项目特征描述的重要意义在于：项目特征是区分具体清单项目的依据；项目特征是确定综合单价的前提；项目特征是履行合同义务的基础。

8. 【答案】ABC

【解析】本题主要考查的是工程量计算规范。清单项目的计量单位均为基本单位，与消耗量定额中所采用基本单位扩大一定的倍数不同。如质量以"t"或"kg"为单位，长度以"m"为单位，面积以"m²"为单位，自然计量的以"个、件、根、组、系统"为单位。

第二节 建筑工程识图基本原理与方法

本节知识导图

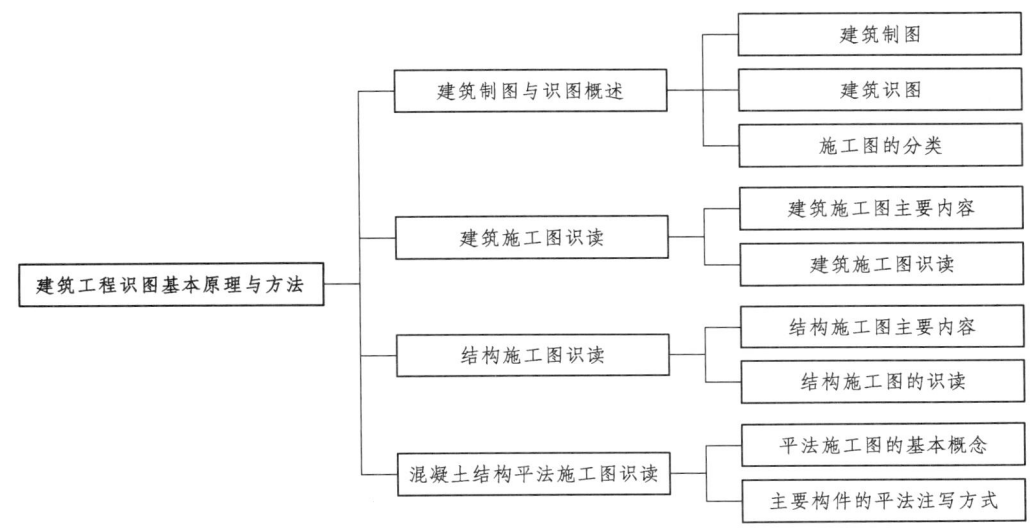

本节习题精选

一、判断题（判断正误，正确的打√，错误的打×）

1. 建筑施工图主要表达建筑结构的构件类型、布置情况以及构造做法。（   ）
2. 梁采用平面注写时，集中标注应注明梁编号、箍筋的钢筋级别、直径、加密区及非加密区、肢数，但梁截面尺寸可以选注。（   ）
3. 在我国现行的 16G101 系列平法图纸中，楼层框架梁的标注代号为 WKL。（   ）

二、单项选择题（每题的备选项中，只有1个最符合题意）

1. 对于表述"2 号框架柱，b 边 500 mm，h 边 600 mm，角筋为 4 根直径 22 的三级钢，箍筋为直径 8 的一级钢，间距 200"，平法注写正确的是（   ）。

    A. KZ（2）   500×600   4C22   A8@200
    B. KZ（2）   600×500   4C22   A8@200
    C. KZ2   500×600   4C22   A8@200
    D. KZ2   600×500   4C22   A8@200

2. 对于表述"3 号楼层框架梁，3 跨，两端悬挑，截面高 650 mm，截面宽 300 mm，箍筋直径为 8 mm 的一级钢，间距加密区 100，非加密区 200，上部通长筋为 2 根直径为 20 mm 的三级钢，受扭腰筋为 4 根直径 10 mm 的一级钢"，平法注写正确的是（　　）。

  A. KL3（3A）　　650×300　　A8@100/200　　2C20　　N4A10
  B. KL3（3B）　　650×300　　A8@100/200　　2C20　　4NA10
  C. KL3（3B）　　300×650　　A8@100/200　　2C20　　N4A10
  D. KL3（3A）　　300×650　　A8@100/200　　2C20　　4NA10

3. 关于梁支座负筋的长度，下列说法中正确的是（　　）。

  A. 在端支座时，L_n 为本跨的净跨值
  B. 在中间支座时，L_n 为支座两边较小一跨的净跨值
  C. 第一排非通长筋从柱（梁）边起延伸至 $L_n/4$
  D. 第二排非通长筋从柱（梁）边起延伸至 $L_n/3$

4. 对于有梁楼盖的描述"3 号楼面板、轴网正交布置，板厚 110 mm，板下部配置的贯通纵筋从左至右为 C10 和 C12 隔一布一、间距 100 mm，贯通纵筋从下至上为 C10、间距 120 mm"，下列平法注写正确的是（　　）。

  A. LB3 h = 110　　T：XC10/12@100；YC10@120
  B. LB3 h = 110　　B：XC10/12@100；YC10@120
  C. LB3 h = 110　　T：XC10@12O；YC10/12@100
  D. LB3 h = 110　　B：XC10@12O；YC10/12@100

三、多项选择题（每小题所设选项中有 2 个或 2 个以上正确答案，至少有 1 个错项）

1. 关于混凝土结构平法施工图的描述，下列选项中正确的是（　　）。

  A. 平法标准图集内容包括平法制图规则和标准构造详图这两个主要部分
  B. 16G101 系列图集不适用于非抗震结构和砌体结构
  C. 柱平法施工图有平面注写方式和截面注写方式
  D. 梁平法施工图有集中标注与原位标注两种注写方式
  E. 梁侧面的纵向构造钢筋可以不在集中标注中体现

2. 下列有关平法标注的描述，正确的选项是（　　）。

  A. 实施平法可以减少图纸数量
  B. 柱平法施工图有列表注写方式、原位注写方式
  C. A8@100（4）/200（2），表示箍筋为 HPB300 钢筋，直径为 8，加密区间距为 100，四肢箍；非加密区间距为 200，双肢箍
  D. 某梁标注"300×700，PY500×250"，表示梁竖向加腋截面的尺寸为 500×250
  E. 注写为"LB5 h = 110　B：XΦ10/12@100；YΦ10@110"表示 5 号楼面板、板厚 110 mm，板下部配置的贯通纵筋 X 向 Φ10 和 Φ12 隔一布一、间距 100 mm，Y 向 Φ10@110

本节习题解析

一、判断题（判断正误，正确的打√，错误的打×）

1. 【答案】×
   【解析】本题考查的是建筑施工图。建筑施工图主要表达建筑物的外部形状、内部布置、装饰构造、施工要求等。它一般包括建筑总平面图、平面图、立面图、剖面图以及墙身、楼梯、门、窗详图等。

2. 【答案】×
   【解析】本题考查的是集中标注。集中标注包括梁编号、梁截面尺寸，箍筋的钢筋级别、直径、加密区及非加密区、肢数，梁上下通长筋和架立筋，梁侧面纵向构造腰筋及抗扭腰筋，梁顶面标高高差。

3. 【答案】×
   【解析】本题考查梁平法标注。WKL 屋面框架梁，KL 楼层框架梁，KBL 楼层框架扁梁，KZL 框支梁。

二、单项选择题（每题的备选项中，只有 1 个最符合题意）

1. 【答案】C
   【解析】本题考查的是柱平法施工图的注写方式。

2. 【答案】C
   【解析】本题考查的是梁平法施工图的注写方式。

3. 【答案】A
   【解析】本题考查的是梁支座上部纵筋的长度规定。梁支座上部纵筋的长度规定为：第一排非通长筋从柱（梁）边起延伸至 $L_n/3$，第二排非通长筋从柱（梁）边起延伸至 $L_n/4$，其中 L_n 对端支座为本跨的净跨值，对中间支座为支座两边较大一跨的净跨值。

4. 【答案】B
   【解析】本题考查的是有梁楼盖平法施工图的注写方式。注写为"LB5 h = 110B：XΦ10/12@100；YΦ10@110"表示 5 号楼面板、板厚 110 mm，板下部配置的贯通纵筋 X 向为 Φ10 和 Φ12 隔一布一、间距 100 mm，Y 向贯通纵筋 Φ10@110。

三、多项选择题（每小题所设选项中有 2 个或 2 个以上正确答案，至少有 1 个错项）

1. 【答案】AB
   【解析】本题考查的是混凝土结构平法施工图的描述。平法标准图集内容包括两个主要部分：一是平法制图规则，二是标准构造详图。现行的平法标准图集为 16G101 系列图集，适用于抗震设防烈度为 6～9 度地区的现浇混凝土结构施工图的设计,不适用于非抗震结构和砌体结构。柱平法施工图有列表注写方式、截面注写方式。梁平法施工图分平面注写方式、截面注写方式。梁的平面注写包括集中标注与原位标注。梁侧面纵向构造钢筋或受扭钢筋配置,该项为必注值。

2.【答案】ACE

【解析】本题考查的是混凝土结构平法施工图的描述。选项 A 错误,柱平法施工图有列表注写方式、截面注写方式;选项 D 错误,若梁出现标注"300×700,PY500×250",则表明梁的水平加腋,腋长 500 mm,腋宽 250 mm。

第三节 建筑面积计算规则

本节知识导图

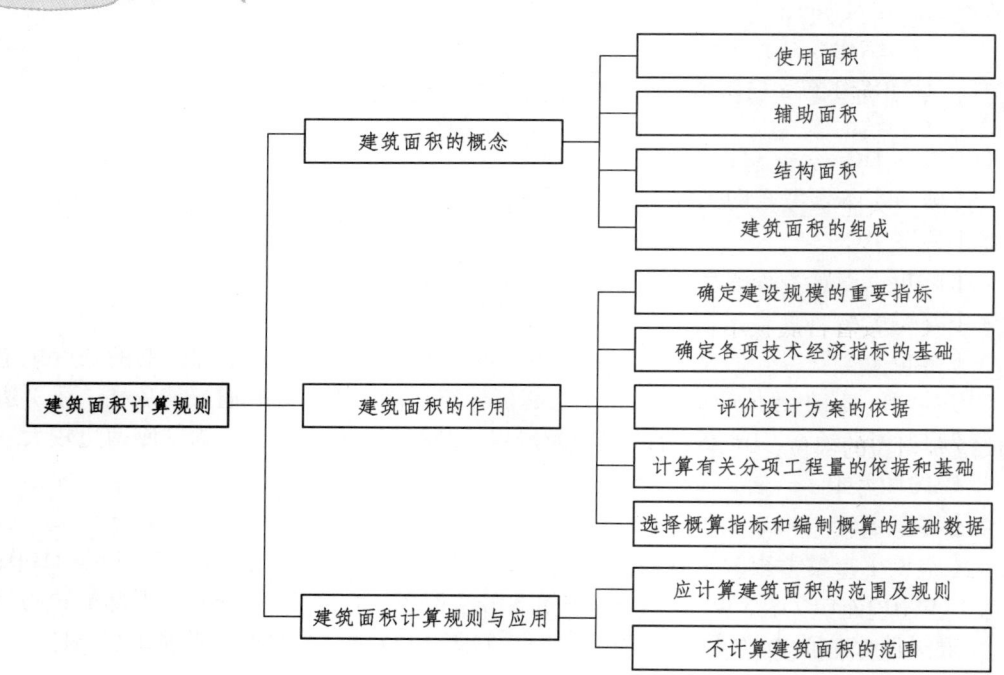

本节习题精选

一、判断题(判断正误,正确的打√,错误的打×)

1. 建筑面积也称建筑展开面积,建筑面积 = 有效面积 + 结构面积 + 辅助面积。( )

2. 建筑面积是评价设计方案的依据，建筑密度可用"建筑面积"与"建筑占地总面积"的比值百分比表示。（　　）

3. 国家标准《建筑工程建筑面积计算规范》（GB/T 50353—2013）适用于新建、扩建和改建的工民建项目建筑面积的计算，也适用于房屋产权面积计算。（　　）

二、单项选择题（每题的备选项中，只有 1 个最符合题意）

1. 根据《建筑工程建筑面积计算规范》（GB/T 50353—2013）规定，建筑物内设有局部楼层，局部二层层高 2.15 m，其建筑面积计算正确的是（　　）。
    A. 无围护结构的不计算面积
    B. 无围护结构的按其结构底板水平面积计算
    C. 有围护结构的按其结构底板水面积计算
    D. 有围护结构的按其结构底板水平面积的 1/2 计算

2. 根据《建筑工程建筑面积计算规范》（GB/T 50353—2013）规定，形成建筑空间的坡屋顶，建筑面积计算正确的是（　　）。
    A. 结构净高为 2.20 m 的部分按 1/2 计算
    B. 结构净高为 2.20 m 的部分计算全面积
    C. 结构净高在 1.20 m 以上的部分按 1/2 计算
    D. 结构净高在 1.20 m 以上的部分计算全面积

3. 有永久性顶盖且顶高 4.2 m 无围护结构的场馆看台，其建筑面积计算正确的是（　　）。
    A. 按看台底板结构外围水平面积计算
    B. 按顶盖水平投影面积计算
    C. 按看台底板结构外围水平面积的 1/2 计算
    D. 按顶盖水平投影面积的 1/2 计算

4. 根据《建筑工程建筑面积计算规范》（GB/T 50353—2013）规定，出入口外墙外侧坡道有顶盖的部位，其建筑面积计算正确的是（　　）。
    A. 按外墙结构外围水平面积计算　　B. 按外墙结构外围水平面积 1/2 计算
    C. 按顶盖水平投影面积计算　　D. 按顶盖水平投影面积 1/2 计算

5. 根据《建筑工程建筑面积计算规范》（GB/T 50353—2013）规定，门厅内设置的走廊，其建筑面积（　　）。
    A. 按维护设施外围水平面积计算　　B. 按结构底板水平面积计算
    C. 按结构顶板水平面积计算　　D. 不予计算

6. 根据《建筑工程建筑面积计算规范》（GBT 50353—2013）规定，建筑物大厅内的层高在 2.20 m 及以上的回（走）廊，建筑面积计算正确的是（　　）。
    A. 按回（走）廊水平投影面积并入大厅建筑面积
    B. 不单独计算建筑面积
    C. 按结构底板水平投影面积计算
    D. 按结构底板水平面积的 1/2 计算

7. 根据《建筑工程建筑面积计算规范》(GB/T 50353—2013)规定，有顶盖和围护结构的架空走廊，其建筑面积（　　）。
   A. 按围护结构外围水平面积的 1/2 计算
   B. 按围护结构外围水平面积计算全面积
   C. 按结构底板水平投影面积的 1/2 计算
   D. 按结构底板水平投影面积计算全面积

8. 根据《建筑工程建筑面积计算规范》(GB/T 50353—2013)规定，层高在 2.20 m 及以上有围护结构的舞台灯光控制室建筑面积计算正确的是（　　）。
   A. 按围护结构外围水平面积计算
   B. 按围护结构外围水平面积的 1/2 计算
   C. 按控制室底板水平面积计算
   D. 按控制室底板水平面积的 1/2 计算

9. 根据《建筑工程建筑面积计算规范》(GB/T 50353—2013)规定，结构层高为 2.10 m 的有维护结构立体车库，其建筑面积（　　）。
   A. 按维护结构外围水平面积 1/2 计算
   B. 按维护结构外围水平面积计算全面积
   C. 按结构底板水平投影面积 1/2 计算
   D. 按结构底板水平投影面积计算全面积

10. 根据《建筑工程建筑面积计算规范》(GB/T 50353-2013)规定，以下建筑面积计算正确的是（　　）。
    A. 有围护结构的舞台灯光控制室，应按围护结构的外水平面积计算
    B. 附属在建筑物外墙的落地橱窗应按维护结构外围水平面的 1/2 计算
    C. 飘窗应按围护结构的外围水平面积计算
    D. 飘窗应按围护结构的外围水平面积的 1/2 计算

11. 根据《建筑工程建筑面积计算规范》(GB/T 50353—2013)规定，建筑物底层有柱的檐廊，其建筑面积（　　）。
    A. 按顶板水平投影面积的 1/2 计算　　B. 按顶板水平投影面积计算全面积
    C. 按柱外围水平面积的 1/2 计算　　D. 按柱外围水平面积计算全面积

12. 根据《建筑工程建筑面积计算规范》(GB/T 50353—2013)规定，结构层高为 3.6 m 的门斗，其建筑面积（　　）。
    A. 应按围护结构外围水平面积计算全面积
    B. 应按围护结构外围水平面积计算 1/2 面积
    C. 应按顶板水平投影面积计算全面积
    D. 应按顶板水平投影面积计算 1/2 面积

13. 根据《建筑工程建筑面积计算规范》(GB/T 50353—2013)规定，建筑物的门廊，其建筑面积（　　）。

A. 按顶板水平投影面积的 1/2 计算
B. 按顶板水平投影面积计算全面积
C. 按底板水平投影面积的 1/2 计算
D. 按底板水平投影面积计算全面积

14. 根据《建筑工程建筑面积计算规范》(GB/T 50353—2013)规定，围护结构不垂直于水平面，结构净高为 1.80 m 楼层部位，其建筑面积应（　　）。

A. 按顶板水平投影面积的 1/2 计算
B. 按顶板水平投影面积计算全面积
C. 按底板外墙外围水平面积的 1/2 计算
D. 按底板外墙外围水平面积计算全面积

15. 根据《建筑工程建筑面积计算规范》(GB/T 50353—2013)规定，建筑物室外楼梯，其建筑面积（　　）。

A. 按水平投影面积计算全面积
B. 按结构外围面积计算全面积
C. 依附于自然层按结构外围面积的 1/2 计算
D. 依附于自然层按水平投影面积的 1/2 计算

16. 建筑物内的管道井，其建筑面积计算说法正确的是（　　）。

A. 不计算建筑面积
B. 按管道井图示结构内边线面积计算
C. 按管道井净空面积的 1/2 乘以层数计算
D. 按自然层计算建筑面积

17. 根据《建筑工程建筑面积计算规范》(GB/T 50353—2013)规定，有顶盖无围护结构的加油站，其建筑面积应（　　）。

A. 按顶盖水平投影面积计算全面积
B. 按顶盖水平投影面积计算 1/2 面积
C. 按底板水平投影面积计算全面积
D. 按底板水平投影面积计算 1/2 面积

三、多项选择题（每小题所设选项中有 2 个或 2 个以上正确答案，至少有 1 个错项）

1. 根据《建筑工程建筑面积计算规范》(GB/T 50353—2013)规定，关于建筑面积计算正确的是（　　）。

A. 过街楼底层的建筑物通道按通道底板水平面积计算
B. 建筑物露台按围护结构外围水平面积计算
C. 挑出宽度 1.80 m 的无柱雨棚不计算
D. 建筑物室外台阶不计算
E. 挑出宽度超过 1.00 m 的空调室外机搁板不计算

2. 根据《建筑工程建筑面积计算规范》(GB/T 50353—2013)规定，应计算1/2建筑面积的有（　　）。

　　A. 高度不足 2.20 m 的单层建筑物　　B. 净高不足 1.20 m 的坡屋顶部分
　　C. 层高不足 2.20 m 的地下室　　　　D. 有永久顶盖无围护结构建筑物
　　E. 外挑宽度不足 2.10 m 的雨篷

3. 根据《建筑工程建筑面积计算规范》(GB/T 50353—2013)规定，不计算建筑面积的是（　　）。

　　A. 建筑物室外台阶　　　　　　　　　B. 空调室外机搁板
　　C. 屋顶可上人露台　　　　　　　　　D. 与建筑物不相连的有顶盖车棚
　　E. 建筑物内的变形缝

4. 根据《建筑工程建筑面积计算规范》(GB/T 50353—2013)规定，不计算建筑面积的有（　　）。

　　A. 建筑物首层地面有围护设施的露台
　　B. 兼顾消防与建筑物相同的室外钢楼梯
　　C. 与建筑物相连的室外台阶
　　D. 与室内相同的变形缝
　　E. 形成建筑空间，结构净高 1.50 m 的坡屋顶

5. 根据《建筑工程建筑面积计算规范》(GB/T 50353—2013)规定，不计算建筑面积的有（　　）。

　　A. 结构层高 2.0 m 的管道层
　　B. 层高为 3.3 m 的建筑物通道
　　C. 有顶盖但无围护结构的车棚
　　D. 建筑物顶部有围护结构，层高 2.0 m 的水箱间
　　E. 有围护结构的专用消防钢楼梯

6. 根据《建筑工程建筑面积计算规范》(GB/T 50353—2013)规定，不应计算全面积的是（　　）。

　　A. 结构层高 2.20 m 的单层建筑物
　　B. 结构层高为 2.10 m 的地下室
　　C. 结构净高为 2.10 m 的架空层
　　D. 结构层高 2.20 m 的建筑物内的局部楼层
　　E. 结构层高为 2.20 m 的有顶盖无围护结构的架空走廊

7. 根据《建筑工程建筑面积计算规范》(GB/T 50353—2013)规定，以下不计算建筑面积的是（　　）。

　　A. 悬挑长度为 1.20 m 的无柱雨篷
　　B. 突出外墙有围护结构的落地橱窗
　　C. 主体结构外的阳台
　　D. 结构净高为 1.80 m 的飘窗
　　E. 有围护设施的室外挑廊

本节习题解析

一、判断题（判断正误，正确的打√，错误的打×）

1.【答案】×

【解析】本题考查的是建筑面积的概念。建筑面积＝有效面积＋结构面积＝使用面积＋辅助面积＋结构面积。

2.【答案】×

【解析】本题考查的是建筑面积的作用。建筑密度＝建筑物底层面积/建筑占地总面积×100%。

3.【答案】×

【解析】本题考查的是建筑面积计算规则与应用。建筑面积的计算主要依据现行国家标准《建筑工程建筑面积计算规范》（GB/T 50353—2013）。适用于新建、扩建和改建的工业与民用建筑工程建设全过程的建筑面积计算，即该规范不仅仅适用于工程造价计价活动，也适用于项目规划、设计阶段，但该规范不适用于房屋产权面积计算。

二、单项选择题（每题的备选项中，只有1个最符合题意）

1.【答案】D

【解析】本题考查的是建筑面积计算规则与应用。建筑物内设有局部楼层时，对于局部楼层的二层及以上楼层，有围护结构的应按其围护结构外围水平面积计算，无围护结构的应按其结构底板水平面积计算，且结构层高在2.20 m及以上的，应计算全面积。结构层高在2.20 m以下的，应计算1/2面积。

2.【答案】B

【解析】本题考查的是建筑面积计算规则与应用。形成建筑空间的坡屋顶，结构净高在2.10 m及以上的部位应计算全面积；结构净高在1.20 m及以上至2.10 m以下的部位应计算1/2面积；结构净高在1.20 m以下的部位不计算建筑面积。

3.【答案】D

【解析】本题考查的是建筑面积计算规则与应用。有永久性顶盖无围护结构的场馆看台应按顶盖水平投影面积的1/2计算。

4.【答案】B

【解析】本题考查的是建筑面积计算规则与应用。出入口外墙外侧坡道有顶盖的部位，应按其外墙结构外围水平面积的1/2计算面积。

5.【答案】B

【解析】本题考查的是建筑面积计算规则与应用。建筑物的门厅、大厅应按一层计算建筑面积，门厅、大厅内设置的走廊应按走廊结构底板水平投影面积计算建筑面积。结构层高在2.20 m及以上的，应计算全面积；结构层高在2.20 m以下的，应计算1/2面积。

6. 【答案】C

【解析】本题考查的是建筑面积计算规则与应用。建筑物的门厅、大厅应按一层计算建筑面积，门厅、大厅内设置的走廊应按走廊结构底板水平投影面积计算建筑面积。结构层高在 2.20 m 及以上的，应计算全面积；结构层高在 2.20 m 以下的，应计算 1/2 面积。

7. 【答案】B

【解析】本题考查的是建筑面积计算规则与应用。建筑物间的架空走廊，有顶盖和围护结构的，应按其围护结构外围水平面积计算全面积；无围护结构、有围护设施的，应按其结构底板水平投影面积计算 1/2 面积。

8. 【答案】A

【解析】本题考查的是建筑面积计算规则与应用。有围护结构的舞台灯光控制室，应按其围护结构外围水平面积计算。结构层高在 2.20 m 及以上的，应计算全面积；结构层高在 2.20 m 以下的，应计算 1/2 面积。

9. 【答案】A

【解析】本题考查的是建筑面积计算规则与应用。立体书库、立体仓库、立体车库，有围护结构的，应按其围护结构外围水平面积计算建筑面积；无围护结构、有围护设施的，应按其结构底板水平投影面积计算建筑面积。无结构层的应按一层计算，有结构层的应按其结构层面积分别计算。结构层高在 2.20 m 及以上的，应计算全面积；结构层高在 2.20 m 以下的，应计算 1/2 面积。

10. 【答案】A

【解析】本题考查的是建筑面积计算规则与应用。有围护结构的舞台灯光控制室应按其围护结构外围水平面积计算。选项 B，附属在建筑物外墙的落地橱窗应按其围护结构外围水平面积计算。选项 C、D，窗台与室内楼地面高差在 0.45 m 以下且结构净高在 2.10 m 及以上的凸（飘）窗，应按其围护结构外围水平面积计算 1/2 面积。

11. 【答案】C

【解析】本题考查的是建筑面积计算规则与应用。有围护设施（或柱）的檐廊，应按其围护设施（或柱）外围水平面积计算 1/2 面积。

12. 【答案】A

【解析】本题考查的是建筑面积计算规则与应用。门斗应按其围护结构外围水平面积计算建筑面积。结构层高在 2.20 m 及以上的，应计算全面积；结构层高在 2.20 m 以下的，应计算 1/2 面积。

13. 【答案】A

【解析】本题考查的是建筑面积计算规则与应用。门廊应按其顶板水平投影面积的 1/2 计算建筑面积。

14. 【答案】C

【解析】本题考查的是建筑面积计算规则与应用。围护结构不垂直于水平面的楼层,应按其底板面的外墙外围水平面积计算。结构净高在 2.10 m 及以上的部位,应计算全面积;结构净高在 1.20 m 及以上至 2.10 m 以下的部位,应计算 1/2 面积;结构净高在 1.20 m 以下的部位,不应计算建筑面积。

15.【答案】D
【解析】本题考查的是建筑面积计算规则与应用。室外楼梯应并入所依附建筑物自然层,并应按其水平投影面积的 1/2 计算建筑面积。

16.【答案】D
【解析】本题考查的是建筑面积计算规则与应用。建筑物内的管道井应按建筑物的自然层计算。

17.【答案】B
【解析】本题考查的是建筑面积计算规则与应用。有顶盖、无围护结构的车棚、货棚、站台、加油站、收费站等,应按其顶盖水平投影面积的 1/2 计算建筑面积。

三、多项选择题(每小题所设选项中有 2 个或 2 个以上正确答案,至少有 1 个错项)

1.【答案】CDE
【解析】本题考查的是建筑面积计算规则与应用。选项 A 错误,骑楼、过街楼底层的开放公共空间和建筑物通道,不计算建筑面积;选项 B 错误,露台、露天游泳池、花架、屋顶的水箱及装饰性结构构件,不计算建筑面积。

2.【答案】ACD
【解析】本题考查的是建筑面积计算规则与应用。建筑物的建筑面积应按自然层外墙结构外围水平面积之和计算。结构层高在 2.20 m 及以上的,应计算全面积;结构层高在 2.20 m 以下的,应计算 1/2 面积。地下室、半地下室应按其结构外围水平面积计算。结构层高在 2.20 m 及以上的,应计算全面积;结构层高在 2.20 m 以下的,应计算 1/2 面积。

3.【答案】ABC
【解析】本题考查的是建筑面积计算规则与应用。建筑物室外台阶、主体结构外的空调室外机搁板、露台不计算建筑面积。有顶盖无围护结构的车棚、货棚、站台、加油站、收费站等,应按其顶盖水平投影面积的 1/2 计算建筑面积。与室内相通的变形缝,应按其自然层合并在建筑物建筑面积内计算。

4.【答案】AC
【解析】本题考查的是建筑面积计算规则与应用。露台不计算建筑面积,室外台阶不计算建筑面积。

5.【答案】BE
【解析】本题考查的是建筑面积计算规则与应用。选项 A,对于建筑物内的设备层、管道层、避难层等有结构层的楼层,结构层高在 2.20 m 及以上的,应计算全面积;结构层高在 2.20 m 以下的,应计算 1/2 面积。
选项 B,骑楼、过街楼底层的开放公共空间和建筑物通道不需要计算建筑面积。

选项 C，有顶盖无围护结构的车棚、货棚、站台、加油站、收费站等，应按其顶盖水平投影面积的 1/2 计算建筑面积。

选项 D，设在建筑物顶部的、有围护结构的楼梯间、水箱间、电梯机房等，结构层高在 2.20 m 及以上的应计算全面积；结构层高在 2.20 m 以下的，应计算 1/2 面积。

选项 E，室外爬梯、室外专用消防钢楼梯不需要计算建筑面积。

6.【答案】BCE

【解析】本题考查的是建筑面积计算规则与应用。选项 A，是建筑物的建筑面积应按自然层外墙结构外围水平面积之和计算。结构层高在 2.20 m 及以上的，应计算全面积；结构层高在 2.20 m 以下的，应计算 1/2 面积。

选项 B，地下室、半地下室应按其结构外围水平面积计算。结构层高在 2.20 m 及以上的，应计算全面积；结构层高在 2.20 m 以下的，应计算 1/2 面积。

选项 C，建筑物架空层及坡地建筑物吊脚架空层，应按其顶板水平投影计算建筑面积。结构层高在 2.20 m 及以上的，应计算全面积；结构层高在 2.20 m 以下的，应计算 1/2 面积。

选项 D，建筑物内设有局部楼层时，对于局部楼层的二层及以上楼层，有围护结构的应按其围护结构外围水平面积计算，无围护结构的应按其结构底板水平面积计算，且结构层高在 2.20 m 及以上的，应计算全面积，结构层高在 2.20 m 以下的，应计算 1/2 面积。

选项 E，建筑物间的架空走廊，有顶盖和围护结构的，应按其围护结构外围水平面积计算全面积；无围护结构、有围护设施的，应按其结构底板水平投影面积计算 1/2 面积。

7.【答案】AD

【解析】本题考查的是建筑面积计算规则与应用。

选项 A，门廊应按其顶板水平投影面积的 1/2 计算建筑面积；有柱的雨篷按结构板水平投影面积的 1/2 计算建筑面积；无柱雨篷的结构外边线至外墙结构外边线的宽度在 2.10 m 及以上的，应按雨篷结构板的水平投影面积的 1/2 计算建筑面积。

选项 B，附属在建筑物外墙的落地橱窗应按其围护结构外围水平面积计算。结构层高在 2.20 m 及以上的，应计算全面积；结构层高在 2.20 m 以下的，应计算 1/2 面积。

选项 C，在主体结构内的阳台，应按其结构外围水平面积计算全面积；在主体结构外的阳台，应按其结构底板水平投影面积计算 1/2 面积。

选项 D，窗台与室内楼地面高差在 0.45 m 以下且结构净高在 2.10 m 及以上的凸（飘）窗，应按其围护结构外围水平面积计算 1/2 面积。

选项 E，有围护设施的室外走廊（挑廊），应按其结构底板水平投影面积计算 1/2 面积；有围护设施（或柱）的檐廊，应按其围护设施（或柱）外围水平面积计算 1/2 面积。

第四节　房屋建筑与装饰工程工程量计算规则及应用

本节知识导图

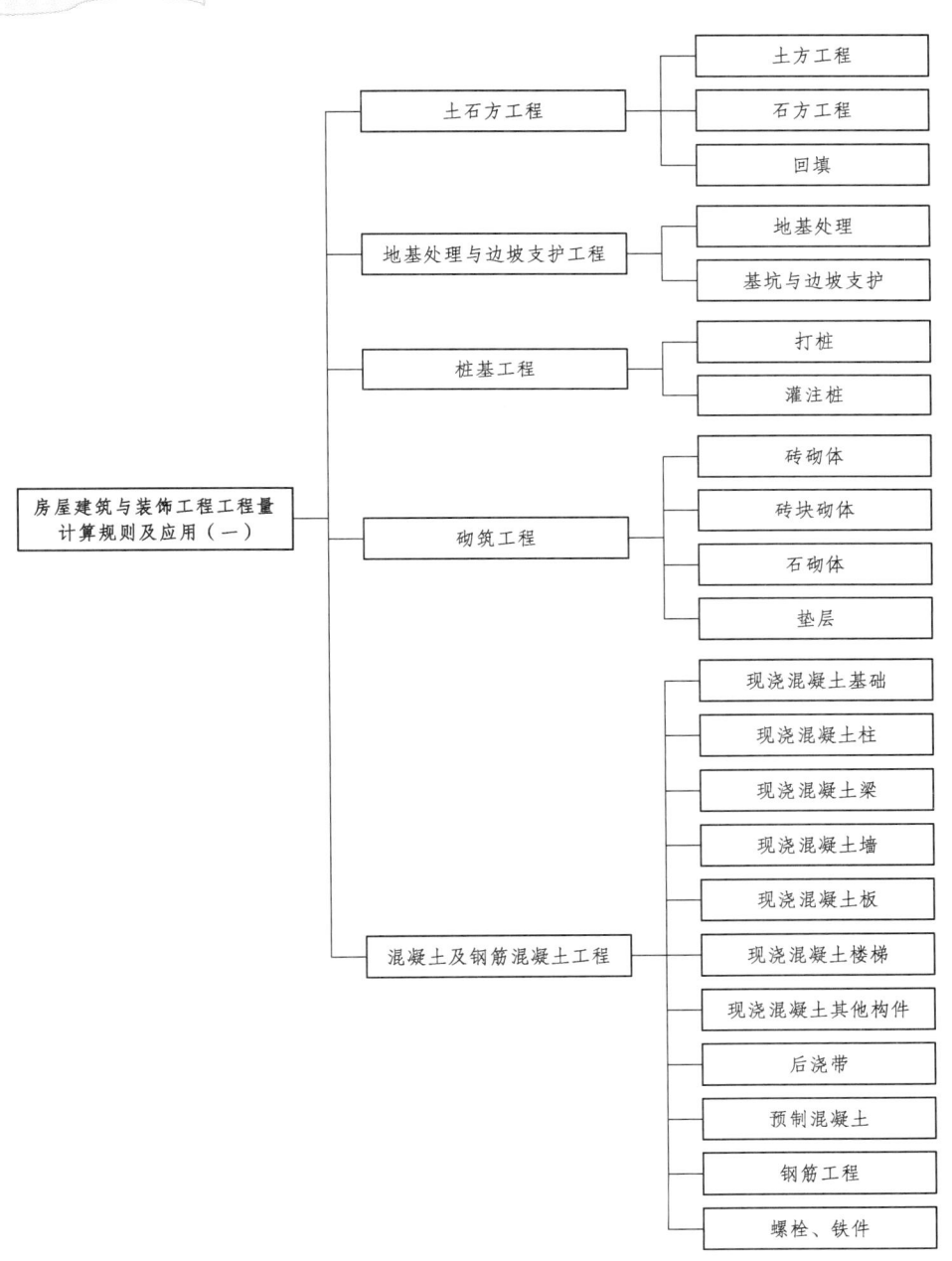

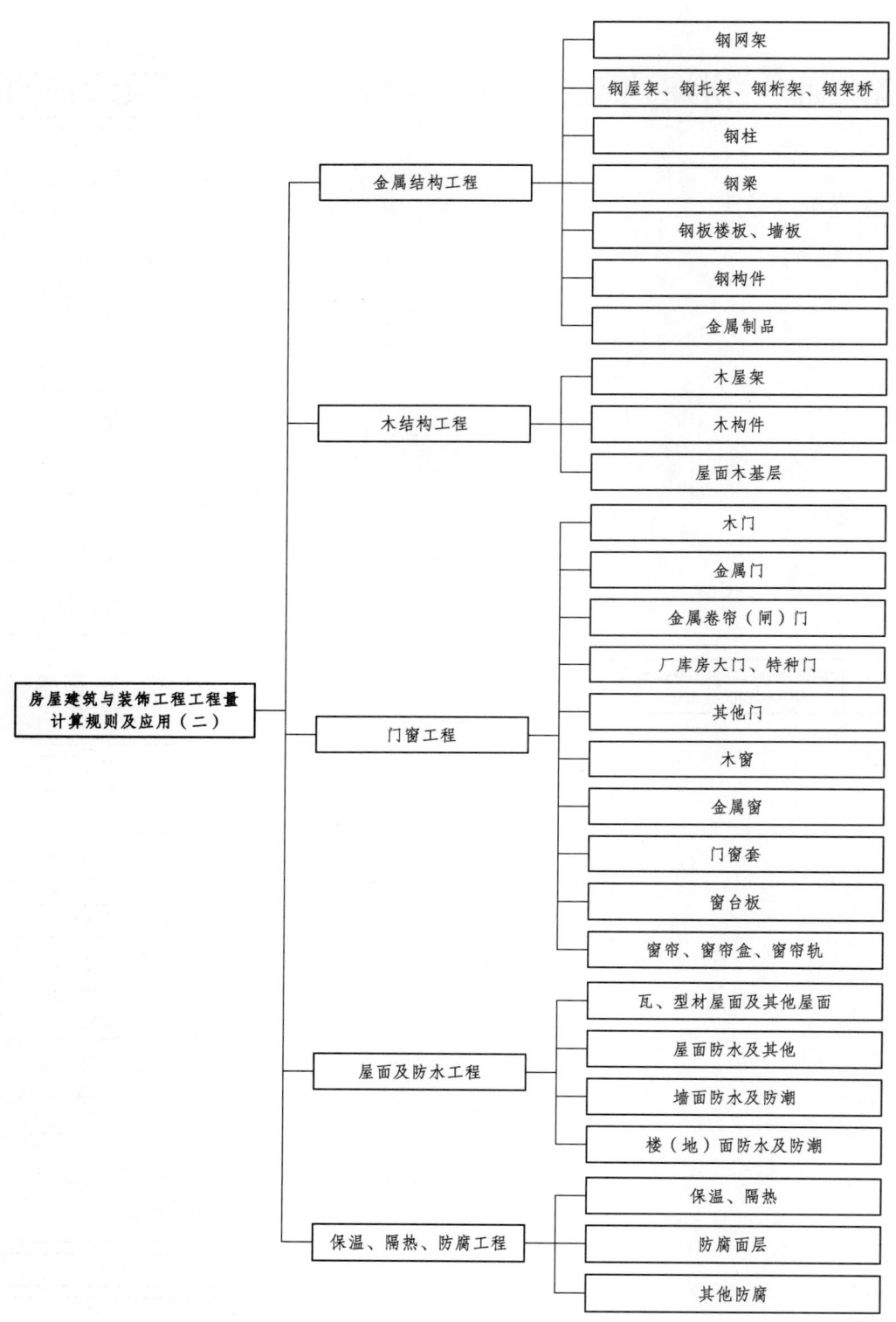

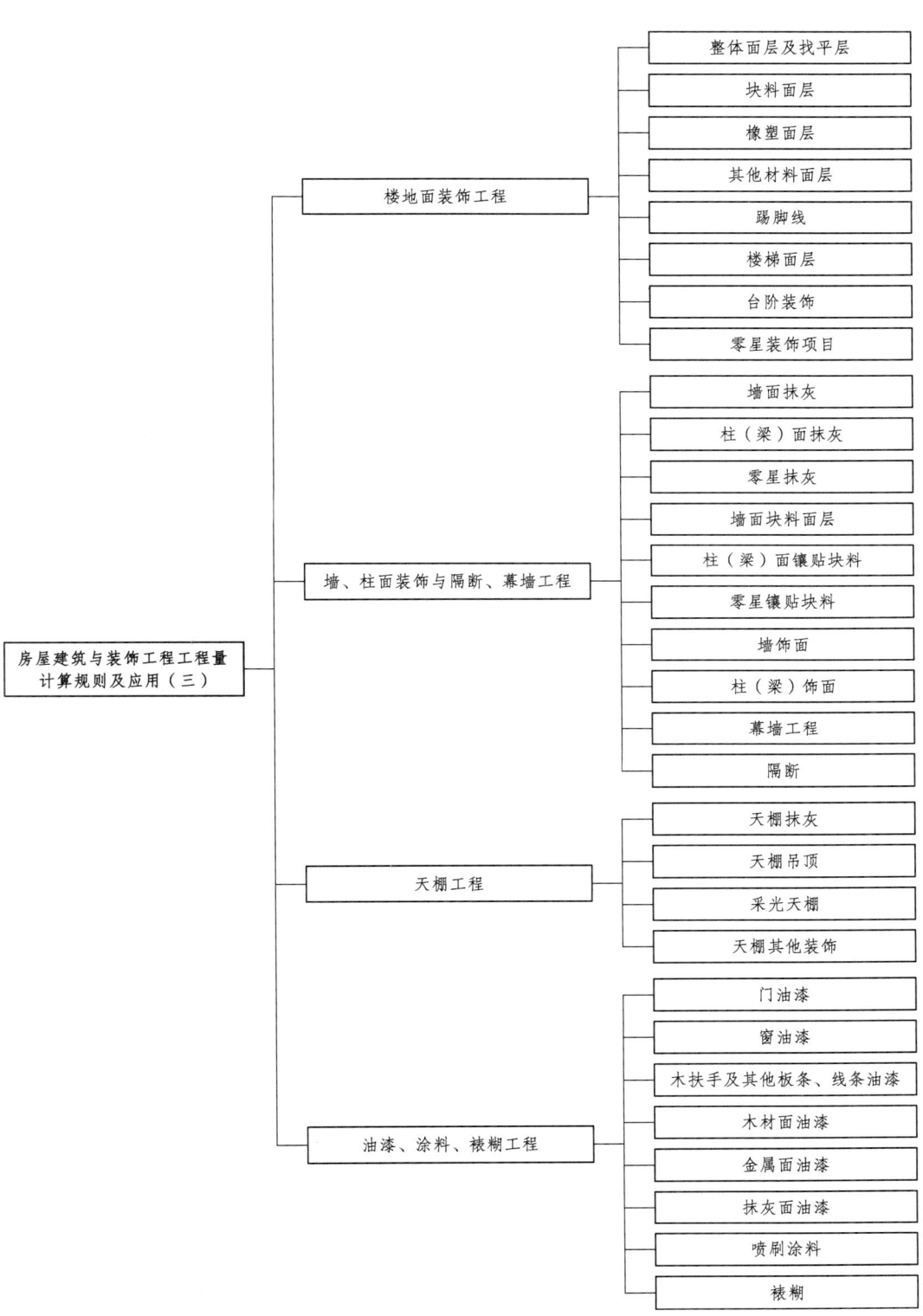

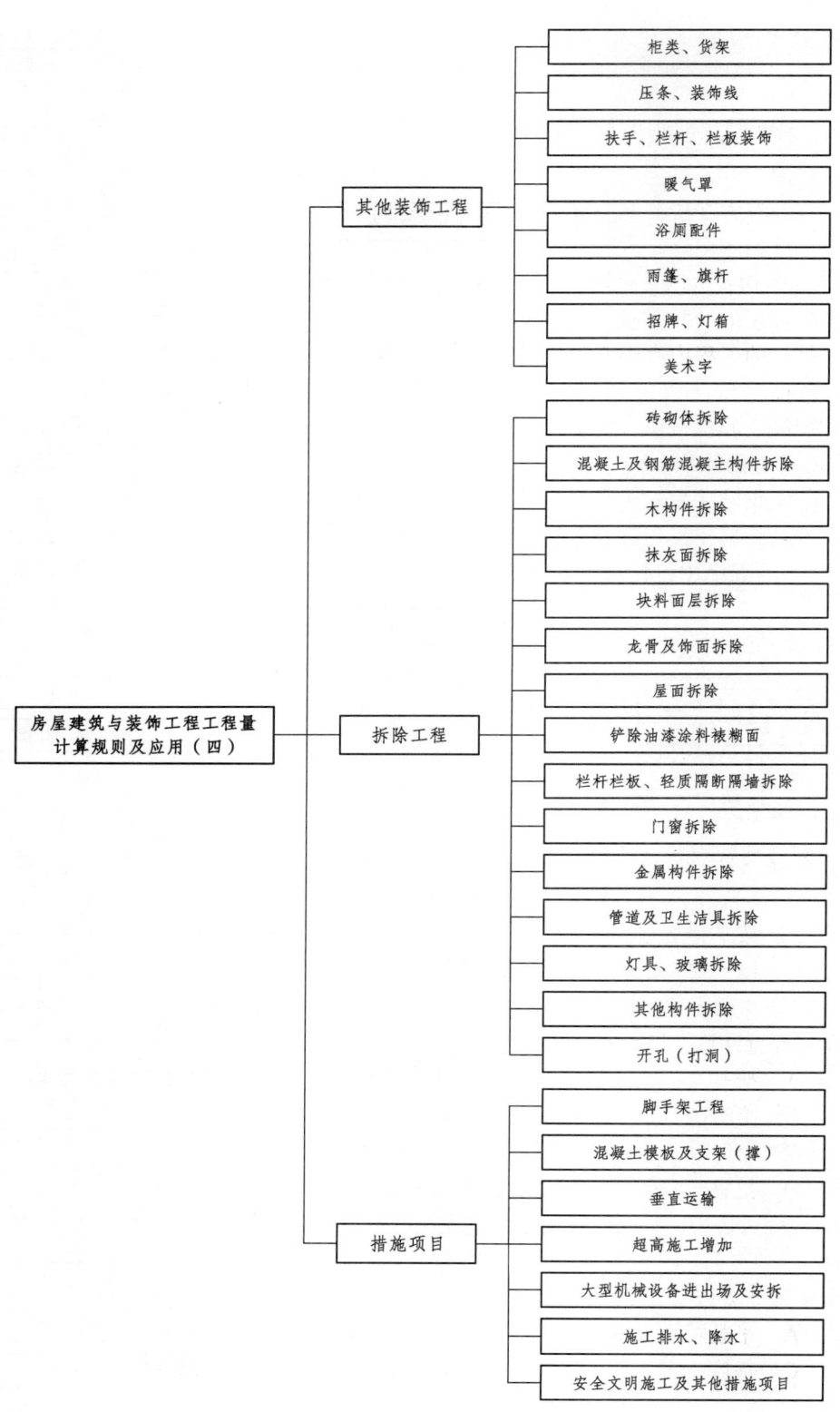

本节习题精选

一、判断题（判断正误，正确的打 √，错误的打 ×）

1. 管沟土方按设计图示截面积乘以长度以体积"m^3"计算。（　　）
2. 基础石方开挖深度应按基础垫层上表面标高至交付施工现场地标高确定。（　　）
3. 基础回填土工程量应按挖方清单项目工程量减去自然地坪以下埋设的基础体积（不包括其他构筑物所占体积）。（　　）
4. 咬合灌注桩的工程量可按设计图示尺寸以体积"m^3"计算。（　　）
5. 打桩的工程内容中不包括接桩和送桩，需单独计算。（　　）
6. 砖砌地垄墙可按零星砌砖编码列项，工程量可按长度以"m"计算。（　　）
7. 现浇空心板按设计图示尺寸以体积计算，空心板（GBF 高强薄壁蜂巢芯板等）不扣除空心部分的体积。（　　）
8. 碳素钢丝采用墩头锚具时，钢丝束长度按孔道长度增加 0.3 m 计算。（　　）
9. 成品金属栅栏工程按设计图示尺寸以长度"m"计算。（　　）
10. 木门五金中包括折页、插销、门碰珠、弓背拉手、门锁等普通五金，均不单独计算。（　　）
11. 楼（地）面防水反边高度≤350 mm 算作地面防水。（　　）
12. 保温隔热楼地面按设计图示尺寸以面积计算，应扣除面积为 500 mm×500 mm 独立柱所占面积。（　　）
13. 楼梯、台阶嵌边和侧面镶贴块料面层应按零星装饰项目编码列项。（　　）

二、单项选择题（每题的备选项中，只有 1 个最符合题意）

1. 某建筑首层建筑面积 100 m^2，场地较为平整，其自然地面标高为 +136.5 m，设计室外地面标高为 +136.15 m，则其场地土方清单列项和工程量分别是（　　）。
   A. 按平整场地列项：100 m^2
   B. 按一般土方列项：100 m^2
   C. 按平整场地列项：35 m^3
   D. 按一般土方列项：35 m^3

2. 根据《房屋建筑与装饰工程工程量计算规范》（GB 50854—2013）规定，下列关于石方工程量计算，说法正确的是（　　）。
   A. 挖基坑石方按设计图示尺寸基础底面面积乘以埋置深度以体积计算
   B. 挖沟槽石方按设计图示以沟槽中心线长度计算
   C. 挖一般石方按设计图示开挖范围的水平投影面积计算
   D. 挖管沟石方按设计图示以管道中心线长度计算

3. 根据《房屋建筑与装饰工程工程量计算规范》（GB 50854—2013）规定，某建筑物场地土方工程，设计基础长 27 m，宽为 8 m，周边开挖深度均为 2 m，实际开挖后场内堆土量为 570 m^3，则土方工程量为（　　）。
   A. 平整场地 216 m^2
   B. 沟槽土方 655 m^3
   C. 基坑土方 528 m^3
   D. 一般土方 438 m^3

4. 根据《房屋建筑与装饰工程工程量计算规范》(GB 50854—2013)规定,关于土方工程的项目列项或工程量计算,说法正确的是( )。
  A. 建筑物场地厚度为 350 mm 的挖土应按平整场地项目列项
  B. 挖一般土方的工程量通常按开挖虚方体积计算
  C. 基础土方开挖需区分沟槽、基坑和一般土方项目分别列项
  D. 冻土开挖工程量需按虚方体积计算

5. 根据《房屋建筑与装饰工程工程量计算规范》(GB 50854—2013)规定,当建筑物外墙砖基础垫层宽为 850 mm,垫层非原槽浇筑,基槽挖土深度为 1600 mm,设计中心线长为 40000 mm,土层为三类土,放坡系数为 1:0.33,则该外墙基础的人工挖沟槽工程量应为( )。
  A. 54.4 m³ B. 88.2 m³ C. 113.8 m³ D. 126.59 m³

6. 根据《房屋建筑与装饰工程工程量计算规范》(GB 50854—2013)规定,以下关于土石方工程的回填土,说法正确的是( )。
  A. 回填土方项目特征应包括填方来源及运距
  B. 室内回填应扣除间隔墙所占体积
  C. 场地回填按设计回填尺寸以面积计算
  D. 基础回填不扣除基础垫层所占面积

7. 根据《房屋建筑与装饰工程工程量计算规范》(GB 50854—2013)规定,关于地基处理工程量计算,说法正确的是( )。
  A. 换填垫层按照图示尺寸以面积计算
  B. 铺设土工合成材料按图示尺寸以铺设长度计算
  C. 强夯地基按图示处理范围和深度以体积计算
  D. 振冲密实不填料地基按图示处理范围以面积计算

8. 根据《房屋建筑与装饰工程工程量计算规范》(GB 50854—2013)规定,基坑支护的锚杆工程量应( )。
  A. 按设计图示尺寸以支护体体积计算
  B. 按设计图示尺寸以支护面积计算
  C. 按设计图示尺寸以钻孔深度计算
  D. 按设计图示尺寸以质量计算

9. 根据《房屋建筑与装饰工程工程量计算规范》(GB 50854—2013)规定,关于地基处理工程量计算,说法正确的是( )。
  A. 振冲桩(填料)按设计图示处理范围以面积计算
  B. 砂石桩按设计图示尺寸以桩长(不包括桩尖)计算
  C. 水泥粉煤灰碎石桩按设计图示尺寸以体积计算
  D. 深层搅拌桩按设计图示尺寸以桩长计算

10. 根据《房屋建筑与装饰工程工程量计算规范》(GB 50854—2013)规定,打桩工程量计算,说法正确的是( )。

A. 打预制钢筋混凝土方桩，按设计图示尺寸桩长以米计算，送桩工程量另计

B. 打预制钢筋混凝土管桩，按设计图示数量以根计算，截桩头工程量另计

C. 钢管桩按设计图示截面积乘以桩长，以实体积计算

D. 钢板桩按不同板幅以设计长度计算

11. 根据《房屋建筑与装饰工程工程量计算规范》(GB 50854—2013) 规定，关于砖砌体工程量计算，说法正确的是（　　）。

A. 砖基础工程量中不含基础砂浆防潮层所占体积

B. 使用同一种材料的基础与墙身以设计室内地面为分界

C. 实心砖墙的工程量中不应计入凸出墙面的砖垛体积

D. 坡屋面有屋架的外墙高由基础顶面算至屋架下弦底面

12. 根据《房屋建筑与装饰工程工程量计算规范》(GB 50854—2013) 规定，砖基础工程量计算，说法正确的是（　　）。

A. 外墙基础断面积（含大放脚）乘以外墙中心线长度以体积计算

B. 内墙基础断面积（大放脚部分扣除）乘以内墙净长线以体积计算

C. 地圈梁部分体积并入基础计算

D. 靠墙暖气沟挑檐体积并入基础计算

13. 根据《房屋建筑与装饰工程工程量计算规范》(GB 50854—2013) 规定，实心砖墙工程量计算，说法正确的是（　　）。

A. 凸出墙面的砖垛单独列项

B. 框架梁间内墙按梁间墙体积计算

C. 围墙扣除柱所占体积

D. 平屋顶外墙算至钢筋混凝土板顶面

14. 根据《房屋建筑与装饰工程工程量计算规范》(GB 50854—2013) 规定，下列关于砖基础工程量计算中的基础与墙身的划分，说法正确的是（　　）。

A. 以设计室内地坪为界（包括有地下室建筑）

B. 基础与墙身使用材料不同时，以材料界面为界

C. 基础与墙身使用材料不同时，以材料界面另加 300 mm 为界

D. 围墙基础应以设计室外地坪为界

15. 根据《房屋建筑与装饰工程工程量计算规范》(GB 50854—2013) 规定，砌筑工程垫层工程量应（　　）。

A. 按基坑（槽）底设计图示尺寸以面积计算

B. 按垫层设计宽度乘以中心线长度以面积计算

C. 按设计图示尺寸以体积计算

D. 按实际铺设垫层面积计算

16. 根据《房屋建筑与装饰工程工程量计算规范》(GB 50854—2013) 规定，关于现浇混凝土柱高计算，说法正确的是（　　）。

A. 有梁板的柱高自楼板上表面至上一层楼板下表面之间的高度计算

B. 无梁板的柱高自楼板上表面至上一层楼板下表面之间的高度计算

C. 框架柱的柱高自柱基上表面至柱顶高度减去各层板厚的高度计算

D. 异形框架柱的柱高应自柱基上表面至柱顶高度计算

17. 根据《房屋建筑与装饰工程工程量计算规范》（GB 50854—2013）规定，现浇混凝土工程量计算说法，正确的是（　　）。

    A. 雨篷与圈梁连接时其工程量以梁中心为分界线

    B. 阳台梁与圈梁连接部分并入圈梁工程量

    C. 挑檐板按设计图示水平投影面积计算

    D. 空心板按设计图示尺寸以体积计算，空心部分不予扣除

18. 根据《房屋建筑与装饰工程工程量计算规范》（GB 50854—2013）规定，关于预制混凝土构件工程量计算，说法正确的是（　　）。

    A. 如以构件数量作为计量单位，特征描述中必须说明单件体积

    B. 异形柱应扣除构件内预埋铁件所占体积，铁件另计

    C. 大型板应扣除单个尺寸≤300 mm×300 mm的孔洞所占体积

    D. 空心板不扣除空洞体积

19. 后张法施工预应力混凝土，孔道长度为 12.00 m，采用后张混凝土自锚低合金钢筋。钢筋清单工程量计算的每孔钢筋长度为（　　）。

    A. 12.00 m   B. 12.15 m   C. 12.35 m   D. 13.00 m

20. 根据《房屋建筑与装饰工程工程量计算规范》（GB 50854—2013）规定，球型节点钢网架工程量（　　）。

    A. 按设计图示尺寸以质量计算

    B. 按设计图示尺寸以榀计算

    C. 按设计图示尺寸以铺设水平投影面积计算

    D. 按设计图示构件尺寸以总长度计算

21. 根据《房屋建筑与装饰工程工程量计算规范》（GB 50854—2013），关于金属结构工程量计算，说法正确的是（　　）。

    A. 钢桁架工程量应增加铆钉质量

    B. 钢桁架工程量中应扣除切边部分质量

    C. 钢屋架工程量中螺栓质量不另计算

    D. 钢屋架工程量中应扣除孔眼质量

22. 根据《房屋建筑与装饰工程工程量计算规范》（GB 50854—2013），门窗工程量计算正确的是（　　）。

    A. 木门框按设计图示洞口尺寸以面积计算

    B. 金属纱窗按设计图示洞口尺寸以面积计算

    C. 石材窗台板按设计图示以水平投影面积计算

    D. 木门的门锁按设计图示数量计算

23. 根据《房屋建筑与装饰工程工程量计算规范》（GB 50854—2013）规定，关于厂库房大门工程量计算，说法正确的是（　　）。

A. 防护铁丝门按设计数量以质量计算

B. 金属格栅门按设计图示门框以面积计算

C. 钢制花饰大门按设计图示数量以质量计算

D. 全钢板大门按设计图示洞口尺寸以面积计算

24. 根据《房屋建筑与装饰工程工程量计算规范》(GB 50854—2013),屋面防水及其他工程量计算正确的是( )。

A. 屋面卷材防水按设计图示尺寸以面积计算,防水搭接及附加层用量按设计尺寸计算

B. 屋面排水管设计未标注尺寸,考虑弯折处的增加以长度计算

C. 屋面铁皮天沟按设计图示尺寸以展开面积计算

D. 屋面变形缝按设计尺寸以铺设面积计算

25. 根据《房屋建筑与装饰工程工程量计算规范》(GB 50854—2013)规定,有关保温、隔热工程量计算,说法正确的是( )。

A. 与天棚相连的梁的保温工程量并入天棚工程量

B. 与墙相连的柱的保温工程量按柱工程量计算

C. 门窗洞口侧壁的保温工程量不计

D. 梁保温工程量按设计图示尺寸以梁的中心线长度计算

26. 根据《房屋建筑与装饰工程工程量计算规范》(GB 50854—2013),楼地面装饰装修工程的工程量计算,正确的是( )。

A. 水泥砂浆楼地面整体面层按设计图示尺寸以面积计算,不扣除设备基础和室内地沟所占面积

B. 石材楼地面按设计图示尺寸以面积计算,并增加门洞开口部分所占面积

C. 金属复合地板按设计图示尺寸以面积计算,门洞、空圈部分所占面积不另增加

D. 水泥砂浆楼梯面按设计图示尺寸以楼梯(包括踏步、休息平台、楼梯井)水平投影面积计算

27. 根据《房屋建筑与装饰工程工程量计算规范》(GB 50854—2013),关于楼梯面层装饰工程量计算的说法,正确的是( )。

A. 按设计图示尺寸以楼梯(不含楼梯井)水平投影面积计算

B. 按设计图示尺寸以楼梯梯段斜面积计算

C. 楼梯与楼地面连接时,算至梯口梁外侧边沿

D. 无梯口梁者,算至最上一层踏步边沿加 300 mm

28. 根据《房屋建筑与装饰工程工程量计算规范》(GB 50854—2013),关于墙面抹灰工程量计算,说法正确的是( )。

A. 墙面抹灰工程量应扣除墙与构件交接处面积

B. 有墙裙的内墙抹灰按主墙间净长乘以墙裙顶至天棚底高度以面积计算

C. 内墙裙抹灰不单独计算

D. 外墙抹灰按外墙展开面积计算

29. 根据《房屋建筑与装饰工程工程量计算规范》(GB 50854—2013)，天棚抹灰工程量应按（　　）计算；板式楼梯底面抹灰按（　　）计算；锯齿形楼梯底板按（　　）计算。

  A. 实际抹灰面积；水平投影面积；水平投影面积
  B. 实际抹灰面积；斜面积；展开面积
  C. 水平投影面积；斜面积；展开面积
  D. 水平投影面积；斜面积；水平投影面积

30. 根据《房屋建筑与装饰工程工程量计算规范》(GB 50854—2013)，天棚吊顶工程量计算，正确的是（　　）。

  A. 吊顶天棚按设计图示尺寸以造型展开面积"m^2"计算
  B. 天棚吊顶面中的灯槽及跌级、锯齿形、吊挂式、藻井式天棚面积需展开计算
  C. 不扣除间壁墙、检查口、附墙烟囱、柱垛和管道所占面积
  D. 不扣除单个 > 0.3 m^2 的孔洞、独立柱及与天棚相连的窗帘盒所占的面积

31. 根据《房屋建筑与装饰工程工程量计算规范》(GB 50854—2013)，按面积计算油漆、涂料工程量的是（　　）。

  A. 木栏杆（带扶手）油漆　　　　B. 线条刷涂料
  C. 挂衣板油漆　　　　　　　　　D. 窗帘盒油漆

32. 下列关于拆除工程说法正确的是（　　）。

  A. 砖砌体拆除可以按拆除体积以"m^3"计算，也可按拆除长度以延长米"m"计算
  B. 暖气罩拆除可按拆除面积以"m^2"计算
  C. 木构件的拆除，当以面积为计量单位时，可不描述构件厚度
  D. 钢墙架拆除可按拆除面积以"m^2"计算

三、多项选择题（每小题所设选项中有2个或2个以上正确答案，至少有1个错项）

1. 根据《房屋建筑与装饰工程工程量计算规范》(GB 50854—2013)，关于管沟土方工程量计算的说法，正确的有（　　）。

  A. 按管沟宽乘以深度再乘以管道中心线长度计算
  B. 按设计管道中心线长度计算
  C. 按设计管底垫层面积乘以深度计算
  D. 按管道外径水平投影面积乘以深度计算
  E. 按管沟开挖断面乘以管道中心线长度计算

2. 砌筑墙体按体积以"m^3"计算时，应扣除（　　）等所占体积。

  A. 混凝土柱、过梁、圈梁　　　　B. 梁头、板头、檩头
  C. 暖气槽、消火栓　　　　　　　D. 门窗洞口
  E. 单个面积在 0.3 m^2 以内的孔洞的体积

3. 根据《房屋建筑与装饰工程工程量计算规范》（GB 50854—2013）规定，关于现浇混凝土基础的项目列项或工程量计算正确的为（   ）。
    A. 箱式满堂基础中的墙按现浇混凝土墙列项
    B. 箱式满堂基础中的梁按满堂基础列项
    C. 框架式设备基础的基础部分按现浇混凝土墙列项
    D. 框架式设备基础的柱和梁按设备基础列项
    E. 现浇混凝土基础按设计图示尺寸以体积"m³"计算

4. 根据《房屋建筑与装饰工程工程量计算规范》（GB 50854—2013）规定，现浇混凝土构件工程量计算正确的有（   ）。
    A. 构造柱按柱断面尺寸乘以全高以体积计算，嵌入墙体部分不计
    B. 框架柱工程量按柱基上表面至柱顶以高度计算
    C. 梁按设计图示尺寸以体积计算，主梁与次梁交界处按主梁体积计算
    D. 混凝土弧形墙按垂直投影面积乘以墙厚以体积计算
    E. 挑檐板按设计图示尺寸以体积计算

5. 根据《房屋建筑与装饰工程工程量计算规范》（GB 50854—2013）规定，关于混凝土工程量计算的说法，正确的有（   ）。
    A. 框架柱的柱高按自柱基上表面至上一层楼板上表面之间的高度计算
    B. 依附柱上的牛腿及升板的柱帽，并入柱身体积内计算
    C. 现浇混凝土无梁板按板和柱帽的体积之和计算
    D. 预制混凝土楼梯按水平投影面积计算
    E. 预制混凝土沟盖板、井盖板、井圈按设计图示尺寸以体积计算

6. 关于现浇混凝土墙工程量计算，说法正确的有（   ）。
    A. 一般的短肢剪力墙，按设计图示尺寸以体积计算
    B. 直形墙、挡土墙按设计图示尺寸以体积计算
    C. 弧形墙按墙厚不同以展开面积计算
    D. 墙体工程量应扣除预埋铁件所占体积
    E. 墙垛及突出墙面部分的体积不计算

7. 根据《房屋建筑与装饰工程工程量计算规范》（GB 50854—2013）规定，工程量按长度计算的项目有（   ）。
    A. 砖砌地垄墙   B. 石栏杆
    C. 石地沟、明沟   D. 现浇混凝土天沟
    E. 现浇混凝土地沟

8. 根据《房屋建筑与装饰工程工程量计算规范》（GB 50854—2013）规定，下列关于混凝土及钢筋混凝土工程量计算，正确的是（   ）。
    A. 天沟、挑檐板按设计厚度以面积计算
    B. 现浇混凝土墙的工程量不包括墙垛体积
    C. 散水、坡道按设计图示尺寸以面积计算
    D. 地沟按设计图示以中心线长度计算
    E. 预制沟盖板、井盖板以个计算

9. 根据《房屋建筑与装饰工程工程量计算规范》(GB 50854—2013)规定,关于现浇混凝土构件工程量计算正确的为(   )。
　　A. 电缆沟、地沟按设计图示尺寸以面积计算
　　B. 台阶按设计图示尺寸以水平投影面积或体积计算
　　C. 压顶按设计图示尺寸以水平投影面积计算
　　D. 扶手按设计图示尺寸以体积计算
　　E. 检查井按设计图示尺寸以体积计算

10. 根据《房屋建筑与装饰工程工程量计算规范》(GB 50854—2013)规定,关于金属结构工程量计算正确的为(   )。
　　A. 钢吊车梁工程量应计入制动板、制动梁、制动桁架和车档的工程量
　　B. 钢梁工程量中不计算铆钉、螺栓工程量
　　C. 压型钢板墙板工程量不计算包角、包边
　　D. 钢天沟板按设计图示尺寸以长度计算
　　E. 成品雨篷按设计图示尺寸以质量计算

11. 根据《房屋建筑与装饰工程工程量计算规范》(GB 50854—2013)规定,墙面防水工程量计算正确的有(   )。
　　A. 墙面涂膜防水按设计图示尺寸以质量计算
　　B. 墙面砂浆防水按设计图示尺寸以体积计算
　　C. 墙面变形缝按设计图示尺寸以长度计算
　　D. 墙面卷材防水按设计图示尺寸以面积计算
　　E. 墙面防水搭接用量按设计图示尺寸以面积计算

12. 根据《房屋建筑与装饰工程工程量计算规范》(GB 50854—2013)规定,楼地面装饰工程量计算正确的有(   )。
　　A. 现浇水磨石楼地面按设计图示尺寸以面积计算
　　B. 细石混凝土楼地面按设计图示尺寸以体积计算
　　C. 块料台阶面按设计图示尺寸以展开面积计算
　　D. 金属踢脚线按延长米计算
　　E. 石材楼地面按设计图示尺寸以面积计算

13. 根据《房屋建筑与装饰工程工程量计算规范》(GB 50854—2013)规定,关于装饰工程量计算,说法正确的有(   )。
　　A. 自流坪地面按图示尺寸以面积计算
　　B. 整体层按设计图示尺寸以面积计算
　　C. 块料踢脚线可按延长米计算
　　D. 石材台阶面装饰设计图示以台阶最上踏步外沿水平投影面积计算
　　E. 塑料板楼地面按设计图示尺寸以面积计算

14. 内墙抹灰按内墙的垂直投影面积计算,不扣除(   )的面积。
　　A. 门窗洞口　　B. 踢脚线　　C. 挂镜线
　　D. 0.3 m² 孔洞　　E. 墙与构件交接处

15. 根据《房屋建筑与装饰工程工程量计算规范》(GB 50854—2013)规定,下列关于装饰装修工程量计算,正确的是(   )。
    A. 天棚抹灰应扣除柱垛、柱所占面积
    B. 天棚灯带按设计图示以长度计算
    C. 标准金属门按设计图示数量计算
    D. 金属平开窗按设计图示洞口尺寸以面积计算
    E. 铝合金窗帘盒按设计图示尺寸以面积计算

16. 根据《房屋建筑与装饰工程工程量计算规范》(GB 50854—2013)规定,关于油漆工程量计算的说法,正确的有(   )。
    A. 金属门油漆按设计图示洞口尺寸以面积计算
    B. 封檐板油漆按设计图示尺寸以面积计算
    C. 门窗套油漆按设计图示尺寸以面积计算
    D. 木隔断油漆按设计图示尺寸以单面外围面积计算
    E. 窗帘盒油漆按设计图示尺寸以面积计算

17. 《房屋建筑与装饰工程工程量计算规范》(GB 50854—2013)规定,对以下措施项目详细列明了项目编码、项目特征、计量单位和计算规则的有(   )。
    A. 夜间施工   B. 已完工程及设备保护
    C. 超高施工增加   D. 施工排水、降水
    E. 混凝土模板及支架

18. 根据《房屋建筑与装饰工程工程量计算规范》(GB 50854—2013)规定,措施项目工程量计算正确的有(   )。
    A. 里脚手架按建筑面积计算
    B. 满堂脚手架按搭设水平投影面积计算
    C. 混凝土墙模板按模板与墙接触面积计算
    D. 混凝土构造柱模板按图示外露部分计算模板面积
    E. 超高施工增加费包括人工、机械降效,供水加压以及通信联络设备费用

19. 根据《房屋建筑与装饰工程工程量计算规范》(GB 50854—2013)规定,关于综合脚手架,说法正确的有(   )。
    A. 工程量按建筑面积计算
    B. 用于屋顶加层时应说明加层高度
    C. 项目特征应说明建筑结构形式和檐口高度
    D. 同一建筑物有不同的檐高时,分别按不同檐高列项
    E. 项目特征必须说明脚手架材料

20. 根据《房屋建筑与装饰工程工程量计算规范》(GB 50854—2013),措施项目工程量计算有(   )。
    A. 垂直运输按使用机械设备数量计算
    B. 悬空脚手架按搭设的水平投影面积计算

C. 排水、降水工程量，按排水、降水日历天数计算
D. 整体提升架按垂直投影面积计算
E. 超高施工增加按建筑物超高部分的建筑面积计算

21. 根据《房屋建筑与装饰工程工程量计算规范》（GB 50854—2013）规定，属于安全文明施工措施项目的有（　　）。
    A. 地上地下措施　　　　　　　　B. "五牌一图"
    C. 夜间施工　　　　　　　　　　D. 临时设施
    E. 环境保护

本节习题解析

一、判断题（判断正误，正确的打√，错误的打×）

1. 【答案】×
   【解析】本题考查的是土石方工程。管沟土方按设计图示尺寸以基础垫层底面积乘以挖土深度按体积"m^3"计算；管沟石方按设计图示截面积乘以长度以体积"m^3"计算。

2. 【答案】×
   【解析】本题考查的是土石方工程。基础石方开挖深度应按基础垫层底表面标高至交付施工现场地标高确定，无交付标高时，按自然地坪标高确定。

3. 【答案】×
   【解析】本题考查的是土石方工程。基础回填土工程量应按挖方清单项目工程量减去自然地坪以下埋设的基础体积（包括垫层及其他构筑物）。

4. 【答案】×
   【解析】本题考查的是地基处理与边坡支护工程。咬合灌注桩按设计图示尺寸以桩长计算，或按设计图示数量以"根"计算。

5. 【答案】×
   【解析】本题考查的是桩基工程。打桩的工程内容中包括了接桩和送桩，不需单独计算，在综合单价中考虑。

6. 【答案】√
   【解析】本题考查的是砌筑工程。台阶、砖胎膜、花池、地垄墙等可按零星项目编码列项，其中地垄墙可按长度计算工程量。

7. 【答案】×
   【解析】本题考查的是混凝土及钢筋混凝土工程。现浇空心板按设计图示尺寸以体积计算，空心板（GBF 高强薄壁蜂巢芯板等）应扣除空心部分的体积。

8. 【答案】×
   【解析】本题考查的是混凝土及钢筋混凝土工程。碳素钢丝采用墩头锚具时，钢丝束长度按孔道长度增加 0.35 m 计算。

9.【答案】×

【解析】本题考查的是金属结构工程。成品金属栅栏工程按设计图示尺寸以面积"m^2"计算。

10.【答案】×

【解析】本题考查的是门窗工程。木门五金中不含门锁，门锁安装应单独列项计算。

11.【答案】×

【解析】本题考查的是屋面及防水工程。楼（地）面防水反边高度≤300 mm 算作地面防水，反边高度＞300 mm 算作墙面防水计算。

12.【答案】×

【解析】本题考查的是保温、隔热、防腐工程。保温隔热楼地面按设计图示尺寸以面积计算，不扣除面积＞$0.3 m^2$ 的柱、垛、孔洞所占面积，门洞、空圈、暖气包槽、壁龛的开口部分不增加面积。

13.【答案】√

【解析】本题考查的是楼地面装饰工程。楼梯、台阶嵌边和侧面镶贴块料面层，不大于 $0.5 m^2$ 的少量分散的楼地面镶贴块料面层，应按零星装饰项目编码列项。

二、单项选择题（每题的备选项中，只有 1 个最符合题意）

1.【答案】D

【解析】本题考查的是土石方工程。挖土深度 = 136.5 – 136.15 = 0.35 m＞0.3 m，所以应按一般土方列项。工程量应该为：$100 × 0.35 = 35 m^3$。

2.【答案】D

【解析】本题考查的是土石方工程。选项 A、B 错误，挖沟槽（基坑）石方按设计图示尺寸沟槽（基坑）底面积乘以挖石深度以体积计算；选项 C 错误，挖一般石方按设计图示尺寸以体积计算；选项 D 正确，挖管沟石方按设计图示以管道中心线长度计算，或按设计图示截面积乘以长度以体积计算。

3.【答案】D

【解析】本题考查的是土石方工程。沟槽、基坑、一般土方的划分为：底宽≤7 m 且底长＞3 倍底宽为沟槽；底长≤3 倍底宽且底面积≤$150 m^2$ 为基坑；超出上述范围则为一般土方。$27 × 8 = 216 m^2 ＞ 150 m^2$，故为一般土方。实际开挖后场内堆土量为 $570 m^3$（虚方），开挖一般土方的工程量为：570/1.3 = 438（m^3）。

4.【答案】C

【解析】本题考查的是土石方工程。选项 A 错误，厚度＞±300 mm 的竖向布置挖土或山坡切土应按一般土方项目编码列项；选项 B 错误，挖一般土方按设计图示尺寸以体积计算；选项 D 错误，冻土按设计图示尺寸开挖面积乘以厚度以体积计算。土方体积应按挖掘前的天然密实体积计算。

5.【答案】D

【解析】本题考查的是土石方工程。外墙基础人工挖沟槽工程量 =（0.85 + 0.3×2 + 1.6×0.33）×40×1.6 = 126.59（m^3）。

6.【答案】A

【解析】本题考查的是土石方工程。选项 B 错误，室内回填按主墙间净面积乘以回填厚度，不扣除间隔墙；选项 C 错误，场地回填按回填面积乘以平均回填厚度；选项 D 错误，基础回填按挖方清单项目工程量减去自然地坪以下埋设的基础体积（包括基础垫层及其他构筑物）。

7.【答案】D

【解析】本题考查的是地基处理与边坡支护工程。换填垫层按照设计图示尺寸以体积计算；铺设土工合成材料按设计图示尺寸以面积计算；强夯地基按设计图示处理范围以面积计算。振冲密实（不填料）地基按设计图示处理范围以面积计算。

8.【答案】C

【解析】本题考查的是地基处理与边坡支护工程。锚杆（锚索）、土钉，以米计量，按设计图示尺寸以钻孔深度计算。

9.【答案】D

【解析】本题考查的是地基处理与边坡支护工程。振冲桩（填料）以"m"计量，按设计图示尺寸以桩长计算；以"m^3"计量，按设计桩截面乘以桩长以体积计算。砂石桩按设计图示尺寸以桩长（包括桩尖）计算；以"m^3"计量，按设计桩截面乘以桩长（包括桩尖）以体积计算。水泥粉煤灰碎石桩按设计图示尺寸以桩长（包括桩尖）计算。深层搅拌桩按设计图示尺寸以桩长计算。

10.【答案】B

【解析】本题考查的是桩基础工程。选项 A，预制钢筋混凝土方桩、预制钢筋混凝土管桩按设计图示尺寸以桩长（包括桩尖）计算；或按设计图示截面积乘以桩长（包括桩尖）以体积计算；或按设计图示数量计算。打试验桩和打斜桩应按相应项目单独列项。选项 C，钢管桩按设计图示尺寸以质量计算；或按设计图示数量计算。选项 D，钢板桩以"t"计量，按设计图示尺寸以质量计算；以"m^2"计量，按设计图示墙中心线长乘以桩长以积计算。

11.【答案】B

【解析】本题考查的是砌筑工程。基础与墙（柱）身使用同一种材料时，以设计室内地面为界（有地下室者，以地下室室内设计地面为界），以下为基础，以上为墙（柱）身。凸出墙面的砖垛并入墙体体积内计算。外墙高度计算时，斜（坡）屋面无檐口天棚者算至屋面板底；有屋架且室内外均有天棚者算至屋架下弦底另加 200 mm；无天棚者算至屋架下弦底另加 300 mm，出檐宽度超过 600 mm 时按实砌高度计算；有钢筋混凝土楼板隔层算至板顶；平屋面算至钢筋混凝土板底。

12. 【答案】A

【解析】本题考查的是砌筑工程。砖基础工程量按设计图示尺寸以体积计算，包括附墙垛基础宽出部分体积，扣除地梁（圈梁）、构造柱所占体积，不扣除基础大放脚T形接头处的重叠部分及嵌入基础内的钢筋、铁件、管道、基础砂浆防潮层和单个面积≤0.3 m²的孔洞所占体积，靠墙暖气沟的挑檐不增加。基础长度的确定：外墙基础按外墙中心线，内墙基础按内墙净长线计算。

13. 【答案】B

【解析】本题考查的是砌筑工程。选项A错误，凸出墙面的砖垛并入墙体体积内计算。选项C错误，围墙的高度算至压顶上表面（如有混凝土压顶时算至压顶下表面），围墙柱并入围墙体积内计算。选项D错误，平屋顶算至钢筋混凝土板底。

14. 【答案】D

【解析】本题考查的是砌筑工程。基础与墙身划分为：基础与墙身使用同一种材料时，以设计室内地面为界（有地下室的，以地下室室内设计地面为界），以下为基础，以上为墙身。基础与墙身使用不同材料时，材料分界线位于设计室内地面±300 mm以内时，以不同材料为界；超过±300 mm时，以设计室内地面为界，以下为基础，以上为墙身。

15. 【答案】C

【解析】本题考查的是砌筑工程。除混凝土垫层外，没有包括垫层要求的清单项目应按该垫层项目编码列项，其工程量按设计图示尺寸以体积计算。

16. 【答案】D

【解析】本题考查的是混凝土及钢筋混凝土工程。选项A错误，有梁板的柱高，应自柱基上表面（或楼板上表面）至上一层楼板上表面之间的高度计算；选项B错误，无梁板的柱高，应自柱基上表面（或楼板上表面）至柱帽下表面之间的高度计算；选项C错误，框架柱的柱高应自柱基上表面至柱顶高度计算。

17. 【答案】B

【解析】本题考查的是混凝土及钢筋混凝土工程。选项A错误，雨篷与圈梁（包括其他梁）连接时，以梁外边线为分界线。选项C错误，挑檐板按设计图示尺寸以体积计算。选项D错误，空心板按设计图示尺寸以体积计算。空心板应扣除空心部分体积。

18. 【答案】A

【解析】本题考查的是混凝土及钢筋混凝土工程。选项B，异形柱不扣除构件内钢筋、预埋铁件所占体积；选项C，大型板不扣除单个尺寸≤300 mm×300 mm的孔洞所占体积；选项D，空心板扣除空洞体积。

19. 【答案】C

【解析】本题考查的是混凝土及钢筋混凝土工程。低合金钢筋采用后张混凝土自锚时，钢筋长度按孔道长度增加0.35 m计算。

20.【答案】A

【解析】本题考查的是金属结构工程。钢网架工程量按设计图示尺寸以质量计算。

21.【答案】C

【解析】本题考查的是金属结构。选项A，钢桁架工程量不增加铆钉质量；选项B，不扣除切边的质量；选项D，钢屋架工程量中不应扣除孔眼质量。

22.【答案】D

【解析】本题考查的是门窗工程。选项A错误，木门框以樘计量，按设计图示数量计算，以"m"计量，按设计图示框的中心线以延长米计算；选项B错误，金属纱窗工程量以樘计量，按设计图示数量计算，以"m²"计量，按框的外围尺寸以面积计算；选项C错误，窗台板包括木窗台板、铝塑窗台板、石材窗台板、金属窗台板。工程量按设计图示尺寸以展开面积计算；选项D正确，门锁安装按设计图示数量计算。

23.【答案】D

【解析】本题考查的是门窗工程。全钢板大门按设计图示数量计算或按设计图示洞口尺寸以面积计算。金属格栅门工程量以樘计量，按设计图示数量计算；以"m²"计量，按设计图示洞口尺寸以面积计算。

24.【答案】C

【解析】本题考查的是屋面及防水工程。选项A错误，屋面防水搭接及附加层用量不另行计算，在综合单价中考虑。选项B错误，屋面排水管，按设计图示尺寸以长度计算。如设计未标注尺寸，以檐口至设计室外散水上表面垂直距离计算。选项D错误，屋面变形缝，按设计图示以长度计算。

25.【答案】A

【解析】本题考查的是保温、隔热、防腐工程。与天棚相连的梁的保温工程量按展开面积，并入天棚工程量。门窗洞口侧壁的保温工程量并入墙工程量。梁按设计图示梁断面保温层中心线展开长度乘保温层长度以面积计算。

26.【答案】B

【解析】本题考查的是楼地面装饰工程。选项A，水泥砂浆楼地面整体面层按设计图示尺寸以面积计算，扣除设备基础和室内地沟所占面积。选项C，金属复合地板按设计图示尺寸以面积计算，门洞、空圈部分开口部分面积并入相应工程量内。选项D，水泥砂浆楼梯面按设计图示尺寸以楼梯（包括踏步、休息平台及≤500 mm的楼梯井）水平投影面积计算。

27.【答案】D

【解析】本题考查的是楼地面装饰工程。按设计图示尺寸以楼梯（含≤500 mm的楼梯井）水平投影面积计算；楼梯与楼地面连接时，算至梯口梁内侧边沿。无梯口梁者，算至最上一层踏步边沿加300 mm。

28.【答案】B

【解析】本题考查的是墙、柱面装饰与隔断、幕墙工程。选项A错误，不扣除与构件交接处的面积；选项 C 错误，内墙裙抹灰面积按内墙净长乘以高度计算；选项 D 错误，外墙抹灰面积按外墙垂直投影面积计算。

29. 【答案】C

【解析】本题考查的是天棚工程。天棚抹灰按设计图示尺寸以水平投影计算面积。板式楼梯底面抹灰按斜面积计算；锯齿形楼梯底板抹灰按展开面积计算。

30. 【答案】C

【解析】本题考查的是天棚工程。吊顶天棚按设计图示尺寸以水平投影面积"m^2"计算。天棚面中的灯槽及跌级、锯齿形、吊挂式、藻井式天棚面积不展开计算。不扣除间壁墙、检查口、附墙烟囱、柱垛和管道所占面积，扣除单个 > 0.3 m^2 的孔洞、独立柱及与天棚相连的窗帘盒所占的面积。

31. 【答案】A

【解析】本题考查的是油漆、涂料、裱糊工程。木栏杆（带扶手）油漆按设计图示尺寸以单面外围面积计算。

32. 【答案】A

【解析】本题考查的是拆除工程。选项 B，暖气罩拆除可按"个"或"m^2"计算；选项 C，木构件的拆除，当以面积为计量单位时，需描述构件厚度；选项 D，钢墙架拆除可按拆除质量以"t"计算，也可按拆除延长米以"m"计算。

三、多项选择题（每小题所设选项中有 2 个或 2 个以上正确答案，至少有 1 个错项）

1. 【答案】BCD

【解析】本题考查的是土石方工程。管沟土方按设计图示以管道中心线长度计算，或按设计图示管底垫层面积乘以挖土深度以体积计算。无管底垫层按管外径的水平投影面积乘以挖土深度计算。不扣除各类井的长度，井的土方并入。

2. 【答案】ACD

【解析】本题考查的是砌筑工程。实心砖墙、多孔砖墙、空心砖墙，按设计图示尺寸以体积"m^3"计算。扣除门窗洞口、嵌入墙内的钢筋混凝土柱、梁、圈梁、挑梁、过梁及凹进墙内的壁龛、管槽、暖气槽、消火栓箱所占体积，不扣除梁头、板头、檩头、垫木、木楞头、沿缘木、木砖、门窗走头、砖墙内加固钢筋、木筋、铁件、钢管及单个面积 ≤ 0.3 m^2 的孔洞所占的体积。

3. 【答案】AE

【解析】本题考查的是混凝土及钢筋混凝土工程。箱式满堂基础及框架式设备基础中柱、梁、墙、板按现浇混凝土柱、梁、墙、板分别编码列项；箱式满堂基础底板按满堂基础项目列项，框架设备基础的基础部分按设备基础列项。现浇混凝土基础按设计图示尺寸以体积"m^3"计算。

4. 【答案】CE

【解析】本题考查的是混凝土及钢筋混凝土工程。选项 A 错误，现浇混凝土柱包括矩形柱、构造柱、异形柱等项目，按设计图示尺寸以体积计算。构造柱嵌接墙体部分并入柱身体积。选项 D 错误,现浇混凝土墙包括直形墙、弧形墙、短肢剪力墙、挡土墙,按设计图示尺寸以体积计算。不扣除构件内钢筋,预埋铁件所占体积,扣除门窗洞口及单个面积大于 0.3 m^2 的孔洞所占体积,墙垛及突出墙面部分并入墙体体积内计算。

5. 【答案】BCE

   【解析】本题考查的是混凝土及钢筋混凝土工程。选项 A,有梁板的柱高按自柱基上表面至上一层楼板上表面之间的高度计算;选项 D,预制混凝土楼梯以立方米或块计量。

6. 【答案】AB

   【解析】本题考查的是混凝土及钢筋混凝土工程。直形墙、弧形墙、挡土墙、短肢剪力墙,按设计图示尺寸以体积计算;不扣除预埋铁件所占体积;墙垛及突出墙面部分的体积并入墙体体积计算。

7. 【答案】ABCE

   【解析】本题考查的是混凝土及钢筋混凝土工程。天沟、挑檐板按设计图示尺寸以体积计算。

8. 【答案】CD

   【解析】本题考查的是混凝土及钢筋混凝土工程。天沟、挑檐板按设计图示尺寸以体积计算;现浇混凝土墙的工程量墙垛及凸出墙面部分并入墙体体积内计算;沟盖板、井盖板、井圈,按设计图示尺寸以体积计算或按设计图示尺寸以数量(块)计算。

9. 【答案】BDE

   【解析】本题考查的是混凝土及钢筋混凝土工程。选项 A 错误,电缆沟、地沟,按设计图示以中心线长度计算;选项 C 错误,扶手、压顶,以"m"计量,按设计图示的中心线延长米计算;或者以"m^3"计量,按设计图示尺寸以体积计算。

10. 【答案】ABC

    【解析】本题考查的是金属结构工程。选项 D 错误,钢漏斗、钢天沟板,按设计图示尺寸以重量计算;选项 E 错误,成品雨篷按设计图示接触边以长度计算;或按设计图示尺寸以展开面积计算。

11. 【答案】CD

    【解析】本题考查的是屋面及防水工程。选项 AB 错误,墙面卷材防水、墙面涂膜防水、墙面砂浆防水(防潮),按设计图示尺寸以面积计算。选项 E 错误,墙面防水搭接及附加层用量不另行计算,在综合单价中考虑。

12. 【答案】ADE

    【解析】本题考查的是楼地面装饰工程。选项 B 错误,水泥砂浆楼地面、现浇水磨石楼地面、细石混凝土楼地面、菱苦土楼地面、自流坪楼地面,按设计图示尺寸以面积计算;选项 C 错误,台阶装饰包括石材台阶面、块料台阶面、拼碎块料台阶面、水泥砂浆台阶面、现浇水磨石台阶面、剁假石台阶面，工程量按设计图示尺寸以台阶（包括最上层踏步边沿加 300 mm）水平投影面积计算。

13. 【答案】ABCE

　　【解析】本题考查的是楼地面装饰工程。自流坪地面按设计图示尺寸以面积计算；石材台阶面装饰设计图示以台阶（包括最上层踏步边沿加 300 mm）水平投影面积计算。

14. 【答案】BCDE

　　【解析】本题考查的是墙、柱面装饰与隔断、幕墙工程。墙面一般抹灰，扣除墙裙、门窗洞口及单个 > 0.3 m² 的孔洞面积，不扣除踢脚线、挂镜线和墙与构件交接处的面积，门窗洞口和孔洞的侧壁及顶面不增加面积。

15. 【答案】CD

　　【解析】本题考查的是天棚工程。选项 A 错误，天棚抹灰按设计图示尺寸以水平投影面计算，不扣除间壁墙、垛、柱、附墙烟囱、检查口和管道所占的面积。选项 B 错误，天棚灯带按设计图示尺寸以框外围面积计算。选项 E 错误，窗帘盒、窗帘轨，按设计图示尺寸以长度计算，包括铝合金窗帘盒。

16. 【答案】ACD

　　【解析】本题考查的是油漆、涂料、裱糊工程。封檐板、窗帘盒按图示尺寸以长度计算。

17. 【答案】CDE

　　【解析】本题考查的是措施项目。《房屋建筑与装饰工程工程量计算规范》中给出了脚手架、混凝土模板及支架、垂直运输、超高施工增加、大型机械设备进出场及安拆、施工降水及排水、安全文明施工及其他措施项目的计算规则或应包含范围。除安全文明施工及其他措施项目外，前 6 项都详细列出了项目编码、项目名称、项目特征、工程量计算规则、工作内容，其清单的编制与分部分项工程一致。

18. 【答案】BCDE

　　【解析】本题考查的是措施项目。选项 A 错误，外脚手架、里脚手架、整体提升架、外装饰吊篮，工程量按所服务对象的垂直投影面积计算。

19. 【答案】ACD

　　【解析】本题考查的是措施项目。选项 B 错误，综合脚手架不适用加层工程；选项 E 错误，脚手架的材质可以不做为项目特征内容。

20. 【答案】BCE

　　【解析】本题考查的是措施项目。选项 A，垂直运输可按建筑面积计算也可以按施工工期日历天数计算；选项 B，悬空脚手架、满堂脚手架按搭设的水平投影面积计算；选项 C，施工排水、降水以昼夜（24 h）为单位计量，按排水、降水日历天数计算；选项 D，外脚手架、里脚手架、整体提升架、外装饰吊篮，工程量按所服务对象的垂直投影面积计算；选项 E，超高施工增加费工程量计算按建筑物超高部分的建筑面积计算。

21.【答案】BDE

【解析】本题考查的是安全文明施工。安全文明施工含环境保护、文明施工、安全施工、临时设施。"五牌一图"属于文明施工，夜间施工及非夜间施工照明，二次搬运、冬雨季施工、地上地下措施及建筑物的临时保护费、已完工程及设备保护等属于总价措施项目中的其他项目措施。

第五节　市政工程工程量计算规则及应用

本节知识导图

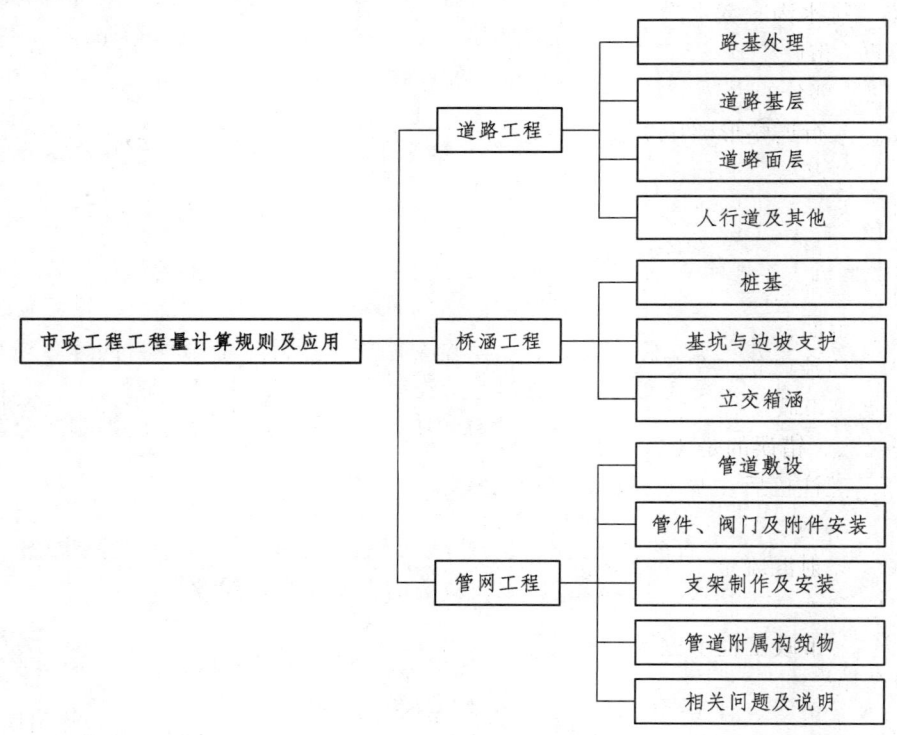

本节习题精选

一、判断题（判断正误，正确的打√，错误的打×）

1. 根据《市政工程工程量计算规范》（GB 50857—2013）规定，抛石挤淤按抛石数量以"块"计算。（　　）

2. 根据《市政工程工程量计算规范》(GB 50857—2013)规定，土工合成材料按设计图示尺寸以面积计算。(   )

3. 根据《市政工程工程量计算规范》(GB 50857—2013)规定，路床（槽）整形，按设计道路底基层图示尺寸以面积计算，应扣除各类井所占面积。(   )

二、单项选择题（每题的备选项中，只有1个最符合题意）

1. 根据《市政工程工程量计算规范》(GB 50857—2013)规定，下列关于市政工程说法中，正确的是(   )。
   A. 预压地基、强夯地基、振冲密实（不填料）工程量，按设计图示尺寸以加固体积计算
   B. 掺石灰、掺干土、掺石、抛石挤淤工程量，按设计图示尺寸以体积计算
   C. 土工合成材料工程量，按设计图示尺寸以体积计算
   D. 排水沟、截水沟、盲沟工程量，按设计图示尺寸以体积计算

2. 根据《市政工程工程量计算规范》(GB 50857—2013)规定，下列关于规范中"人行道及其他"部分的说法正确的是(   )。
   A. 人行道整形碾压工程量，按设计人行道图示尺寸以面积计算，扣除侧石、树池和各类井所占面积
   B. 人行道块料铺设，现浇混凝土人行道及进口坡工程量按设计图示尺寸以面积计量，不扣除各类井所占面积，不扣除侧石、树池所占面积
   C. 安砌侧（平、缘）石，现浇侧（平、缘）石工程量按"m"计量，按设计图示面积计算
   D. 树池砌筑工程量以"个"计量，按设计图示数量计算

3. 根据《市政工程工程量计算规范》(GB 50857—2013)规定，下列关于桥涵工程中的桩基说法，错误的是(   )。
   A. 灌注桩后注浆工程量按设计图示以注浆孔数计算
   B. 型钢水泥土搅拌墙工程量按设计图示尺寸以体积计算
   C. 喷射混凝土工程量按设计图示尺寸以体积计算
   D. 透水管工程量以"m"计量，按设计图示尺寸以长度计算

4. 根据《市政工程工程量计算规范》(GB 50857—2013)规定，下列关于市政工程管道敷设的说法中，错误的是(   )。
   A. 水平导向钻进、夯管、顶管按设计图示长度以延长米计算，不扣除附属构筑物（检查井）所占长度
   B. 顶（夯）管工作坑、预制混凝土工作坑工程量以"座"计量，按设计图示数量计算
   C. 土壤加固工程量以"m"计量时，按设计图示加固段长度以延长米计算；以"m^3"计量时，按设计图示加固段以体积计算
   D. 新旧管连接工程量以"处"计量，按设计图示数量计算

5. 下列关于市政桥涵工程与管网工程说法正确的是（　　）。
   A. 声测管按设计图示尺寸以长度"m"计算
   B. 喷射混凝土按设计图示尺寸以体积计算
   C. 型钢水泥土搅拌墙可按设计图示尺寸以面积计算
   D. 混凝土管的敷设可按设计图示尺寸数量以根计算

三、多项选择题（每小题所设选项中有2个或2个以上正确答案，至少有1个错项）

1. 根据《市政工程工程量计算规范》（GB 50857—2013）规定，下列说法正确的是（　　）。
   A. 预压地基、强夯地基、振冲密实（不填料）工程量，按设计图示尺寸以加固体积计算
   B. 掺石灰、掺干土、掺石、抛石挤淤工程量，按设计图示尺寸以体积计算
   C. 土工合成材料工程量，按设计图示尺寸以体积计算
   D. 排水沟、截水沟、盲沟工程量，按设计图示尺寸以体积计算
   E. 灌注桩后注浆工程量按设计图示以注浆孔数计算

2. 根据《市政工程工程量计算规范》（GB 50857—2013）规定，下列说法错误的是（　　）。
   A. 灌注桩后注浆工程量按设计图示以注浆孔数计算
   B. 型钢水泥土搅拌墙工程量按设计图示尺寸以重量计算
   C. 喷射混凝土工程量按设计图示尺寸以体积计算
   D. 透水管工程量以"m"计量，按设计图示尺寸以长度计算
   E. 树池砌筑工程量以"个"计量，按设计图示数量计算

3. 根据《市政工程工程量计算规范》（GB 50857—2013）规定，下列说法中错误的是（　　）。
   A. 水平导向钻进、夯管、顶管按设计图示长度以延长米计算，不扣除附属构筑物（检井）所占长度
   B. 顶（夯）管工作坑、预制混凝土工作坑工程量以"座"计量，按设计图示数量计算
   C. 土壤加固工程量以"m"计量时，按设计图示加固段长度以延长米计算；以"m^3"计量时，按设计图示加固段以体积计算
   D. 新旧管连接工程量以"处"计量，按设计图示数量计算
   E. 安砌侧（平、缘）石、现浇侧（平、缘）石工程量按设计图示面积计算

本节习题解析

一、判断题（判断正误，正确的打√，错误的打×）

1.【答案】×
【解析】本题考查的是道路工程。抛石挤淤按设计图示尺寸以体积"m^3"计算。

2.【答案】√

【解析】本题考查的是道路工程。土工合成材料按设计图示尺寸以面积计算。

3.【答案】×

【解析】本题考查的是道路工程。路床（槽）整形，按设计道路底基层图示尺寸以面积计算，不扣除各类井所占面积。

二、单项选择题（每题的备选项中，只有1个最符合题意）

1.【答案】B

【解析】本题考查的是道路工程。选项A错误，预压地基、强夯地基、振冲密实（不填料）工程量，按设计图示尺寸以加固面积计算。选项C错误，土工合成材料工程量，按设计图示尺寸以面积计算。选项D错误，土工合成材料工程量，按设计图示尺寸以长度计算。

2.【答案】D

【解析】本题考查的是道路工程。选项A错误，人行道整形碾压工程量，按设计人行道图示尺寸以面积计算，不扣除侧石、树池和各类井所占面积。选项B错误，人行道块料铺设，现浇混凝土人行道及进口坡工程量按设计图示尺寸以面积计量，不扣除各类井所占面积，但应扣除侧石、树池所占面积。选项C错误，安砌侧（平、缘）石，现浇侧（平、缘）石工程量按"m"计量，按设计图示中心线长度计算。

3.【答案】C

【解析】本题考查的是桥涵工程。选项C错误，喷射混凝土工程量按设计图示尺寸以面积计算。

4.【答案】A

【解析】本题考查的是管网工程。选项A错误，水平导向钻进、夯管、顶管按设计图示长度以延长米计算。扣除附属构筑物（检查井）所占长度。

5.【答案】A

【解析】本题考查的是市政工程工程量计算规则及应用。声测管按设计图示尺寸以长度"m"计算，喷射混凝土按设计图示尺寸以面积计算，型钢水泥土搅拌墙可按设计图示尺寸以体积计算，混凝土管的敷设可按设计图示尺寸中心线长度以延长米计算。

三、多项选择题（每小题所设选项中有2个或2个以上正确答案，至少有1个错项）

1.【答案】BE

【解析】本题考查的是道路工程。选项A错误，预压地基、强夯地基、振冲密实（不填料）工程量，按设计图示尺寸以加固面积计算。选项C错误，土工合成材料工程量，按设计图示尺寸以面积计算。选项D错误，土工合成材料工程量，按设计图示尺寸以长度计算。

2.【答案】BC

【解析】本题考查的是道路工程。选项 B 错误，型钢水泥土搅拌墙工程量按设计图示尺寸以重量计算。选项 C 错误，喷射混凝土工程量按设计图示尺寸以面积计算。

3.【答案】AE

【解析】本题考查的是道路工程和管网工程。选项 A 错误，水平导向钻进、夯管、顶管按设计图示长度以延长米计算，扣除附属构筑物（检查井）所占长度。选项 E 错误，安砌侧（平、缘）石、现浇侧（平、缘）石工程量按"m"计量，按设计图示中心线长度计算。

第六节　园林绿化工程工程量计算规则及应用

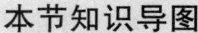

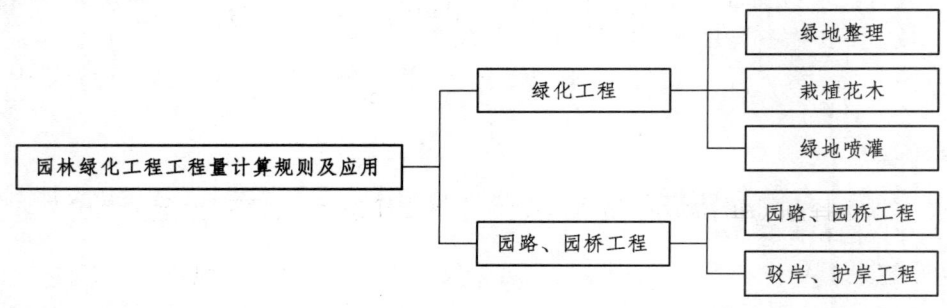

本节习题精选

一、判断题（判断正误，正确的打√，错误的打×）

1. 根据《园林绿化工程工程量计算规范》（GB 50858—2013）规定，苗木移（假）植应按花木栽植相关项目单独编码列项。（   ）

2. 园路、园桥工程的石栏杆、石栏板、扶手等应按《房屋建筑与装饰工程工程量计算规范》（GB 50854—2013）相关项目编码列项。（   ）

3. 根据《园林绿化工程工程量计算规范》（GB 50858—2013）规定，梅花桩驳岸应按木桩钎单独编码列项。（   ）

二、单项选择题（每题的备选项中，只有 1 个最符合题意）

1. 在一定地域内运用工程及艺术的手段，通过改造地形、建造建（构）筑物，种植花草树木、铺设园路、设置小品和水景等，对园林各个施工要素进行工程处理，使目标园林达到一定的审美要求和艺术氛围的工程，指的是（　　）。

　　A．绿化工程　　　　　　　　　　B．园林工程

　　C．园林绿化工程　　　　　　　　D．园林景观工程

2．根据《园林绿化工程工程量计算规范》（GB 50858—2013）规定，以下项目仅以"株"为计量单位，计算工程量的是（　　）。

　　A．栽植乔木　　　　　　　　　　B．栽植绿篱

　　C．伐树、挖树根（蔸）　　　　　D．箱/钵栽植

3．根据《园林绿化工程工程量计算规范》（GB 50858—2013）规定，干径应为（　　）树干直径。

　　A．地表面向上 0.3 m 高处　　　　B．地表面向上 0.1 m 高处

　　C．地表面向上 1.0 m 高处　　　　D．地表面向上 1.2 m 高处

4．根据《园林绿化工程工程量计算规范》（GB 50858—2013）规定，以下关于木制栈道的工程量计算，说法正确的是（　　）。

　　A．按设计图示尺寸以长度计算　　B．按设计图示尺寸以水平投影面积计算

　　C．按设计图示尺寸以面积计算　　D．按设计图示尺寸以中心线长度计算

5．根据《园林绿化工程工程量计算规范》（GB 50858—2013）规定，以下属于石（卵石）砌驳岸的工程量计算单位的是（　　）。

　　A．"m^3"或"t"　　　　　　　　B．"m^2"或"块"

　　C．"m^3"或"块"　　　　　　　D．"m"或"t"

三、多项选择题（每小题所设选项中有 2 个或 2 个以上正确答案，至少有 1 个错项）

1．根据《园林绿化工程工程量计算规范》（GB 50858—2013）规定，以下属于绿化工程项目的有（　　）。

　　A．园路铺设　　　　　　　　　　B．绿地整理

　　C．绿地喷灌　　　　　　　　　　D．嵌草砖（格）铺装

　　E．栽植花木

2．根据《园林绿化工程工程量计算规范》（GB 50858—2013）规定，以下属于园路、园桥工程项目的有（　　）。

　　A．驳岸、护岸　　　　　　　　　B．种植土回（换）填

　　C．园路、园桥工程　　　　　　　D．绿地起坡造型

　　E．栽植花卉、栽植水生植物

3．根据《园林绿化工程工程量计算规范》（GB 50858—2013）规定，以下可以按质量"t"，计算工程量的有（　　）。

　　A．石（卵石）砌驳岸　　　　　　B．满（散）铺砂卵石护岸（自然护岸）

　　C．框格花木护岸　　　　　　　　D．木桩钎

　　E．点（散）布大卵石

本节习题解析

一、判断题（判断正误，正确的打√，错误的打×）

1.【答案】√

【解析】本题考查的是绿化工程。苗木移（假）植应按花木栽植相关项目单独编码列项。

2.【答案】×

【解析】本题考查的是园路、园桥工程。地伏石、石望柱、石栏杆、石栏板、扶手、撑鼓等应按仿古建筑工程工程量计算。

3.【答案】×

【解析】本题考查的是园路、园桥工程。木桩钎（梅花桩）按原木桩驳岸项目单独编码列项。

二、单项选择题（每题的备选项中，只有1个最符合题意）

1.【答案】B

【解析】本题考查的是绿化工程。园林工程是指在一定地域内运用工程及艺术的手段，通过改造地形、建造建筑（构筑）物、种植花草树木、铺设园路、设置小品和水景等，对园林各个施工要素进行工程处理，使目标园林达到一定的审美要求和艺术氛围的工程。

2.【答案】C

【解析】本题考查的是绿化工程。伐树、挖树根（蔸）：工程量以"株"计量，按数量计算。

3.【答案】A

【解析】本题考查的是绿化工程。干径应为地表面向上0.3 m高处树干直径。

4.【答案】C

【解析】本题考查的是绿化工程。木制步桥、栈道工程量以"m^2"计量，按桥面板（栈道面板）设计图示尺寸以面积计算。

5.【答案】A

【解析】本题考查的是绿化工程。石（卵石）砌驳岸工程量以"m"计量时，按设计图示尺寸以体积计算；以"t"计量时，按质量计算。

三、多项选择题（每小题所设选项中有2个或2个以上正确答案，至少有1个错项）

1.【答案】BCE

【解析】本题考查的是绿化工程。绿化工程包括绿地整理、栽植花木、绿地喷灌共三大类29个清单项目。

2.【答案】AC

【解析】本题考查的是绿化工程。园路、园桥工程包括园路、园桥工程，驳岸、护岸共两大类 19 个清单项目。

3.【答案】ABE

【解析】本题考查的是绿化工程。石（卵石）砌驳岸。工程量以"m^3"计量时，按设计图示尺寸以体积计算；以"t"计量时，按质量计算。满（散）铺砂卵石护岸（自然护岸）以"m^2"计量时，按设计图示尺寸以护岸展开面积计算；以"t"计量时，按卵石使用质量计算。点（散）布大卵石以"块（个）"计量时，按设计图示数量计算；以"t"计量时，按卵石使用质量计算。

第七节　建筑工程工程量清单编制

本节知识导图

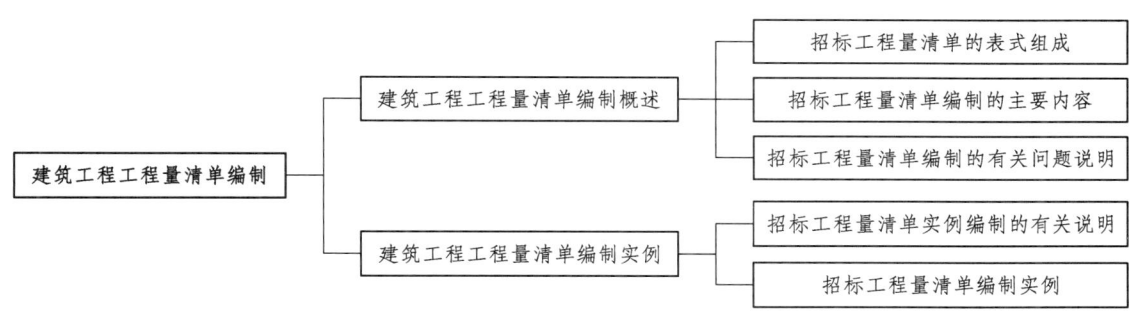

本节习题精选

一、判断题（判断正误，正确的打√，错误的打×）

1. 专业工程的暂估价是综合暂估价，应包括管理费、利润、规费和税金。（　　）

2. 招标工程量清单应由具有编制能力的招标人或受其委托，具有相应资质的工程造价咨询人编制。（　　）

3. 招标工程量清单必须作为招标文件的组成部分，其准确性和完整性由招标人负责。（　　）

二、单项选择题（每题的备选项中，只有 1 个最符合题意）

1. 招标人委托工程造价咨询人编制工程量清单时，以下需要除招标人加盖单位公章及其法定代表人或其授权人签字或盖章外，工程造价咨询人应盖单位资质专用章，其法定代表人或其授权人应签字或盖章，复核人处由工程造价咨询人的注册一级造价工程师签字盖专用章的是（ ）。

  A. 招标工程量清单扉页   B. 招标工程量清单封面
  C. 投标报价封面   D. 招标文件封面

2. 以下选项需要重点在总说明"其他需要说明的问题"中说明的是（ ）。
  A. 建设地址、规模   B. 工程发包、分包范围
  C. 措施项目报价要求   D. 工程量清单编制依据

3. 以下选项不需要在总说明中进行公布或说明的是（ ）。
  A. 招标工程的招标控制价及其暂列金额数量
  B. 招标人确定的固定的安全文明施工费金额
  C. 招标人公布的固定规费金额
  D. 招标人公布的税金金额

4. 编制招标工程量清单时，分部分项工程量清单与计价表不得填列的是（ ）。
  A. 工程量计算规范附录中未包括的清单项目
  B. 定额中未包括的内容
  C. 工程量计算规范附录中未包括的项目特征内容
  D. 综合单价与合价

5. 下列属于单价措施项目的是（ ）。
  A. 建筑物超高增加费   B. 二次搬运费
  C. 安全文明施工费   D. 夜间施工增加费

6. 下列属于总价措施项目的是（ ）。
  A. 建筑物超高增加费   B. 特殊地区施工增加费
  C. 脚手架搭拆费   D. 夜间施工增加费

7. 招标工程清单编制时，在其他项目清单与计价汇总表中，应由招标人填写的是（ ）。
  A. 暂列金额   B. 计日工费用
  C. 总承包服务费用   D. 价差预备费

8. 招标人在工程量清单中列出的，在实际履约过程中可能发生，也可能不发生的是（ ）。
  A. 暂列金额   B. 暂估价
  C. 总承包服务费   D. 计日工

9. 招标人在工程量清单中提供的用于支付必然发生但暂不能确定价格的材料、工程设备的单价及专业工程的金额是（ ）。
  A. 暂列金额   B. 暂估价
  C. 总承包服务费   D. 计日工

10. 招标工程清单编制时，在总承包服务费计价表中，应由招标人填写的内容是（　　）。

  A. 服务内容　　B. 项目价值　　C. 费率　　D. 金额

11. 发包人提供的材料和工程设备，招标工程清单编制时，在发包人提供材料和工程设备一览表中，应由招标人填写的内容是（　　）。

  A. 甲供材料的名称、规格、数量、单位和单价

  B. 甲供材料的名称、规格、数量、单位

  C. 甲供材料的名称

  D. 甲供材料的名称和数量

12. 在编制招标工程量清单时，承包人提供主要材料和工程设备一览表（适用于造价信息差额调整法）中应由投标人填写的内容是（　　）。

  A. 材料的名称、规格　　　　B. 材料的数量、单位

  C. 材料的基准单价　　　　　D. 材料的投标单价

13. 在编制招标工程量清单时，承包人提供主要材料和工程设备一览表（适用于价格指数调整法）中应由投标人填写的内容是（　　）。

  A. 材料的名称、规格　　　　B. 材料的现行价格指数

  C. 材料的基本价格指数　　　D. 材料的变值权重

14. 暂列金额一般按照（　　）暂定。

  A. 分部分项工程费的 10%～15%

  B. 分部分项工程费的 3%～5%

  C. 分部分项工程费和措施项目费的 10%～15%

  D. 分部分项工程费和措施项目费的 3%～5%

15. 以下关于专业工程暂估价，说法正确的是（　　）。

  A. 专业工程暂估价是综合暂估价，包括规费和税金

  B. 专业工程暂估价是材料单价暂估，不包括人工和机械费用等

  C. 专业工程暂估价是综合暂估价，包括除规费和税金以外的管理费、利润

  D. 专业工程暂估价是综合暂估价，包括除管理费以外的规费和税金

16. 招标工程量清单不包括（　　）。

  A. 分部分项工程和单价措施项目清单与计价表

  B. 总价措施项目清单与计价表

  C. 其他项目清单与计价汇总表

  D. 规费、税金项目计价表

三、多项选择题（每小题所设选项中有 2 个或 2 个以上正确答案，至少有 1 个错项）

1. 下列关于工程量清单描述正确的是（　　）。

  A. 在工程招标时，工程量清单是招标文件的组成部分

  B. 工程量清单应由具有编制投标文件能力的投标人编制

C. 工程量清单应由受招标人委托且具有相应资质的中介机构进行编制

D. 招标工程量清单必须作为招标文件的组成部分，其准确性和完整性由招标人负责

E. 招标工程量清单必须作为投标文件的组成部分，其准确性和完整性由投标人负责

2. 招标人委托工程造价咨询人编制工程量清单时，招标工程量清单扉页需要（   ）。

　　A. 招标人加盖单位公章及其法定代表人或其授权人签字或盖章
　　B. 工程造价咨询人应盖单位资质专用章
　　C. 工程造价咨询人法定代表人或其授权人应签字或盖章
　　D. 复核人处由工程造价咨询人的注册二级造价工程师签字盖专用章
　　E. 复核人应是招标人自己的注册二级造价工程师

3. 以下选项需要在总说明中进行公布或说明的是（   ）。

　　A. 招标工程的招标控制价
　　B. 招标人确定的固定的安全文明施工费金额
　　C. 招标人公布的固定规费金额
　　D. 招标人公布的税金金额
　　E. 招标工程的暂列金额数量

4. 下列属于分部分项工程量清单编制时的"五要件"的是（   ）。

　　A. 项目名称　　　　　　　　B. 计量单位
　　C. 综合单价　　　　　　　　D. 项目编码
　　E. 工作内容

5. 下列属于单价措施项目的是（   ）。

　　A. 建筑物超高增加费　　　　B. 二次搬运费
　　C. 特殊地区施工增加费　　　D. 夜间施工增加费
　　E. 脚手架搭拆费

6. 下列属于总价措施项目的是（   ）。

　　A. 建筑物超高增加费　　　　B. 安全文明施工费
　　C. 脚手架搭拆费　　　　　　D. 夜间施工增加费
　　E. 二次搬运费

7. 招标工程清单编制时，在其他项目清单与计价汇总表中，应由招标人填写的是（   ）。

　　A. 暂列金额　　　　　　　　B. 计日工费用
　　C. 总承包服务费用　　　　　D. 暂估价
　　E. 价差预备费

8. 招标工程清单编制时，下列应计入综合单价的有（   ）。

　　A. 暂列金额　　　　　　　　B. 计日工

C. 专业工程暂估价　　　　　　D. 材料暂估价
E. 工程设备暂估价

9. 关于承包人提供主要材料和工程设备一览表（适用于造价信息差额调整法），下列说法中正确的有（　　）。
   A. 招标人应优先采用工程造价管理机构发布的信息单价作为基准单价
   B. 工程造价管理机构未发布信息单价的，通过市场询价确定其基准单价
   C. 在施工中，当材料和设备价格达到合同约定的调整条件时，可以使用此表进行调整
   D. 投标人在投标报价时，按招标人要求填写"投标单价"
   E. 投标人在投标报价时，自主确定填写"投标单价"

10. 在编制招标工程量清单时，承包人提供主要材料和工程设备一览表（适用于价格指数调整法）中应由招标人填写的内容是（　　）。
    A. 材料的名称、规格　　　　B. 材料的现行价格指数
    C. 材料的基本价格指数　　　D. 材料的变值权重
    E. 材料的型号

11. 专业工程暂估价包括（　　）。
    A. 人工费、材料费、施工机具费　　B. 企业管理费
    C. 利润　　　　　　　　　　　　　D. 规费
    E. 税金

12. 招标工程量清单包括（　　）。
    A. 分部分项工程和单价措施项目清单与计价表
    B. 总价措施项目清单与计价表
    C. 其他项目清单与计价汇总表
    D. 规费、税金项目计价表
    E. 单价措施项目清单与计价表

本节习题解析

一、判断题（判断正误，正确的打√，错误的打×）

1.【答案】×
【解析】本题考查的是建筑工程工程量清单编制。专业工程的暂估价是综合暂估价，包括除规费、税金以外的管理费、利润等。

2.【答案】√
【解析】本题主要考查的是建筑工程工程量清单编制。招标工程量清单应由具有编制能力的招标人或受其委托，具有相应资质的工程造价咨询人编制。

3.【答案】√

【解析】本题主要考查的是建筑工程工程量清单编制。招标工程量清单必须作为招标文件的组成部分，其准确性和完整性由招标人负责。

二、单项选择题（每题的备选项中，只有1个最符合题意）

1.【答案】A

【解析】本题主要考查的是建筑工程工程量清单编制的主要内容。招标人委托工程造价咨询人编制工程量清单时，招标工程量清单扉页除招标人加盖单位公章及其法定代表人或其授权人签字或盖章外，工程造价咨询人应盖单位资质专用章，其法定代表人或其授权人应签字或盖章，复核人处由工程造价咨询人的注册一级造价工程师签字盖专用章。

2.【答案】C

【解析】本题主要考查的是建筑工程工程量清单编制的主要内容。作为招标工程量清单，主要作用是用于招标投标，所以在"其他需要说明的问题"中，应重点对投标人提出明示投标报价的规定和要求。如综合单价的组成及填报、合价与总价的规定、措施项目报价要求、人工费的调整要求、材料价格的调整要求、报价风险的考虑等。

3.【答案】D

【解析】本题主要考查的是建筑工程工程量清单编制的主要内容。以下三种情况一般也应在总说明中进行公布或说明：

① 按照《中华人民共和国招标投标法实施条例》的规定，招标人设有最高投标限价的，应当在招标文件中公布最高投标限价即招标控制价，招标工程量清单也是招标文件的组成部分，所以通常情况是在总说明中单列一段，公布招标工程的招标控制价及其暂列金额数量。

按照现行的《四川省房屋建筑和市政工程工程量清单招标投标报价评审办法》规定，招标人应在招标文件中公布招标控制价的全部内容（综合单价分析表除外）。

② 按照2020年《四川省建设工程工程量清单计价定额》的规定，为保证招标投标工作顺利进行，投标人投标报价时，安全文明施工费应按招标人公布的安全文明施工费固定金额计取，结算时另行计算。所以，招标人确定的固定的安全文明施工费金额应在总说明中公布。

③ 按照2020年《四川省建设工程工程量清单计价定额》规定，投标人投标报价时规费也应按招标人公布的固定金额计入报价，结算时另行计算。所以，招标人在总说明中应公布固定规费的金额，提供给投标人使用。

4.【答案】D

【解析】本题主要考查的是建筑工程工程量清单编制的主要内容。编制分部分项工程量清单，必须按照"五个要件"进行编制，即必须根据工程量计算规范规定的项目编码、项目名称、项目特征、计量单位和工程量计算规则进行编制。表中的综合单价与合价在编制工程量清单时不得填列。

5.【答案】A

【解析】本题主要考查的是建筑工程工程量清单编制的主要内容。单价措施项目是可以计算工程量的项目，按照分部分项工程量清单相同的方式进行编制。工程量计算规范规定应予计量的措施项目（即单价措施项目）按2020年《四川省建设工程工程量清单计价定额》各专业工程"措施项目"章相应项目计算，工程量计算规范规定不宜计量的措施项目（即总价措施项目）按2020年《四川省建设工程工程量清单计价定额》（建筑安装工程费用）有关规定及配套文件计算。

6.【答案】D

【解析】本题主要考查的是建筑工程工程量清单编制的主要内容。总价措施项目是不能计算工程量的项目，如安全文明施工费、夜间施工增加费、二次搬运费等。此类措施项目以"项"为计量单位进行编制，以费率形式计算总价措施项目费。

7.【答案】D

【解析】本题主要考查的是建筑工程工程量清单编制的主要内容。其他项目清单包括暂列金额、暂估价（包括材料暂估单价、工程设备暂估单价、专业工程暂估价）、计日工、总承包服务费等。编制招标工程量清单时，暂列金额、暂估价均属招标人费用，其金额大小及内容在招标工程量清单由招标人确定和计算，提供给投标人。而计日工、总承包服务费属投标人费用，由投标人在投标时报价。

8.【答案】A

【解析】本题主要考查的是建筑工程工程量清单编制的主要内容。暂列金额在规范中已经明确做出定义，在实际履约过程中可能发生，也可能不发生。

9.【答案】B

【解析】本题主要考查的是建筑工程工程量清单编制的主要内容。在工程施工中肯定发生，但在招标阶段不能确定的某些材料或设备的单价，为保证招投标活动顺利进行，可以先以暂估单价形式出现。

10.【答案】A

【解析】本题主要考查的是建筑工程工程量清单编制的主要内容。总承包服务费是总承包人为配合协调发包人进行的专业工程分包，对发包人自行采购的材料、设备（简称甲供材料）等进行保管以及施工现场管理、竣工资料汇总整理等服务所发生的费用。此表项目名称、服务内容由招标人填写。

11.【答案】A

【解析】本题主要考查的是建筑工程工程量清单编制的主要内容。招标人应写明甲供材料的名称、规格、数量、单位和单价等。投标人投标报价时，可以参考此表确定总承包服务费的报价。

12.【答案】D

【解析】本题主要考查的是建筑工程工程量清单编制的主要内容。承包人提供主要材料和工程设备一览表（适用于造价信息差额调整法），此表在编制招标工程量清单时，由招标人填入除"投标单价"外的所有内容，供投标人使用。投标人在投标报价时，自主确定填写"投标单价"。

13.【答案】D
【解析】本题主要考查的是建筑工程工程量清单编制的主要内容。承包人提供主要材料和工程设备一览表（适用于价格指数调整法），此表在编制招标工程量清单时，"名称、规格、型号"由招标人填写，"基本价格指数"也由招标人填写。此表的"变值权重"由投标人投标报价时填写。"现行价格指数"在竣工结算按规定填写。

14.【答案】C
【解析】本题主要考查的是建筑工程工程量清单编制的主要内容。暂列金额由招标人暂定，一般按照分部分项工程费和措施项目费的10%~15%计取，并列入其他项目清单中。

15.【答案】C
【解析】本题主要考查的是建筑工程工程量清单编制的主要内容。专业工程暂估价是综合暂估价，包括除规费和税金以外的管理费、利润等。

16.【答案】D
【解析】本题主要考查的是建筑工程工程招标工程量清单的表式组成。不包括规费、税金项目计价表。

三、多项选择题（每小题所设选项中有2个或2个以上正确答案，至少有1个错项）

1.【答案】AD
【解析】本题主要考查的是建筑工程工程量清单编制的主要内容。招标工程量清单应由具有编制能力的招标人或受其委托，具有相应资质的工程造价咨询人编制。招标工程量清单必须作为招标文件的组成部分，其准确性和完整性由招标人负责。

2.【答案】ABC
【解析】本题主要考查的是建筑工程工程量清单编制的主要内容。招标工程量清单扉页应按规定的内容填写、签字、盖章。
招标人自行编制招标工程量清单时，招标人应加盖单位公章，其法定代表人或其授权人签字或盖章，参与编制的招标人的造价人员签字并盖专用章。注意复核人应是招标人自己的注册一级造价工程师。
招标人委托工程造价咨询人编制工程量清单时，除招标人加盖单位公章及其法定代表人或其授权人签字或盖章外，工程造价咨询人应盖单位资质专用章，其法定代表人或其授权人应签字或盖章，复核人处由工程造价咨询人的注册一级造价工程师签字盖专用章。

3. 【答案】ABCE

【解析】本题主要考查的是建筑工程工程量清单编制的主要内容。以下三种情况一般也应在总说明中进行公布或说明：

① 按照《中华人民共和国招标投标法实施条例》的规定，招标人设有最高投标限价的，应当在招标文件中公布最高投标限价即招标控制价，招标工程量清单也是招标文件的组成部分，所以通常情况是在总说明中单列一段，公布招标工程的招标控制价及其暂列金额数量。

按照现行的《四川省房屋建筑和市政工程工程量清单招标投标报价评审办法》规定，招标人应在招标文件中公布招标控制价的全部内容（综合单价分析表除外）。

② 按照2020年《四川省建设工程工程量清单计价定额》的规定，为保证招标投标工作顺利进行，投标人投标报价时，安全文明施工费应按招标人公布的安全文明施工费固定金额计取，结算时另行计算。所以，招标人确定的固定的安全文明施工费金额应在总说明中公布。

③ 按照2020年《四川省建设工程工程量清单计价定额》的规定，投标人投标报价时规费也应按招标人公布的固定金额计入报价，结算时另行计算。所以，招标人在总说明中应公布固定规费的金额，提供给投标人使用。

4. 【答案】ABD

【解析】本题主要考查的是建筑工程工程量清单编制的主要内容。编制分部分项工程量清单，必须按照"五个要件"进行编制，即必须根据工程量计算规范规定的项目编码、项目名称、项目特征、计量单位和工程量计算规则进行编制。表中的综合单价与合价在编制工程量清单时不得填列。

5. 【答案】ACE

【解析】本题主要考查的是建筑工程工程量清单编制的主要内容。单价措施项目是可以计算工程量的项目，按照分部分项工程量清单相同的方式进行编制。工程量计算规范规定应予计量的措施项目（即单价措施项目）按2020年《四川省建设工程工程量清单计价定额》各专业工程"措施项目"章相应项目计算，工程量计算规范规定不宜计量的措施项目（即总价措施项目）按2020年《四川省建设工程工程量清单计价定额》（建筑安装工程费用）有关规定及配套文件计算。

6. 【答案】BDE

【解析】本题主要考查的是建筑工程工程量清单编制的主要内容。总价措施项目是不能计算工程量的项目，如安全文明施工费、夜间施工增加费、二次搬运费等。此类措施项目以"项"为计量单位进行编制，以费率形式计算总价措施项目费。

7. 【答案】AD

【解析】本题主要考查的是建筑工程工程量清单编制的主要内容。其他项目清单包括暂列金额、暂估价（包括材料暂估单价、工程设备暂估单价、专业工程暂估价）、计日工、总承包服务费等。编制招标工程量清单时，暂列金额、暂估价均属招标人费用，其金额大小及内容在招标工程量清单由招标人确定和计算，提供给投标人。而计日工、总承包服务费属投标人费用，由投标人在投标时报价。

8. 【答案】DE

【解析】本题主要考查的是建筑工程工程量清单编制的主要内容。投标人只需将材料或设备暂估单价计入自己投标报价的综合单价即可，投标人不得自己提出暂估单价。

9. 【答案】ABCE

【解析】本题主要考查的是建筑工程工程量清单编制的主要内容。承包人提供主要材料和工程设备一览表（适用于造价信息差额调整法）。此表在编制招标工程量清单时，由招标人填入除"投标单价"外的所有内容，供投标人使用。投标人在投标报价时，自主确定填写"投标单价"。招标人应优先采用工程造价管理机构发布的信息单价作为基准单价，未发布的，通过市场询价确定其基准单价。在工程施工中，当材料和设备价格发生较大变化达到合同约定的价格调整条件时，可以使用此表方便地进行材料和设备信息单价的调整。

10. 【答案】ACE

【解析】本题主要考查的是建筑工程工程量清单编制的主要内容。承包人提供主要材料和工程设备一览表（适用于价格指数调整法），此表在编制招标工程量清单时，"名称、规格、型号"由招标人填写，"基本价格指数"也由招标人填写。此表的"变值权重"由投标人投标报价时填写。"现行价格指数"在竣工结算按规定填写。

11. 【答案】ABC

【解析】本题主要考查的是建筑工程工程量清单编制的主要内容。专业工程暂估价是综合暂估价，包括除规费和税金以外的管理费、利润等。

12. 【答案】ABC

【解析】本题主要考查的是建筑工程工程招标工程量清单的表式组成。不包括规费、税金项目计价表、单价措施项目清单与计价表。

第八节　计算机辅助工程量计算方法

本节知识导图

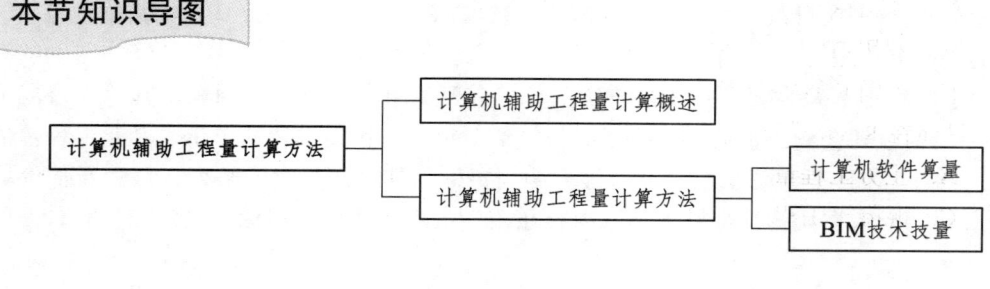

本节习题精选

一、判断题（判断正误，正确的打√，错误的打×）

1. 计算机辅助算量就是利用计算机的"可视化技术"，采用"虚拟施工"的方式对建筑工程进行三维建模，从而生成能计算工程量的预算模型。（   ）
2. 计算机软件算量经过多年的开发，对于部分原施工图中没有表达的内容，利用软件完全能识别并建立模型，完整地将原图信息反映到新建模型上。（   ）
3. BIM 是建筑信息模型（Building Information Modeling）的简称。（   ）
4. 可在设计院提供了 CAD 电子版本的情况下通过识别的方式完成建模。（   ）
5. BIM 技术的兴起和发展，直接改变了工程计量与计价的方式和方法，目前已能直接从 BIM 基础模型中（如 Revit 模型）获取建筑安装工程所有项目工程量。（   ）

二、单项选择题（每题的备选项中，只有 1 个最符合题意）

1. BIM 是以建筑工程项目的各项相关信息数据为基础建立的（   ）。
   A. 标准化建筑模型　　　　　　B. 数字化建筑模型
   C. 三维模型　　　　　　　　　D. 计量模型
2. BIM 的应用实现了（   ）的信息共享。
   A. 建筑全生命期　　　　　　　B. 建筑实施期
   C. 建筑策划期　　　　　　　　D. 建筑竣工期
3. 以下是关于算量软件进行工程计量的流程，正确的步骤是（   ）。
   ① 进行工程量计算，得到工程量清单；② 修改和编辑布置在界面上的构件；③ 构件编号定义和识别工作；④ 构件布置；⑤ 工程设置。
   A. ①→③→④→②→⑤　　　　B. ⑤→④→③→①→②
   C. ③→⑤→④→②→①　　　　D. ⑤→③→④→②→①
4. 以下是关于算量软件进行工程计量的流程中，最关键的步骤是（   ）。
   A. 进行工程量计算，得到工程量清单
   B. 修改和编辑布置在界面上的构件
   C. 构件编号定义和识别工作
   D. 构件布置
5. 目前 BIM 计量方式中最理想的是（   ）。
   A. 利用 BIM 设计模型计量　　　B. 直接从 BIM 基础模型获取工程量
   C. 识别 CAD 图计量　　　　　　D. 翻图建模计量
6. 目前在 Revit 模型中，无法计量的工程有（   ）。
   A. 土方工程量　　　　　　　　B. 钢筋工程
   C. 混凝土工程　　　　　　　　D. 砌筑工程

三、多项选择题（每小题所设选项中有2个或2个以上正确答案，至少有1个错项）

1. BIM 的特点有（　　）。
   A. 可视化　　　　　　　　　　B. 协调性
   C. 模拟性　　　　　　　　　　D. 协同性
   E. 可出图性

2. 目前计算机辅助工程量计算的方法，主要有（　　）。
   A. 通过 CAD 图纸计量　　　　　B. 计算机（算量）软件算量
   C. BIM 技术计量　　　　　　　 D. 通过施工蓝图计量
   E. 利用计算机（算量）软件同时完成算量与计价

3. 目前计算机（算量）软件算量建立模型的方法，主要有（　　）。
   A. 通过识别电子版 CAD 图纸建模计量
   B. 一键生成 BIM 模型
   C. BIM 技术计量
   D. 通过施工蓝图布置完成建模计量
   E. 利用计算机（算量）软件算量及计价

4. 目前 BIM 计量的主要方式有（　　）。
   A. 将 BIM 设计模型，转化到现有计量软件按照传统计量方式形成各分项工程量
   B. 直接从 BIM 基础模型获取所需工程量
   C. 识别 CAD 图计量
   D. 翻图建模计量
   E. 利用 BIM 设计模型计算所有工程量

本节习题解析

 一、判断题（判断正误，正确的打√，错误的打×）

1.【答案】√
【解析】本题主要考查的是 BIM 的定义。给计算机辅助算量就是利用计算机的"可视化技术"，采用"虚拟施工"的方式对建筑工程进行三维建模，从而生成能计算工程量的预算模型。

2.【答案】×
【解析】本题主要考查的是 BIM 的定义。利用软件完成工程计量的工作需要重复将施工图翻模形成计量软件能识别的模型，才能完整地将原图信息反映到新建模型上。对于部分原施工图中没有表达的内容，计量人员必须能够清楚地理解后再建立相应模型。

3.【答案】√

【解析】本题主要考查的是 BIM 的定义。BIM 是建筑信息模型（Building Information Modeling）的简称。

4.【答案】√

【解析】本题主要考查的是计算机软件算量流程。可在设计院提供了 CAD 电子版本的情况下通过识别的方式完成建模。

5.【答案】×

【解析】本题主要考查的是计算机软件算量流程。对于计量工作最大的钢筋工程，在建筑模型中也无法获得相应工程量，必须从结构设计软件中提取数据。

二、单项选择题（每题的备选项中，只有 1 个最符合题意）

1.【答案】B

【解析】本题考查的是 BIM 的定义。BIM 是以建筑工程项目的各项相关信息数据为基础建立的数字化建筑模型。

2.【答案】A

【解析】本题考查的是 BIM 的定义。BIM 的应用实现了建筑全生命期的信息共享。

3.【答案】D

【解析】本题考查的是计算机软件算量的步骤。使用算量软件进行工程计量的流程大致分为以下几个步骤：

① 工程设置；
② 构件编号定义和识别；
③ 构件布置工作；
④ 修改和编辑布置在界面上的构件；
⑤ 进行工程量计算，得到工程量清单。

4.【答案】B

【解析】本题考查的是计算机软件算量的步骤。修改和编辑布置在界面上的构件，对不符合要求的构件进行修改，建模流程中这是关键的一步，因为往往布置和识别的构件不一定符合要求，需要修改，如位置、大小、形状等，使之符合要求。

5.【答案】B

【解析】本题考查的是计算机辅助工程量计算方法。直接从 BIM 基础模型获取、利用 BIM 设计模型中获取工程计价所需的工程量。当建筑及机电模型完成后，通过软件统计分析功能，直接形成构件工程量明细表，这种方法是最直接、也是最理想的计量方法。

6.【答案】B

【解析】本题考查的是计算机辅助工程量计算方法。对于计量工作最大的钢筋工程，在建筑模型中也无法获得相应工程量，必须从结构设计软件中提取数据。

三、多项选择题（每小题所设选项中有 2 个或 2 个以上正确答案，至少有 1 个错项）

1. 【答案】ABCE

   【解析】本题主要考查的是 BIM 的定义。BIM 是以建筑工程项目的各项相关信息数据为基础，建立的数字化建筑模型，具有可视化、协调性、模拟性、优化性、可出图性五大特点。

2. 【答案】BC

   【解析】本题考查的是计算机辅助工程量计算方法。计算机辅助工程量计算方法：① 计算机软件算量；② BIM 技术计量。

3. 【答案】AD

   【解析】本题考查的是计算机软件算量的方法。算量软件可以通过两种方式建立模型：其一为在设计院提供了 CAD 电子版本的情况下通过识别的方式完成建模；其二是在只有施工蓝图的情况下可通过布置完成建模。

4. 【答案】AB

   【解析】本题考查的是计算机软件算量的方法。目前 BIM 计量主要采用两种方式：① 直接从 BIM 基础模型获取获取工程计价所需的工程量；② 利用 BIM 设计模型，通过转化到现有专业成熟计量软件系统，按照传统计量方式形成各分项工程量。

第三章

工程计价

本章考纲要求

1. 工程计价概述；
2. 2020年《四川省建设工程工程量清单计价定额》；
3. 建筑安装工程费；
4. 建设工程最高投标限价的编制；
5. 建设工程投标报价的编制；
6. 工程结算与合同价款的调整；
7. 竣工决算的编制。

本章知识导图

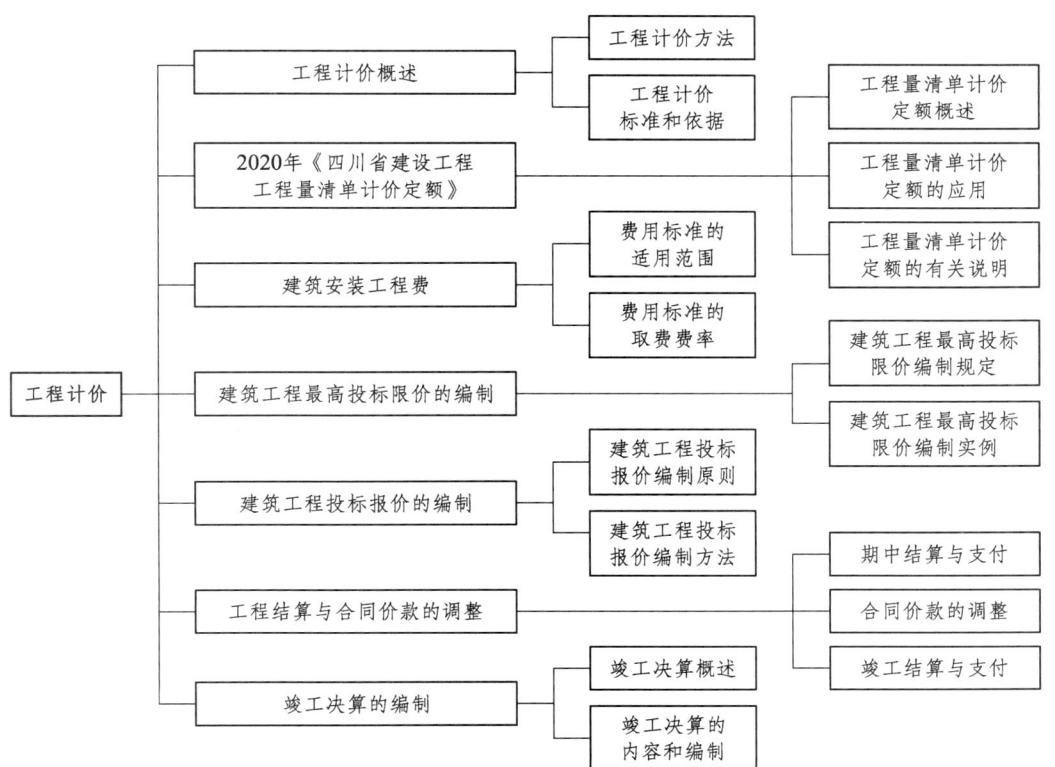

第一节 工程计价概述

本节知识导图

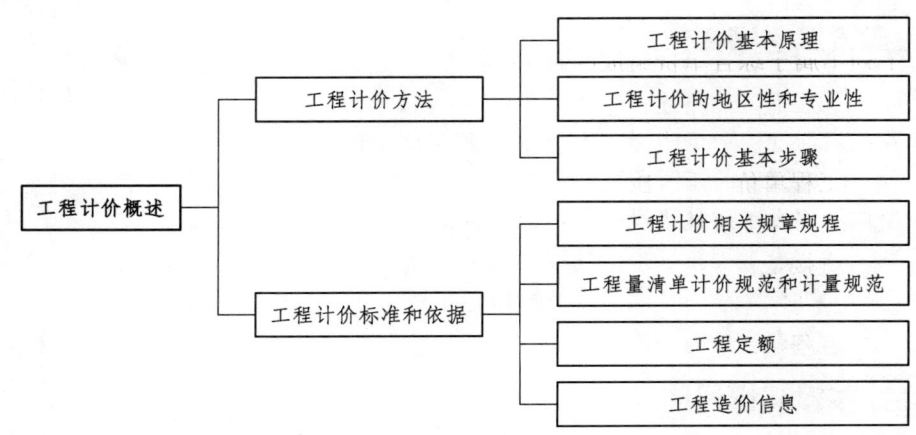

本节习题精选

一、判断题（判断正误，正确的打√，错误的打×）

1. 工程计价的内容主要分为施工阶段和施工后结算阶段两部分。（   ）
2. 工程计价的主要思路就是将建设项目细分至最基本的构造单元。（   ）
3. 工程计价不需要区分地区性，全国所有地区用的计价定额都是一致的。（   ）
4. 工料单价的组成包括直接工程费和间接费。（   ）
5. 综合单价根据国家、地区、行业定额或企业定额消耗量和相应生产要素的信息价格确定。（   ）
6. 我国目前规定采用的工程计价方法是工料单价法。（   ）

二、单项选择题（每题的备选项中，只有1个最符合题意）

1. 签订合同前的计价主要是从立项的投资估算到发包之前的（   ）。
   A. 合同价   B. 最高投标限价
   C. 中标价   D. 投标报价
2. （   ）是指完成单位工程基本构造单元的工程量所需要的基本费用。
   A. 工程单价   B. 工料单价   C. 综合单价   D. 直接工程费

3. 综合单价属于（　　）。
　　A. 直接工程费　　B. 间接工程费　　C. 工程单价　　D. 工料单价
4. 下列不属于签订合同前的计价的是（　　）。
　　A. 投资估算　　B. 设计概算　　C. 合同价　　D. 最高投标限价
5. 下列不属于签订合同后的计价的是（　　）。
　　A. 合同价　　B. 竣工结算　　C. 竣工决算　　D. 最高投标限价
6. 下列不属于工料单价组成的是（　　）。
　　A. 人工费　　B. 材料费　　C. 机械台班费　　D. 施工机具使用费
7. 下列不属于综合单价组成的是（　　）。
　　A. 人工费　　B. 材料费　　C. 机械台班费　　D. 施工机具使用费
8. 我国目前规定采用的工程计价方法是（　　）。
　　A. 工程单价　　B. 工料单价　　C. 综合单价　　D. 全费用单价
9. 采用综合单价法计价时，工程造价不包括（　　）。
　　A. 直接工程费　　B. 其他项目费　　C. 规费　　D. 税金
10. 下列不属于工程计价标准和依据的是（　　）。
　　A. 工程量计算规范　　　　　　B. 预算定额
　　C. 工程造价指数　　　　　　　D. 可行性研究报告

三、多项选择题（每小题所设选项中有 2 个或 2 个以上正确答案，至少有 1 个错项）

1. 工程计价贯穿建设项目（　　）阶段等全过程。
　　A. 可研阶段　　B. 交易阶段　　C. 设计阶段
　　D. 施工阶段　　E. 竣工阶段
2. 综合单价包括（　　），还包括企业管理费、利润和一定范围的风险因素。综合单价根据国家、地区、行业定额或企业定额消耗量和相应生产要素的市场价格确定。
　　A. 施工机具使用费　　　　　　B. 直接工程费
　　C. 规费　　　　　　　　　　　D. 人工费
　　E. 材料费
3. 采用综合单价时，即采用工程量清单计价办法。在综合单价确定后，乘以相应项目工程量、经汇总即可分部分项工程费，再按相应的办法计取（　　），各项费汇总后得出相应工程造价，这是我国目前规定采用的工程计价方法。
　　A. 措施项目费　　B. 其他项目费　　C. 规费
　　D. 税金　　　　　E. 直接工程费
4. 工程计价的标准和依据有（　　）。
　　A. 工程计价相关规章规程　　　B. 工程量清单计价规范和计量规范
　　C. 工程定额　　　　　　　　　D. 施工图纸
　　E. 工程造价信息

5. 工程计价的基本步骤包括（　　）。
   A. 工程单价的确定　　　　　　B. 工程总价的计算
   C. 项目的分解　　　　　　　　D. 项目的组合
   E. 项目的分部汇总

本节习题解析

一、判断题（判断正误，正确的打√，错误的打×）

1. 【答案】×
   【解析】本题主要考查的是计价内容的分类。计价内容主要分为签订合同前和签订合同后两大部分。

2. 【答案】√
   【解析】本题主要考查的是工程计价的主要思路。工程计价的主要思路就是将建设项目细分至最基本的构造单元。

3. 【答案】×
   【解析】本题主要考查的是工程计价的地区性。工程项目有地区性，工程计价也有地区性。地区性使造价水平、计价依据、计价因素都有较大的不同。

4. 【答案】×
   【解析】本题主要考查的是工料单价。工料单价也称直接工程费单价，包括人工、材料、机械台班费用，是各种人工消耗量、各种材料消耗量、各类机械台班消耗量与其相应单价乘积的累计。

5. 【答案】×
   【解析】本题主要考查的是综合单价。综合单价根据国家、地区、行业定额或企业定额消耗量和相应生产要素的市场价格确定。

6. 【答案】×
   【解析】本题主要考查的是工程计价方法。我国目前规定采用的工程计价方法是综合单价法。

二、单项选择题（每题的备选项中，只有1个最符合题意）

1. 【答案】B
   【解析】本题考查的是工程计价方法。签订合同前的计价主要是从立项的投资估算到发包之前的最高投标限价。

2. 【答案】A
   【解析】本题考查的是工程计价基本步骤。工程单价是指完成单位工程基本构造单元的工程量所需要的基本费用。工程单价包括工料单价和综合单价。

3. 【答案】C
   【解析】本题考查的是工程计价基本步骤。工程单价是指完成单位工程基本构造单元的工程量所需要的基本费用。工程单价包括工料单价和综合单价。

4. 【答案】C

   【解析】本题主要考查的是工程计价的分类。签订合同前的计价主要是从立项的投资估算到发包之前的最高投标限价，本质上是对建设项目前期造价的估算与预测。

5. 【答案】D

   【解析】本题主要考查的是工程计价的分类。签订合同后的计价主要是对合同价款的调整结算与支付以及竣工后的决算等。

6. 【答案】D

   【解析】本题主要考查的是工料单价的组成。工料单价也称直接工程费单价，包括人工、材料、机械台班费用，是各种人工消耗量、各种材料消耗量、各类机械台班消耗量与其相应单价乘积的累计。

7. 【答案】C

   【解析】本题主要考查的是综合单价的组成。综合单价包括人工费、材料费、施工机具使用费，还包括企业管理费、利润和一定范围的风险因素。

8. 【答案】C

   【解析】本题主要考查的是工程计价的步骤。综合单价是我国目前规定采用的工程计价方法。

9. 【答案】A

   【解析】本题主要考查的是工程计价的步骤。在综合单价确定后，乘以相应项目工程量、经汇总即可得出分部分项工程费，再按相应的办法计取措施项目费、其他项目费、规费和税金，各项费汇总后得出相应工程造价。

10. 【答案】D

    【解析】本题主要考查的是工程计价标准和依据。工程计价标准和依据主要包括计价活动的相关规章规程、工程量清单计价规范、工程计算规范、工程定额和相关造价信息。

三、多项选择题（每小题所设选项中有2个或2个以上正确答案，至少有1个错项）

1. 【答案】BCDE

   【解析】本题考查的是工程计价方法。工程计价是贯穿建设项目决策阶段、设计阶段、交易阶段、施工阶段、竣工阶段等全过程的，主要表现为投资估算、设计概算、工程预算（施工图预算）、招标控制价、投标报价、合同价、竣工结算、竣工决算等造价的预测和确定。

2. 【答案】ADE

   【解析】本题考查的是工程计价步骤。综合单价包括人工费、材料费、施工机具使用费，还包括企业管理费、利润和一定范围的风险因素。综合单价根据国家、地区、行业定额或企业定额消耗量和相应生产要素的市场价格确定。

3. 【答案】ABCD

【解析】本题考查的是工程总价的计算程序。采用综合单价时，即采用工程量清单计价办法。在综合单价确定后，乘以相应项目工程量、经汇总即可得分部分项工程费，再按相应的办法计取措施项目费、其他项目费、规费和税金，各项费汇总后得出相应工程造价。这是我国目前规定采用的工程计价方法。

4. 【答案】ABCE

【解析】本题考查的是工程计价的标准和依据。工程计价的标准和依据包括：工程计价相关规章规程，工程量清单计价规范和计量规范，工程定额，工程造价信息。

5. 【答案】AB

【解析】本题考查的是工程计价的基本步骤。工程计价包括单价的确定和总价的计算。

第二节 2020年《四川省建设工程工程量清单计价定额》

本节知识导图

```
                                              ┌── 计价定额编制依据
                          ┌── 工程量清单计价定额概述 ├── 计价定额主要作用
                          │                    ├── 计价定额分类
                          │                    └── 计价定额适用范围
                          │
                          │                    ┌── "营改增"的变化
                          │                    ├── 消耗量标准
2020年《四川省建设工程       │                    ├── 综合基价
工程量清单计价定额》         ┼── 工程量清单计价定额的应用 ├── 措施项目费
                          │                    ├── 其他项目费
                          │                    ├── 规费
                          │                    ├── 税金
                          │                    └── 补充定额
                          │
                          └── 工程量清单计价定额的有关说明
```

本节习题精选

一、判断题（判断正误，正确的打√，错误的打×）

1. 《四川省建设工程工程量清单计价定额》（2020），自 2021 年 1 月 1 日实施。（   ）

2. 凡使用国有资金投资的建设工程应按有关规定执行《四川省建设工程工程量清单计价定额》（2020）。（   ）

3. 定额综合基价（包括组成内容）均为不含税综合基价，适用于简易计税方式。（   ）

4. 计价定额综合基价是指完成一个规定计量单位的分部分项工程项目或措施项目的工程内容所需的人工费、材料和工程设备费、施工机具使用费、综合费。（   ）

5. 根据《四川省建设工程工程量清单计价定额》（2020），房屋建筑工程的一般技工（包括机上人工）人工单价基价为 85 元/工日。（   ）

6. 人工费是指支付给从事建筑安装工程施的生产工人和管理人员的费用。（   ）

7. 工程设备是指不构成永久工程一部分的机电设备、金属结构设备、仪器装置及其他类似的设备和装置。（   ）

8. 施工机具使用费是指施工作业所发生的施工机械、仪器仪表使用费及机械操作用工费。（   ）

9. 编制设计概算、施工图预算最高投标限价（招标控制价、标底）时，人工费按工程造价管理部门发布的人工费调整文件进行调整。（   ）

10. 编制投标报价时，投标人参照市场价格自主确定人工费调整。（   ）

11. 编制和办理竣工结算时，可按照工程造价管理部门的规定进行人工费调整。（   ）

12. 调整的人工费进入综合基价，作为计取其他费用的基础。（   ）

13. 编制投标报价时，投标人只能参照市场价格信息调整材料费。（   ）

14. 机械费的费用调整，由四川省建设工程造价管理总站根据住房和城乡建设部的规定以及四川省实际进行统一调整。（   ）

15. 计价定额的企业管理费、利润可自行调整。（   ）

16. 措施项目费是指为完成工程项目施工，发生于该工程施工前和施工过程中的技术、生活、安全、环境保护等方面的费用。（   ）

17. 规费应按计价定额规定标准以及《四川省施工企业工程规费计取标准》核定标准计取，不得作为竞争性费用。（   ）

18. 规费项目包括"五险一金"。其中"五险"是指社会保险费中的养老保险费、失业保险费、医疗保险费、生育保险费和工伤保险费。（   ）

19. 在有害身体健康的环境中施工增加的费用按定额人工费的 10% 计取，全部为因降效而增加的人工费。（   ）

20. 使用定额时，若遇有两个或两个以上系数时，按连加法计算。（   ）

21. 定额不包括配合负荷和无负荷联合试车费,若发生时,按批准的施工组织设计方案另计,且应在合同中明确。(   )

22. 执行定额时,按"以主代次"的原则,统一规定按主体分册系数计算。(   )

23. 计价定额中的材料用量,在编制设计概算、施工图预算、最高投标限价(招标控制价、标底)时可按实际情况调整。(   )

24. 国家计量规范中部分项目,采用了两个及以上的计量单位,而定额中相应项目只使用一种常用的计量单位。(   )

二、单项选择题(每题的备选项中,只有1个最符合题意)

1. 四川省住房和城乡建设厅批准发布了《四川省建设工程工程量清单计价定额》(2020),自(   )实施。
   A. 2020年1月1日   B. 2021年1月1日
   C. 2021年4月1日   D. 2021年7月1日

2. 关于附加税的计算,说法正确的是(   )。
   A. 定额综合基价已包含附加税
   B. 附加税计入企业管理费
   C. 编制招标控制价时,附加税按定额规定的费率计算
   D. 办理竣工结算时,附加税按定额规定的计算方法计算

3. 不属于计价定额消耗量依据的是(   )。
   A. 合理的施工组织设计   B. 施工工艺
   C. 施工质量验收规范   D. 施工图

4. 综合基价不包括(   )。
   A. 人工费   B. 工程设备费
   C. 企业管理费   D. 税金

5. 下列不属于人工工日消耗量的是(   )。
   A. 基本用工   B. 辅助用工
   C. 机械操作用工   D. 必要用工

6. 人工每工日按(   )小时工作制计算。
   A. 4   B. 6   C. 8   D. 12

7. 每工日人工单价不包括(   )。
   A. 计时工资   B. 奖金   C. 津贴补贴   D. 税金

8. 一般技工(包括机上人工)人工单价基价为(   )元/工日。
   A. 85   B. 90   C. 120   D. 150

9. 下列选项中,属于材料费中工程设备所包含设备的是(   )。
   A. 计划构成永久工程的仪器装置   B. 金属结构设备
   C. 机电设备   D. 构成临时工程的设备

10. 根据我国现行建安工程费用项目组成的规定，下列不应计入材料费的是（   ）。
    A．材料原价   B．检验试验费
    C．运杂费   D．运输损耗费
11. 下列不属于施工机械台班单价的是（   ）。
    A．折旧费   B．维护费
    C．燃料动力费   D．税金
12. 下列费用中属于企业管理费的是（   ）。
    A．劳动保护费   B．医疗保险费
    C．住房公积金   D．养老保险费
13. 下列选项中，人工费不是按照工程造价管理部门发布的人工费调整文件进行调整的有（   ）。
    A．编制设计概算   B．编制投标报价
    C．编制施工图预算   D．编制最高投标限价
14. 下列选项中，人工费按照市场价格自主确定进行调整的是（   ）。
    A．编制设计概算   B．编制投标报价
    C．编制施工图预算   D．编制和办理竣工结算
15. 下列选项中，人工费依据施工合同约定进行调整的是（   ）。
    A．编制设计概算   B．编制投标报价
    C．编制施工图预算   D．编制和办理竣工结算
16. 下列选项中，材料费依据施工合同约定进行调整的是（   ）。
    A．编制设计概算   B．编制投标报价
    C．编制施工图预算   D．编制和办理竣工结算
17. 下列选项中，机械费中不需要进行统一调整的是（   ）。
    A．燃料动力费   B．折旧费
    C．机械操作人工费   D．维护费
18. 油价变化时，机械费中的燃料动力费按照（   ）的规定进行调整。
    A．人工费调整   B．材料费调整
    C．机械费调整   D．企业管理费调整
19. 计价定额的企业管理费、利润由（   ）根据实际情况进行统一调整。
    A．行政管理部门   B．造价机构
    C．四川省建设工程造价管理总站   D．造价管理部门
20. 下列选项中，不属于措施项目费的是（   ）。
    A．扬尘污染防治   B．建筑工人实名制管理
    C．绿色施工   D．环境保护
21. 下列选项中，不属于其他项目费的是（   ）。
    A．暂列金额   B．基本预备费
    C．专业工程暂估价   D．总承包服务费

22. 下列选项中，不属于规费的是（　　）。
   A. 税金　　　　　　　　　　　　B. 医疗保险费
   C. 住房公积金　　　　　　　　　D. 工伤保险费

23. 下列不属于规费项目的是（　　）。
   A. 社会保险费　　　　　　　　　B. 住房公积金
   C. 生育保险费　　　　　　　　　D. 总承包服务费

24. 定额综合基价中不包括（　　）。
   A. 企业管理费　　　　　　　　　B. 利润
   C. 仪器仪表使用费　　　　　　　D. 规费

25. 依据财税〔2018〕4号文件，原列入规费的工程排污费已经于（　　）停止征收。
   A. 2017年11月1　　　　　　　　B. 2018年1月1日
   C. 2018年5月1日　　　　　　　 D. 2018年11月1日

26. 下列不属于税金的是（　　）。
   A. 营业税　　　　　　　　　　　B. 增值税
   C. 城市维护建设税　　　　　　　D. 教育费附加

27. 国家计量规范中部分项目，采用了（　　）个及以上的计量单位。而定额中相应项目只使用一种常用的计量单位，这就要求使用者在理解招标工程量清单或使用计价定额组价时，应注意两者不同时，要结合清单项目特征描述，并按照四川省定额的计算规则进行计量，再按清单中的工程量换算出相应综合单价，做到正确组价、合理报价。
   A. 1　　　　B. 2　　　　C. 3　　　　D. 4

28. 定额的（　　）指主要施工工序，除另有规定和说明者外其他工序虽未详列，但定额均已考虑。
   A. 章说明　　　　　　　　　　　B. 分册说明
   C. 工作内容　　　　　　　　　　D. 总说明

29. 海拔高度为3 km，人工费海拔降效系数为（　　）。
   A. 1.089　　B. 1.155　　C. 1.231　　D. 1.328

30. 海拔高度为3 km，机械费海拔降效系数为（　　）。
   A. 1.089　　B. 1.047　　C. 1.101　　D. 1.147

31. 既有小区改造的安装工程（包括房屋建筑及总平工程）项目，按《四川省建设工程工程量清单计价定额》(安装工程)相关项目及有关规定执行。其中，房建改造安装工程人工费、机械费按（　　）系数调整。
   A. 1.05　　B. 1.10　　C. 1.15　　D. 1.20

32. 在有害身体健康的环境中施工增加的费用按定额人工费的（　　）计取，全部为因降效而增加的人工费。
   A. 5%　　　B. 7%　　　C. 10%　　　D. 15%

33. 执行计价定额，按（　　）的原则，统一规定综合按主体分册系数计算。
　　A. 人工费为计价　　　　　　　　B. 以主代次
　　C. 综合单价为准　　　　　　　　D. 价格优先

三、多项选择题（每小题所设选项中有2个或2个以上正确答案，至少有1个错项）

1. 《四川省建设工程工程量清单计价定额》（2020）可用于（　　）。
　　A. 编制投资估算　　　　　　　　B. 编制招标控制价
　　C. 组成综合单价　　　　　　　　D. 计算清单工程量
　　E. 用于工程量清单计价

2. 制定计价定额消耗量的依据是（　　）。
　　A. 合理的施工组织设计　　　　　B. 施工工艺
　　C. 施工质量验收规范　　　　　　D. 施工图
　　E. 国家现行设计标准

3. 《四川省建设工程工程量清单计价定额》（2020）的综合基价是由完成一个规定计量单位的分部分项工程项目或措施项目的工程内容所需的（　　）组成。
　　A. 人工费　　　　　　　　　　　B. 工程设备费
　　C. 生产设备费　　　　　　　　　D. 企业管理费
　　E. 规费

4. 《四川省建设工程工程量清单计价定额》（2020）的人工工日消耗量包括（　　）。
　　A. 计件工资　　　　　　　　　　B. 基本用工
　　C. 辅助用工　　　　　　　　　　D. 奖金
　　E. 机械操作用工

5. 《四川省建设工程工程量清单计价定额》（2020）的每工日人工单价包括（　　）。
　　A. 计件工资　　　　　　　　　　B. 基本用工
　　C. 辅助用工　　　　　　　　　　D. 奖金
　　E. 机械操作用工

6. 关于《四川省建设工程工程量清单计价定额》（2020）中人工单价基价说法正确的是（　　）。
　　A. 普工人工单价基价为90元/工日
　　B. 普工人工单价基价为85元/工日
　　C. 一般技工（包括机上人工）人工单价基价为120元/工日
　　D. 高级技工人工单价基价为150元/工日
　　E. 高级技工人工单价基价为160元/工日

7. 下列费用可以计入材料费的是（　　）。
　　A. 材料的原价　　　　　　　　　B. 施工过程中的损耗
　　C. 新材料、新结构试验费　　　　D. 材料的工地保管费
　　E. 材料的仓储损耗

8. 下列费用可以计入采购及保管费的是（　　）。
   A. 运输损耗费　　　　　　　　B. 施工过程中的损耗
   C. 仓储费　　　　　　　　　　D. 仓储损耗
   E. 工地保管费

9. 下列计入施工机械台班单价的有（　　）。
   A. 折旧费　　　　　　　　　　B. 摊销费
   C. 检修费　　　　　　　　　　D. 安拆费及场外运费
   E. 人工费

10. 《四川省建设工程工程量清单计价定额》（2020）的企业管理费包括（　　）。
    A. 生产工人工资　　　　　　　B. 管理人员工资
    C. 劳动保险　　　　　　　　　D. 养老保险
    E. 检验试验费

11. 根据国家和地方政府行政主管部门的规定，综合基价可以按规定进行调整，包括（　　）。
    A. 人工费调整　　　　　　　　B. 材料费调整
    C. 机械费调整　　　　　　　　D. 综合费调整
    E. 利润调整

12. 关于综合基价中人工费的调整，说法正确的是（　　）。
    A. 编制设计概算时，人工费按工程造价理部门发布的人工费调整文件进行调整
    B. 编制施工图预算时，参照市场价格自主确定人工费调整
    C. 编制最高投标限价时，人工费按合同约定进行调整
    D. 编制投标报价时，投标人参照市场价格自主确定人工费调整
    E. 编制和办理竣工结算时，依据工程造价管理部门的规定及施工合同约定调整人工费

13. 关于综合基价中人工费的调整，说法正确的是（　　）。
    A. 调整的人工费不进入综合单价
    B. 编制施工图预算时，参照市场价格自主确定人工费调整
    C. 编制最高投标限价时，依据工程造价管理部门的规定及施工合同约定调整人工费
    D. 编制投标报价时，投标人参照市场价格自主确定人工费调整
    E. 调整的人工费不作为计取其他费用的基础

14. 关于综合基价中材料费的调整，说法正确的是（　　）。
    A. 编制设计概算时，依据工程造价管理部门发布的工程造价信息确定材料价格并调整材料费
    B. 编制施工图预算时，工程造价信息没有发布的材料，参照市场价确定材料价格并调整材料费

C. 编制投标报价时，投标人参照市场价格信息或工程造价管理部门发布的工程造价信息自主确定材料价格并调整材料费
D. 安装工程的计价材料费，由省建设工程造价管理总站根据市场变化情况统一调整
E. 编制和办理竣工结算时，依据工程造价信息确定材料价格并调整材料费

15. 下列选项中，材料费可按照市场价格进行调整的是（　　）。
    A. 编制设计概算　　　　　　　　B. 编制投标报价
    C. 编制施工图预算　　　　　　　D. 编制和办理竣工结算
    E. 编制最高投标限价

16. 下列选项中，材料费可按照工程造价管理部门发布的工程造价信息进行调整的是（　　）。
    A. 编制设计概算　　　　　　　　B. 编制投标报价
    C. 编制施工图预算　　　　　　　D. 编制和办理竣工结算
    E. 编制最高投标限价

17. 下列选项中，材料费可按照工程造价管理部门发布的工程造价信息进行调整的是（　　）。
    A. 建筑工程的材料费
    B. 装饰工程的材料费
    C. 安装工程的计价材料费
    D. 市政工程中的路灯安装工程中的计价材料费
    E. 园林绿化工程中绿地喷灌、喷泉安装工程中的计价材料费

18. 其他项目费包括（　　）。
    A. 暂列金额　　　　　　　　　　B. 计日工
    C. 预备费　　　　　　　　　　　D. 总承包服务费
    E. 专业工程暂估价

19. 规费包括（　　）。
    A. 税金　　　　　　　　　　　　B. 医疗保险费
    C. 住房公积金　　　　　　　　　D. 定额测定费
    E. 生育保险费

20. 税金包括（　　）。
    A. 建筑增值税　　　　　　　　　B. 城市维护建设税
    C. 教育费附加　　　　　　　　　D. 车船税
    E. 消费税

本节习题解析

一、判断题（判断正误，正确的打√，错误的打×）

1.【答案】×

【解析】本题主要考查的是工程量清单计价定额。《四川省建设工程工程量清单计价定额》（2020），自2021年4月1日实施。

2.【答案】√

【解析】本题主要考查的是计价定额的适用范围。凡使用国有资金投资的建设工程应按有关规定执行《四川省建设工程工程量清单计价定额》（2020）。

3.【答案】×

【解析】本题主要考查的是计价定额的应用。为贯彻落实"营改增"的方针政策，《四川省建设工程工程量清单计价定额》（2020）中所有定额项目费用构成中不再含增值税中"进项税"，定额综合基价（包括组成内容）均为不含税综合基价，适用一般计税方式，定额增值税为销项税额。对简易计税法，《四川省建设工程工程量清单计价定额》（2020）另行规定了调整系数和计税方法。

4.【答案】√

【解析】本题主要考查的是计价定额综合基价。《四川省建设工程工程量清单计价定额》（2020）的综合基价是由完成一个规定计量单位的分部分项工程项目或措施项目的工程内容所需的人工费、材料和工程设备费、施工机具使用费、企业管理费、利润所组成。

5.【答案】×

【解析】本题主要考查的是人工费。综合计算人工单价基价如下：普工人工单价基价为90元/工日，一般技工（包括机上人工）人工单价基价为120元/工日，高级技工人工单价基价为150元/工日。

6.【答案】×

【解析】本题主要考查的是人工费。人工费是指按工资总额构成规定，支付给从事建筑安装工程施的生产工人和附属生产的各项费用。

7.【答案】×

【解析】本题主要考查的是材料费。工程设备是指构成或计划构成永久工程一部分的机电设备、金属结构设备、仪器装置及其他类似的设备和装置。

8.【答案】×

【解析】本题主要考查的是机械费。施工机具使用费是指施工作业所发生的施工机械、仪器仪表使用费。

9.【答案】√

【解析】本题主要考查的是人工费的调整。编制设计概算、施工图预算最高投标限价（招标控制价、标底）时，人工费按工程造价管理部门发布的人工费调整文件进行调整；编制投标报价时，投标人参照市场价格自主确定人工费调整；编制和办理竣工结算时依据工程造价管理部门的规定及施工合同约定调整人工费。

10.【答案】√

【解析】本题主要考查的是人工费的调整。编制投标报价时，投标人参照市场价格自主确定人工费调整。

11.【答案】√

【解析】本题主要考查的是人工费的调整。编制和办理竣工结算时依据工程造价管理部门的规定及施工合同约定调整人工费。

12.【答案】×

【解析】本题主要考查的是人工费的调整。调整的人工费进入综合基价，但不作为计取其他费用的基础。

13.【答案】×

【解析】本题主要考查的是材料费的调整。编制投标报价时，投标人参照市场价格信息或工程造价管理部门发布的工程造价信息自主确定材料价格并调整材料费。

14.【答案】×

【解析】本题主要考查的是机械费的调整。机械费中除燃料动力费以外的费用调整，由四川省建设工程造价管理总站根据住房和城乡建设部的规定以及四川省实际进行统一调整。

15.【答案】×

【解析】本题主要考查的是企业管理费、利润的调整。计价定额的企业管理费、利润由四川省建设工程造价管理总站根据实际情况进行统一调整。

16.【答案】×

【解析】本题主要考查的是措施项目费。措施项目费是指为完成工程项目施工，发生于该工程施工前和施工过程中的技术、生活、安全、环境保护、扬尘污染防治、建筑工人实名制管理等方面的费用。

17.【答案】×

【解析】本题主要考查的是规费。规费计算详见 2020《四川省建设工程工程量清单计价定额》(建筑安装工程费用)有关规定。

18.【答案】√

【解析】本题主要考查的是规费。规费项目包括"五险一金"。其中，"五险"是指社会保险费中的养老保险费、失业保险费、医疗保险费、生育保险费和工伤保险费，"一金"是指住房公积金。

19.【答案】√

【解析】本题主要考查的是在有害身体健康的环境中施工增加的费用。在有害身体健康的环境中施工增加的费用按定额人工费的 10%计取，全部为因降效而增加的人工费。

20.【答案】×

【解析】本题主要考查的是定额系数。使用定额时，若遇有两个或两个以上系数时，按连乘法计算。

21.【答案】√

【解析】本题主要考查的是试运转。定额不包括配合负荷和无负荷联合试车费，若发生时，按批准的施工组织设计方案另计，且应在合同中明确。

22. 【答案】√

【解析】本题主要考查的是定额的应用。执行定额时，按"以主代次"的原则，统一规定按主体分册系数计算。

23. 【答案】√

【解析】本题主要考查的是定额的应用。计价定额中的材料用量，在编制设计概算、施工图预算、最高投标限价（招标控制价、标底）时不得调整。

24. 【答案】√

【解析】本题主要考查的是定额的应用。国家计量规范中部分项目，采用了两个及以上的计量单位，而定额中相应项目只使用一种常用的计量单位，应注意两者不同，要结合清单项目特征描述，并按照四川省定额的计算规则进行计量，再按清单中的工程量换算出相应综合单价，做到正确组价、合理报价。

二、单项选择题（每题的备选项中，只有1个最符合题意）

1. 【答案】C

【解析】本题考查的是计价定额概述。四川省住房和城乡建设厅批准发布了《四川省建设工程工程量清单计价定额》（2020），自2021年4月1日实施。

2. 【答案】C

【解析】本题考查的是营改增下计价定额的变化。《四川省建设工程工程量清单计价定额》（2020）中所有定额项目费用构成中不再含增值税中"进项税"，定额综合基价（包括组成内容）均为不含税综合基价。附加税不进入企业管理费。编制招标控制价时，附加税按定额规定的费率计算，办理竣工结算时，附加税按国家规定的计算方法计算。

3. 【答案】D

【解析】本题考查的是消耗量标准。计价定额的消耗量标准是根据国家现行设计标准、施工质量验收规范和安全技术操作规程，以正常的施工条件、合理的施工组织设计、施工工期、施工工艺为基础，结合四川省的施工技术水平和施工机械装备程度进行编制的，它反映了社会的平均水平。

4. 【答案】D

【解析】本题考查的是计价定额中的综合基价的组成。《四川省建设工程工程量清单计价定额》（2020）的综合基价是由完成一个规定计量单位的分部分项工程项目或措施项目的工程内容所需的人工费、材料和工程设备费、施工机具使用费、企业管理费、利润所组成。

5. 【答案】D

【解析】本题考查的是人工费。人工工日消耗量包括基本用工、辅助用工、其他用工和机械操作用工。

6. 【答案】C

【解析】本题考查的是人费。人工每工日按8小时工作制计算。

7.【答案】D

【解析】本题考查的是人费。每工日人工单价包括计时工资或计件工资、奖金、津贴补贴、加班加点工资、特殊情况下支付的工资等。

8.【答案】C

【解析】本题考查的是人工费。普工人工单价基价为 90 元/工日，一般技工（包括机上人工）人工单价基价为 120 元/工日，高级技工人工单价基价为 150 元/工日。

9.【答案】A

【解析】本题考查的是材料费，工程设备是指构成或计划构成永久工程一部分的机电设备、金属结构设备、仪器装置及其他类似的设备和装置。

10.【答案】B

【解析】本题考查的是材料费。材料费是指施工过程中耗费的原材料、辅助材料、构配件零件、半成品或成品、工程设备的费用，内容包括材料原价、运杂费、运输损耗费、采购及保管费等。

11.【答案】D

【解析】本题考查的是施工机械使用费。施工机械使用费，以施工机械台班耗用量乘以施工机械台班单价表示，施工机械台班单价包括七项费用：折旧费、检修费、维护费、安拆费及场外运费、人工费、燃料动力费、其他费用等。

12.【答案】A

【解析】本题考查的是企业管理费。《四川省建设工程工程量清单计价定额》（2020）的企业管理费是指建筑安装企业组织施工生产和经营管理所需的费用，包括：管理人员工资、办公费、差旅交通费、固定资产使用费、工具用具使用费、劳动保险和职工福利费、劳动保护费、检验试验费、工会费用、职工教育经费、财产保险费、财务费、税金、其他费用。

13.【答案】B

【解析】本题考查的是人工费的调整。编制设计概算、施工图预算、最高投标限价（招标控制价、标底）时，人工费按工程造价管理部门发布的人工费调整文件进行调整；编制投标报价时，投标人参照市场价格自主确定人工费调整，编制和办理竣工结算时依据工程造价管理部门的规定及施工合同约定调整人工费。

14.【答案】B

【解析】本题考查的是人工费的调整。编制设计概算、施工图预算、最高投标限价（招标控制价、标底）时，人工费按工程造价管理部门发布的人工费调整文件进行调整；编制投标报价时，投标人参照市场价格自主确定人工费调整，编制和办理竣工结算时依据工程造价管理部门的规定及施工合同约定调整人工费。

15.【答案】D

【解析】本题考查的是人工费的调整。编制设计概算、施工图预算、最高投标限价（招标控制价、标底）时，人工费按工程造价管理部门发布的人工费调整文件进行调整；编制投标报价时，投标人参照市场价格自主确定人工费调整，编制和办理竣工结算时依据工程造价管理部门的规定及施工合同约定调整人工费。

16. 【答案】D

【解析】本题考查的是材料费的调整。在编制设计概算、施工图预算、最高投标限价（招标控制价、标底）时，依据工程造价管理部门发布的工程造价信息确定材料价格并调整材料费，工程造价信息没有发布的材料，参照市场价确定材料价格并调整材料费；编制投标报价时，投标人参照市场价格信息或工程造价管理部门发布的工程造价信息自主确定材料价格并调整材料费；编制和办理竣工结算时依据施工合同约定确认的材料价格调整材料费。

17. 【答案】A

【解析】本题考查的是机械费的调整。计价定额对施工机械使用费以机械费表示，定额注明了机械油料消耗量的项目，油价变化时，机械费中的燃料动力费按照上述"材料费调整"的规定进行调整，并调整相应定额项目的机械费。机械费中除燃料动力费以外的费用调整，由四川省建设工程造价管理总站根据住房和城乡建设部的规定以及四川省实际进行统一调整。

18. 【答案】B

【解析】本题考查的是机械费的调整。计价定额对施工机械使用费以机械费表示，定额注明了机械油料消耗量的项目，油价变化时，机械费中的燃料动力费按照上述"材料费调整"的规定进行调整，并调整相应定额项目的机械费。机械费中除燃料动力费以外的费用调整，由四川省建设工程造价管理总站根据住房和城乡建设部的规定以及四川省实际进行统一调整。

19. 【答案】C

【解析】本题考查的是计价定额的应用。计价定额的企业管理费、利润由四川省建设工程造价管理总站根据实际情况进行统一调整。

20. 【答案】C

【解析】本题考查的是措施项目费。措施项目费是指为完成工程项目施工，发生于该工程施工前和施工过程中的技术、生活、安全、环境保护、扬尘污染防治、建筑工人实名制管理等方面的费用。

21. 【答案】B

【解析】本题考查的是其他项目费。其他项目费包括暂列金额、暂估价、计日工和总承包服务费，其中暂估价包括材料和程设备暂估单价、专业工程暂估价。

22. 【答案】A

【解析】本题考查的是规费的组成。规费项目包括"五险一金"。其中，"五险"是指社会保险费中的养老保险费、失业保险费、医疗保险费、生育保险费和工伤保险费，"一金"是指住房公积金。

23. 【答案】D

【解析】本题考查的是规费的组成。规费项目包括"五险一金"。其中，"五险"

是指社会保险费中的养老保险费、失业保险费、医疗保险费、生育保险费和工伤保险费,"一金"是指住房公积金。

24. 【答案】D
   【解析】本题考查的是规费。定额综合基价中不包括规费。

25. 【答案】C
   【解析】本题考查的是规费。依据财税〔2018〕4号文件工程排污费自2018年1月1日起停止征收。

26. 【答案】A
   【解析】本题考查的是税金。税金是指按国家税法规定的应计入建筑安装工程造价内的建筑业增值税、城市维护建设税、教育费附加和地方教育费附加等。

27. 【答案】B
   【解析】本题考查的是计价定额的应用,国家计量规范中部分项目,采用了两个及以上的计量单位。而定额中相应项目只使用一种常用的计量单位,这就要求使用者在理解招标工程量清单或使用计价定额组价时,应注意两者不同,要结合清单项目特征描述,并按照四川省定额的计算规则进行计量,再按清单中的工程量换算出相应综合单价,做到正确组价、合理报价。

28. 【答案】C
   【解析】本题考查的是计价定额的应用,定额的"工作内容"指主要施工工序,除另有规定和说明者外其他工序虽未详列,但定额均已考虑。

29. 【答案】B
   【解析】本题主要考查的是海拔降效调整。若海拔高度 > 2 km 时,定额综合基价人工费、机械费调整系数按表3.2.1和表3.2.2中调整系数计算。

表3.2.1 人工费海拔降效系数

海拔高度(h)/km	2.0	2<h≤2.5	2.5<h≤3	3<h≤3.5	3.5<h≤4	4<h≤4.5	4.5<h≤5
调整系数	1	1.089	1.155	1.231	1.328	1.450	1.588

表3.2.2 机械费海拔降效系数

海拔高度(h)/km	2.0	2<h≤2.5	2.5<h≤3	3<h≤3.5	3.5<h≤4	4<h≤4.5	4.5<h≤5
调整系数	1	1.047	1.101	1.147	1.219	1.351	1.548

30. 【答案】C
   【解析】本题主要考查的是海拔降效调整。若海拔高度 > 2 km 时,定额综合基价人工费、机械费调整系数按表3.2.1和表3.2.2中调整系数计算。

31. 【答案】D
   【解析】本题主要考查的是定额说明。既有小区改造的安装工程(包括房屋建筑及总平工程)项目,按《四川省建设工程工程量清单计价定额》(2020)相关项目及有关规定执行。其中，房建改造安装工程人工费、机械费按 1.20 系数调整，房建改造安装工程取费标准按既有及小区改造房屋建筑维修与加固工程专业执行。

32. 【答案】C

    【解析】本题主要考查的是在有害身体健康的环境中施工增加费。在有害身体健康的环境中施工增加的费用按定额人工费的 10%计取，全部为因降效而增加的人工费。

33. 【答案】B

    【解析】本题考查的是计价定额的应用，执行计价定额，按"以主代次"的原则，统一规定综合按主体分册系数计算。

三、多项选择题（每小题所设选项中有 2 个或 2 个以上正确答案，至少有 1 个错项）

1. 【答案】BCE

   【解析】本题考查的是《四川省建设工程工程量清单计价定额》(2020)的作用。《四川省建设工程工程量清单计价定额》(2020)是工程量清单计价最主要的依据之一，本质上是一个标准化的基期数据库。它是编制招标控制价、组成综合单价和管控工程造价的重要依据。

2. 【答案】ABCE

   【解析】本题考查的是消耗量标准的依据。计价定额的消耗量标准是根据国家现行设计标准、施工质量验收规范和安全技术操作规程，以正常的施工条件、合理的施工组织设计、施工工期、施工工艺为基础，结合四川省的施工技术水平和施工机械装备程度进行编制的，它反映了社会的平均水平。

3. 【答案】ABD

   【解析】本题考查的是计价定额中综合基价的组成。《四川省建设工程工程量清单计价定额》(2020)的综合基价是由完成一个规定计量单位的分部分项工程项目或措施项目的工程内容所需的人工费、材料和工程设备费、施工机具使用费、企业管理费、利润所组成。

4. 【答案】BCE

   【解析】本题考查的是计价定额人工工日消耗量组成。计价定额人工工日消耗量包括基本用工、辅助用工、其他用工和机械操作用工。

5. 【答案】AD

   【解析】本题考查的是《四川省建设工程工程量清单计价定额》(2020)的每工日人工单价。每工日人工单价包括计时工资或计件工资、奖金、津贴补贴、加班加点工资、特殊情况下支付的工资等。

6. 【答案】ACD

   【解析】本题考查的是《四川省建设工程工程量清单计价定额》(2020)的每工日人工单价。综合计算人工单价基价如下：普工人工单价基价为 90 元/工日，一般技工（包括机上人工）人工单价基价为 120 元/工日，高级技工人工单价基价为 150 元/工日。

7. 【答案】ADE
   【解析】本题考查的是《四川省建设工程工程量清单计价定额》（2020）的材料费。材料费是指施工过程耗费的原材料、辅助材料、构配件、零件、半成品或成品、工程设备的费用，内容包括材料原价、运杂费、运输损耗费、采购及保管费等。

8. 【答案】CDE
   【解析】本题考查的是《四川省建设工程工程量清单计价定额》（2020）的材料费。采购及保管费包括采购费、仓储费、工地保管费、仓储损耗。

9. 【答案】ACDE
   【解析】本题考查的是《四川省建设工程工程量清单计价定额》（2020）的施工机械使用费。施工机械台班单价包括七项费用：折旧费、检修费、维护费、安拆费及场外运费、人工费、燃料动力费、其他费用等。

10. 【答案】BCE
    【解析】本题考查的是《四川省建设工程工程量清单计价定额》（2020）的企业管理费。《四川省建设工程工程量清单计价定额》（2020）的企业管理费是指建筑安装企业组织施工生产和经营管理所需的费用，包括：管理人员工资、办公费、差旅交通费、固定资产使用费、工具用具使用费、劳动保险和职工福利费、劳动保护费、检验试验费、工会费用、职工教育经费、财产保险费、财务费、税金、其他费用。

11. 【答案】ABCE
    【解析】本题考查的是综合基价的调整内容，包括人工费调整、材料费调整、机械费调整、企业管理费、利润调整。

12. 【答案】ADE
    【解析】本题考查的是综合基价的调整内容。编制设计概算、施工图预算、最高投标限价（招标控制价、标底）时，人工费按工程造价管理部门发布的人工费调整文件进行调整；编制投标报价时，投标人参照市场价格自主确定人工费调整，编制和办理竣工结算时依据工程造价管理部门的规定及施工合同约定调整人工费。调整的人工费进入综合单价，但不作为计取其他费用的基础。

13. 【答案】DE
    【解析】本题考查的是综合基价的调整内容。编制设计概算、施工图预算、最高投标限价（招标控制价、标底）时，人工费按工程造价管理部门发布的人工费调整文件进行调整；编制投标报价时，投标人参照市场价格自主确定人工费调整，编制和办理竣工结算时依据工程造价管理部门的规定及施工合同约定调整人工费。调整的人工费进入综合单价，但不作为计取其他费用的基础。

14. 【答案】ABCD
    【解析】本题考查的是综合基价的调整内容。计价定额取定的材料价格作为定额综合单价的基价，调整的材料费进入综合单价，在编制设计概算、施工图预算、最高投标限价（招标控制价、标底）时，依据工程造价管理部门发布的工程造价信息确定材料价格并调整材料费，工程造价信息没有发布的材料，参照市场价确定材料价格并调整材料费；编制投标报价时，投标人参照市场价格信息或工程造价管理部门发布的工程造价信息自主确定材料价格并调整材料费；编制和办理竣工结算时依据施工合同约定确认的材料价格调整材料费。安装工程的计价材料费，由省建设工程造价管理总站根据市场变化情况统一调整。

15.【答案】ABCE

【解析】本题考查的是综合基价的调整内容。计价定额取定的材料价格作为定额综合单价的基价，调整的材料费进入综合单价，在编制设计概算、施工图预算、最高投标限价（招标控制价、标底）时，依据工程造价管理部门发布的工程造价信息确定材料价格并调整材料费，工程造价信息没有发布的材料，参照市场价确定材料价格并调整材料费；编制投标报价时，投标人参照市场价格信息或工程造价管理部门发布的工程造价信息自主确定材料价格并调整材料费；编制和办理竣工结算时依据施工合同约定确认的材料价格调整材料费。安装工程的计价材料费，由省建设工程造价管理总站根据市场变化情况统一调整。

16.【答案】ABCE

【解析】本题考查的是综合基价的调整内容。计价定额取定的材料价格作为定额综合单价的基价，调整的材料费进入综合单价，在编制设计概算、施工图预算、最高投标限价（招标控制价、标底）时，依据工程造价管理部门发布的工程造价信息确定材料价格并调整材料费，工程造价信息没有发布的材料，参照市场价确定材料价格并调整材料费；编制投标报价时，投标人参照市场价格信息或工程造价管理部门发布的工程造价信息自主确定材料价格并调整材料费；编制和办理竣工结算时依据施工合同约定确认的材料价格调整材料费。安装工程的计价材料费，由省建设工程造价管理总站根据市场变化情况统一调整。

17.【答案】AB

【解析】本题考查的是综合基价的调整内容。安装工程和市政工程中的给水、燃气、给排水机械设备安装、路灯工程以及城市轨道交通工程的通信、信号、供电、智能与控制系统、机电设备、车辆基地工艺设备以及园林绿化工程中绿地喷灌、喷泉安装等安装工程的计价材料费，由省建设工程造价管理总站根据市场变化情况统一调整。

18.【答案】ABDE

【解析】本题考查的是其他项目费的组成。其他项目费包括暂列金额、暂估价、计日工和总承包服务费，其中暂估价包括材料和工程设备暂估单价、专业工程暂估价。

19.【答案】BCE

【解析】本题考查的是规费的组成。规费项目包括"五险一金"。其中，"五险"

是指社会保险费中的养老保险费、失业保险费、医疗保险费、生育保险费和工伤保险费,"一金"是指住房公积金。

20.【答案】ABC

【解析】本题考查的是税金的组成。税金是指按国家税法规定的应计入建筑安装工程造价内的建筑业增值税、城市维护建设税、教育费附加和地方教育费附加等。

第三节　建筑安装工程费

本节知识导图

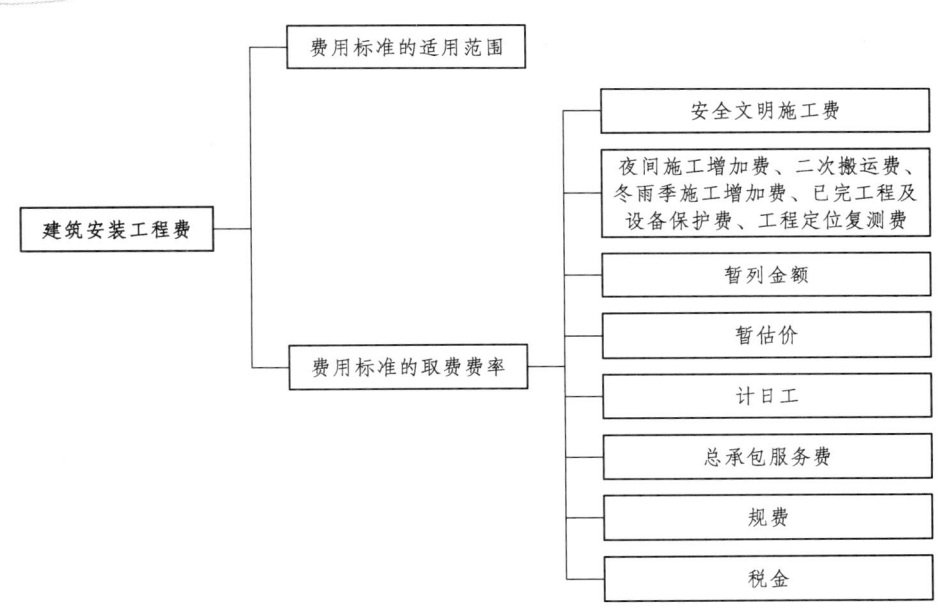

本节习题精选

一、判断题(判断正误,正确的打√,错误的打×)

1. 环境保护费是指施工现场为达到环保等部门要求所需要的各项措施费用。(　　)
2. 现场卫生清扫和保洁的费用属于环境保护费。(　　)
3. "五牌一图"中的"一图"是施工现场总平面图。(　　)
4. 施工现场施工机械设备降噪音、防扰民措施费用属于文明施工费。(　　)

5. 施工现场地面的硬化费用属于文明施工费。（   ）
6. 建筑工地起重机械的监测及检验检测费用属于大型机械进出场费。（   ）
7. 施工现场安装和使用视频管理的费用属于文明施工费。（   ）
8. 临时设施费是指施工企业为工程施工所必须搭设的生活和生产用的临时建筑物、构筑物和其他临时设施费用等。（   ）
9. 基本费为招标人在招标过程中预估的安全文明施工措施的基本保障费用。（   ）
10. 现场评价费是安全文明施工措施增加费。（   ）
11. 最终综合评价得分低于 70 分（不含 70 分）的，只计取安全文明施工费中的基本费。（   ）
12. 施工期间承包人发生一般及以上生产安全事故的，安全文明施工费中的安全施工费按应计费率的 60%计取。（   ）
13. 工地地面应做硬化处理而未做的，其安全文明施工费中的文明施工费按应计费率的 75%计取。（   ）
14. 施工现场未安装和使用视频监控系统或未按要求组织专门的安全隐患排查的，其安全文明施工费中的安全施工费按应计费率的 75%计取。（   ）
15. 安全文明施工费费率的测定采取民主集中制的原则。（   ）
16. 二次搬运费是指因施工场地条件限制而发生的材料、构配件、半成品等一次运输不能到达堆放地点，必须进行二次或多次搬运所发生的费用。（   ）
17. 工程定位复测费是指工程施工前复测工作的费用。（   ）
18. 暂列金额是指招标人在工程量清单中提供的用于支付必然发生但暂时不能确定价格的材料、工程设备的单价以及专业工程的金额。（   ）
19. 在编制投标报价时，暂列金额应自主确定。（   ）
20. 在编制招标控制价（最高投标限价、标底）时，计日工项目和数量应按其他项目清单列出的项目和数量执行，计日工中人工、机械台班单价应包括综合费，综合费包括管理费、利润、安全文明施工费等。（   ）
21. 在编制招标控制价（最高投标限价、标底）时，计日工中的人工单价应含税。（   ）
22. 投标人投标报价按招标人在招标文件中公布的招标控制价（最高投标限价）的规费金额填写，计入工程造价。（   ）

二、单项选择题（每题的备选项中，只有 1 个最符合题意）

1. 下列关于环境保护费的费用定义，错误的是（   ）。
   A. 对施工现场裸露的场地和堆放的土石方采取覆盖、固化、绿化或洒水
   B. 在施工现场出入口设置清洗沟或清洗设备等发生的人工、材料与设施摊销费用
   C. 在施工现场设置密闭式垃圾站、办公区和生活区设置封闭式垃圾容器
   D. 贮存水泥、石灰、石膏、砂土等易产生扬尘的物料采取盖布措施

2. 下列选项中，不属于"五牌一图"内容的是（   ）。
   A. 工程概况牌
   B. 管理人员名单及监督电话牌
   C. 消防保卫牌
   D. 施工现场机械设备布置图
3. 下列不属于文明施工费的是（   ）。
   A. "五牌一图"
   B. 围挡墙面美化
   C. 施工机械设备降噪
   D. 地面硬化
4. 下列不属于安全施工费的是（   ）。
   A. 安全施工标志的购置及宣传费用
   B. 施工安全用电的费用
   C. 建筑工地起重机械的检测检验费用
   D. 临时设施的装饰装修
5. 下列不属于文明施工费的是（   ）。
   A. 消防保卫牌
   B. 现场卫生清扫和保洁费用
   C. 治安综合治理
   D. 临时设施的装饰装修
6. 下列不属于环境保护费的是（   ）。
   A. 在办公区、生活区以及作业区（包括明挖基坑的四周）设置排水沟等发生的措施费用
   B. 现场卫生清扫和保洁费用
   C. 实现施工垃圾与生活垃圾分类存放而购置容器的周转、摊销费用
   D. 贮存水泥、石灰、石膏、砂土等易产生扬尘的物料采取密闭措施
7. 下列不属于安全施工费的是（   ）。
   A. 建筑工地起重机械的监测及检验检测费用
   B. 施工现场安装和使用视频管理的费用
   C. 治安综合治理
   D. 采取灭鼠、蚊虫、防煤气中毒、防疫等措施的费用
8. 下列不属于临时设施费的是（   ）。
   A. 施工现场的办公室
   B. 生产工人生活设施的购置、维护与周转等费用
   C. 临时设施的装饰装修
   D. 施工现场围挡的安拆、维修、周转或摊销的费用
9. 下列不属于安全文明施工费的内容是（   ）。
   A. 环境保护费
   B. 特殊地区施工增加费
   C. 安全施工费
   D. 临时设施费
10. 下列不属于安全施工费中"三宝"的是（   ）。
    A. 安全帽   B. 安全带   C. 安全服   D. 安全网
11. 下列不属于安全施工费中"四口"的是（   ）。
    A. 楼梯   B. 通道   C. 预留洞   D. 卫生间

12. 下列不属于安全施工费中"五临边"的是（　　）。
    A. 阳台周边　　　B. 屋面周边　　　C. 楼板周边　　　D. 卫生间周边
13. 下列不属于临时设施费的是（　　）。
    A. 施工现场围挡的安拆、维修、周转或摊销的费用
    B. 施工现场门卫室、办公室等设施费用
    C. 施工现场安装和使用视频管理的费用
    D. 施工现场规定范围内的临时管线搭设、维修等费用
14. 下列不属于临时设施费的是（　　）。
    A. 建筑工地起重机械的监测及检验检测费用
    B. 施工现场门卫室、办公室等设施费用
    C. 施工现场临时建筑物、构筑物的搭设
    D. 生产工人生活设施的购置、维护与周转等费用
15. 现场评价费是（　　）。
    A. 安全文明施工措施费　　　　　B. 安全文明施工措施增加费
    C. 措施费　　　　　　　　　　　D. 其他项目费
16. 现场评价费是（　　）先自评。
    A. 发包人、承包人　　　　　　　B. 发包人、监理人
    C. 发包人、承包人、监理人　　　D. 承包人、监理人
17. 现场评价费是（　　）自愿向测定机构申请测定。
    A. 发包人　　　B. 监理人　　　C. 承包人　　　D. 设计方
18. 下列现场评价费费率计算公式正确的是（　　）。
    A. 基本费费率×40% + 基本费费率×（最终综合评价得分 − 80）×3%
    B. 基本费费率×40% + 基本费费率×（最终综合评价得分 − 80）×2%
    C. 基本费费率×60% + 基本费费率×（最终综合评价得分 − 80）×3%
    D. 基本费费率×60% + 基本费费率×（最终综合评价得分 − 80）×2%
19. 某施工项目安全文明施工现场评价得分为 85 分，则该项目现场评价费费率为（　　）。
    A. 基本费费率×40%　　　　　　B. 基本费费率×50%
    C. 基本费费率×55%　　　　　　D. 基本费费率×60%
20. 某施工项目安全文明施工现场评价得分为 69 分，则该项目的安全文明施工费只可计取（　　）。
    A. 环境保护基本费　　　　　　　B. 临时设施基本费
    C. 安全施工基本费　　　　　　　D. 文明施工基本费
21. 某施工项目，承包人发生了一般生产安全事故，则该项目安全文明施工费中的安全施工费按（　　）。
    A. 应计费率的 60%计取　　　　　B. 应计费率的 50%计取
    C. 应计费率的 40%计取　　　　　D. 应计费率的 30%计取

22. 某施工项目，工地地面应做硬化处理而未做的，则该项目现场评价费费率说法正确的是（　　）。

　　A. 安全施工费按应计费率的 40% 计取
　　B. 文明施工费按应计费率的 60% 计取
　　C. 安全文明施工费按应计费率的 60% 计取
　　D. 安全文明施工费按应计费率的 40% 计取

23. 某施工项目现场评价得分 80 分以上每增加 1 分，其现场评价费费率在基本费费率的基础上增加（　　）。

　　A. 1%　　　　　B. 2%　　　　　C. 3%　　　　　D. 4%

24. 某施工项目现场评价得分 80 分者，现场评价费费率按基本费费率的（　　）计取。

　　A. 20%　　　　B. 30%　　　　C. 40%　　　　D. 60%

25. 现场评价得分小于（　　）的，只计取安全文明施工费中的临时设施基本费。

　　A. 80　　　　　B. 75　　　　　C. 70　　　　　D. 65

26. 某施工项目的（　　），其安全文明施工费中的文明施工费按应计费率的 60% 计取。

　　A. 工地地面应做硬化处理而未做的
　　B. 施工期间承包人发生一般及以上生产安全事故的
　　C. 未设置"三宝、四口、五临边"的
　　D. 建筑工地起重机械未检测的

27. 安全文明施工费的计算基数是（　　）。

　　A. 分部分项工程定额人工费
　　B. 单价措施项目定额人工费
　　C. 分部分项工程定额人工费 + 单价措施项目定额人工费
　　D. 分部分项工程及单价措施项目的定额人工费 + 定额机械费

28. 对采用工程总承包方式（含 EPC 方式）或按建筑面积平方米造价包干等方式发包的工程，如在签订合同时无法确定其中安全文明施工费具体金额的，房屋建筑工程的安全文明施工费取费基础暂按签订合同价中建安工程造价（含合同价款调整）的（　　）计算。

　　A. 10%　　　　B. 15%　　　　C. 17.5%　　　D. 22.5%

29. 对采用工程总承包方式（含 EPC 方式）或按建筑面积平方米造价包干等方式发包的工程，如在签订合同时无法确定其中安全文明施工费具体金额的，市政基础设施工程的安全文明施工费取费基础暂按签订合同价中建安工程造价（含合同价款调整）的（　　）计算。

　　A. 10%　　　　B. 15%　　　　C. 17.5%　　　D. 22.5%

30. 在编制（　　）的时候，安全文明施工费不足额计取。

　　A. 设计概算　　B. 施工图预算　　C. 招标控制价　　D. 竣工结算

31. 对发包人直接发包的专业工程，未纳入总包工程现场评价范围，施工安全监督机构也未单独进行现场评价的，其安全文明施工费以发包人直接发包的工程类型，只能计取（　　）。
    A. 基本费　　　　　　　　　　　　B. 基本费×40%
    C. 基本费×50%　　　　　　　　　　D. 基本费×60%

32. 发包人直接发包工程的安全文明施工纳入总承包人统一管理的，总承包人收取相应项目安全文明施工费的（　　）。
    A. 30%　　　B. 40%　　　C. 60%　　　D. 80%

33. 对于已完工程及设备保护费，编制投标报价时，投标人应按照招标人在总价措施项目清单中列出的项目和计算基础（　　）相应费率并计算措施项目费。
    A. 按基本费确定　　　　　　　　　B. 按标准确定
    C. 自主确定　　　　　　　　　　　D. 按招标文件确定

34. 编制竣工结算时，其他总价措施项目费应根据（　　）的金额计算。
    A. 基本费确定　　　　　　　　　　B. 标准确定
    C. 自主确定　　　　　　　　　　　D. 合同约定

35. 编制招标控制价时，暂列金额的计算方法正确的是（　　）。
    A. 暂列金额=（分部分项工程费+措施项目费）×费率
    B. 暂列金额=分部分项工程费×费率
    C. 暂列金额=（分部分项工程量定额人工费+措施项目定额人工费）×费率
    D. 暂列金额=措施项目费×费率

36. 暂估价是指招标人在工程量清单中提供的用于支付（　　）的材料、工程设备的单价以及专业工程的金额。
    A. 尚未确定　　　B. 不可预见　　　C. 必然发生　　　D. 可能发生

37. （　　）是指在施工过程中，承包人完成发包人提出的工程合同范围以外的零星项目或工作，按合同中约定的单价计价的费用。
    A. 暂估价　　　B. 工程单价　　　C. 现场签证　　　D. 计日工

38. 在编制招标控制价（最高投标限价、标底）时，计日工人工单价综合费按定额人工单价的（　　）计算。
    A. 25%　　　B. 28.38%　　　C. 23.83%　　　D. 28%

39. 在编制招标控制价（最高投标限价、标底）时，计日工机械单价综合费按定额人工单价的（　　）计算。
    A. 25%　　　B. 28.38%　　　C. 23.83%　　　D. 28%

40. 编制招标控制价时，当招标人仅要求总包人对其发包的专业工程进行施工现场协调和统一管理、对竣工资料进行统一汇总整理等服务时，总包服务费按发包的专业工程估算造价的（　　）左右计算。
    A. 0.5%　　　B. 1%　　　C. 1.5%　　　D. 2%

41. 编制招标控制价时，当招标人要求总包人对其发包的专业工程既进行总承包管理和协调，又要求提供相应配合服务时，总承包服务费根据招标文件列出的配合服务内容，按发包的专业工程估算造价的（　　）计算。
    A. 1%～2%　　　　B. 2%～4%　　　　C. 3%～5%　　　　D. 3%～4%

42. 编制招标控制价时，招标人自行供应材料、设备的，按招标人供应材料、设备价值的（　　）计算。
    A. 1%　　　　B. 2%　　　　C. 3%　　　　D. 4%

43. 使用国有资金投资的建设工程，编制设计概算、施工图预算、招标控制价（最高投标限价、标底）时，规费按规费费率计取表中（　　）档费率计算。
    A. Ⅰ　　　　B. Ⅱ　　　　C. Ⅲ　　　　D. Ⅳ

44. 无资质企业，规费费率按（　　）计取。
    A. 上限　　　　B. 下限　　　　C. 平均值　　　　D. 均方值

45. 同一承包人有多种资质，规费费率按（　　）资质对应的费率计取。
    A. 最高　　　　B. 最低　　　　C. 平均值　　　　D. 均方值

46. 我国目前规定应计入建筑安装工程造价内的增值税税率为（　　）。
    A. 7%　　　　B. 9%　　　　C. 11%　　　　D. 13%

47. 材料含税价格计算公式为（　　）。
    A. 材料单价＝{（材料原价＋运杂费）×[1＋运输损耗率（%）]}×[1＋采购保管费率（%）]
    B. 材料单价＝{（材料原价）×[1＋运输损耗率（%）]}×[1＋采购保管费率（%）]
    C. 材料单价＝{（材料原价＋运杂费）×运输损耗率（%）×[1＋采购保管费率（%）]
    D. 材料单价＝{（材料原价＋运杂费）×[1＋运输损耗率（%）]}×采购保管费率（%）

48. 运杂费均按交通运输业增值税税率（　　）进行计算。
    A. 7%　　　　B. 9%　　　　C. 11%　　　　D. 13%

49. 工程在市区，简易计税方法下增值税及附加税费费率为（　　）。
    A. 3.37%　　　　B. 3.31%　　　　C. 3.19%　　　　D. 3.17%

50. 工程在县城、镇，简易计税方法下增值税及附加税费费率为（　　）。
    A. 3.37%　　　　B. 3.31%　　　　C. 3.19%　　　　D. 3.17%

三、多项选择题（每小题所设选项中有2个或2个以上正确答案，至少有1个错项）

1. 《建筑安装工程费用》标准规定：建筑安装工程费用项目包括（　　）。
    A. 分部分项工程费　　　　B. 措施项目费
    C. 规费和税金　　　　　　D. 其他项目费
    E. 直接工程费

2. （　　）包含了人工费、材料费、施工机具使用费、企业管理费和利润。
   A. 分部分项工程费　　　　　　　　B. 措施项目费
   C. 规费　　　　　　　　　　　　　D. 其他项目费
   E. 税金

3. 按费率或税率计价的项目有（　　）。
   A. 脚手架搭拆费　　　　　　　　　B. 工程定位复测费
   C. 夜间施工增加费　　　　　　　　D. 规费
   E. 税金

4. 安全文明施工费包括（　　）。
   A. 环境保护费　　　　　　　　　　B. 文明施工费
   C. 夜间施工增加费　　　　　　　　D. 临时设施费
   E. 规费

5. 下列属于环境保护费的是（　　）。
   A. 对施工现场裸露的场地和堆放的土石方采取覆盖、固化、绿化或洒水
   B. 临时设施的装饰装修
   C. 在施工现场设置密闭式垃圾站、办公区和生活区设置封闭式垃圾容器
   D. 现场卫生清扫和保洁的费用
   E. 在办公区、生活区以及作业区（包括明挖基坑的四周）设置排水沟等发生的措施费用

6. 下列属于"五牌一图"的是（　　）。
   A. 工程概况牌　　　　　　　　　　B. 施工人员名单及监督电话牌
   C. 消防保卫牌　　　　　　　　　　D. 安全生产牌
   E. 现场机械位置图

7. 下列属于文明施工费的是（　　）。
   A. "五牌一图"　　　　　　　　　　B. 围挡墙面美化
   C. 施工机械设备降噪　　　　　　　D. 设置排水沟
   E. 施工现场出入口道路接顺发生的人工、材料与机械费用

8. 下列属于安全施工费的是（　　）。
   A. 建筑工地起重机械的监测及检验检测费用
   B. 治安综合治理费用
   C. 施工现场安装和使用视频管理的费用
   D. 临时设施的装饰装修
   E. 施工机具防护棚及其围栏的安全保护设施费用

9. 下列属于临时设施费的是（　　）。
   A. 建筑工地起重机械的监测及检验检测费用
   B. 施工现场门卫室、办公室等设施费用
   C. 施工现场临时建筑物、构筑物的搭设

D. 临时设施的装饰装修

E. 施工现场范围内临时简易道路铺设

10. 现场评价费是指承包人执行有关安全文明施工规定，经（　　）共同依据相关标准和规范性文件规定对施工现场承包人执行有关安全文明施工规定情况进行自评，并经住房城乡建设行政主管部门施工安全监督机构（以下简称施工安全监督机构）核定安全文明施工措施最终综合评价得分，由承包人自愿向安全文明施工费费率测定机构申请并经测定费率后获取的安全文明施工措施增加费。

A. 承包人　　　　B. 监理机构　　　　C. 总承包方

D. 发包人　　　　E. 监理人

11. 关于安全文明施工现场评价费费率说法正确的是（　　）。

A. 得分为 80 分者，现场评价费费率按基本费费率的 40%计取

B. 得分为 80 分者，现场评价费费率按基本费费率的 60%计取

C. 80 分以上每增加 1 分，其现场评价费费率在基本费费率的基础上增加 3%

D. 80 分以上每增加 1 分，其现场评价费费率在基本费费率的基础上增加 2%

E. 中间值采用插入法计算，保留小数点后两位数字，第三位四舍五入

12. 安全文明施工费的计费基数包括（　　）。

A. 分部分项工程的定额人工费

B. 分部分项工程的定额材料费

C. 分部分项工程的定额机械费

D. 单价措施项目的定额人工费

E. 单价措施项目的定额机械费

13. 关于安全文明施工费的计取，说法正确的是（　　）。

A. 在编制设计概算、施工图预算、招标控制价（最高投标限价、标底）时应足额计取，即环境保护费、文明施工费、安全施工费、临时设施费按基本费率标准两倍计取

B. 在编制投标报价时，应按招标人在招标文件中公布的安全文明施工费金额计取

C. 在编制投标报价时，应自主确定安全文明施工费金额

D. 在编制竣工结算时，承包人未向安全文明施工费费率测定机构申请测定费率的，只能按规定计取安全文明施工费基本费

E. 在编制竣工结算时，发包人直接发包工程的安全文明施工纳入总包人统一管理的，总承包人收取相应项目安全文明施工费的 30%

14. 对采用（　　）方式发包的工程，如在签订合同时无法确定其中安全文明施工费具体金额的，市政基础设施的安全文明施工费取费基础暂按签约合同价建安工程造价的 17.5%计算。

A. 工程总承包　　　　　　　　B. 按建筑面积平方米造价包干

C. EPC　　　　　　　　　　　D. 成本加利润

E. 固定单价

15. 在编制（　　）时应足额计取安全文明施工费。
    A. 设计概算 B. 施工图预算
    C. 招标控制价 D. 竣工决算
    E. 竣工结算

16. 夜间施工增加费包括（　　）。
    A 夜间补助费 B. 夜间施工降效
    C. 夜间施工照明设备摊销 D. 照明用电
    E. 夜间管理费

17. 冬（雨）季施工增加费包括（　　）。
    A. 冬季或雨季需增加的临时设施 B. 防滑措施
    C. 排除雨雪措施 D. 照明用电
    E. 施工机械效率降低

18. 编制招标控制价（最高投标限价、标底）时，暂列金额可按（　　）的 10%~15%计取。
    A. 分部分项工程费 B. 措施项目费
    C. 其他项目费 D. 规费
    E. 税金

19. 关于暂列金额的计算方法，说法正确的是（　　）。
    A. 编制招标控制价（最高投标限价、标底）时，暂列金额可按分部分项工程费和措施项目费的 10%~15% 计取
    B. 编制投标报价时，暂列金额应按招标人在其他项目清单中列出的金额填写
    C. 编制投标报价时，暂列金额应按自主确定的金额填写
    D. 编制竣工结算时，应按照合同约定的原则结算
    E. 编制竣工结算时，暂列金额应按招标人在其他项目清单中列出的金额结算

20. 编制竣工结算时，专业工程暂估价应按（　　）计算。
    A. 中标价 B. 投标价 C. 合同价
    D. 实际价格 E. 发、承、分包人最终确认价

21. 关于计日工的说法，正确的是（　　）。
    A. 在编制招标控制价（最高投标限价、标底）时，计日工项目和数量应按其他项目清单列出的项目和数量执行，计日工中人工、机械台班单价应包括综合费
    B. 在编制招标控制价（最高投标限价、标底）时，计日工中的材料单价应按工程造价管理机构发布的工程造价信息中的材料单价计算，工程造价信息未发布材料单价的材料，其价格应按市场调查确定的单价计算
    C. 在编制投标报价时，计日工按招标人在其他项目清单列出的项目和数量执行，投标人自主确定综合单价并计算计日工费用

D. 在编制投标报价时,计日工按招标人在其他项目清单列出的项目和数量执行,投标人按招标控制价中的综合单价计算计日工费用

E. 在编制竣工结算时,计日工的费用应按发承包双方确认的实际数量和合同约定的相应项目综合单价计算

22. 总承包服务费是指(   )等服务所需的费用。
    A. 总承包人为配合协调发包人进行专业工程发包
    B. 对发包人自行采购的材料、工程设备等进行保管
    C. 施工现场管理
    D. 竣工资料汇总整理
    E. 监督分包人

23. 规费包含(   )。
    A. 工程社会保险费
    B. 住房公积金
    C. 工程排污费
    D. 工程定位复测费
    E. 低保补助费

24. 下列属于社会保险费的是(   )。
    A. 养老保险费
    B. 医疗保险费
    C. 工程保险费
    D. 生育保险费
    E. 意外伤害保险费

25. 规费的计取基础包括(   )。
    A. 分部分项工程的定额人工费
    B. 分部分项工程的定额材料费
    C. 分部分项工程的定额机械费
    D. 单价措施项目的定额人工费
    E. 单价措施项目的定额机械费

26. 附加税包括(   )。
    A. 增值税
    B. 城市维护建设税
    C. 教育附加
    D. 地方教育附加
    E. 营业税

本节习题解析

一、判断题(判断正误,正确的打√,错误的打×)

1. 【答案】√
   【解析】本题主要考查的是环境保护费。环境保护费是指施工现场为达到环保等部门要求所需要的各项措施费用。

2. 【答案】×
   【解析】本题主要考查的是环境保护费。现场卫生清扫和保洁的费用属于文明施工费。

3. 【答案】√

   【解析】本题主要考查的是文明施工费。"五牌一图"的费用，包括工程概况牌、管理人员名单及监督电话牌、消防保卫牌、安全生产牌、文明施工牌及施工现场总平面图。

4. 【答案】×

   【解析】本题主要考查的是环境保护费。施工现场施工机械设备降噪音、防扰民措施费用属于环境保护费。

5. 【答案】√

   【解析】本题主要考查的是文明施工费。施工现场地面的硬化费用属于文明施工费。

6. 【答案】×

   【解析】本题主要考查的是安全施工费。建筑工地起重机械的监测及检验检测费用属于安全施工费。

7. 【答案】×

   【解析】本题主要考查的是安全施工费。施工现场安装和使用视频管理的费用属于安全施工费。

8. 【答案】√

   【解析】本题主要考查的是临时设施费。临时设施费是指施工企业为工程施工所必须搭设的生活和生产用的临时建筑物、构筑物和其他临时设施费用等。

9. 【答案】×

   【解析】本题主要考查的是基本费。基本费为承包人在施工过程中发生的安全文明施工措施的基本保障费用。

10. 【答案】√

    【解析】本题主要考查的是现场评价费。现场评价费是指承包人执行有关安全文明施工规定，经发包人、监理人、承包人共同依据相关标准和规范性文件规定对施工现场承包人执行有关安全文明施工规定情况进行自评，并经住房城乡建设行政主管部门施工安全监督机构（以下简称施工安全监督机构）核定安全文明施工措施最终综合评价得分，由承包人自愿向安全文明施工费费率测定机构申请并经测定费率后获取的安全文明施工措施增加费。

11. 【答案】×

    【解析】本题主要考查的是安全文明施工费的计取方法。最终综合评价得分低于70分（不含70分）的，只计取安全文明施工费中的临时设施基本费。

12. 【答案】√

    【解析】本题主要考查的是安全文明施工费的计取方法。施工期间承包人发生一般及以上生产安全事故的，安全文明施工费中的安全施工费按应计费率的60%计取。

13.【答案】×

【解析】本题主要考查的是安全文明施工费的计取方法。工地地面应做硬化处理而未做的,其安全文明施工费中的文明施工费按应计费率的60%计取。

14.【答案】√

【解析】本题主要考查的是安全文明施工费的计取方法。安全施工费已包括施工现场安装和使用视频监控系统的费用以及专门的安全隐患排查等费用,如未安装和使用或经现场评价不符合《四川省住房和城乡建设厅关于开展建设工程质量安全数字化管理工作的通知》(川建质安发〔2013〕39号)规定,或未按要求组织专门的安全隐患排查的,其安全文明施工费中的安全施工费按应计费率的75%计取。

15.【答案】×

【解析】本题主要考查的是安全文明施工费的费率测定。安全文明施工费费率的测定采取自愿的原则。

16.【答案】√

【解析】本题主要考查的是二次搬运费。二次搬运费是指因施工场地条件限制而发生的材料、构配件、半成品等一次运输不能到达堆放地点,必须进行二次或多次搬运所发生的费用。

17.【答案】×

【解析】本题主要考查的是工程定位复测费。工程定位复测费是指工程施工过程中进行全部施工测量放线和复测工作的费用。

18.【答案】×

【解析】本题主要考查的是暂列金额。暂列金额是指建设单位在工程量清单中暂定并包括在工程合同价款中的一笔款项。用于施工合同签订时尚未确定或者不可预见的所需材料、工程设备、服务的采购,施工中可能发生的工程变更、合同约定调整因素出现时的工程价款调整以及发生的索赔、现场签证确认等的费用。

19.【答案】×

【解析】本题主要考查的是暂列金额。在编制投标报价时,暂列金额应按招标人在其他项目清单中列出的金额填写。

20.【答案】√

【解析】本题主要考查的是计日工。在编制招标控制价(最高投标限价、标底)时,计日工项目和数量应按其他项目清单列出的项目和数量执行,计日工中人工、机械台班单价应包括综合费,综合费包括:管理费、利润、安全文明施工费等。

21.【答案】×

【解析】本题主要考查的是计日工。在编制招标控制价(最高投标限价、标底)时,计日工项目和数量应按其他项目清单列出的项目和数量执行,计日工中人工、机械台班单价应包括综合费，综合费包括：管理费、利润、安全文明施工费等。其综合费的计取不分一般计税和简易计税。计日工中的人工单价（含规费），应按工程造价管理机构公布的单价计算，计日工中人工单价综合费按定额人工单价的28.38%计算。

22.【答案】√

【解析】本题主要考查的是规费的计取。投标人投标报价按招标人在招标文件中公布的招标控制价（最高投标限价）的规费金额填写，计入工程造价。

二、单项选择题（每题的备选项中，只有1个最符合题意）

1.【答案】D

【解析】本题考查的是环境保护费的费用定义。环境保护费是指施工现场为达到环保等部门要求所需要的各项措施费用，包括贮存水泥、石灰、石膏、砂土等易产生扬尘的物料采取密闭措施发生的费用；不能密闭的，设置不低于堆放物高度的严密围挡，并采取有效覆盖措施防治扬尘污染发生的费用。

2.【答案】D

【解析】本题考查的是文明施工费的内容。"五牌一图"的内容，包括工程概况牌、管理人员名单及监督电话牌、消防保卫牌、安全生产牌、文明施工牌及施工现场总平面图。

3.【答案】C

【解析】本题考查的是文明施工费的内容。"五牌一图"的费用，包括工程概况牌、管理人员名单及监督电话牌、消防保卫牌、安全生产牌、文明施工牌及施工现场总平面图。现场围挡的墙面美化（包括内外粉刷、标语等）、压顶装饰费用，施工现场地面的硬化费用。

4.【答案】D

【解析】本题考查的是安全施工费的内容。其他施工现场临时设施的装饰装修、美化措施费用是文明施工费。

5.【答案】C

【解析】本题考查的是文明施工费的内容。治安综合治理费用是安全文明施工费。

6.【答案】B

【解析】本题主要考查的是环境保护的内容。现场卫生清扫和保洁属于文明施工费。

7.【答案】D

【解析】本题主要考查的是安全施工费的内容。现场卫生清扫和保洁的费用，符合卫生要求的饮水设备、淋浴、消毒等设施费用，采取灭鼠、蚊虫、防煤气中毒、防疫等措施的费用属于文明施工费。

8.【答案】C

【解析】本题主要考查的是临时设施费。临时设施的装饰装修属于文明施工费。

9.【答案】B

【解析】本题考查的是安全文明施工费。安全文明施工费不得作为竞争性费用，包括环境保护费、文明施工、安全施工、临时设施费。

10.【答案】C

【解析】本题考查的是安全施工费中"三宝"的内容。"三宝"指安全帽、安全带、安全网。

11.【答案】D

【解析】本题考查的是安全施工费中"四口"的内容。"四口"指楼梯口、电梯井口、通道口、预留洞口。

12.【答案】D

【解析】本题考查的是安全施工费中"五临边"的内容。"五临边"指阳台围边、楼板围边、屋面围边、槽坑围边、卸料平台两侧。

13.【答案】C

【解析】本题考查的是临时设施费的内容。施工现场安装和使用视频管理的费用是安全施工费。

14.【答案】A

【解析】本题考查的是临时设施费的内容。建筑工地起重机械的监测及检验检测费用是安全施工费。

15.【答案】B

【解析】本题考查的是现场评价费。现场评价费是指承包人执行有关安全文明施工规定，经发包人、监理人、承包人共同依据相关标准和规范性文件规定对施工现场承包人执行有关安全文明施工规定情况进行自评，并经住房城乡建设行政主管部门施工安全监督机构（以下简称施工安全监督机构）核定安全文明施工措施最终综合评价得分，由承包人自愿向安全文明施工费费率测定机构申请并经测定费率后获取的安全文明施工措施增加费。

16.【答案】C

【解析】本题考查的是现场评价费。现场评价费是指承包人执行有关安全文明施工规定，经发包人、监理人、承包人共同依据相关标准和规范性文件规定对施工现场承包人执行有关安全文明施工规定情况进行自评，并经住房城乡建设行政主管部门施工安全监督机构（以下简称施工安全监督机构）核定安全文明施工措施最终综合评价得分，由承包人自愿向安全文明施工费费率测定机构申请并经测定费率后获取的安全文明施工措施增加费。

17.【答案】C

【解析】本题考查的是现场评价费。现场评价费是指承包人执行有关安全文明施工规定，经发包人、监理人、承包人共同依据相关标准和规范性文件规定对施工现场承包人执行有关安全文明施工规定情况进行自评，并经住房城乡建设行政主管部门施工安全监督机构（以下简称施工安全监督机构）核定安全文明施工措施最终综合评价得分，由承包人自愿向安全文明施工费费率测定机构申请并经测定费率后获取的安全文明施工措施增加费。

18. 【答案】A

    【解析】本题考查的是现场评价费。现场评价费费率计算公式如下：基本费费率×40%＋基本费费率×（最终综合评价得分－80）×3%。

19. 【答案】C

    【解析】本题考查的是现场评价费。现场评价费费率计算公式如下：基本费费率×40%＋基本费费率×（最终综合评价得分－80）×3%＝基本费费率×40%＋基本费费率×（85－80）×3%＝基本费费率×55%。

20. 【答案】B

    【解析】本题考查的是现场评价费。最终综合评价得分低于70分（不含70分）的，只计取安全文明施工费中的临时设施基本费。

21. 【答案】A

    【解析】本题考查的是现场评价费。施工期间承包人发生一般及以上生产安全事故的，安全文明施工费中的安全施工费按应计费率的60%计取。

22. 【答案】B

    【解析】本题考查的是现场评价费费率计算。工地地面应做硬化处理而未做的，其安全文明施工费中的文明施工费按应计费率的60%计取。

23. 【答案】C

    【解析】本题考查的是现场评价费费率计算。得分为80分者，现场评价费费率按基本费费率的40%计取，80分以上每增加1分，其现场评价费费率在基本费费率的基础上增加3%，中间值采用插入法计算，保留小数点后两位数字，第三位四舍五入。

24. 【答案】C

    【解析】本题考查的是现场评价费费率计算。得分为80分者，现场评价费费率按基本费费率的40%计取，80分以上每增加1分，其现场评价费费率在基本费费率的基础上增加3%，中间值采用插入法计算，保留小数点后两位数字，第三位四舍五入。

25. 【答案】C

    【解析】本题考查的是现场评价费费率计算。最终综合评价得分低于70分（不含70分）的，只计取安全文明施工费中的临时设施基本费。

26. 【答案】A

    【解析】本题考查的是现场评价费费率计算。工地地面应做硬化处理而未做的，其安全文明施工费中的文明施工费按应计费率的60%计取。

27. 【答案】D

    【解析】本题考查的是安全文明施工费的计算。（分部分项工程及单价措施项目的定额人工费＋定额机械费）×相应测定费率。

28.【答案】D

【解析】本题考查的是安全文明施工费的计算。对采用工程总承包方式（含EPC方式）或按建筑面积平方米造价包干等方式发包的工程，在签订工程承包合同时无法确定安全文明施工费具体金额或未采用四川省计价依据确定工程造价的，房屋建筑工程和市政基础实施工程的安全文明施工费计取基础分别暂按签订合同价中建安工程造价（含合同价款调整）的22.5%、17.5%计算。

29.【答案】C

【解析】本题考查的是安全文明施工费的计算。对采用工程总承包方式（含EPC方式）或按建筑面积平方米造价包干等方式发包的工程，在签订工程承包合同时无法确定安全文明施工费具体金额或未采用四川省计价依据确定工程造价的，房屋建筑工程和市政基础设施工程的安全文明施工费计取基础分别暂按签订合同价中建安工程造价（含合同价款调整）的22.5%、17.5%计算。

30.【答案】D

【解析】本题考查的是安全文明施工费的计算。在编制设计概算、施工图预算、招标控制价（最高投标限价、标底）时应足额计取，即环境保护费、文明施工费、安全施工费、临时设施费费率按基本费费率加现场评价费最高费率计取。

31.【答案】A

【解析】本题考查的是安全文明施工费的计算。对发包人直接发包的专业工程，未纳入总包工程现场评价范围，施工安全监督机构也未单独进行现场评价的，其安全文明施工费以发包人直接发包的工程类型，只能计取基本费。

32.【答案】B

【解析】本题考查的是安全文明施工费的计算。发包人直接发包工程的安全文明施工纳入总承包人统一管理的，总承包人收取相应项目安全文明施工费的40%。发包人在拨付专业工程承包人的安全文明施工费用时，应将其中的40%直接拨付总承包人。

33.【答案】C

【解析】本题考查的是夜间施工增加费、二次搬运费、冬雨季施工增加费、已完工程及设备保护费、工程定位复测费。编制投标报价时，投标人应按照招标人在总价措施项目清单中列出的项目和计算基础自主确定相应费率并计算措施项目费。

34.【答案】D

【解析】本题考查的是夜间施工增加费、二次搬运费、冬雨季施工增加费、已完工程及设备保护费、工程定位复测费。编制竣工结算时，其他总价措施项目费应根据合同约定的金额计算，发、承包双方依据合同约定对其他总价措施项目费进行了调整的，应按调整后的金额计算。

35.【答案】A

【解析】本题考查的是暂列金额的计算。编制招标控制价（最高投标限价、标底）时，暂列金额可按分部分项工程费和措施项目费的10%～15%计取。

36. 【答案】C

【解析】本题考查的是暂估价。暂估价是指招标人在工程量清单中提供的用于支付必然发生但暂时不能确定价格的材料、工程设备的单价以及专业工程的金额，包括材料暂估单价、工程设备暂估单价、专业工程暂估价。

37. 【答案】D

【解析】本题考查的是计日工。计日工是指在施工过程中，承包人完成发包人提出的工程合同范围以外的零星项目或工作，按合同中约定的单价计价的费用。

38. 【答案】B

【解析】本题考查的是计日工。在编制招标控制价（最高投标限价、标底）时，计日工项目和数量应按其他项目清单列出的项目和数量执行，计日工中人工、机械台班单价应包括综合费，综合费包括管理费、利润、安全文明施工费等。其综合费的计取不分一般计税和简易计税。计日工中的人工单价（含规费），应按工程造价管理机构公布的单价计算，计日工中人工单价综合费按定额人工单价的 28.38%计算。计日工中的施工机械台班单价按"附录一施工机械台班费用定额"为基础计算。计日工中机械单价综合费按机械台班单价的 23.83%计算。

39. 【答案】C

【解析】本题考查的是计日工。在编制招标控制价（最高投标限价、标底）时，计日工项目和数量应按其他项目清单列出的项目和数量执行，计日工中人工、机械台班单价应包括综合费，综合费包括管理费、利润、安全文明施工费等。其综合费的计取不分一般计税和简易计税。计日工中的人工单价（含规费），应按工程造价管理机构公布的单价计算，计日工中人工单价综合费按定额人工单价的 28.38%计算。计日工中的施工机械台班单价按"附录一施工机械台班费用定额"为基础计算。计日工中机械单价综合费按机械台班单价的 23.83%计算。

40. 【答案】C

【解析】本题考查的是总承包服务费。当招标人仅要求总包人对其发包的专业工程进行施工现场协调和统一管理、对竣工资料进行统一汇总整理等服务时，总包服务费按发包的专业工程估算造价的 1.5%左右计算。

41. 【答案】C

【解析】本题考查的是总承包服务费。当招标人要求总包人对其发包的专业工程既进行总承包管理和协调，又要求提供相应配合服务时，总承包服务费根据招标文件列出的配合服务内容，按发包的专业工程估算造价的 3%~5%计算。

42. 【答案】A

【解析】本题考查的是总承包服务费。招标人自行供应材料、设备的，按招标人供应材料、设备价值的 1%计算。

43. 【答案】A

【解析】本题考查的是规费。使用国有资金投资的建设工程，编制设计概算、施工图预算、招标控制价（最高投标限价、标底）时，规费按"规费费率计取表"中Ⅰ档费率计算。

44. 【答案】B

【解析】本题考查的是规费。无资质企业，规费费率按下限计取。

45. 【答案】A

【解析】本题考查的是规费。同一承包人有多种资质，规费费率按最高资质对应的费率计取。

46. 【答案】B

【解析】本题考查的是税金。销项税额＝税前不含税工程造价×销项增值税税率9%。

47. 【答案】A

【解析】本题考查的是材料含税单价的计算。材料单价＝{（材料原价＋运杂费）×[1＋运输损耗率（%）]}×[1＋采购保管费率（%）]。

48. 【答案】B

【解析】本题考查的是材料价格的计算。运杂费均按交通运输业增值税税率9%进行计算。

49. 【答案】A

【解析】本题考查的是税金。工程在市区，简易计税方法下增值税及附加税费费率为3.37%。

50. 【答案】B

【解析】本题考查的是税金。工程在县城、镇，简易计税方法下增值税及附加税费费率为3.31%。

三、多项选择题（每小题所设选项中有2个或2个以上正确答案，至少有1个错项）

1. 【答案】ABCD

【解析】本题考查的是建筑安装工程费用项目组成。《建筑安装工程费用》（以下简称"费用标准"）规定：建筑安装工程费用项目由分部分项工程费、措施项目费、其他项目费、规费、税金组成。

2. 【答案】ABD

【解析】本题考查的是建筑安装工程费用项目组成。费用标准规定：建筑安装工程费用项目由分部分项工程费、措施项目费、其他项目费、规费、税金组成。其中分部分项工程费、措施项目费、其他项目费包含了人工费、材料费、施工机具使用费、企业管理费和利润。

3. 【答案】BCDE

【解析】本题考查的是费用标准的适用范围。按费率或税率计价的项目主要包括安全文明施工费、夜间施工增加费、二次搬运费、冬雨季施工增加费、已完工程及设备保护费、工程定位复测费、暂列金额、总承包服务费、规费及税金。

4. 【答案】ABD

【解析】本题考查的是安全文明施工费。安全文明施工费不得作为竞争性费用。

环境保护费、文明施工费、安全施工费、临时设施费分基本费、现场评价费两部分计取。

5.【答案】ACE
【解析】本题考查的是环境保护费。环境保护费是指施工现场为达到环保等部门要求所需要的各项费用。包括：
① 对施工现场裸露的场地和堆放的土石方采取覆盖、固化、绿化或洒水，以及对施工现场易产生粉尘的土石方开挖等采取喷雾等防治扬尘污染措施的费用；
② 为避免施工车辆车轮带泥行驶，在施工现场出入口设置清洗沟或清洗设备等发生的人工、材料与设施摊销费用；运输土石方、渣土、砂石、灰浆和施工垃圾等采取密闭式运输车或采取覆盖措施所增加的周转、摊销费用；
③ 在施工现场设置密闭式垃圾站、办公区和生活区设置封闭式垃圾容器。实现施工垃圾与生活垃圾分类存放而购置容器的周转、摊销费用；
④ 贮存水泥、石灰、石膏、砂土等易产生扬尘的物料采取密闭措施发生的费用；不能密闭的，设置不低于堆放物高度的严密围挡，并采取有效覆盖措施防治扬尘污染发生的费用；
⑤ 为保证施工现场排水通畅，在办公区、生活区以及作业区（包括明挖基坑的四周）设置排水沟等发生的措施费用；
⑥ 施工现场施工机械设备降噪音、防扰民措施费用；
⑦ 工程完工后，就以上措施发生的拆除、清运与恢复费用；
⑧ 施工现场实际发生的其他环保措施费用。

6.【答案】ACD
【解析】本题考查的是文明施工费。"五牌一图"的费用，包括：工程概况牌、管理人员名单及监督电话牌、消防保卫牌、安全生产牌、文明施工牌及施工现场总平面图。

7.【答案】ABE
【解析】本题考查的是文明施工费。文明施工费。文明施工费是指施工现场文明施工所需要的各项费用。包括：
①"五牌一图"的费用，包括：工程概况牌、管理人员名单及监督电话牌、消防保卫牌、安全生产牌、文明施工牌及施工现场总平面图。
② 现场围挡的墙面美化（包括内外粉刷、标语等）、压顶装饰费用；现场食堂制作间灶台及周边、厕所便槽贴瓷砖，地面混凝土硬化或贴地砖的费用；其他施工现场临时设施的装饰装修、美化措施费用。
③ 符合场容场貌、材料堆放等相关规定要求采取措施发生的费用。
④ 现场卫生清扫和保洁的费用；符合卫生要求的饮水设备、淋浴、消毒等设施费用；采取灭鼠、蚊虫、防煤气中毒、防疫等措施的费用。
⑤ 施工现场地面的硬化费用。
⑥ 施工现场出入口道路接顺发生的人工、材料与机械费用。

⑦ 工程完工后，就以上措施发生的拆除、清运与恢复费用。
⑧ 现场实际发生的为保证文明施工的其他措施费用。

8. 【答案】ABCE
【解析】本题考查的是安全施工费。安全施工费是指施工现场安全施工所需要的各项费用。包括：
① 安全资料编制、安全施工标志的购置及安全宣传的费用。包括：施工现场入口处及主要施工区域、危险部位设置相应的安全警示标志牌；绘制安全标志布置图；根据工程部位和现场设施的变化，调整安全标志牌的设置；设置重大危险源公示牌。
② "三宝"（安全帽、安全带、安全网）、"四口"（楼梯口、电梯井口、通道口、预留洞口）、"五临边"（阳台围边、楼板围边、屋面围边、槽坑围边、卸料平台两侧）、水平防护架、垂直防护架、外架封闭等防护的费用。
③ 施工安全用电的费用，包括采用三级配电系统（配备总配电箱、分配电箱、开关箱三类标准电箱）、TN-S接零保护系统、二级漏电保护系统、外电线路防护措施。
④ 起重机、塔吊等起重设备（含井架、门架）及外用电梯的安全防护措施（含警示标志）费用及卸料平台的临边防护、层间安全门、防护棚等设施费用。
⑤ 建筑工地起重机械的监测及检验检测费用。
⑥ 施工机具防护棚及其围栏的安全保护设施费用。
⑦ 保证消防器材配置合理，符合消防要求的消防器材的购置、周转、维护与定期检验等发生的费用。
⑧ 施工现场配备常用药及绷带、止血带、担架等急救器材的费用。
⑨ 治安综合治理费用。
⑩ 施工现场安装和使用视频管理的费用。
⑪ 建立健全安全隐患排查治理体系及施工现场安全隐患排查等所产生的费用。
⑫ 工程完工后，就以上措施发生的拆除、清运与恢复费用。
⑬ 为保证安全施工所发生的其他措施费用。

9. 【答案】BCE
【解析】本题考查的是临时设施费。临时设施费是指施工企业为工程施工所必须搭设的生活和生产用的临时建筑物、构筑物和其他临时设施费用。包括临时设施的搭设、维修、拆除、清理费或摊销费等。包括：
① 施工现场围挡的安拆、维修、周转或摊销的费用。
② 施工现场临时建筑物、构筑物的搭设、维修、周转或摊销的费用。如门卫室、办公室、宿舍、食堂、厕所、淋浴间、开水房、文体活动室、及盥洗设施，临时仓库、加工场、搅拌台、临时简易水塔、水池、泥浆沉淀池等。临时设施应符合环保、消防等要求。
③ 施工现场规定范围内为达到现场办公、生活与作业的基本条件修建的临时给水、排水、供电、通信等临时管线等发生的搭设、维修、周转或摊销等费用。

④ 施工现场规定范围内临时简易道路铺设及施工便桥的搭设、维修、周转或摊销等费用。具体范围如下：

建筑工程：施工现场范围内临时简易道路铺设。

市政工程：施工现场范围内临时简易道路铺设及施工便桥的搭设，但不包括为保证正常的公共交通秩序而修建的社会便桥及交通导改费用。

⑤ 生产工人生活设施的购置、维护与周转等费用，包括宿舍内配置的床、衣柜、桌椅等。

⑥ 工程完工后，就以上措施发生的拆除、清运与恢复费用。

⑦ 其他临时设施搭设、维修、拆除、清运或摊销的费用。

10. 【答案】ADE

【解析】本题考查的是费用标准的取费费率。现场评价费是指承包人执行有关安全文明施工规定，经发包人、监理人、承包人共同依据相关标准和规范性文件规定对施工现场承包人执行有关安全文明施工规定情况进行自评，并经住房城乡建设行政主管部门施工安全监督机构（以下简称施工安全监督机构）核定安全文明施工措施最终综合评价得分，由承包人自愿向安全文明施工费费率测定机构申请并经测定费率后获取的安全文明施工措施增加费。

11. 【答案】ACE

【解析】本题考查的是安全文明施工现场评价费费率。安全文明施工现场评价费费率依据施工安全监督机构核定的安全文明施工最终综合评价得分确定。具体计算方法为：得分为 80 分者，现场评价费费率按基本费费率的 40%计取，80 分以上每增加 1 分，其现场评价费费率在基本费费率的基础上增加 3%，中间值采用插入法计算，保留小数点后两位数字，第三位四舍五入。

12. 【答案】ACDE

【解析】本题考查的是安全文明施工费的计费方法。环境保护费 =（分部分项工程及单价措施项目的定额人工费 + 定额机械费）× 环境保护费测定费率。

13. 【答案】ABD

【解析】本题考查的是安全文明施工费计取的有关规定。

（1）在编制设计概算、施工图预算、招标控制价（最高投标限价、标底）时应足额计取，即环境保护费、文明施工费、安全施工费、临时设施费按基本费率标准两倍计取。

（2）在编制投标报价时，应按招标人在招标文件中公布的安全文明施工费金额计取。

（3）在编制竣工结算时，安全文明施工费按如下规定计取：

① 对承包人向安全文明施工费率测定机构申请测定费率，并出具《建设工程安全文明施工措施评价及费率测定表》的，按《建设工程安全文明施工措施评价及费率测定表》测定的费率办理竣工结算；承包人未向安全文明施工费费率测定机构申请测定费率的，只能按规定计取安全文明施工费基本费。

② 对因发包人原因造成施工安全监督机构未核定安全文明施工措施最终评价得分，承包人无法向安全文明施工费率测定机构申请测定费率的，发包人、监理人、承包人共同对施工现场承包人执行有关安全文明施工规定情况进行检查和评分的结果，测定安全文明施工费费率，在《建设工程安全文明施工措施评价及费率测定表》中确认并说明原因，作为竣工结算的依据。

③ 对发包人直接发包的专业工程，纳入总包工程现场评价范围但未单独进行安全文明施工措施现场评价的，其安全文明施工费以发包人直接发包的工程类型，只能按规定计取安全文明施工费基本费。

④ 对发包人直接发包的专业工程，纳入总包工程现场评价范围但未单独进行安全文明施工措施现场评价的，其安全文明施工费按该工程总承包人的《建设工程安全文明施工措施评价及费率测定表》测定的费率执行；纳入总包工程现场评价范围但该工程总承包人未测定安全文明施工费费率的，其安全文明施工费以该总承包工程类型，只能按基本费费率计取。发包人直接发包工程的安全文明施工纳入总包人统一管理的，总承包人收取相应项目安全文明施工费的40%。

14.【答案】ABC

【解析】本题考查的是安全文明施工费的计费方法。对采用工程总承包方式（含EPC方式）或按建筑面积平方米造价包干等方式发包的工程，在签定工程承包合同时无法确定安全文明施工费具体金额或未采用四川省计价依据确定工程造价的，房屋建筑工程和市政基础设施工程的安全文明施工费计取基础分别暂按签定合同价中建安工程造价（含合同价款调整）的22.5%、17.5%计算，以此作为发包人与承包人在工程承包合同中明确安全文明施工费总费用以及编制费用预付计划的依据，并在结算时以此作为计算合同中安全文明施工费的依据。

15.【答案】ABC

【解析】本题考查的是安全文明施工费的计算。在编制设计概算、施工图预算、招标控制价（最高投标限价、标底）时应足额计取，即环境保护费、文明施工费、安全施工费、临时设施费按基本费率标准两倍计取。

16.【答案】ABCD

【解析】本题考查的是夜间施工增加费的定义。夜间施工增加费是指因夜间施工所发生的夜班补助费、夜间施工降效、夜间施工照明设备摊销及照明用电等费用。

17.【答案】ABCE

【解析】本题考查的是冬（雨）季施工增加费的定义。冬（雨）季施工增加费是指在冬季或雨季施工需增加的临时设施、防滑、排除雨雪，人工及施工机械效率降低等费用。

18.【答案】AB

【解析】本题考查的是暂列金额。编制招标控制价（最高投标限价、标底）时，暂列金额可按分部分项工程费和措施项目费的10%～15%计取。

19.【答案】ABD

【解析】本题考查的是暂列金额。

① 编制招标控制价（最高投标限价、标底）时，暂列金额可按分部分项工程费和措施项目费的 10%～15% 计取。

② 编制投标报价时，暂列金额应按招标人在其他项目清单中列出的金额填写。

③ 编制竣工结算时，若发生属于暂列金额范围的事项，应按照合同约定的原则计入竣工结算。

20.【答案】AE

【解析】本题考查的是暂估价。编制竣工结算时，暂估价中的材料单价应按发、承包双方最终确认价在综合单价中调整；专业工程暂估价应按中标价或发包人、承包人与分包人最终确认价计算。

21.【答案】ABCE

【解析】本题考查的是计日工的计算方法。

① 在编制招标控制价（最高投标限价、标底）时，计日工项目和数量应按其他项目清单列出的项目和数量执行，计日工中人工、机械台班单价应包括综合费，综合费包括：管理费、利润、安全文明施工费等。其综合费的计取不分一般计税和简易计税。计日工中的人工单价（含规费），应按工程造价管理机构公布的单价计算，计日工中人工单价综合费按定额人工单价的 28.38% 计算；计日工中的施工机械台班单价按《四川省建设工程工程量清单计价定额》(2020)"附录一施工机械台班费用定额"为基础计算。计日工中机械单价综合费按定额机械台班单价的 23.83% 计算。

计日工中的材料单价应按工程造价管理机构发布的工程造价信息中的材料单价计算，工程造价信息未发布材料单价的材料，其价格应按市场调查确定的单价计算。

② 在编制投标报价时，计日工按招标人在其他项目清单列出的项目和数量执行，投标人自主确定综合单价并计算计日工费用。

③ 在编制竣工结算时，计日工的费用应按发承包双方确认的实际数量和合同约定的相应项目综合单价计算。

22.【答案】ABCD

【解析】本题考查的是总承包服务费。总承包服务费是指总承包人为配合协调发包人进行的专业工程发包，对发包人自行采购的材料、工程设备等进行保管以及施工现场管理、竣工资料汇总整理等服务所需的费用。

23.【答案】ABC

【解析】本题考查的是规费内容。规费包括工程社会保险费、住房公积金、工程排污费。规费不得作为竞争性费用。

24.【答案】ABD

【解析】本题考查的是社会保险费。社会保险费包括养老保险费、失业保险费、医疗保险费、工伤保险费、生育保险费。

25.【答案】AD
【解析】本题考查的是规费。规费的计取基础为分部分项工程及单价措施项目定额人工费。
26.【答案】BCD
【解析】本题考查的是税金。附加税包括城市维护建设税、教育附加及地方教育附加。

第四节 建设工程最高投标限价的编制

本节知识导图

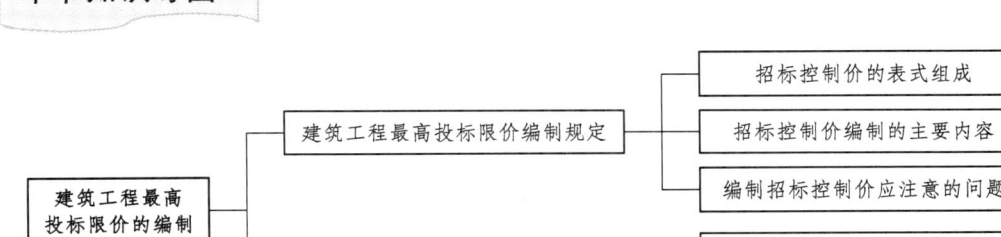

本节习题精选

一、判断题（判断正误，正确的打√，错误的打×）

1. 招标控制价编制完成后，只能下浮不能上调。（   ）
2. 招标人设有最高投标限价的，不须在招标文件中明确最高投标限价或者最高投标限价的计算方法。（   ）
3. 编制招标控制价时，规费应按照《四川省建设工程工程量清单计价定额》（2020）中"规费费率计取表"中Ⅰ档费率计算。（   ）
4. 编制招标控制价时，安全文明施工费应只计取基本费费率。（   ）
5. 当招标控制价超过批准的概算时，建设单位应将其报原概算审批部门审核。（   ）
6. 编制招标控制价时，材料价格可任意选用材料信息价或材料市场价。（   ）
7. 招标控制价的编制总说明必须遵从招标工程量清单总说明的要求编写。（   ）
8. 采用综合单价计价，是工程量清单计价方法的一个重要特征。（   ）

9. 招标工程量清单提供了暂估单价的材料和工程设备，在计算其综合单价时，应按暂估的单价计入综合单价。（   ）

10. 脚手架搭拆费的综合单价只能按照单价措施项目清单计价。（   ）

11. 夜间施工增加费应按总价措施项目计价。（   ）

12. 在编制招标控制价时，招标人不需要填报计日工价格。（   ）

13. 招标控制价应由具有编制能力的招标人或受其委托具有相应资质的工程造价咨询人编制和复核。（   ）

14. 工程造价咨询人接受招标人委托编制招标控制价，可以就同一工程接受投标人委托编制投标报价。（   ）

15. 招标人应在发布招标文件时公布招标控制价，同时应将招标控制价及有关资料报送工程所在地或有该工程管辖权的行业管理部门工程造价管理机构备查。（   ）

二、单项选择题（每题的备选项中，只有1个最符合题意）

1. 最高投标限价超过批准的设计概算时，招标人应（   ）。
   A. 自行降低最高投标限价
   B. 重新委托编制设计概算
   C. 将其报原设计概算审批部门审核
   D. 继续进行招标工作

2. 招标控制价的编制中，材料单价应按照（   ）发布的工程造价信息中的材料单价计算。
   A. 市场   B. 建设部
   C. 工程造价管理机构   D. 国家或省级、行业建设主管部门

3. 关于招标控制价中材料单价的确定，说法正确的是（   ）。
   A. 必须为材料信息价
   B. 必须为材料市场价
   C. 可以自行选择材料信息价或者材料市场价
   D. 未采用工程造价管理部门发布的材料信息价而是采用的材料市场价，需要在招标文件中予以说明

4. 编制招标控制价时，规费应按照《四川省建设工程工程量清单计价定额》（2020）中"规费费率计取表"中（   ）档费率计算。
   A. Ⅰ   B. Ⅱ   C. Ⅲ   D. Ⅳ

5. 编制招标控制价时，安全文明施工费应足额计取，即环境保护费、文明施工费、安全施工费、临时设施费的费率按照基本费费率加现场评价费（   ）费率计取。
   A. 最低   B. 最高   C. 两倍   D. 平均

6. 招标控制价表式中的汇总表是由计算机自动汇总和分类的，其汇总的正确顺序是（   ）。

① 单项工程招标控制价汇总表；② 单位工程招标控制价汇总表；③ 建设项目招标控制价汇总表。

  A. ③→①→② B. ②→③→① C. ①→②→③ D. ②→①→③

7. 关于招标控制价编制，说法错误的是（   ）。
  A. 措施项目费的计算是招标控制价编制中最重要的环节
  B. 采用综合单价计价，是工程量清单计价方法的一个重要特征
  C. 综合单价中的风险费用的考虑和计算也是目前工程造价管理中的重要问题
  D. 分部分项工程费计算，其实质就是综合单价的组价问题

8. 采用（   ）计价，是工程量清单计价方法的一个重要特征。
  A. 工料单价 B. 综合单价 C. 全费用单价 D. 实际单价

9. 招标控制价中，清单项目综合单价确定的正确方法是（   ）。
  A. ∑（清单项目所包含的各定额项目的工程量×定额综合单价）/清单工程量
  B. ∑（清单项目所包含的各定额项目的工程量×定额综合单价）
  C. 清单项目工程量×∑所包含的各定额项目的定额综合单价
  D. （∑清单项目所包含的各定额项目的工程量×定额综合单价）/定额工程量

10. 工程量清单项目套用计价定额组价的结果是计算该清单项目的（   ）。
  A. 人工单价 B. 综合费用 C. 综合单价 D. 合价

11. 在编制招标控制价时，（   ）应计入综合单价。
  A. 暂列金额   B. 材料暂估价
  C. 专业工程暂估价   D. 总承包服务费

12. 下列应按单价措施项目清单计价的是（   ）。
  A. 二次搬运费   B. 夜间施工增加费
  C. 脚手架搭拆   D. 安全文明施工费

13. 下列应按总价措施项目清单计价的是（   ）。
  A. 二次搬运费   B. 金属抱杆
  C. 脚手架搭拆   D. 钢筋混凝土模板

14. 单价措施项目综合单价的组价方法有（   ）种。
  A. 一 B. 二 C. 三 D. 四

15. （   ）是将构成招标控制价综合单价中所含人工费、材料费、机械使用费、企业管理费和利润各项费用进行分拆和分析的表格。
  A. 分部分项工程和单价措施项目清单与计价表
  B. 总价措施项目清单与计价表
  C. 综合单价分析表
  D. 单位工程招标控制价汇总表

16. 招标控制价中，以下关于措施项目计价，说法正确的是（　　）。
    A. 应根据招标人提出的措施项目清单，按一般情况确定
    B. 应考虑不同投标人拥有的施工装备、技术水平和采用的施工方法有所差异
    C. 应根据拟定的招标文件中的措施项目清单和投标人的情况确定
    D. 应按最先进的施工装备、技术水平和施工方法计价

17. 招标控制价中的总价措施项目计价方法是（　　）。
    A. 措施项目费用与实际完成的实体工程量大小关系大的，应按总价措施项目清单计价
    B. 以"项"为单位，查用措施项目定额，采用正确的综合单价，完成总价措施项目清单计价
    C. 应根据拟定的招标文件中的措施项目清单和投标人的情况确定
    D. 以"项"为单位，查用准确的费率，采用正确的计算基数，完成总价措施项目清单计价

18. 以下关于综合单价分析表的说法，错误的是（　　）。
    A. 可以反映构成综合单价的机械消耗量以及机械费的价格
    B. 人工费进行了调整，分析表能看出调整的幅度大小
    C. 综合单价分析表不能反映出构成综合单价的管理费和利润价格的高低
    D. 如果材料价格进行了调整，分析表也能反映材料调价的情况

19. 在编制招标控制价时，暂估价中的材料单价或工程设备单价按（　　）计入综合单价。
    A. 暂定数量　　　B. 暂估金额　　　C. 暂估单价　　　D. 暂估合价

20. 在招标人编制招标控制价时，计日工中的人工综合单价不包括（　　）。
    A. 企业管理费
    B. 利润
    C. 安全文明施工费
    D. 税金

21. 招标控制价应由（　　）编制。
    A. 具有编制能力的招标人
    B. 具有编制能力的投标人
    C. 工程造价管理机构
    D. 评标委员会

22. 招标人应将最高投标限价及有关资料报送（　　）备查。
    A. 招标人所在地的工程造价管理机构
    B. 最高投标限价编制机构所在地的工程造价管理机构
    C. 工程所在地或有该工程管辖权的行业管理部门工程造价管理机构
    D. 招标代理机构所在地的工程造价管理机构

23. 最高投标限价超过批准的设计概算时，招标人应（　　）。
    A. 自行降低最高投标限价
    B. 重新委托编制设计概算
    C. 将其报原设计概算审批部门审核
    D. 继续进行招标工作

24. 招标控制价的表式组成不包括（　　）。
    A. 分部分项工程和单价措施项目清单与计价表
    B. 总价措施项目清单与计价表
    C. 其他项目清单与计价汇总表
    D. 规费、税金项目计价表

三、多项选择题（每小题所设选项中有2个或2个以上正确答案，至少有1个错项）

1. 国家规定，招标人应当在招标文件中公布招标控制价金额或者招标控制价的计算方法，其目的有（　　）。
    A. 体现招标的公平、公正性
    B. 防止招标人有意抬高或压低工程造价
    C. 明确采用工程量清单计价模式计价
    D. 以便及时发现设计文件中的错漏之处
    E. 防止投标人有意抬高或压低工程造价

2. 以下各项中属于招标控制价编制依据的是（　　）。
    A. 企业定额
    B. 投标时拟订的施工组织设计
    C. 工程造价管理机构发布的工程造价信息
    D. 招标工程量清单
    E. 建设工程设计文件

3. 下列属于招标控制价的编制依据的有（　　）。
    A. 建设工程设计文件   B. 招标工程量清单
    C. 企业定额   D. 工程特点
    E. 拟定施工方案

4. 关于招标控制价中材料单价的确定，说法正确的是（　　）。
    A. 必须为材料信息价
    B. 必须为材料市场价
    C. 可以自行选择材料信息价或者材料市场价
    D. 未采用工程造价管理部门发布的材料信息价而是采用的材料市场价，需要在招标文件中予以说明
    E. 应采用材料信息价

5. 在编制招标控制价时，以下说法正确的有（　　）。
    A. 采用规费费率有浮动的，应按上限计取
    B. 应采用材料信息价
    C. 工程造价信息中未发布价格的材料，可采用材料市场价
    D. 只能采用材料信息价，不能采用市场价
    E. 采用的材料市场价，需要在招标文件中予以说明

6. 关于招标控制价的编制，说法正确的有（　　）。
   A. 招标控制价不应上调或下浮
   B. 当招标控制价超过批准的概算时，投标人应将其报原概算审批部门审核
   C. 如果在编制招标控制价时未采用工程造价管理部门发布的材料信息价而是采用的材料市场价，不需要在招标文件中说明
   D. 编制招标控制价时，采用规费费率有浮动的，应按上限计取
   E. 编制招标控制价时，安全文明施工费应足额计取

7. 关于招标控制价汇总表说法正确的是（　　）。
   A. 首先按照分部分项工程费、措施项目费、其他项目费、规费、税金项目费用的计算结果，自动生成单项工程招标控制价汇总表
   B. 若干个单位工程招标控制价，自动生成单项工程招标控制价汇总表
   C. 所有的单项工程招标控制价一起，自动生成建设项目招标控制价汇总表
   D. 所有的单位工程招标控制价一起，自动生成建设项目招标控制价汇总表
   E. 编制中对最后的结果一定要认真比较和核对，通过各个数据之间的逻辑关系，对其正确性做出判断

8. 分部分项工程费用是指完成工程量清单列出的各分部分项工程量所需的费用，包括（　　）、利润以及一定范围内的风险费用。
   A. 人工费　　　B. 材料费　　　C. 机械使用费
   D. 企业管理费　E. 规费

9. 分部分项工程费计算，其实质就是综合单价的组价问题，综合单价的组价方法有（　　）。
   A. 根据实际费用估算综合单价
   B. 根据项目特征估算综合单价
   C. 根据工程内容估算综合单价
   D. 根据施工工艺估算综合单价
   E. 套用计价定额计算综合单价

10. 关于套用计价定额计算综合单价说法正确的是（　　）。
    A. 每个清单项目可能包括一个或几个定额子目
    B. 每个清单项目只对应一个定额子目
    C. 在套用计价定额时，就必须将几个定额子目的单价查出，乘以各自的定额工程量得到各自的合价
    D. 几个定额子目的合价叠加，再除以工程量清单的工程量，就得到一个清单项目的综合单价
    E. 在套用定额时，不需要考虑调整或换算

11. 当分部分项工程的内容、材料规格、施工方法、强度等级及配合比等条件与定额项目不相符合时，应根据定额的说明要求，在规定的允许范围内作出（　　）。
    A. 配合比换算　　　　　　　　B. 混凝土强度等级换算

C. 厚度换算 D. 机械费调整
E. 材料费调整

12. 下列可以按单价措施项目清单计价的是（　　）。
    A. 脚手架搭拆费 B. 安全文明施工费
    C. 夜间施工增加费 D. 二次搬运费
    E. 钢筋混凝土模板

13. 下列可以按总价措施项目清单计价的是（　　）。
    A. 脚手架搭拆费 B. 安全文明施工费
    C. 夜间施工增加费 D. 二次搬运费
    E. 钢筋混凝土模板

14. 以下关于综合单价分析表，说法错误的有（　　）。
    A. 是对综合单价中所含人工费、材料费、机械使用费、企业管理费和利润进行分析和分拆的表格
    B. 分部分项工程的每一项综合单价均做分析
    C. 措施项目工程的每一项综合单价均做分析
    D. 重点是对综合单价中工料机费用构成进行分析
    E. 如果调整了管理费和利润，综合单价分析表无法分析出调整幅度的大小

15. 下列属于招标人暂估的费用有（　　）。
    A. 暂列金额 B. 材料和设备的暂估单价
    C. 专业工程暂估价 D. 总承包服务费用
    E. 计日工单价

16. 在编制招标控制价时，按招标工程量清单引用填报的费用有（　　）。
    A. 暂列金额 B. 材料和设备的暂估单价
    C. 专业工程暂估价 D. 总承包服务费用
    E. 计日工单价

17. 在编制招标控制价时，关于计日工表说法正确的有（　　）。
    A. 计日工中的人工单价应按工程造价管理机构公布的单价计算
    B. 计日工中的人工单价应按市场单价计算
    C. 计日工中的材料单价应按照工程造价管理机构发布的工程造价信息中的材料单价计算
    D. 工程造价信息没有发布材料单价的材料，其价格应按市场询价确定的单价计算
    E. 计日工中的施工机械台班单价应按市场单价计算

18. 招标控制价的表式组成不包括（　　）。
    A. 分部分项工程和单价措施项目清单与计价表
    B. 总价措施项目清单与计价表
    C. 其他项目清单与计价汇总表

D. 规费、税金项目计价表
E. 单价措施项目清单与计价表
19. 招标控制价应由（　　）编制。
A. 具有编制能力的招标人
B. 工程造价管理机构
C. 具有编制能力的投标人
D. 评标委员会
E. 受招标人委托具有相应资质的工程造价咨询人

本节习题解析

一、判断题（判断正误，正确的打√，错误的打×）

1. 【答案】×
【解析】本题主要考查的是招标控制价编制的一般规定。招标控制价编制完成后，不应上调或下浮。

2. 【答案】×
【解析】本题主要考查的是招标控制价的编制要求。招标人设有最高投标限价的，应当在招标文件中明确最高投标限价或者最高投标限价的计算方法。

3. 【答案】√
【解析】本题主要考查的是招标控制价编制的一般规定。编制招标控制价时，规费应按照《四川省建设工程工程量清单计价定额》（2020）中"规费费率计取表"中Ⅰ档费率计算。

4. 【答案】×
【解析】本题主要考查的是招标控制价编制的一般规定。编制招标控制价时，安全文明施工费应足额计取，即环境保护费、文明施工费、安全施工费、临时设施费的费率按照基本费费率加现场评价费最高费率计取。

5. 【答案】×
【解析】本题主要考查的是招标控制价编制的一般规定。当招标控制价超过批准的概算时，招标人应将其报原概算审批部门审核。

6. 【答案】×
【解析】本题主要考查的是招标控制价编制的一般规定。采用的材料价格应该是政府工程造价管理机构每月通过工程造价信息发布的材料价格，俗称为材料信息价。工程造价信息未发布价格的材料，应通过市场询价确定，称为材料市场价。如果在编制招标控制价时未采用工程造价管理部门发布的材料信息价而是采用的材料市场价，需要在招标文件中予以说明。

7.【答案】√

【解析】本题主要考查的是招标控制价编制的主要内容。招标控制价是在招标工程量清单的基础上编制的，必须完全按照招标工程量清单总说明的要求进行。所以招标控制价的编制总说明必须遵从招标工程量清单总说明的要求编写。

8.【答案】√

【解析】本题主要考查的是招标控制价编制的主要内容。采用综合单价计价，是工程量清单计价方法的一个重要特征。

9.【答案】√

【解析】本题主要考查的是招标控制价编制的主要内容。招标工程量清单提供了暂估单价的材料和工程设备，在计算其综合单价时，应按暂估的单价计入综合单价。

10.【答案】×

【解析】本题主要考查的是招标控制价编制的主要内容。单价措施项目清单计价，是指可以计算工程量的措施项目，如脚手架搭拆、建筑物超高增加等，一般情况下，综合单价的组价方法有以下两种：

① 按照单价措施项目清单计价，即完全按照分部分项工程量清单的方式，套用计价定额，按规定进行人工、材料的调整，按规则进行定额换算，最后得出清单综合单价，再乘以对应的单价措施项目工程量，完成单价措施项目清单计价。

② 依据相应的计价定额说明，按规定计价。例如，给排水、采暖、燃气管道的脚手架搭拆费按定额人工费的5%计算，其中人工占35%，机械占5%。

11.【答案】√

【解析】本题主要考查的是招标控制价编制的主要内容。总价措施项目计价，是指措施项目费用的发生和金额与实际完成的实体工程量大小无法直接联系的措施项目，如安全文明施工费、夜间施工增加费、二次搬运费等，应按总价措施项目计价。

12.【答案】×

【解析】本题主要考查的是招标控制价编制的主要内容。在编制招标控制价（最高投标限价、标底）时，计日工项目和数量应按其他项目清单列出的项目和数量执行，计日工中人工、机械台班单价应包括综合费，综合费包括：管理费、利润、安全文明施工费等。

13.【答案】√

【解析】本题主要考查的是招标控制价的编制。招标控制价应由具有编制能力的招标人或受其委托具有相应资质的工程造价咨询人编制和复核。

14.【答案】×

【解析】本题主要考查的是招标控制价的编制。工程造价咨询人接受招标人委托编制招标控制价，不得再就同一工程接受投标人委托编制投标报价。

15.【答案】√

【解析】本题主要考查的是招标控制价的编制。招标人应在发布招标文件时公布招标控制价，同时应将招标控制价及有关资料报送工程所在地或有该工程管辖权的行业管理部门工程造价管理机构备查。

二、单项选择题（每题的备选项中，只有1个最符合题意）

1.【答案】C

【解析】本题考查的是招标控制价的编制。当招标控制价超过批准的概算时，招标人应将其报原概算审批部门审核。

2.【答案】C

【解析】本题考查的是招标控制价的编制。采用的材料价格应该是政府工程造价管理机构每月通过工程造价信息发布的材料价格，一般称为材料信息价。工程造价信息中未发布价格的材料，应通过市场询价确定，称为材料市场价。如果在编制招标控制价时未采用工程造价管理部门发布的材料信息价而是采用的材料市场价，需要在招标文件中予以说明。

3.【答案】D

【解析】本题考查的是招标控制价的编制。采用的材料价格应该是政府工程造价管理机构每月通过工程造价信息发布的材料价格，一般称为材料信息价。工程造价信息中未发布价格的材料，应通过市场询价确定，称为材料市场价。如果在编制招标控制价时未采用工程造价管理部门发布的材料信息价而是采用的材料市场价，需要在招标文件中予以说明。

4.【答案】A

【解析】本题主要考查的是招标控制价编制的一般规定。编制招标控制价时，规费应按照《四川省建设工程工程量清单计价定额》（2020）中"规费费率计取表"中Ⅰ档费率计算。

5.【答案】B

【解析】本题主要考查的是招标控制价编制的一般规定。编制招标控制价时，安全文明施工费应足额计取，即环境保护费、文明施工费、安全施工费、临时设施费的费率按照基本费费率加现场评价费最高费率计取。

6.【答案】D

【解析】本题考查的是招标控制价的编制规定。首先按照分部分项工程费、措施项目费、其他项目费、规费、税金项目费用的计算结果，自动形成单位工程招标控制价汇总表；若干个单位工程招标控制价，自动形成单项工程招标控制价汇总表；所有的单项工程招标控制价一起，自动形成建设项目招标控制价汇总表。

7. 【答案】A

【解析】本题考查的是招标控制价的编制规定。分部分项工程量清单与计价表，这是招标控制价编制中最重要的环节。采用综合单价计价，是工程量清单计价方法的一个重要特征。综合单价中的风险费用的考虑和计算也是目前工程造价管理中的重要问题。

8. 【答案】B

【解析】本题考查的是招标控制价的编制规定。采用综合单价计价，是工程量清单计价方法的一个重要特征。

9. 【答案】A

【解析】本题考查的是分部分项工程量清单计价。每个清单项目可能包括一个或几个定额子目，套用计价定额时，就必须将几个定额子目的单价查出，乘以各自的定额工程量得到各自的合价；几个定额子目的合价叠加，再除以工程量清单的工程量，就得到一个清单项目的综合单价。

10. 【答案】C

【解析】本题考查的是分部分项工程和单价措施项目清单与计价表的编制。工程量清单项目套用计价定额组价的结果是计算该清单项目的综合单价。

11. 【答案】B

【解析】本题考查的是措施项目计价。招标工程量清单提供了暂估单价的材料和工程设备，在计算其综合单价时，应按暂估的单价计入综合单价。

12. 【答案】C

【解析】本题考查的是招标控制价的编制规定。单价措施项目清单计价，是指可以计算工程量的措施项目，如脚手架搭拆、建筑物超高增加等。

13. 【答案】A

【解析】本题考查的是措施项目计价。总价措施项目计价，是指措施项目费用的发生和金额与实际完成的实体工程量大小无法直接联系的措施项目，如安全文明施工费、夜间施工增加费、二次搬运费等，应按总价措施项目计价。

14. 【答案】B

【解析】本题考查的是措施项目计价。单价措施项目清单计价，是指可以计算工程量的措施项目，如脚手架搭拆、建筑物超高增加等，一般情况下，综合单价的组价方法有以下两种：

① 按照单价措施项目清单计价，即完全按照分部分项工程量清单的方式，套用计价定额，按规定进行人工、材料的调整，按规则进行定额换算，最后得出清单综合单价，再乘以对应的单价措施项目工程量，完成单价措施项目清单计价。

② 依据相应的计价定额说明，按规定计价。例如，给排水、采暖、燃气管道的脚手架搭拆费按定额人工费的5%计算，其中人工占35%，机械占5%。

15. 【答案】C

【解析】本题考查的是综合单价分析表。综合单价分析表就是将构成招标控制价综合单价中所含人工费、材料费、机械使用费、企业管理费和利润各项费用进行分拆和分析的表格。

16.【答案】A
【解析】本题考查的是招标控制价的措施项目清单与计价的编制。在编制招标工程量清单时，招标人提出的措施项目清单是根据一般情况确定的，没有考虑不同投标人的"个性"，由于各投标人拥有的施工装备、技术水平和采用的施工方法有所差异。因此在编制招标控制价时，措施项目费依据国家或省级、行业建设主管部门颁发的计价定额和计价办法规定的标准计算。

17.【答案】D
【解析】本题考查的是招标控制价的措施项目清单与计价的编制。总价措施项目计价以"项"为单位，查用计价定额中准确的费率，按照规定采用正确的计算基数，完成总价措施项目计价。

18.【答案】C
【解析】本题考查的是综合单价分析表的编制。对企业管理费和利润，综合单价分析表可以反映出构成综合单价的管理费和利润价格的高低。如果调整了管理费和利润，综合单价分析表也可以分析出调整幅度的大小。

19.【答案】C
【解析】本题考查的是招标控制价的材料（工程设备）暂估单价及调整表的编制。暂估价中的材料单价或工程设备单价在编制招标控制价时应根据招标工程量清单中提供的单价计入综合单价。

20.【答案】D
【解析】本题考查的是计日工表的编制。在招标人编制招标控制价时，计日工中的人工单价应按工程造价管理机构公布的单价计算。计日工中人工、机械台班单价应包括综合费，综合费包括：管理费、利润、安全文明施工费等。

21.【答案】A
【解析】本题考查的是招标控制价的编制。招标控制价应由具有编制能力的招标人或受其委托具有相应资质的工程造价咨询人编制和复核。

22.【答案】C
【解析】本题考查的是招标控制价的编制。招标人应在发布招标文件时公布招标控制价，同时应将招标控制价及有关资料报送工程所在地或有该工程管辖权的行业管理部门工程造价管理机构备查。

23.【答案】C
【解析】本题考查的是招标控制价的编制。当招标控制价超过批准的概算时，招标人应将其报原概算审批部门审核。

24.【答案】D
【解析】本题考查的是招标控制价的表式。招标控制价的表式不包括规费、税金项目计价表。

三、多项选择题（每小题所设选项中有 2 个或 2 个以上正确答案，至少有 1 个错项）

1. 【答案】AB
   【解析】本题考查的是建筑工程最高投标限价的编制规定。同时为了体现招标的公平、公正性，防止招标人有意抬高或压低工程造价，按照国家规定，招标人应当在招标文件中公布招标控制价金额或者招标控制价的计算方法。

2. 【答案】CDE
   【解析】本题主要考查的是招标控制价的编制依据。
   ①《建设工程工程量清单计价规范》（GB 50500—2013）。
   ② 国家或省级、行业建设主管部门颁发的计价定额和计价办法。
   ③ 建设工程设计文件及相关资料。
   ④ 拟订的招标文件及招标工程量清单。
   ⑤ 与建设项目相关的标准、规范、技术资料。
   ⑥ 施工现场情况、工程特点及常规施工方案。
   ⑦ 工程造价管理机构发布的工程造价信息，当工程造价信息没有发布时，参照市场价。
   ⑧ 其他的相关资料。

3. 【答案】ABD
   【解析】本题主要考查的是招标控制价的编制依据。
   ①《建设工程工程量清单计价规范》（GB 50500—2013）。
   ② 国家或省级、行业建设主管部门颁发的计价定额和计价办法。
   ③ 建设工程设计文件及相关资料。
   ④ 拟订的招标文件及招标工程量清单。
   ⑤ 与建设项目相关的标准、规范、技术资料。
   ⑥ 施工现场情况、工程特点及常规施工方案。
   ⑦ 工程造价管理机构发布的工程造价信息，当工程造价信息没有发布时，参照市场价。
   ⑧ 其他的相关资料。

4. 【答案】DE
   【解析】本题考查的是招标控制价的编制。采用的材料价格应该是政府工程造价管理机构每月通过工程造价信息发布的材料价格，一般称为材料信息价。工程造价信息中未发布价格的材料，应通过市场询价确定，称为材料市场价。如果在编制招标控制价时未采用工程造价管理部门发布的材料信息价而是采用的材料市场价，需要在招标文件中予以说明。

5. 【答案】BCE
   【解析】本题考查的是招标控制价的编制。采用的材料价格应该是政府工程造价管理机构每月通过工程造价信息发布的材料价格，一般称为材料信息价。工程造价信息中未发布价格的材料，应通过市场询价确定，称为材料市场价。如果在编制招标控制价时未采用工程造价管理部门发布的材料信息价而是采用的材料市场价，需要在招标文件中予以说明。规费应按照《四川省建设工程工程量清单计价定额》（2020）中"规费费率计取表"中Ⅰ档费率计算。

6.【答案】BCE

【解析】本题考查的是招标控制价的编制。

① 招标控制价应按照上述"（一）招标控制价的编制依据"的规定编制，不应上调或下浮。

② 当招标控制价超过批准的概算时，招标人应将其报原概算审批部门审核。

③ 采用的材料价格应该是政府工程造价管理机构每月通过工程造价信息发布的材料价格，一般称为材料信息价。工程造价信息中未发布价格的材料，应通过市场询价确定，称为材料市场价。如果在编制招标控制价时未采用工程造价管理部门发布的材料信息价而是采用的材料市场价，需要在招标文件中予以说明。

④ 编制招标控制价时，规费应按照《四川省建设工程工程量清单计价定额》（2020）中"规费费率计取表"中Ⅰ档费率计算。

⑤ 编制招标控制价时，安全文明施工费应足额计取，即环境保护费、文明施工费、安全施工费、临时设施费的费率按照基本费费率加现场评价费最高费率计取。

7.【答案】BCE

【解析】本题考查的是招标控制价汇总表。在使用工程造价计价软件的情况下，上述三个汇总表都是由计算机自动汇总和分类的。首先按照分部分项工程费、措施项目费、其他项目费、规费、税金项目费用的计算结果，自动生成单位工程招标控制价汇总表；若干个单位工程招标控制价，自动生成单项工程招标控制价汇总表；所有的单项工程招标控制价一起，自动生成建设项目招标控制价汇总表。编制中对最后的结果一定要认真比较和核对，通过各个数据之间的逻辑关系，对其正确性做出判断。

8.【答案】ABCD

【解析】本题考查的是分部分项工程量清单与计价表的编制。分部分项工程费用是指完成工程量清单列出的各分部分项工程量所需的费用，包括人工费、材料费、机械使用费、企业管理费、利润以及一定范围内的风险费用。

9.【答案】AE

【解析】本题考查的是招标控制价的编制规定。分部分项工程费计算，其实质就是综合单价的组价问题。一般情况下，综合单价的组价方法有以下两种：① 套用计价定额计算综合单价；② 套用计价定额计算综合单价。

10.【答案】ACD

【解析】本题考查的是套用计价定额计算综合单价。由于工程量清单项目编制的综合性，每个清单项目可能包括一个或几个定额子目，在套用计价定额时，就必须将几个定额子目的单价查出，乘以各自的定额工程量得到各自的合价；几个定额子目的合价叠加，再除以工程量清单的工程量，就得到一个清单项目的综合单价。这就是工程量清单计价通过计价定额的组价过程。工程量清单项目套用计价定额组价的结果是计算该清单项目的综合单价。在套用定额时，还需要考虑对需要调整或换算的项目进行调整或换算。

11. 【答案】ABC

    【解析】本题考查的是套用计价定额计算综合单价。工程量清单项目套用计价定额组价的结果是计算该清单项目的综合单价。在套用定额时，还需要考虑对需要调整或换算的项目进行调整或换算。一是根据各地规定对人工费、材料单价、机械费等进行调整。二是当分部分项工程的内容、材料规格、施工方法、强度等级及配合比等条件与定额项目不相符合时，应根据定额的说明要求，在规定的允许范围内作出配合比换算、混凝土强度等级换算、厚度换算、其他有关的材料代换等，最后才能得出该项目的正确的综合单价。

12. 【答案】AE

    【解析】本题考查的是单价措施项目清单计价。单价措施项目清单计价，是指可以计算工程量的措施项目，如脚手架搭拆、建筑物超高增加等。

13. 【答案】BCD

    【解析】本题考查的是总价措施项目清单计价。总价措施项目计价，是指措施项目费用的发生和金额与实际完成的实体工程量大小无法直接联系的措施项目，如安全文明施工费、夜间施工增加费、二次搬运费等，应按总价措施项目计价。

14. 【答案】CE

    【解析】本题考查的是综合单价分析表的编制。综合单价分析表包括分部分项工程费综合单价分析表和单价措施项目费综合单价分析表。综合单价分析表就是将构成招标控制价综合单价中所含人工费、材料费、机械使用费、企业管理费和利润各项费用进行分拆和分析的表格。它以构成分部分项工程和单价措施项目工程的每一项综合单价为基础，重点对综合单价中工料机费用构成进行分析。如果调整了管理费和利润，综合单价分析表也可以分析出调整幅度的大小。

15. 【答案】ABC

    【解析】本题考查的是其他项目清单与计价。其他项目是指暂列金额、暂估价（包括材料暂估单价、工程设备暂估单价、专业工程暂估价）、计日工、总承包服务费。前两个费用是招标人暂估的费用。

16. 【答案】ABC

    【解析】本题考查的是编制招标控制价时其他项目表格的编制。暂列金额、材料和设备的暂估单价、专业工程暂估价是招标人在编制招标工程量清单中已经确定的，编制招标控制价时只需直接引用并填入暂列金额明细表即可，并按规定计入招标控制价的总价中。

17. 【答案】ACD

    【解析】本题考查的是编制招标控制价时其他项目表格的编制。在编制招标工程量清单时，计日工项目和数量已在计日工表中列出了项目和数量，其目的是要求投标人报价。在招标人编制招标控制价时，计日工中的人工单价应按工程造价管理机构公布的单价计算；计日工中的施工机械台班单价应按《四川省建设工程工程量清单计价定额》（2020）附录一的规定为基础计算；计日工中的材料单价应按照工程造价管理机构发布的工程造价信息中的材料单价计算，工程造价信息没有发布材料单价的材料，其价格应按市场询价确定的单价计算。

18.【答案】DE
【解析】本题考查的是招标控制价的表式。招标控制价的表式组成不包括单价措施项目清单与计价表、规费、税金项目计价表。

19.【答案】AE
【解析】本题考查的是招标控制价的编制。招标控制价应由具有编制能力的招标人或受其委托具有相应资质的工程造价咨询人编制和复核。工程造价咨询人接受招标人委托编制招标控制价，不得再就同一工程接受投标人委托编制投标报价。

第五节　建设工程投标报价的编制

本节知识导图

```
                              ┌── 投标报价的表式组成
           ┌─ 建筑工程投标报价编制原则 ─┤
           │                  └── 投标报价编制的基本原则
           │
建筑工程投标  │                  ┌── 分部分项工程费编制
报价的编制  ─┤                  ├── 综合单价分析表编制
           │                  ├── 总价措施项目清单与计价表编制
           │                  ├── 其他项目清单与计价汇总表编制
           └─ 建筑工程投标报价编制方法 ─┤── 发包人提供材料和工程设备一览表编制
                              ├── 承包人提供主要材料和工程设备一览表编制
                              │   （适用于造价信息差额调整法）
                              ├── 承包人提供主要材料和工程设备一览表编制
                              │   （适用于价格指数调整法）
                              └── 规费金额的确定
```

本节习题精选

一、判断题（判断正误，正确的打√，错误的打×）

1. 投标报价不得高于工程成本。（　　）
2. 投标人编制投标报价应优先采用企业定额。（　　）
3. 投标报价的编制应优先采用工程造价管理机构发布的材料信息价。（　　）
4. 投标人投标时可根据招标工程实际情况结合施工组织设计或施工方案，对招标人所列的措施项目进行增补。（　　）
5. 对暂列金额，在投标报价时投标人应按招标人在招标工程量清单中的其他项目清单列出的金额填写，不得增加或减少。（　　）
6. 投标人在投标时，应对发包人提供材料和工程设备一览表进行修改。（　　）
7. 投标人投标报价时，应自己计算规费金额。（　　）

二、单项选择题（每题的备选项中，只有1个最符合题意）

1. 以下不属于投标报价的编制依据的是（　　）。
   A. 行业建设主管部门颁发的计价办法　B. 企业定额
   C. 招标文件　　　　　　　　　　　　D. 招标代理合同
2. 以下不属于投标报价的编制依据的是（　　）。
   A. 答疑纪要　　　　　　　　　　　　B. 企业定额
   C. 拟定的施工方案　　　　　　　　　D. 常规的施工方案
3. 关于投标报价的编制原则，下列说法错误的是（　　）。
   A. 投标人的投标报价不得低于成本
   B. 投标报价应由投标人或受其委托具有相应资质的工程造价咨询人编制
   C. 投标人的投标报价高于招标控制价的应降低
   D. 投标人必须按招标工程量清单填报价格
4. 投标报价的表式组成不包括（　　）。
   A. 分部分项工程和单价措施项目清单与计价表
   B. 总价措施项目清单与计价表
   C. 其他项目清单与计价汇总表
   D. 规费、税金项目计价表
5. 关于投标报价与招标控制价的编制原则说法错误的是（　　）。
   A. 投标报价不得低于工程成本　　　　B. 编制依据有不同
   C. 价格标准相同　　　　　　　　　　D. 采用材料、设备单价的要求不同
6. 投标人编制投标报价应优先采用（　　）。
   A. 企业定额　　　　　　　　　　　　B. 全国统一定额
   C. 地区定额　　　　　　　　　　　　D. 补充定额

7. 投标人编制投标报价时应优先采用（　　）。
   A. 工程造价管理机构发布的材料信息价
   B. 政府指导价
   C. 材料市场价
   D. 材料原价

8. 在编制投标报价时，分部分项工程量必须是招标工程量清单提供的工程量，综合单价应依据招标文件及其招标工程量清单中的分部分项工程量清单项目的（　　）确定计算。
   A. 工程内容　　　　　　　　　B. 项目特征描述
   C. 施工工艺　　　　　　　　　D. 施工工序

9. 在编制投标报价时，（　　）费用依据施工组织设计或施工方案计算。
   A. 分部分项工程费　　　　　　B. 措施项目费
   C. 其他项目费　　　　　　　　D. 规费

10. 投标人对招标文件编列的措施项目或施工组织设计或施工方案中已有的措施项目未报价的，若中标，结算时（　　）相应措施项目的措施费。
    A. 不得增加　　　　　　　　　B. 不得减少
    C. 按合同约定　　　　　　　　D. 按实际情况

11. 投标人在投标报价时，关于安全文明施工费的填报，说法正确的是（　　）。
    A. 应按招标人在招标文件中公布的安全文明施工费固定金额计取
    B. 应按招标人在招标文件中公布的安全文明施工费双倍金额计取
    C. 自行计算
    D. 按 2020 定额规定计算

12. 投标人在投标报价时，关于暂列金额的填报，说法正确的是（　　）。
    A. 应按招标人在招标工程量清单中的其他项目清单列出的双倍金额填写
    B. 应按招标人在招标工程量清单中的其他项目清单列出的金额填写
    C. 自行计算
    D. 计入综合单价

13. 投标人在投标报价时，关于材料、工程设备暂估价的填报，说法正确的是（　　）。
    A. 应按招标人在招标工程量清单中的其他项目清单列出的材料单价或设备单价双倍金额填写
    B. 应按招标人在招标工程量清单中的其他项目清单列出的材料单价或设备单价金额填写
    C. 应在其他项目清单中汇总
    D. 应将招标人在其他项目清单中列出的材料单价或设备单价计入投标报价综合单价

14. 投标人在投标报价时，关于计日工的填报，说法错误的是（　　）。
    A. 应按实际签证确认的数量
    B. 应按招标人在其他项目清单中列出的项目和数量

C. 一般情况下，计日工中的人工单价和施工机械台班单价应按工程造价管理机构公布的单价计算

D. 自主确定综合单价

15. 招标人仅要求对分包的专业工程进行总承包管理和协调时，按分包的专业工程估算造价的（　　）计算。
    A. 1%　　　　B. 1.5%　　　　C. 3%　　　　D. 5%

16. 招标人自行供应材料的，按招标人供应材料价值的（　　）计算。
    A. 1%　　　　B. 1.5%　　　　C. 3%　　　　D. 5%

17. 投标人在投标报价时，关于规费的填报，说法正确的是（　　）。
    A. 应按招标人在招标文件中公布的招标控制价的规费金额填写
    B. 应按招标人在招标文件中公布的招标控制价的规费双倍金额填写
    C. 自行计算
    D. 按 2020 定额规定计算

三、多项选择题（每小题所设选项中有 2 个或 2 个以上正确答案，至少有 1 个错项）

1. 下列属于投标报价的编制依据的是（　　）。
    A. 招标文件、工程量清单
    B. 补充通知答疑纪要
    C. 建设工程设计文件及相关资料
    D. 项目相关的文件、合同、协议
    E. 常规的施工方案

2. 关于投标报价的编制原则，下列说法正确的是（　　）。
    A. 投标人的投标报价不得低于成本
    B. 投标报价应由投标人或受其委托具有相应资质的工程造价咨询人编制
    C. 投标人的投标报价高于招标控制价的应降低
    D. 投标人必须按招标工程量清单填报价格
    E. 投标报价不得上调或下浮

3. 投标人必须按招标工程量清单填报价格，（　　）必须与招标工程量清单一致。
    A. 项目编码　　B. 项目名称　　C. 项目特征
    D. 计量单位　　E. 工程内容

4. 投标报价的表式组成不包括（　　）。
    A. 分部分项工程和单价措施项目清单与计价表
    B. 总价措施项目清单与计价表
    C. 其他项目清单与计价汇总表
    D. 规费、税金项目计价表
    E. 单价措施项目清单与计价表

5. 投标人可以自主报价的有（　　）。
   A. 安全文明施工费
   B. 脚手架搭拆费
   C. 分部分项工程费
   D. 规费
   E. 税金

6. 关于投标报价与招标控制价的编制原则说法正确的是（　　）。
   A. 投标报价不得低于工程成本
   B. 招标控制价的编制只能使用政府主管部门发布的计价定额
   C. 投标人编制投标报价应优先采用企业定额
   D. 投标人编制投标报价也可以参照政府主管部门发布的计价定额
   E. 投标报价的结果不能上调或下浮

7. 关于投标报价与招标控制价中采用材料、设备单价的要求，说法正确的是（　　）。
   A. 招标控制价的编制应优先采用政府主管部门发布的材料信息价
   B. 招标控制价的编制只能采用政府主管部门发布的材料信息价
   C. 招标控制价的编制在材料信息价缺价的情况或某些特殊情况下，才能采用材料市场价
   D. 投标报价的编制提倡优先采用材料市场价
   E. 投标报价的编制不得参照材料信息价

8. 综合单价分析表重点对综合单价中工料机（　　）进行分析，为实施工程造价管控提供依据。
   A. 费用构成
   B. 消耗量
   C. 损耗率
   D. 材料市场价
   E. 材料信息价

9. 在编制投标报价时，投标人应根据（　　）自主计算措施项目费。
   A. 施工图纸
   B. 分部分项工程量清单
   C. 施工组织设计
   D. 施工方案
   E. 企业定额

10. 关于投标人对总价措施项目清单与计价表的编制，说法正确的有（　　）。
    A. 投标人应根据招标文件中的措施项目清单及投标时拟定的施工组织设计或施工方案依据企业定额和市场价格自主计算
    B. 不得按国家或省级、行业建设主管部门颁发的计价定额和计价办法的规定计算
    C. 不得对招标人所列的措施项目进行增补
    D. 投标人投标时可根据招标工程实际情况结合施工组织设计或施工方案，对招标人所列的措施项目进行增补
    E. 投标人对招标文件编列的措施项目或施工组织设计或施工方案中已有的措施项目未报价的，若中标，结算时不得增加或调整相应措施项目的措施费

11. 投标人在投标报价时，关于安全文明施工费的填报，说法正确的是（　　）。
    A. 应按招标人在招标文件中公布的安全文明施工费固定金额计取
    B. 应按招标人在招标文件中公布的安全文明施工费双倍金额计取

C. 不需自行计算安全文明施工费金额
D. 竣工结算时，再按 2020 定额规定重新计算安全文明施工费
E. 竣工结算时，按招标文件中公布的安全文明施工费金额结算

12. 投标人在投标报价时，关于其他项目清单的填报，说法正确的是（　　）。
    A. 对暂列金额，在投标报价时投标人应按招标人在招标工程量清单中的其他项目清单列出的金额填写，不得增加或减少
    B. 应将招标人在其他项目清单中列出的材料单价或设备单价计入投标报价综合单价
    C. 投标人应按招标人在其他项目清单中列出的项目和数量，自主确定综合单价并计算计日工费用
    D. 招标人要求对分包的专业工程进行总承包管理和协调并同时要求提供配合服务时，根据招标文件中列出的配合服务内容和提出的要求按分包的专业工程估算造价的 1.5%计算
    E. 招标人自行供应材料的，按招标人供应材料价值的 1%计算。

13. 投标人在投标报价时，关于规费的填报，说法正确的是（　　）。
    A. 应按招标人在招标文件中公布的招标控制价的规费金额填写
    B. 应按招标人在招标文件中公布的招标控制价的规费双倍金额填写
    C. 自行计算
    D. 竣工结算时，按四川 2020 定额规定重新计算规费
    E. 投标人在编制投标报价时，必须确定规费的金额

本节习题解析

 一、判断题（判断正误，正确的打✓，错误的打×）

1.【答案】×
【解析】本题主要考查的是建筑工程投标报价编制原则。投标人应按照相关规定自主确定投标报价，且投标报价不得低于工程成本。

2.【答案】√
【解析】本题主要考查的是建筑工程投标报价编制原则。投标人编制投标报价应优先采用企业定额，同时也可以参照政府建设行政主管部门发布的计价定额。

3.【答案】×
【解析】本题主要考查的是建筑工程投标报价编制原则。招标控制价的编制应优先采用工程造价管理机构发布的材料信息价，只有在材料信息价缺价的情况或某些特殊情况下，才能采用材料市场价。而投标报价的编制并没有这样的规定，而是提倡优先采用材料市场价，同时也可以参照材料信息价。

4. 【答案】√

【解析】本题主要考查的是建筑工程投标报价编制方法。投标人投标时可根据招标工程实际情况结合施工组织设计或施工方案，对招标人所列的措施项目进行增补。

5. 【答案】√

【解析】本题主要考查的是建筑工程投标报价编制方法。对暂列金额，在投标报价时投标人应按招标人在招标工程量清单中的其他项目清单列出的金额填写，不得增加或减少。

6. 【答案】×

【解析】本题主要考查的是建筑工程投标报价编制方法。发包人提供材料和工程设备一览表为招标人填写。招标人已经在招标工程量清单中填写完毕并提供给投标人。投标人可将此表直接列入投标报价表式中，作为竣工结算的依据之一。

7. 【答案】×

【解析】本题主要考查的是建筑工程投标报价编制方法。投标人投标报价时，应按照招标人在招标文件中公布的招标控制价的规费金额填写，不需投标人自己计算规费金额。

二、单项选择题（每题的备选项中，只有1个最符合题意）

1. 【答案】D

【解析】本题主要考查的是建筑工程投标报价编制依据。
① 《建设工程工程量清单计价规范》（GB 50500—2013）。
② 国家或省级、行业建设主管部门颁发的计价办法。
③ 企业定额，国家或省级、行业建设主管部门颁发的计价定额和计价办法。
④ 招标文件、招标工程量清单及其补充通知、答疑纪要。
⑤ 建设工程设计文件及相关资料。
⑥ 施工现场情况、工程特点及投标时拟定的施工组织设计或施工方案。
⑦ 与建设项目相关的标准、规范等技术资料。
⑧ 市场价格信息或工程造价管理机构发布的工程造价信息。
⑨ 其他的相关资料。

2. 【答案】D

【解析】本题主要考查的是建筑工程投标报价编制依据。
① 《建设工程工程量清单计价规范》（GB 50500—2013）。
② 国家或省级、行业建设主管部门颁发的计价办法。
③ 企业定额，国家或省级、行业建设主管部门颁发的计价定额和计价办法。
④ 招标文件、招标工程量清单及其补充通知、答疑纪要。
⑤ 建设工程设计文件及相关资料。

⑥ 施工现场情况、工程特点及投标时拟定的施工组织设计或施工方案。
⑦ 与建设项目相关的标准、规范等技术资料。
⑧ 市场价格信息或工程造价管理机构发布的工程造价信息。
⑨ 其他的相关资料。

3. 【答案】C
【解析】本题主要考查的是建筑工程投标报价编制原则。按照《建设工程工程量清单计价规范》(GB 50500—2013)的规定，投标报价应由投标人或受其委托具有相应资质的工程造价咨询人编制。投标人应按照相关规定自主确定投标报价，且投标报价不得低于工程成本。同时，投标人必须按招标工程量清单填报价格。项目编码、项目名称、项目特征、计量单位、工程量必须与招标工程量清单一致。投标报价高于招标控制价的应予废标。

4. 【答案】D
【解析】本题考查的是投标报价的表式。投标报价的表式不包括规费、税金项目计价表。

5. 【答案】C
【解析】本题主要考查的是投标报价编制的基本原则。① 投标人自主报价。② 投标报价不得低于工程成本。③ 编制依据有不同。④ 采用材料、设备单价的要求不同。⑤ 价格标准不同。

6. 【答案】A
【解析】本题主要考查的是投标报价编制的基本原则。在采用计价定额方面，招标控制价的编制只能使用政府建设行政主管部门发布的计价定额；而投标人编制投标报价应优先采用企业定额，同时也可以参照政府建设行政主管部门发布的计价定额。

7. 【答案】C
【解析】本题主要考查的是投标报价编制的基本原则。招标控制价的编制应优先采用工程造价管理机构发布的材料信息价，只有在材料信息价缺价的情况或某些特殊情况下，才能采用材料市场价。而投标报价的编制并没有这样的规定，而是提倡优先采用材料市场价，同时也可以参照材料信息价。

8. 【答案】B
【解析】本题考查的是投标报价的编制方法。在编制投标报价时，分部分项工程量必须是招标工程量清单提供的工程量，综合单价应依据招标文件及其招标工程量清单中的分部分项工程量清单项目的特征描述确定计算。

9. 【答案】B
【解析】本题考查的是投标报价的编制方法。在编制投标报价时，投标人应根据招标文件中的措施项目清单及投标时拟定的施工组织设计或施工方案依据企业定额和市场价格自主计算，也可以按国家或省级、行业建设主管部门颁发的计价定额和计价办法的规定计算。

10.【答案】A

【解析】本题考查的是投标报价的编制方法。投标人对招标文件编列的措施项目或施工组织设计或施工方案中已有的措施项目未报价的，若中标，结算时不得增加或调整相应措施项目的措施费。

11.【答案】A

【解析】本题考查的是投标报价的编制方法。为了保证招标投标的公正性和可操作性，投标人在投标报价时填报安全文明施工费，应按招标人在招标文件中公布的安全文明施工费固定金额计取，不需自行计算安全文明施工费金额。竣工结算时，再按 2020 定额规定重新计算安全文明施工费。

12.【答案】B

【解析】本题考查的是投标报价的编制方法。对暂列金额，在投标报价时投标人应按招标人在招标工程量清单中的其他项目清单列出的金额填写，不得增加或减少。

13.【答案】D

【解析】本题考查的是投标报价的编制方法。对材料、工程设备暂估价，投标人投标报价时，应将招标人在其他项目清单中列出的材料单价或设备单价计入投标报价综合单价；专业工程暂估价应按招标人在其他项目清单中列出的金额填写，并进入合同总价。

14.【答案】A

【解析】本题考查的是投标报价的编制方法。对计日工的报价，投标人应按招标人在其他项目清单中列出的项目和数量，自主确定综合单价并计算计日工费用。一般情况下，计日工中的人工单价和施工机械台班单价应按工程造价管理机构公布的单价计算，计日工中的材料单价应按工程造价管理机构发布的工程造价信息中的材料单价计算，工程造价信息未发布材料单价的材料，其价格应按市场询价确定的单价计算。编制竣工结算时，计日工的费用应按发包人实际签证确认的数量和投标人所填报的相应计日工综合单价计算。

15.【答案】B

【解析】本题考查的是投标报价的编制方法。对总承包服务费报价，招标人仅要求对分包的专业工程进行总承包管理和协调时，按分包的专业工程估算造价的 1.5% 计算。

16.【答案】A

【解析】本题考查的是投标报价的编制方法。招标人自行供应材料的，按招标人供应材料价值的 1% 计算。

17.【答案】A

【解析】本题考查的是投标报价的编制方法。为保证招标投标的公正性，按照四川 2020 定额的规定，投标人投标报价时，应按照招标人在招标文件中公布的招标控制价的规费金额填写，不需投标人自己计算规费金额。竣工结算时，再按四川 2020 定额规定重新计算规费。

三、多项选择题（每小题所设选项中有 2 个或 2 个以上正确答案，至少有 1 个错项）

1. 【答案】ABC
   【解析】本题主要考查的是建筑工程投标报价编制依据。
   ①《建设工程工程量清单计价规范》（GB 50500—2013）。
   ② 国家或省级、行业建设主管部门颁发的计价办法。
   ③ 企业定额，国家或省级、行业建设主管部门颁发的计价定额和计价办法。
   ④ 招标文件、招标工程量清单及其补充通知、答疑纪要。
   ⑤ 建设工程设计文件及相关资料。
   ⑥ 施工现场情况、工程特点及投标时拟定的施工组织设计或施工方案。
   ⑦ 与建设项目相关的标准、规范等技术资料。
   ⑧ 市场价格信息或工程造价管理机构发布的工程造价信息。
   ⑨ 其他的相关资料。

2. 【答案】ABD
   【解析】本题主要考查的是建筑工程投标报价编制原则。按照《建设工程工程量清单计价规范》（GB 50500—2013）的规定，投标报价应由投标人或受其委托具有相应资质的工程造价咨询人编制。投标人应按照相关规定自主确定投标报价，且投标报价不得低于工程成本。同时，投标人必须按招标工程量清单填报价格。项目编码、项目名称、项目特征、计量单位、工程量必须与招标工程量清单一致。投标报价高于招标控制价的应予废标。

3. 【答案】ABCD
   【解析】本题主要考查的是建筑工程投标报价编制原则。按照《建设工程工程量清单计价规范》（GB 50500—2013）的规定，投标报价应由投标人或受其委托具有相应资质的工程造价咨询人编制。投标人应按照相关规定自主确定投标报价，且投标报价不得低于工程成本。同时，投标人必须按招标工程量清单填报价格。项目编码、项目名称、项目特征、计量单位、工程量必须与招标工程量清单一致。投标报价高于招标控制价的应予废标。

4. 【答案】ABC
   【解析】本题主要考查的是投标报价的表式。投标报价的表式不包括规费、税金项目计价表、单价措施项目清单与计价表。

5. 【答案】BC
   【解析】本题主要考查的是投标报价编制的基本原则。投标人自主报价。投标报价由投标人或受其委托具有相应资质的工程造价咨询机构编制。投标人应按照自己的企业定额和市场状况报价，也可以参照政府建设行政主管部门发布的计价定额结合市场情况报价。除工程造价管理机构规定的安全文明施工费、规费、税金不得作为竞争性费用外，其余费用投标人应自主报价。

6.【答案】ABCD

【解析】本题主要考查的是投标报价编制的基本原则。① 投标报价不得低于工程成本。工程成本是投标人为实施合同工程并达到质量标准，在确保安全施工的前提下，必须耗用或使用的人工、材料、工程设备、施工机械台班及其管理等方面发生的费用和按照规定缴纳的规费和税金。投标报价低于工程成本的，在评标时将会被否决。② 编制依据有不同。在采用计价定额方面，招标控制价的编制只能使用政府主管部门发布的计价定额，而投标人编制投标报价应优先采用企业定额。同时，也可以参照政府主管部门发布的计价定额。

7.【答案】ACD

【解析】本题主要考查的是投标报价编制的基本原则。招标控制价的编制应优先采用工程造价管理机构发布的材料信息价，只有在材料信息价缺价的情况或某些特殊情况下，才能采用材料市场价。而投标报价的编制并没有这样的规定，而是提倡优先采用材料市场价，同时也可以参照材料信息价。

8.【答案】ABC

【解析】本题主要考查的是综合单价分析表编制。通过综合单价分析表，将构成投标报价综合单价中所含人工费、材料费、机械使用费、企业管理费和利润各项费用进行分拆和分析，它以构成分部分项工程和单价措施项目工程的每一项综合单价为基础，重点对综合单价中工料机费用构成、消耗量、损耗率进行分析，为实施工程造价管控提供依据。

9.【答案】CDE

【解析】本题主要考查的是总价措施项目清单与计价表编制。在编制总价措施项目清单与计价表时，投标人应根据招标文件中的措施项目清单及投标时拟定的施工组织设计或施工方案依据企业定额和市场价格自主计算，也可以按国家或省级、行业建设主管部门颁发的计价定额和计价办法的规定计算。另外，投标人投标时可根据招标工程实际情况结合施工组织设计或施工方案，对招标人所列的措施项目进行增补。投标人对招标文件编列的措施项目或施工组织设计或施工方案中已有的措施项目未报价的，若中标，结算时不得增加或调整相应措施项目的措施费。

10.【答案】ADE

【解析】本题主要考查的是总价措施项目清单与计价表编制。在编制总价措施项目清单与计价表时，投标人应根据招标文件中的措施项目清单及投标时拟定的施工组织设计或施工方案依据企业定额和市场价格自主计算，也可以按国家或省级、行业建设主管部门颁发的计价定额和计价办法的规定计算。另外，投标人投标时可根据招标工程实际情况结合施工组织设计或施工方案，对招标人所列的措施项目进行增补。投标人对招标文件编列的措施项目或施工组织设计或施工方案中已有的措施项目未报价的，若中标，结算时不得增加或调整相应措施项目的措施费。

11.【答案】ACD

【解析】本题主要考查的是总价措施项目清单与计价表编制。按照现行《四川省建设工程工程量清单计价定额》（2020）的规定，为了保证招标投标的公正性和可操作性，投标人在投标报价时填报安全文明施工费，应按招标人在招标文件中公布的安全文明施工费固定金额计取，不需自行计算安全文明施工费金额。竣工结算时，再按 2020 定额规定重新计算安全文明施工费。

12.【答案】ABCE

【解析】本题主要考查的是其他项目清单与计价汇总表编制。一般情况下，对总承包服务费报价，招标人仅要求对分包的专业工程进行总承包管理和协调时，按分包的专业工程估算造价的 1.5% 计算；招标人要求对分包的专业工程进行总承包管理和协调并同时要求提供配合服务时，根据招标文件中列出的配合服务内容和提出的要求按分包的专业工程估算造价的 3%~5% 计算；招标人自行供应材料的，按招标人供应材料价值的 1% 计算。

13.【答案】ADE

【解析】本题主要考查的是规费金额的确定。按照《四川省建设工程工程量清单计价定额》（2020）的统一要求，投标报价表式中没有列出规费清单表格，但投标人在编制投标报价时，必须确定规费的金额。为保证投标的公正性，按照四川 2020 定额的规定，投标人投标报价时，应按照招标人在招标文件中公布的招标控制价的规费金额填写，不需投标人自己计算规费金额。竣工结算时，再按四川 2020 定额规定重新计算规费。

第六节　工程结算与合同价款的调整

本节知识导图

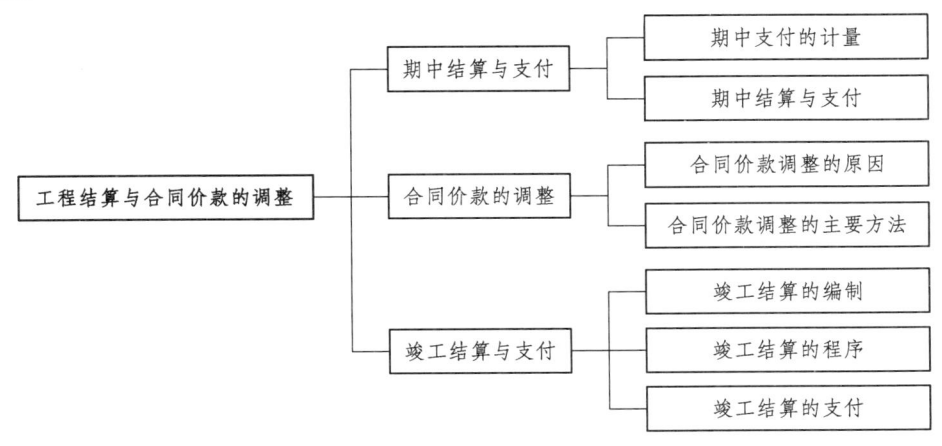

本节习题精选

一、判断题（判断正误，正确的打√，错误的打×）

1. 工程结算包括期中结算、终止结算、竣工结算。（ ）
2. 合同价款的期中支付不等同于工程进度款的结算支付。（ ）
3. 进度款支付周期，应与合同约定的工程计量周期一致。（ ）
4. 期中支付的计量工作可以作为竣工结算的依据。（ ）
5. 工程合同价款结算按招标工程量清单中所列的工程量结算。（ ）
6. 单价合同的计量必须以承包人完成合同工程的工程量计算及确定。（ ）
7. 发包人认为需要进行现场计量核实时，应在计量前 24 小时通知承包人，承包人应为计量提供便利条件并派人参加。（ ）
8. 采用经审定批准的施工图及其预算方式发包形成的总价合同，除按照工程变更规定的工程量增减外，总价合同各项目的工程量应为承包人用于结算的最终工程量。（ ）
9. 已标价工程量清单的单价项目，承包人应按招标工程量清单的工程量与综合单价计算。（ ）
10. 发包人应在收到承包人进度款支付申请后的 14 天内，根据计量结果和合同约定对申请内容予以核实，确认后向承包人出具进度款支付证书。（ ）
11. 采用价格指数调整价格差额，主要适用于使用材料及设备品种较多的工程项目。（ ）
12. 承包人投标报价中材料单价低于基准单价：施工期间材料单价跌幅以基准单价为基础超过合同约定的风险幅度值，或材料单价涨幅以投标报价为基础超过合同约定的风险幅度值时，其超过部分按实调整。（ ）
13. 当工程量增加 15% 以上时，增加部分的工程量的综合单价应予调低。（ ）
14. 工程量变化引起相关措施项目相应发生变化，如按系数或单一总价方式计价的，工程量增加的措施项目费调减。（ ）
15. 竣工结算文件一般由承包商编制。（ ）
16. 规费中的工程排污费应按工程所在地环境保护部门规定的标准缴纳后按实列入。（ ）
17. 合同工程竣工结算核对完成，发承包双方签字确认后，发包人可以要求承包人与另一个或多个工程造价咨询人重复核对竣工结算。（ ）
18. 发包人应在收到承包人提交竣工结算款支付申请后 7 天内予以核实，向承包人签发竣工结算支付证书。（ ）

二、单项选择题（每题的备选项中，只有 1 个最符合题意）

1. 工程结算包括期中结算、（ ）、竣工结算。
   A. 分段结算　　B. 节点结算　　C. 终止结算　　D. 期终结算

2. 合同价款指（　　）的工程造价。
   A. 中标价　　　B. 投标价　　　C. 合同约定　　　D. 定额价
3. 合同价款调整指（　　）出现后，发承包双方根据合同约定，对合同价款进行变动的提出、计算和确认。
   A. 调整因素　　　　　　　　B. 市场价格升高
   C. 市场价格降低　　　　　　D. 国家政策文件
4. 合同价款的支付主要指发包人对承包人的行为，不包括（　　）。
   A. 预付款的支付及扣回　　　B. 期中支付
   C. 竣工结算价款支付　　　　D. 价格调整支付
5. 进度款支付周期应与合同约定的工程计量周期相比（　　）。
   A. 滞后 7 天　　　　　　　　B. 滞后 14 天
   C. 滞后 28 天　　　　　　　D. 一致
6. 工程合同价款结算必须按承包人履行合同义务所完成的（　　）结算。
   A. 清单工程量　　　　　　　B. 施工图纸工程量
   C. 定额工程量　　　　　　　D. 实际工程量
7. 承包人施工中进行工程计量时，若发现招标工程量清单中出现漏项、工程量计算偏差以及工程变更引起工程量增减时，应按（　　）的工程量计算。
   A. 承包人履行合同义务完成　　B. 招标工程量清单
   C. 施工图纸工程量　　　　　　D. 实际工程量
8. 由于因承包人原因造成的超出合同工程范围施工或返工的工程量，发包人（　　）计量。
   A. 按实　　　B. 按比例　　　C. 不予　　　D. 根据实际情况
9. 承包人应当按照合同约定的计量周期和时间向发包人提交当期已完工程量报告。发包人应在收到报告后（　　）天内核实，并将核实计量结果通知承包人。
   A. 7　　　B. 14　　　C. 28　　　D. 56
10. 发包人认为需要进行现场计量核实时，应在计量前（　　）通知承包人，承包人应为计量提供便利条件，并派人参加。
    A. 7 小时　　　B. 14 小时　　　C. 24 小时　　　D. 28 小时
11. 当承包人认为发包人核实后的计量结果有误时，应在收到计量结果通知后的（　　）天内向发包人提出书面意见，并应附上其认为正确的计量结果和详细的计算资料。
    A. 7　　　B. 14　　　C. 28　　　D. 56
12. 发包人收到承包人提出的对计量结果有误的书面意见后，应在（　　）天内对承包人的计量结果进行复核后通知承包人。
    A. 7　　　B. 14　　　C. 28　　　D. 56
13. 发包人应在收到工程形象目标完成的工程量和有关计量资料的报告后（　　）天内对承包人提交的上述资料进行复核，以确定实际完成的工程量和工程形象目标。
    A. 7　　　B. 14　　　C. 28　　　D. 56

14. 工程进度款的支付比例按合同约定，按期中结算价款总额计，不低于（   ），不高于（   ）。
    A. 20%；50%   B. 60%；90%
    C. 50%；90%   D. 10%；85%

15. 发包人应在收到承包人进度款支付申请后的（   ）天内，根据计量结果和合同约定对申请内容予以核实，确认后向承包人出具进度款支付证书。
    A. 7   B. 14   C. 28   D. 56

16. 合同价款调整中项目特征不符属于（   ）。
    A. 法规变化类   B. 工程变更类
    C. 物价变化类   D. 工程索赔类

17. 下列关于采用造价信息调整价格差额的表述，错误的是（   ）。
    A. 采用造价信息调整价格主要适用于使用的材料品种少、用量大的公路水坝工程
    B. 人工价格发生变化，发承包双方按发布的人工成本文件调整合同价款
    C. 投标报价中材料单价低于基准单价，材料单价上涨以基准单价为基础超过合同约定风险值以上部分据实调整
    D. 承包人未经发包人核对自行采购材料，再报发包人调整合同价款的，发包人不同意不予调整

18. 承包人投标报价中材料单价低于基准单价时，施工期间材料单价涨幅以基准单价为基础超过合同约定的风险幅度值的，或材料单价跌幅以投标报价为基础超过合同约定的风险幅度值的，其超过部分（   ）。
    A. 按市场价   B. 按信息价
    C. 按合同约定价   D. 按实调整

19. 采用造价信息调整价格差额的，如果承包人投标报价中材料单价高于基准单价，工程施工期间材料单价涨幅以（   ）为基础超过合同约定的风险幅度值时，其超过分部按实调整。
    A. 基准单价   B. 变动单价   C. 投标报价   D. 定额报价

20. 承包人应当在采购材料前将采购数量和新的材料单价报发包人核对，发包人在收到承包人报送的确认资料后（   ）不予答复的，视为已经认可，作为调整合同价款的依据。
    A. 3日   B. 3个工作日   C. 5日   D. 5个工作日

21. 对于任一招标工程量清单项目，当工程量偏差超过（   ）时，可进行调整。
    A. 5%   B. 10%   C. 15%   D. 20%

22. 工程量偏差引起合同价款调整，下列说法错误的是（   ）。
    A. 当工程量增加15%以上时，其增加部分的工程量的综合单价应予调低
    B. 当工程量减少15%以上时，减少后剩余部分的工程量的综合单价应予调高

C. 措施项目按单一总价方式计价，工程量偏差超过 15%时，措施项目费不变
D. 措施项目按系数方式计价，工程量偏差超过 15%，且该变化引起措施项目相应发生变化，则工程量增加的，措施项目费调增；工程量减少的，措施项目费调减

23. 下列不属于竣工结算分类的是（　　）。
   A. 分部分项工程竣工结算　　　　B. 单位工程竣工结算
   C. 单项工程竣工结算　　　　　　D. 建设项目竣工总结算

24. 竣工结算文件一般由（　　）编制，（　　）审核。
   A. 工程造价咨询公司；建设单位　　B. 招标代理；建设单位
   C. 发包人；审计单位　　　　　　　D. 承包商；建设单位

25. 下列不属于竣工结算编制依据的是（　　）。
   A. 工程合同　　　　　　　　　　B. 建设工程设计文件及相关资料
   C. 投标文件　　　　　　　　　　D. 招标工程量清单

26. 若暂估价中的材料、工程设备是招标采购的，其单价按（　　）在综合单价中调整。
   A. 市场价　　　　　　　　　　　B. 双方最终确认的单价
   C. 信息价　　　　　　　　　　　D. 中标价

27. 若暂估价中的材料、工程设备是非招标采购的，其单价按（　　）在综合单价中调整。
   A. 市场价　　　　　　　　　　　B. 发承包双方最终确认的单价
   C. 信息价　　　　　　　　　　　D. 中标价

28. 承包人未在合同约定的时间内提交竣工结算文件，经发包人催告后（　　）天内仍未提交或没有明确答复的，发包人有权根据已有资料编制竣工结算文件，作为办理竣工结算和支付结算款的依据，承包人应予以认可。
   A. 7　　　　B. 14　　　　C. 28　　　　D. 56

29. 发包人应在收到承包人提交的竣工结算文件后的（　　）天内核对。
   A. 7　　　　B. 14　　　　C. 28　　　　D. 56

30. 发包人应在收到承包人再次提交的竣工结算文件后的 28 天内予以复核，将复核结果通知承包人。如果发包人、承包人对复核结果无异议的，应在（　　）天内在竣工结算文件上签字确认，竣工结算办理完毕。
   A. 7　　　　B. 14　　　　C. 28　　　　D. 56

31. 发包人委托工程造价咨询人核对竣工结算的，工程造价咨询人应在 28 天内核对完毕，核对结论与承包人竣工结算文件不一致的，应提交给承包人复核；承包人应在（　　）天内将同意核对结论或不同意见的说明提交工程造价咨询人。
   A. 7　　　　B. 14　　　　C. 28　　　　D. 56

32. 发包人应在收到承包人提交竣工结算款支付申请后（　　）天内予以核实，向承包人签发竣工结算支付证书。
   A. 7　　　　B. 14　　　　C. 28　　　　D. 56

33. 发包人未按规定支付竣工结算款的，承包人可催告发包人支付，并有权获得延迟支付的利息。发包人在竣工结算支付证书签发后或者在收到承包人提交的竣工结算款支付申请7天后的（　　）天内仍未支付的，除法律另有规定外，承包人可与发包人协商将该工程折价，也可直接向人民法院申请将该工程依法拍卖。
　　A. 14　　　　　B. 28　　　　　C. 42　　　　　D. 56

三、多项选择题（每小题所设选项中有2个或2个以上正确答案，至少有1个错项）

1. 工程结算包括（　　）。
　　A. 分段结算　　B. 期中结算　　C. 终止结算
　　D. 期终结算　　E. 竣工结算

2. 合同价款的支付主要指发包人对承包人的行为，包括（　　）。
　　A. 预付款的支付及扣回　　　B. 期中支付
　　C. 竣工结算价款支付　　　　D. 价格调整支付
　　E. 质保金的扣留

3. 工程计量可按（　　）分阶段计量。
　　A. 年　　　　　B. 季度　　　　C. 月
　　D. 日　　　　　E. 工程形象进度

4. 工程计量可分为（　　）。
　　A. 单价合同计量　　　　　　B. 总价合同计量
　　C. 成本加酬金合同计量　　　D. 总承包合同计量
　　E. EPC合同计量

5. 单价合同的计量必须以承包人完成合同工程应予计量的工程量计算及确定。下列应予计量的工程量有（　　）。
　　A. 招标工程量清单中出现漏项
　　B. 因承包人原因造成的超出合同工程范围施工
　　C. 工程量计算偏差
　　D. 因承包人原因造成返工
　　E. 工程变更引起工程量增减

6. 下列关于单价合同工程计量说法正确的有（　　）。
　　A. 发包人应在收到已完工程量报告后14天内核实，并将核实计量结果通知承包人
　　B. 发包人认为需要进行现场计量核实时，应在计量前24小时通知承包人，承包人应为计量提供便利条件并派人参加
　　C. 承包人收到通知后不派人参加计量，视为认可发包人的计量核实结果
　　D. 当承包人认为发包人核实后的计量结果有误时，应在收到计量结果通知后的7天内向发包人提出书面意见
　　E. 发包人收到书面意见后，应在14天内对承包人的计量结果进行复核后通知承包人

7. 下列关于总价合同工程计量说法正确的有（　　）。
   A. 采用工程量清单计价方式招标形成的总价合同，工程量计算按照单价合同计量的规定计算
   B. 采用经审定批准的施工图及其预算方式发包形成的总价合同，应按承包人实际完成的工程量作为结算的最终工程量
   C. 采用经审定批准的施工图及其预算方式发包形成的总价合同，除按照工程变更规定的工程量增减外，总价合同各项目的工程量应为承包人用于结算的最终工程量
   D. 采用工程量清单计价方式招标形成的总价合同，招标工程量清单中漏项的工程量不得予以计量
   E. 发包人应在收到报告后 7 天内对承包人提交的有关计量资料进行复核，以确定实际完成的工程量和工程形象目标

8. 承包人应在每个计量周期到期后的 7 天内向发包人提交已完工程进度款支付申请。支付申请应包括（　　）。
   A. 竣工结算合同价款总额　　　　B. 累计已实际支付的合同价款
   C. 应预留的质量保证金　　　　　D. 本周期合计完成的合同价款
   E. 本周期实际应支付的合同价款

9. 下列合同价款调整因素中属于工程索赔类的有（　　）。
   A. 项目特征不符　　　　　　　　B. 暂估价
   C. 不可抗力　　　　　　　　　　D. 提前竣工
   E. 计日工

10. 物价变化引起合同价款调整方法有（　　）。
    A. 法律法规系数调整　　　　　　B. 价格指数调整
    C. 造价信息调整　　　　　　　　D. 综合系数调整
    E. 子目系数调整

11. 下列关于物价变化的调整，说法正确的有（　　）。
    A. 造价信息调整价格差额主要适用于使用材料及设备品种较多的工程项目
    B. 人工单价发生变化时，发承包双方应按省级或行业建设主管部门或其授权的工程造价管理机构发布的人工成本文件调整合同价款
    C. 承包人投标报价中材料单价低于基准单价，施工期间材料单价跌幅以基准单价为基础超过合同约定的风险幅度值，其超过部分按实调整
    D. 承包人投标报价中材料单价高于基准单价，工程施工期间材料单价涨幅以基准单价为基础超过合同约定的风险幅度值时，其超过分部按实调整
    E. 施工机械台班单价或施工机械使用费应按省级或行业建设主管部门或其授权的工程造价管理机构发布的机械台班单价或机械使用费系数进行调整

12. 下列关于工程量偏差的调整，说法正确的有（　　）。
    A. 当工程量偏差超过 15%时，可进行调整
    B. 当工程量增加 15%以上时，全部工程量的综合单价应予调低

C. 当工程量减少 15%以上时，减少后剩余部分的工程量的综合单价应予调高
D. 工程量变化引起相关措施项目相应发生变化，如按系数或单一总价方式计价的，工程量增加的措施项目费调减
E. 工程量变化引起相关措施项目相应发生变化，如按系数或单一总价方式计价的，工程量增加的措施项目费调增

13. 竣工结算分为（　　）。
    A. 分项工程竣工结算　　　　B. 单位工程竣工结算
    C. 单项工程竣工结算　　　　D. 建设项目竣工总结算
    E. 分部工程竣工结算

14. 竣工结算编制依据包括（　　）。
    A. 工程合同　　　　　　　　B. 招标文件
    C. 拟定的施工方案　　　　　D. 投标文件
    E. 发承包双方实施过程中已确认的工程量及其结算的合同价款

15. 下列关于竣工结算的计价原则，说法正确的有（　　）。
    A. 分部分项工程和措施项目中的单价项目应依据发承包双方确认的工程量与已标价工程量清单的综合单价计算
    B. 分部分项工程和措施项目中的单价项目应依据招标工程量清单的工程量与已标价工程量清单的综合单价计算
    C. 措施项目中的总价项目应依据已标价工程量清单的项目和金额计算
    D. 措施项目中的总价项目应按实际发生的项目和金额计算
    E. 安全文明施工费应按照国家或省级、行业建设主管部门的规定计算

16. 下列关于竣工结算时其他项目的计价，说法正确的有（　　）。
    A. 计日工的费用应按招标工程量清单中的数量和相应项目综合单价计算
    B. 若暂估价中的材料、工程设备是招标采购的，其单价按中标价在综合单价中调整
    C. 现场签证发生的费用在办理竣工结算时应单独反映
    D. 若暂估价中的专业工程为非招标发包的，其专业工程费按发承包双方与分包人最终确认的金额计算
    E. 总承包服务费应依据已标价工程量清单的金额计算

17. 下列关于竣工结算的程序，说法正确的有（　　）。
    A. 工程完工后，承包人应编制竣工结算文件
    B. 提交竣工验收申请 7 天后向发包人提交竣工结算文件
    C. 发包人应在收到承包人提交的竣工结算文件后 28 天内核对
    D. 如果发包人、承包人对复核结果无异议的，应在 28 天内在竣工结算文件上签字确认，竣工结算办理完毕
    E. 如果发包人或承包人对复核结果认为有误的，无异议部分办理不完全竣工结算

18. 承包人应根据办理的竣工结算文件向发包人提交竣工结算款支付申请。申请应包括（　　）。

  A. 竣工结算合同价款总额　　　　B. 累积已实际支付的合同价款

  C. 应预留的质量保证金　　　　　D. 实际应支付的竣工结算款金额

  E. 本周期合计完成的合同价款

19. 下列关于竣工结算的支付，说法正确的有（　　）。

  A. 承包人应根据办理的竣工结算文件，向发包人提交竣工结算款支付申请

  B. 发包人应在收到承包人提交竣工结算款支付申请后 7 天内予以核实，向承包人签发竣工结算支付证书

  C. 发包人应在收到承包人提交竣工结算款支付申请后 14 天内予以核实，向承包人签发竣工结算支付证书

  D. 发包人签发竣工结算支付证书后的 14 天内，应按照竣工结算支付证书列明的金额向承包人支付结算款

  E. 发包人签发竣工结算支付证书后的 7 天内，应按照竣工结算支付证书列明的金额向承包人支付结算款

20. 发包人在竣工结算支付证书签发后或者在收到承包人提交的竣工结算款支付申请 7 天后的 56 天内仍未支付的，承包人可与发包人协商（　　）。

  A. 将该工程折价　　　　　　　　B. 退还履约保证金

  C. 将该工程依法拍卖　　　　　　D. 将工程转卖第三人

  E. 将工程抵押给银行贷款以支付工程款

本节习题解析

一、判断题（判断正误，正确的打√，错误的打×）

1.【答案】√

  【解析】本题主要考查的是工程结算的概念。工程结算指发承包双方根据国家有关的法律、法规和合同约定，对合同工程在实施中、终止时、已完工后的工程项目进行的合同价款计算、调整和确认，包括期中结算、终止结算、竣工结算。

2.【答案】×

  【解析】本题主要考查的是期中结算与支付。合同价款的期中支付，指发包人按照合同约定对付款周期内承包人完成的合同价款给予支付的款项，也就是工程进度款的结算支付。

3.【答案】√

  【解析】本题主要考查的是期中结算与支付。进度款支付周期，应与合同约定的工程计量周期一致。

4.【答案】×

【解析】本题主要考查的是期中结算与支付。期中支付的计量工作是局部的,只能作为支付当期进度款的依据,不能作为竣工结算的依据。

5.【答案】×

【解析】本题主要考查的是期中结算与支付。工程合同价款结算必须按承包人履行合同义务所完成的实际工程量结算。

6.【答案】×

【解析】本题主要考查的是期中结算与支付。单价合同的计量必须以承包人完成合同工程应予计量的工程量计算及确定。承包人施工中进行工程计量时若发现招标工程量清单中出现漏项、工程量计算偏差以及工程变更引起工程量增减时,应按承包人履行合同义务完成的工程量计算。但由于因承包人原因造成的超出合同工程范围施工或返工的工程量,发包人不予计量。

7.【答案】√

【解析】本题主要考查的是期中结算与支付。发包人认为需要进行现场计量核实时,应在计量前24小时通知承包人,承包人应为计量提供便利条件并派人参加。

8.【答案】√

【解析】本题主要考查的是期中结算与支付。采用经审定批准的施工图及其预算方式发包形成的总价合同,除按照工程变更规定的工程量增减外,总价合同各项目的工程量应为承包人用于结算的最终工程量。

9.【答案】×

【解析】本题主要考查的是期中结算与支付。已标价工程量清单的单价项目,承包人应按工程计量确认的工程量与综合单价计算。

10.【答案】√

【解析】本题主要考查的是期中价款的支付。发包人应在收到承包人进度款支付申请后的14天内,根据计量结果和合同约定对申请内容予以核实,确认后向承包人出具进度款支付证书。

11.【答案】×

【解析】本题主要考查的是合同价款调整的方法。采用造价信息调整价格差额方法,是利用工程所在地发布的材料和设备的价格信息,对合同约定的可调项目一项一项单独计算价差累计调整差额的方法。这种调整方法比较直观,主要适用于使用材料及设备品种较多的工程项目。

12.【答案】×

【解析】本题主要考查的是合同价款调整的方法。承包人投标报价中材料单价低于基准单价时,施工期间材料单价涨幅以基准单价为基础超过合同约定的风险幅度值的,或材料单价跌幅以投标报价为基础超过合同约定的风险幅度值的,其超过部分按实调整。

13. 【答案】√

【解析】本题主要考查的是合同价款调整的方法。对于任一招标工程量清单项目，当工程量偏差超过 15%时，可进行调整。当工程量增加 15%以上时，增加部分的工程量的综合单价应予调低；当工程量减少 15%以上时，减少后剩余部分的工程量的综合单价应予调高。

14. 【答案】×

【解析】本题主要考查的是合同价款调整的方法。工程量变化引起相关措施项目相应发生变化，如按系数或单一总价方式计价的，工程量增加的措施项目费调增，工程量减少的措施项目费调减。

15. 【答案】√

【解析】本题主要考查的是竣工结算与支付。竣工结算文件一般由承包商编制，建设单位审核，也可委托具有相应资质的工程造价咨询公司审核。

16. 【答案】√

【解析】本题主要考查的是竣工结算的计价原则。规费和税金计算应按照国家或省级、行业建设主管部门对规费和税金的计取标准计算。规费中的工程排污费应按工程所在地环境保护部门规定的标准缴纳后按实列入。

17. 【答案】×

【解析】本题主要考查的是竣工结算的程序。合同工程竣工结算核对完成，发承包双方签字确认后，发包人不得又要求承包人与另一个或多个工程造价咨询人重复核对竣工结算。

18. 【答案】√

【解析】本题主要考查的是竣工结算的支付。发包人应在收到承包人提交竣工结算款支付申请后 7 天内予以核实，向承包人签发竣工结算支付证书。

二、单项选择题（每题的备选项中，只有 1 个最符合题意）

1. 【答案】C

【解析】本题考查的是工程结算与合同价款的内容。工程结算指发承包双方根据国家有关的法律、法规和合同约定，对合同工程在实施中、终止时、已完工后的工程项目进行的合同价款计算、调整和确认，包括期中结算、终止结算、竣工结算。

2. 【答案】C

【解析】本题考查的是工程结算与合同价款的内容。合同价款指发承包双方在合同中约定的工程造价。

3. 【答案】A

【解析】本题考查的是工程结算与合同价款的内容。合同价款调整指调整因素出现后，发承包双方根据合同约定，对合同价款进行变动的提出、计算和确认。

4. 【答案】D

【解析】本题考查的是工程结算与合同价款的内容。合同价款的支付主要指发包人对承包人预付款的支付及扣回、期中支付、竣工结算价款支付及合同解除的价款支付等。

5. 【答案】D

【解析】本题考查的是工程结算与合同价款的内容。进度款支付周期应与合同约定的工程计量周期一致。

6. 【答案】D

【解析】本题考查的是工程结算与合同价款的内容。工程合同价款结算必须按承包人履行合同义务所完成的实际工程量结算。

7. 【答案】A

【解析】本题考查的是工程结算与合同价款的内容。承包人施工中进行工程计量时，若发现招标工程量清单中出现漏项、工程量计算偏差以及工程变更引起工程量增减时，应按承包人履行合同义务完成的工程量计算。

8. 【答案】C

【解析】本题考查的是工程结算与合同价款的内容。由于因承包人原因造成的超出合同工程范围施工或返工的工程量，发包人不予计量。

9. 【答案】A

【解析】本题考查的是工程结算与合同价款的内容。承包人应当按照合同约定的计量周期和时间向发包人提交当期已完工程量报告。发包人应在收到报告后 7 天内核实，并将核实计量结果通知承包人。

10. 【答案】C

【解析】本题考查的是工程计量。发包人认为需要进行现场计量核实时，应在计量前 24 小时通知承包人，承包人应为计量提供便利条件，并派人参加。

11. 【答案】A

【解析】本题考查的是工程计量。当承包人认为发包人核实后的计量结果有误时，应在收到计量结果通知后 7 天内向发包人提出书面意见，并应附上其认为正确的计量结果和详细的计算资料。发包人收到书面意见后，应在 7 天内对承包人的计量结果进行复核后通知承包人。承包人对复核计量结果仍有异议的，按照合同约定的争议解决办法处理。

12. 【答案】A

【解析】本题考查的是工程计量。当承包人认为发包人核实后的计量结果有误时，应在收到计量结果通知后 7 天内向发包人提出书面意见，并应附上其认为正确的计量结果和详细的计算资料。发包人收到书面意见后，应在 7 天内对承包人的计量结果进行复核后通知承包人。承包人对复核计量结果仍有异议的，按照合同约定的争议解决办法处理。

13. 【答案】A

【解析】本题考查的是工程计量。承包人应在合同约定的每个计量周期内对已完成的工程进行计量，并向发包人提交达到工程形象目标完成的工程量和有关计量资料的报告。发包人应在收到报告后 7 天内对承包人提交的上述资料进行复核，以确定实际完成的工程量和工程形象目标。对其有异议的，应通知承包人进行共同复核。

14. 【答案】B

【解析】本题考查的是期中结算与支付。支付比例按照《建设工程价款结算暂行办法》及《建设工程工程量清单计价规范》（GB 50500—2013）规定：工程进度款的支付比例按合同约定，按期中结算价款总额计，不低于 60%，不高于 90%。

15. 【答案】B

【解析】本题考查的是期中结算与支付。发包人应在收到承包人进度款支付申请后的 14 天内，根据计量结果和合同约定对申请内容予以核实，确认后向承包人出具进度款支付证书。

16. 【答案】B

【解析】本题考查的是合同价款调整。工程变更类，主要包括工程变更、项目特征不符、工程量清单缺项、工程量偏差、计日工等事项。

17. 【答案】A

【解析】本题考查的是合同价款调整。造价信息调整价格差额主要适用于使用材料及设备品种较多的工程项目。

18. 【答案】D

【解析】本题考查的是合同价款调整。承包人投标报价中材料单价低于基准单价时，施工期间材料单价涨幅以基准单价为基础超过合同约定的风险幅度值的，或材料单价跌幅以投标报价为基础超过合同约定的风险幅度值的，其超过部分按实调整。

19. 【答案】C

【解析】本题考查的是合同价款调整。采用造价信息调整价格差额的，如果承包人投标报价中材料单价高于基准单价，工程施工期间材料单价跌幅以基准单价为基础超过合同约定的风险幅度值时，或材料单价涨幅以投标报价为基础超过合同约定的风险幅度值时，其超过分部按实调整。

20. 【答案】B

【解析】本题考查的是合同价款调整。承包人应当在采购材料前将采购数量和新的材料单价报发包人核对，确认用于本合同工程时，发包人应当确认采购材料的数量和单价。发包人在收到承包人报送的确认资料后 3 个工作日不予答复的，视为已经认可，作为调整合同价款的依据。

21. 【答案】C

【解析】本题考查的是合同价款调整。对于任一招标工程量清单项目，当工程量偏差超过15%时，可进行调整。

22. 【答案】C

【解析】本题考查的是合同价款调整。对于任一招标工程量清单项目，当工程量偏差超过15%时，可进行调整。当工程量增加15%以上时，增加部分的工程量的综合单价应予调低；当工程量减少15%以上时，减少后剩余部分的工程量的综合单价应予调高。工程量变化引起相关措施项目相应发生变化，如按系数或单一总价方式计价的，工程量增加的措施项目费调增，工程量减少的措施项目费调减。

23. 【答案】A

【解析】本题考查的是竣工结算。竣工结算分为：单位工程竣工结算、单项工程竣工结算和建设项目竣工总结算。

24. 【答案】D

【解析】本题考查的是竣工结算。竣工结算文件一般由承包商编制，建设单位审核，也可委托具有相应资质的工程造价咨询公司审核。

25. 【答案】D

【解析】本题考查的是竣工结算。竣工结算编制的主要依据有：① 国家现行的工程量清单计价规范。② 工程合同。③ 发承包双方实施过程中已确认的工程量及其结算的合同价款。④ 发承包双方实施过程中已确认调整后的合同价款。⑤ 建设工程设计文件及相关资料。⑥ 投标文件。⑦ 其他相关资料及依据。

26. 【答案】D

【解析】本题考查的是竣工结算。若暂估价中的材料、工程设备是招标采购的，其单价按中标价在综合单价中调整。

27. 【答案】B

【解析】本题考查的是竣工结算。若暂估价中的材料、工程设备是非招标采购的，其单价按发承包双方最终确认的单价在综合单价中调整。

28. 【答案】B

【解析】本题考查的是竣工结算。承包人未在合同约定的时间内提交竣工结算文件，经发包人催告后14天内仍未提交或没有明确答复的，发包人有权根据已有资料编制竣工结算文件，作为办理竣工结算和支付结算款的依据，承包人应予以认可。

29. 【答案】C

【解析】本题考查的是竣工结算。发包人应在收到承包人提交的竣工结算文件后的28天内核对。

30. 【答案】A

【解析】本题考查的是竣工结算。发包人应在收到承包人再次提交的竣工结算文件后 28 天内予以复核，将复核结果通知承包人。如果发包人、承包人对复核结果无异议的，应在 7 天内在竣工结算文件上签字确认，竣工结算办理完毕。

31. 【答案】B

【解析】本题考查的是竣工结算。发包人委托工程造价咨询人核对竣工结算的，工程造价咨询人应在 28 天内核对完毕，核对结论与承包人竣工结算文件不一致的，应提交给承包人复核；承包人应在 14 天内将同意核对结论或不同意见的说明提交工程造价咨询人。

32. 【答案】A

【解析】本题考查的是竣工结算。发包人应在收到承包人提交竣工结算款支付申请后 7 天内予以核实，向承包人签发竣工结算支付证书。

33. 【答案】D

【解析】本题考查的是竣工结算。发包人未按规定支付竣工结算款的，承包人可催告发包人支付，并有权获得延迟支付的利息。发包人在竣工结算支付证书签发后或者在收到承包人提交的竣工结算款支付申请 7 天后的 56 天内仍未支付的，除法律另有规定外，承包人可与发包人协商将该工程折价，也可直接向人民法院申请将该工程依法拍卖。

三、多项选择题（每小题所设选项中有 2 个或 2 个以上正确答案，至少有 1 个错项）

1. 【答案】BCE

【解析】本题考查的是工程结算与合同价款的内容。工程结算指发承包双方根据国家有关的法律、法规和合同约定，对合同工程在实施中、终止时、已完工后的工程项目进行的合同价款计算、调整和确认，包括期中结算、终止结算、竣工结算。

2. 【答案】ABC

【解析】本题考查的是工程结算与合同价款的内容。合同价款的支付主要指发包人对承包人预付款的支付及扣回、期中支付、竣工结算价款支付及合同解除的价款支付等。

3. 【答案】CE

【解析】本题考查的是工程计量。工程计量可按月或工程形象进度分阶段计量，具体计量周期在合同中约定，主要分为单价合同计量和总价合同计量。

4. 【答案】AB

【解析】本题考查的是工程计量。工程计量可按月或工程形象进度分阶段计量，具体计量周期在合同中约定，主要分为单价合同计量和总价合同计量。

5. 【答案】ACE

【解析】本题考查的是工程计量。单价合同的计量必须以承包人完成合同工程应予计量的工程量计算及确定。承包人施工中进行工程计量时，若发现招标工程量清单中出现漏项、工程量计算偏差以及工程变更引起工程量增减时，应按承包人履行合同义务完成的工程量计算。但由于因承包人原因造成的超出合同工程范围施工或返工的工程量，发包人不予计量。

6. 【答案】BCD

【解析】本题考查的是工程计量。发包人应在收到已完工程量报告后 14 天内核实，并将核实计量结果通知承包人。发包人认为需要进行现场计量核实时，应在计量前 24 小时通知承包人，承包人应为计量提供便利条件并派人参加。承包人收到通知后不派人参加计量，视为认可发包人的计量核实结果。发包人不按照约定时间通知承包人，致使承包人未能派人参加计量，计量核实结果无效。当承包人认为发包人核实后的计量结果有误时，应在收到计量结果通知后的 7 天内向发包人提出书面意见。发包人收到书面意见后，应在 14 天内对承包人的计量结果进行复核后通知承包人。

7. 【答案】ACE

【解析】本题考查的是工程计量。采用工程量清单计价方式招标形成的总价合同，工程量计算按照单价合同计量的规定计算。采用经审定批准的施工图及其预算方式发包形成的总价合同，除按照工程变更规定的工程量增减外，总价合同各项目的工程量应为承包人用于结算的最终工程量。

8. 【答案】BDE

【解析】本题考查的是期中支付的程序。承包人应在每个计量周期到期后的 7 天内向发包人提交已完工程进度款支付申请一式四份，详细说明此周期认为有权得到的款额，包括分包人已完工程的价款。支付申请应包括下列内容：
① 累计已完成的合同价款。
② 累计已实际支付的合同价款。
③ 本周期合计完成的合同价款，包括：本周期已完成单价项目的金额、本周期应支付的总价项目的金额、本周期已完成的计日工价款、周期应支付的安全文明施工费、本期应增加的金额。
④ 本周期合计应扣减的金额，包括：周期应扣回的预付款、本周期应扣减的金额。
⑤ 本周期实际应支付的合同价款。

9. 【答案】CD

【解析】本题考查的是合同价款调整。按照《建设工程工程量清单计价规范》(GB 50500—2013) 的规定，合同价款调整的主要事项（但不限于）有以下五大类：
① 法规变化类，主要包括法律法规的变化事件。

② 工程变更类，主要包括工程变更、项目特征不符、工程量清单缺项、工程量偏差、计日工等事项。
③ 物价变化类，主要包括物价变化、暂估价事项。
④ 工程索赔类，主要包括不可抗力、提前竣工或赶工补偿、误期赔偿、索赔等事项。
⑤ 其他类事项，主要包括现场签证以及发承包双方约定的其他调整事项。现场签证根据签证内容，有的可归于工程变更类，有的可归于索赔类，有的不涉及价款调整。

10.【答案】BC
【解析】本题考查的是合同价款调整。物价变化引起合同价款调整方法有两种：价格指数调整价格差额和造价信息调整价格差额。

11.【答案】ABD
【解析】本题考查的是合同价款调整。造价信息调整价格差额主要适用于使用材料及设备品种较多的工程项目。施工合同履行期内，人工、机械使用费按照国家或省、自治区、直辖市建设行政管理部门、行业建设管理部门或其授权的工程造价管理机构发布的人工成本信息、机械台班单价或机械使用费系数进行调整。承包人投标报价中材料单价低于基准单价时，施工期间材料单价涨幅以基准单价为基础超过合同约定的风险幅度值的，或材料单价跌幅以投标报价为基础超过合同约定的风险幅度值的，其超过部分按实调整。如果承包人投标报价中材料单价高于基准单价，工程施工期间材料单价跌幅以基准单价为基础超过合同约定的风险幅度值时，或材料单价涨幅以投标报价为基础超过合同约定的风险幅度值时，其超过分部按实调整。

12.【答案】ACE
【解析】本题考查的是合同价款调整。对于任一招标工程量清单项目，当工程量偏差超过15%时，可进行调整。当工程量增加15%以上时，增加部分的工程量的综合单价应予调低；当工程量减少15%以上时，减少后剩余部分的工程量的综合单价应予调高。工程量变化引起相关措施项目相应发生变化，如按系数或单一总价方式计价的，工程量增加的措施项目费调增，工程量减少的措施项目费调减。

13.【答案】BCD
【解析】本题考查的是竣工结算。竣工结算分为：单位工程竣工结算、单项工程竣工结算和建设项目竣工总结算。

14.【答案】ADE
【解析】本题考查的是竣工结算。竣工结算编制的主要依据有：① 国家现行的工程量清单计价规范。② 工程合同。③ 发承包双方实施过程中已确认的工程量及其结算的合同价款。④ 发承包双方实施过程中已确认调整后的合同价款。⑤ 建设工程设计文件及相关资料。⑥ 投标文件。⑦ 其他相关资料及依据。

15. 【答案】ACE

【解析】本题考查的是竣工结算。竣工结算的计价原则：① 分部分项工程和措施项目中的单价项目应依据发承包双方确认的工程量与已标价工程量清单的综合单价计算；发生调整的，应以发承包双方确认调整的综合单价计算。② 措施项目中的总价项目应依据已标价工程量清单的项目和金额计算。发生调整的，应以发承包双方确认调整的金额计算，其中安全文明施工费应按照国家或省级、行业建设主管部门的规定计算。

16. 【答案】BDE

【解析】本题考查的是竣工结算。计日工的费用应按发包人实际签证确认的数量和相应项目综合单价计算。若暂估价中的材料、工程设备是招标采购的，其单价按中标价在综合单价中调整。若暂估价中的材料、工程设备是非招标采购的，其单价按发承包双方最终确认的单价在综合单价中调整。若暂估价中的专业工程是招标发包的，其专业工程费按中标价计算；若暂估价中的专业工程为非招标发包的，其专业工程费按发承包双方与分包人最终确认的金额计算。现场签证发生的费用在办理竣工结算时应在其他项目费中反映。

17. 【答案】ACE

【解析】本题考查的是竣工结算的程序。工程完工后，承包人应编制竣工结算文件，并应在提交竣工验收申请的同时向发包人提交竣工结算文件。发包人应在收到承包人提交的竣工结算文件后 28 天内核对。如果发包人、承包人对复核结果无异议的，应在 7 天内在竣工结算文件上签字确认，竣工结算办理完毕；如果发包人或承包人对复核结果认为有误的，无异议部分办理不完全竣工结算；有异议部分由发承包双方协商解决；协商不成的，应按照合同约定的争议解决方式处理。

18. 【答案】ABCD

【解析】本题考查的是竣工结算的支付。承包人应根据办理的竣工结算文件，向发包人提交竣工结算款支付申请。申请应包括：竣工结算合同价款总额；累计已实际支付的合同价款；应预留的质量保证金；实际应支付的竣工结算款金额。

19. 【答案】ABD

【解析】本题考查的是竣工结算。承包人应根据办理的竣工结算文件，向发包人提交竣工结算款支付申请。发包人应在收到承包人提交竣工结算款支付申请后 7 天内予以核实，向承包人签发竣工结算支付证书。发包人签发竣工结算支付证书后的 14 天内，应按照竣工结算支付证书列明的金额向承包人支付结算款。

20. 【答案】AC

【解析】本题考查的是竣工结算。发包人未按规定支付竣工结算款的，承包人可催告发包人支付，并有权获得延迟支付的利息。发包人在竣工结算支付证书签发后或者在收到承包人提交的竣工结算款支付申请 7 天后的 56 天内仍未支付的，除法律另有规定外，承包人可与发包人协商将该工程折价，也可直接向人民法院申请将该工程依法拍卖。

第七节　竣工决算的编制

本节知识导图

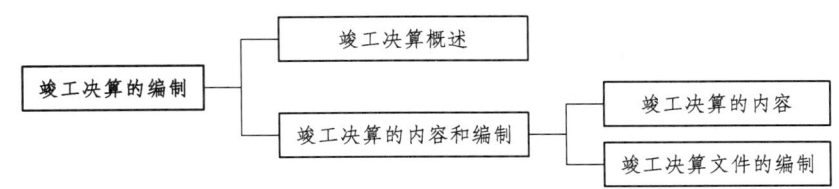

本节习题精选

一、判断题（判断正误，正确的打√，错误的打×）

1. 竣工决算是由施工单位编制的反映建设项目实际造价和投资效果的综合文件。（　　）

2. 由于变更导致图纸的结构形式或平面布置改变，应由原设计单位重新绘制改变后的施工图。（　　）

二、单项选择题（每题的备选项中，只有1个最符合题意）

1. 工程竣工决算由（　　）编制。
   A. 建设单位
   B. 施工单位
   C. 工程造价咨询企业
   D. 代建单位

2. 工程竣工决算的费用支出范围包括（　　）的全部建设费。
   A. 从工程开工到建设项目工程竣工
   B. 从工程开工到建设项目竣工交付使用
   C. 从工程筹建到建设项目竣工交付使用
   D. 从立项到建设项目工程竣工

3. 工程竣工成本决算，通常是以（　　）为对象。
   A. 建设项目
   B. 单项工程
   C. 单位工程
   D. 分部分项工程

4. 一般大中型建设项目的竣工决算报表不包括（　　）。
   A. 竣工工程概况表
   B. 竣工财务决算表
   C. 建设项目交付使用财产明细
   D. 竣工财务说明表

5. 小型建设项目竣工财务决算报表不包括（   ）。
   A. 建设项目竣工财务决算审批表　　B. 竣工财务决算总表
   C. 建设项目交付使用资产明细表　　D. 竣工结余资金表

6. （   ）是真实地记录各种地上、地下建筑物、构筑物等情况的技术文件，是工程进行交工验收、维护、改建和扩建的依据，是国家的重要技术档案。
   A. 建设工程施工图　　　　　　　　B. 建设工程竣工图
   C. 建设工程设计图　　　　　　　　D. 建设工程决算书

7. 下列选项中，不需要重新绘制竣工图的情形是（   ）。
   A. 结构形式改变　　　　　　　　　B. 施工工艺改变
   C. 平面布置改变　　　　　　　　　D. 一般性设计变更

8. 由设计原因造成项目竣工时有重大改变的，由设计单位负责重新绘制，由（   ）加盖"竣工图"标志后，并附以有关记录和说明，即作为竣工图。
   A. 设计单位　　　　　　　　　　　B. 建设单位
   C. 施工单位　　　　　　　　　　　D. 监理单位

9. 经批准的（   ）是考核建设工程造价的依据。
   A. 设计概算　　　　　　　　　　　B. 初步设计
   C. 可行性研究报告　　　　　　　　D. 施工图预算

10. 竣工决算中，不属于建设单位工作范畴的是（   ）。
    A. 按照规定组织竣工验收，保证竣工决算的及时性
    B. 整理竣工项目资料，保证竣工决算的完整性
    C. 加强过程管理，保证竣工决算的正确性
    D. 核对各项账目，保证竣工决算的正确性

11. 关于竣工决算的编制步骤说法正确的是（   ）。
    A. 填写竣工决算报表→编制建设工程竣工决算说明→做好工程造价对比分析→清理、装订好竣工图
    B. 编制建设工程竣工决算说明→填写竣工决算报表→做好工程造价对比分析→清理、装订好竣工图
    C. 填写竣工决算报表→编制建设工程竣工决算说明→清理、装订好竣工图→做好工程造价对比分析
    D. 编制建设工程竣工决算说明→填写竣工决算报表→清理、装订好竣工图→做好工程造价对比分析

三、多项选择题（每小题所设选项中有 2 个或 2 个以上正确答案，至少有 1 个错项）

1. 竣工决算是由建设单位编制的反映（   ）的综合文件。
   A. 建设项目实际造价　　　　　　　B. 建设项目合同价
   C. 投资效果　　　　　　　　　　　D. 投资效益
   E. 投资成本

2. 竣工决算书是以（　　）为计量单位。
   A. 实物数量　　　B. 工程数量　　　C. 清单数量
   D. 货币指标　　　E. 造价指标
3. 一般大中型建设项目的竣工决算报表包括（　　）。
   A. 竣工工程概况表　　　　　　　B. 竣工财务决算表
   C. 建设项目交付使用财产明细　　D. 竣工财务说明表
   E. 建设项目交付使用财产总表
4. 小型建设项目竣工财务决算报表包括（　　）。
   A. 建设项目竣工财务决算审批表　　B. 竣工财务决算总表
   C. 建设项目交付使用资产明细表　　D. 竣工结余资金表
   E. 建设项目交付使用财产总表
5. 以下关于竣工图的说法正确的是（　　）。
   A. 凡按图竣工没有变动的，由施工单位（包括总包和分包施工单位）在原施工图上加盖"竣工图"标志后，即作为竣工图
   B. 在施工过程中，虽有一般性设计变更，但能将原施工图加以修改补充作为竣工图，可不重新绘制
   C. 凡结构形式改变、施工工艺改变、平面布置改变、项目改变以及有其他重大改变，不宜再在原施工图上修改、补充时，应重新绘制改变后的竣工图
   D. 其他原因造成导致需重新绘制竣工图时，由建设单位自行绘制或委托设计单位绘制，由设计单位负责重新绘制并加盖"竣工图"标志
   E. 因原设计原因导致需重新绘制竣工图时，由设计单位负责重新绘制并加盖"竣工图"标志
6. 批准的概算是考核建设工程造价的依据。具体对比内容包括（　　）。
   A. 主要材料消耗量　　　　B. 施工单位实际发生的工程量
   C. 主要实物工程量　　　　D. 建设单位管理费
   E. 施工进度支付的工程量
7. 竣工决算中，属于建设单位工作范畴的是（　　）。
   A. 按照规定组织竣工验收，保证竣工决算的及时性
   B. 整理竣工项目资料，保证竣工决算的完整性
   C. 加强过程管理，保证竣工决算的正确性
   D. 核对各项账目，保证竣工决算的正确性
   E. 控制竣工结算，为竣工决算创造条件
8. 竣工决算的编制步骤包括（　　）。
   A. 收集、整理和分析有关依据资料　　B. 清理固定资产
   C. 填写竣工决算报表　　　　　　　　D. 进行施工成本分析
   E. 清理、装订好施工图

本节习题解析

一、判断题（判断正误，正确的打√，错误的打×）

1. 【答案】×

   【解析】本题主要考查的是竣工决算。竣工决算是由建设单位编制的反映建设项目实际造价和投资效果的综合文件。

2. 【答案】×

   【解析】本题主要考查的是工程竣工图。工程竣工图的重新绘制，由原设计原因造成的，由设计单位负责重新绘制；由施工原因造成的，由施工单位负责重新绘图；由其他原因造成的，由建设单位自行绘制或委托设计单位绘制。

二、单项选择题（每题的备选项中，只有1个最符合题意）

1. 【答案】A

   【解析】本题主要考查的是竣工决算。竣工决算是指所有建设项目竣工后，建设单位根据国家有关规定在新建、改建和扩建工程建设项目竣工验收阶段编制的竣工决算报告，是由建设单位编制的反映建设项目实际造价和投资效果的综合文件。

2. 【答案】C

   【解析】本题主要考查的是竣工决算。竣工决算书是以实物数量和货币指标为计量单位，综合反映竣工项目从筹建开始到项目竣工交付使用为止的全部建设费用、建设成果和财务情况的总结性文件。

3. 【答案】C

   【解析】本题主要考查的是竣工决算。施工单位在承包的工程完工后，也要对工程实际施工的成本做一个内部的工程决算，也称工程竣工成本决算，通常是以单位工程为对象，对其预算成本、实际成本和成本变化额度进行核算对比。

4. 【答案】D

   【解析】本题主要考查的是竣工决算。一般大中型建设项目的竣工决算报表包括：竣工工程概况表、竣工财务决算表、建设项目交付使用财产总表和建设项目交付使用财产明细等。

5. 【答案】D

   【解析】本题考查的是竣工决算编制的内容。小型建设项目竣工财务决算报表包括：建设项目竣工财务决算审批表、竣工财务决算总表、建设项目交付使用资产明细表。

6. 【答案】B

   【解析】本题考查的是竣工决算编制的内容。建设工程竣工图是真实地记录各种地上、地下建筑物、构筑物等情况的技术文件，是工程进行交工验收、维护、改建和扩建的依据，是国家的重要技术档案。

7. 【答案】D

【解析】本题考查的是竣工决算编制的内容。凡结构形式改变、施工工艺改变、平面布置改变、项目改变以及有其他重大改变，不宜再在原施工图上修改、补充时，应重新绘制改变后的竣工图。由原设计原因造成的，由设计单位负责重新绘制；由施工原因造成的，由施工单位负责重新绘图；由其他原因造成的，由建设单位自行绘制或委托设计单位绘制。施工单位负责在新图上加盖"竣工图"标志，并附以有关记录和说明，作为竣工图。

8. 【答案】C

【解析】本题考查的是竣工决算编制的内容。由施工原因造成的，由承包人负责重新绘图；由其他原因造成的，由建设单位自行绘制或委托设计单位绘制。承包人负责在新图上加盖"竣工图"标志，并附以有关记录和说明，作为竣工图。

9. 【答案】A

【解析】本题考查的是竣工决算编制的内容。批准的概算是考核建设工程造价的依据。主要对实物工程量、主要材料消耗量、设单位管理费、建筑及安装工程其他直接费等进行分析对比。

10. 【答案】C

【解析】本题考查的是竣工决算编制的内容。竣工决算中，建设单位要做好按照规定组织竣工验收，保证竣工决算的及时性；整理竣工项目资料，保证竣工决算的完整性；核对各项账目，保证竣工决算的正确性。

11. 【答案】A

【解析】本题考查的是竣工决算编制的步骤。

① 收集、整理和分析有关依据资料。

② 清理各项财务、债务和结余物资。

③ 填写竣工决算报表。

④ 编制建设工程竣工决算说明。

⑤ 做好工程造价对比分析。

⑥ 清理、装订好竣工图。

⑦ 上报主管部门审查。

三、多项选择题（每小题所设选项中有2个或2个以上正确答案，至少有1个错项）

1. 【答案】AC

【解析】本题主要考查的是竣工决算。竣工决算是指所有建设项目竣工后，建设单位根据国家有关规定在新建、改建和扩建工程建设项目竣工验收阶段编制的竣工决算报告，是由建设单位编制的反映建设项目实际造价和投资效果的综合文件。竣工决算书是以实物数量和货币指标为计量单位，综合反映竣工项目从筹建开始到项目竣工交付使用为止的全部建设费用、建设成果和财务情况的总结性文件;是建设项目竣工验收报告的重要组成部分;是正确核定新增固定资产的价值、考核分析投资效果、建立健全经济责任制的重要依据;是反映建设成果的总结性经济文件。

2.【答案】AD

【解析】本题主要考查的是竣工决算。竣工决算是指所有建设项目竣工后,建设单位根据国家有关规定在新建、改建和扩建工程建设项目竣工验收阶段编制的竣工决算报告,是由建设单位编制的反映建设项目实际造价和投资效果的综合文件。竣工决算书是以实物数量和货币指标为计量单位,综合反映竣工项目从筹建开始到项目竣工交付使用为止的全部建设费用、建设成果和财务情况的总结性文件;是建设项目竣工验收报告的重要组成部分;是正确核定新增固定资产的价值、考核分析投资效果、建立健全经济责任制的重要依据;是反映建设成果的总结性经济文件。

3.【答案】ABCE

【解析】本题主要考查的是竣工决算。一般大中型建设项目的竣工决算报表包括:竣工工程概况表、竣工财务决算表、建设项目交付使用财产总表和建设项目交付使用财产明细等。

4.【答案】ABC

【解析】本题考查的是竣工决算编制的内容。小型建设项目竣工财务决算报表包括:建设项目竣工财务决算审批表、竣工财务决算总表、建设项目交付使用资产明细表。

5.【答案】ABC

【解析】本题考查的是竣工决算编制的内容。①凡按图竣工没有变动的,由施工单位(包括总包和分包施工单位)在原施工图上加盖"竣工图"标志后,即作为竣工图。②凡在施工过程中,虽有一般性设计变更,但能将原施工图加以修改补充作为竣工图的,可不重新绘制,由施工单位负责在原施工图(必须是新蓝图)上注明修改部分,并附以设计变更通知单和施工说明,加盖"竣工图"标志后,作为竣工图。③凡结构形式改变、施工工艺改变、平面布置改变、项目改变以及有其他重大改变,不宜再在原施工图上修改、补充时,应重新绘制改变后的竣工图。由原设计原因造成的,由设计单位负责重新绘制;由施工原因造成的,由施工单位负责重新绘图;由其他原因造成的,由建设单位自行绘制或委托设计单位绘制。施工单位负责在新图上加盖"竣工图"标志,并附以有关记录和说明,作为竣工图。

6.【答案】ACD

【解析】本题考查的是竣工决算编制的内容。批准的概算是考核建设工程造价的依据。主要对实物工程量、主要材料消耗量、建设单位管理费、建筑及安装工程其他直接费等进行分析对比。

7.【答案】ABD

【解析】本题考查的是竣工决算编制的内容。竣工决算中，建设单位要做好按照规定组织竣工验收，保证竣工决算的及时性；整理竣工项目资料，保证竣工决算的完整性；核对各项账目，保证竣工决算的正确性。

8.【答案】AC

【解析】本题考查的是竣工决算编制的步骤。① 收集、整理和分析有关依据资料。② 清理各项财务、债务和结余物资。③ 填写竣工决算报表。④ 编制建设工程竣工决算说明。⑤ 做好工程造价对比分析。⑥ 清理、装订好竣工图。⑦ 上报主管部门审查。

专项训练题

第一部分 计算题

（均为单项选择题，每题的备选项中，只有1个最符合题意）

1. 某工程1号楼屋顶采用1：12现浇水泥珍珠岩保温隔热兼做找坡层（坡度为2%），最薄处30 mm，已知清单工程量为300 m²，保温层平均厚度为140 mm，采用增值税一般计税法，计算该保温隔热屋面清单综合单价为（　　）元/m²。

  A. 57.02　　　B. 22.07　　　C. 43.63　　　D. 40.29

2. 某工程外墙粘贴25 mm挤塑聚苯板做外墙外保温，其保温清单工程量为1000 m²，其中弧形墙保温面积占20%，采用增值税一般计税法，则该外墙保温清单综合单价为（　　）元/m²。

  A. 64.63　　　B. 65.08　　　C. 65.97　　　D. 66.85

3. 某房间楼地面采用20 mm水泥砂浆整体面层赶光（不考虑其他做法），砂浆采用干混地面砂浆，整体面层内墙间净空面积工程量为12 m²，门洞开口部分的面积为0.96 m²，根据以上信息确定水泥砂浆整体面层的清单综合单价为（　　）元/m²。（采用增值税一般计税）

  A. 26.61　　　B. 22.39　　　C. 28.74　　　D. 24.18

4. 某房间楼地面采用干混砂浆粘贴300×300釉面地砖，砂浆结合层厚度为20 mm（不考虑其他做法），以下定额编码的选用正确的是（　　）。（采用增值税一般计税）

  A. AL0117 - AL0072　　　　　　B. AL0117 + AL0072
  C. AL0118 - AL0075　　　　　　D. AL0118 + AL0075

5. 某工程直形外墙采用干混砂浆一般抹灰（不考虑其他做法），抹灰厚度16 mm，若干混砂浆的不含税信息价为300元/t，其他不做调整，则该外墙一般抹灰调整后的定额基价为（　　）元/100 m²。（采用增值税一般计税）

  A. 3447.35　　　B. 3566.93　　　C. 3669.23　　　D. 3542.09

6. 某工程门卫室独立基础土方采用人工开挖，基坑的底面积均小于8 m²。经计算土方清单工程量为66 m³（其中两个基坑挖土深度为2 m，工程量为28 m³，其余的基坑挖土深度为2.5 m，工程量为38 m³）。假设不考虑土方场内外运输，则该人工挖基坑土方的清单综合单价为（　　）元/m³。（采用增值税一般计税）

  A. 43.82　　　B. 46.76　　　C. 41.65　　　D. 44.60

7. 某工程挖土方清单工程量为 100 m³（天然密实土），自然地坪以下埋设的基础体积（包括基础垫层及其他构筑物）为 10 m³。采用人工回填夯实，假设回填土为坑边原土回填；根据四川省相关规定，采用增值税一般计税法计算基础回填的清单合计应为（　　）元。

  A．852.72   B．980.63   C．741.87   D．920.94

8. 某多层框架结构，框架间采用干混砂浆砌筑多孔砖直行墙，多孔砖规格为 200 mm×115 mm×90 mm，配砖采用 200 mm×115 mm×53 mm 实心砖。经计算多孔砖（含实心配砖）的清单工程量为 300 m³（其中首层砌筑高度超过 3.6 m，超出部分的多孔砖工程量为 60 m³，实心配砖工程量为 25 m³）。采用增值税一般计税法计算多孔砖清单综合单价为（　　）元/m³。

  A．474.50   B．472.79   C．485.65   D．483.08

9. 某框架结构现浇混凝土有梁板的清单工程量为 8 m³，其中混凝土板的工程量为 3 m³。梁、板混凝土均为 C30 商品混凝土，若项目所在地人工费调整系数为 10%；采用增值税一般计税法计算该有梁板清单项目合计为（　　）元。

  A．3394.79   B．3413.04   C．3367.86   D．3446.51

10. 某现浇框架结构，梁体钢筋采用螺纹套筒连接，其中直径为 25 mm 的 HRB500 钢筋工程量为 10 t，钢筋信息为 5000 元/t，采用增值税一般计税法计算该钢筋清单项目的综合单价为（　　）元/t。（不考虑套筒费用，其余未尽事项不考虑）

  A．6892.28   B．6692.69   C．6802.35   D．6590.92

11. 某工程屋面采用 3 mm 厚 SBS 改性沥青防水卷材（Ⅰ型）防水，一道设防。屋面卷材防水清单工程量为 430 m²（其中女儿墙与屋面、伸缩缝和天窗等处的弯起部分面积为 30 m²），屋面设置同材质附加层，工程量为 40 m²。若项目所在地人工费调整系数为 10%，采用增值税一般计税法计算该屋面卷材防水清单项目的综合单价为（　　）元/m²。

  A．51.95   B．56.78   C．55.84   D．53.59

第二部分　案例题

一、某工程 ±0.000 以下条形基础平面、剖面如下图所示（图中未注明的单位为"mm"，标高为"m"），基础按轴线居中布置，室内外高差为 150 mm，室外标高 -0.150。土壤类别为三类土，基础土方采用人工开挖，3∶7 灰土垫层为原槽浇筑且现场拌和。砌石部分采用清条石（1000 mm×300 mm×300 mm），M7.5 水泥砂浆（细砂）砌筑；砌砖部分采用 MU20 页岩标砖，M5 水泥砂浆（细砂）砌筑。依据《房屋建筑与装饰工程工程量计算规范》（GB 50854—2013）和 2020 年《四川省建设工程工程量清单计价定额》规定，完成下列问题（计算结果保留 2 位小数）。

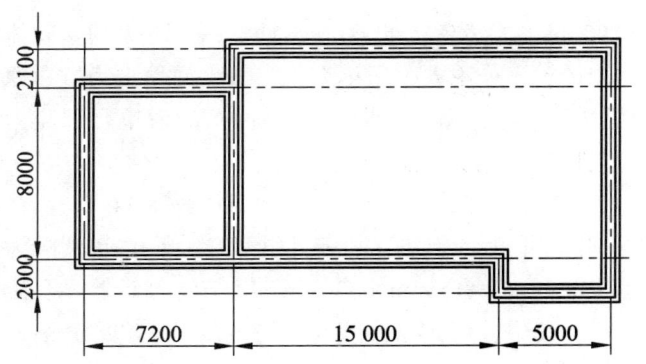
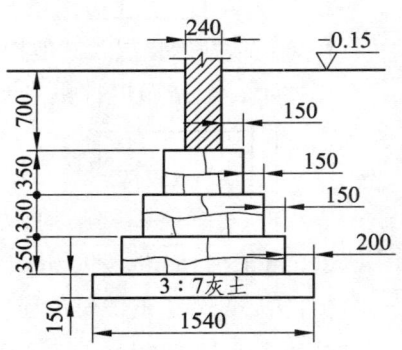

基础平面图基础剖面详图

【问题】
1. 计算沟槽挖土清单工程量。（3分）
2. 计算石基础清单工程量。（2分）

二、某工程屋面防水平面及构造如下图所示（图中未注明的单位为"mm"），自下而上依次做法为：

① 钢筋混凝土板结构。

② 1∶12 水泥珍珠岩保温隔热兼找坡，坡度 2%最薄处 60 mm。

③ 抹 1∶3 水泥砂浆找平层翻边高 300 m。

④ 找平层上刷冷底子油，加热烤铺，铺贴 3 mm 厚 SBS 改性沥青防水卷材一道（翻边高 300 mm），女儿墙四周与屋面接触处设置 500 mm 宽同材质附加层。

⑤ 抹 1∶2.5 水泥砂浆找平层（翻边高 300 mm）。不考虑嵌缝，砂浆以特细砂现场拌合料。

依据《房屋建筑与装饰工程工程量计算规范》（GB 50854—2013）和 2020 年《四川省建设工程工程量清单计价定额》规定，完成下列问题。（计算结果保留 2 位小数）

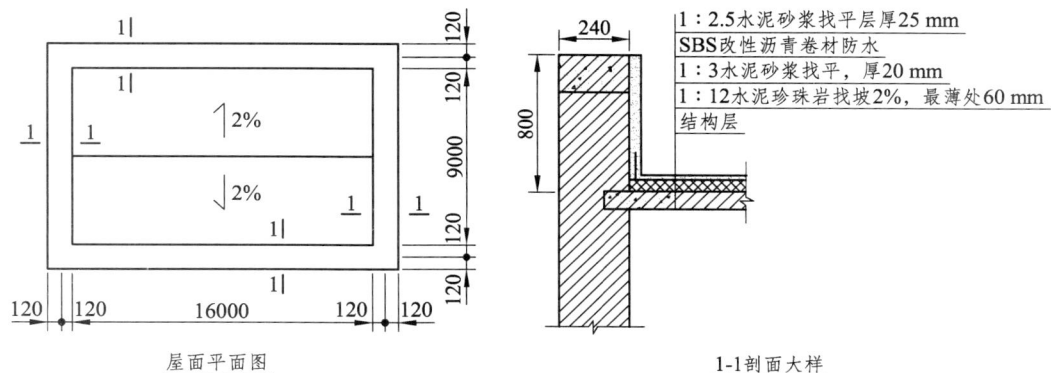

屋面平面图　　　　　　　　　1-1剖面大样

1. 计算屋面保温隔热清单工程量。（2分）
2. 计算屋面卷材防水清单工程量。（2分）
3. 计算 1:3 水泥砂浆找平层清单工程量。（2分）

三、某工程为一层框架结构，独立基础平面、剖面如下图所示（图中未注明的单位为"mm"）共计 20 个，室外标高 -0.30 m，室内地面标高 ±0.00，柱顶标高 3.60 m（柱截面尺寸为 400 mm × 400 mm，无变化）。垫层为非原槽浇筑，C10 混凝土垫层、C25 混凝土独立基础均为中砂、砾石（最大粒径 40 mm）现场搅拌非泵送。土壤类别为三类土，独立基础土方采用人工挖掘，挖土的 70%由人力车运输至场地内 200 m 集中堆放，其余土方距基坑 5 m 内堆放，回填后余土机械弃土 5 km。依据《房屋建筑与装饰工程工程量计算规范》（GB 50854—2013）和 2020 年《四川省建设工程工程量清单计价定额》规定，完成下列问题（计算结果保留 2 位小数）。

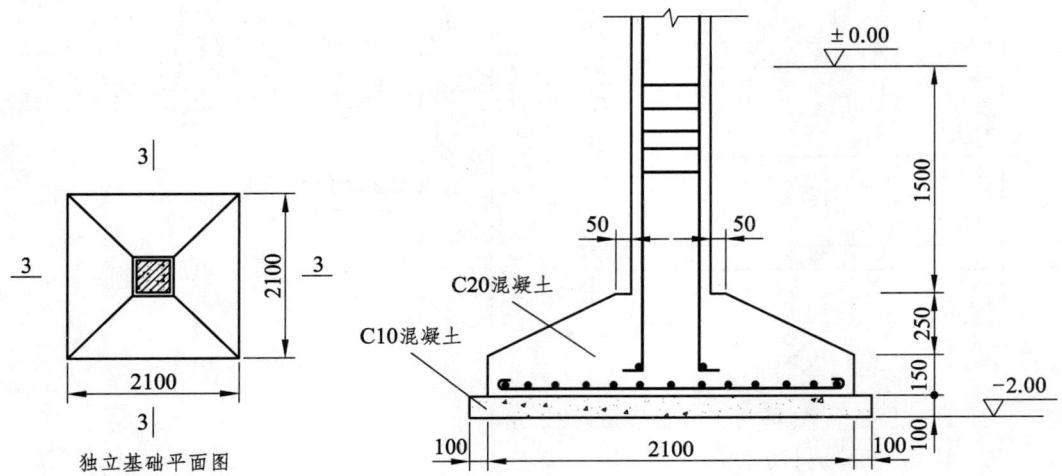

独立基础平面图

【问题】

1. 计算挖基坑土方清单工程量。(3分)
2. 计算独立基础土方回填清单工程量。(3分)
3. 计算矩形柱清单工程量。(3分)

四、某工程为框架结构,二层层高为 4.2 m,二层现浇混凝土有梁板如下图所示(图中未注明的单位为"mm"),板厚 120 mm。柱、有梁板均为 C30 商品混凝土,柱、有梁板设计为清水模板、采用复合模板支模。依据《房屋建筑与装饰工程工程量计算规范》(GB 50854—2013)和 2020 年《四川省建设工程工程量清单计价定额》规定,完成下列问题(计算结果保留 2 位小数)。

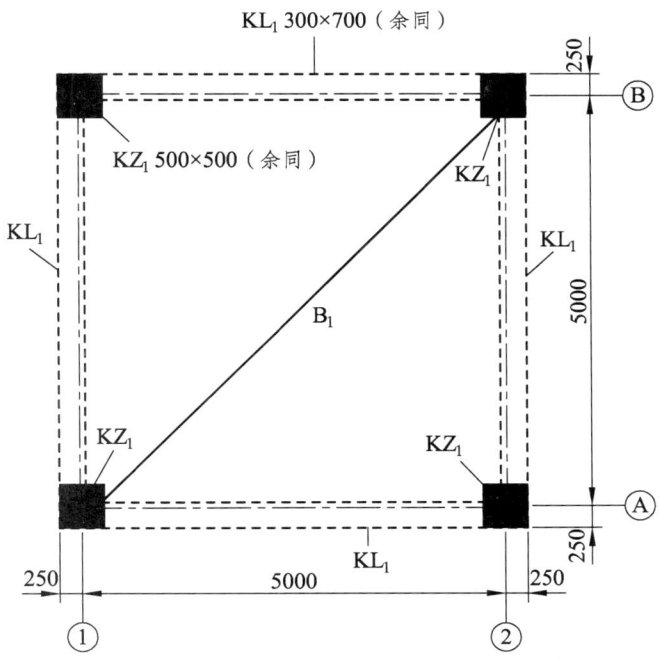

【问题】
1. 计算二层有梁板清单工程量。(2 分)
2. 计算二层柱模板清单工程量。(2 分)
3. 计算二层有梁板模板清单工程量。(3 分)

五、某一层钢结构厂房的成品钢管柱如下图所示(图中未注明的单位为"mm"),钢管柱外径ϕ108 mm、壁厚 4 mm、质量为 10.85 kg/m、柱顶板、底板 20 mm 厚、连接板 10 mm 厚,钢板密度为 7850 kg/m³。钢管柱共 10 根,具体设计做法为:① 二级焊缝;② 一般手工除锈;③ 手工刷防锈漆一遍;④ 面层刷调和漆两遍;⑤ 钢板理论质量按 7.85 kg/m² × δ 厚度计算。依据《房屋建筑与装饰工程工程量计算规范》(GB 50854—2013)和 2020 年《四川省建设工程工程量清单计价定额》规定,完成下列问题(计算结果保留 2 位小数)。

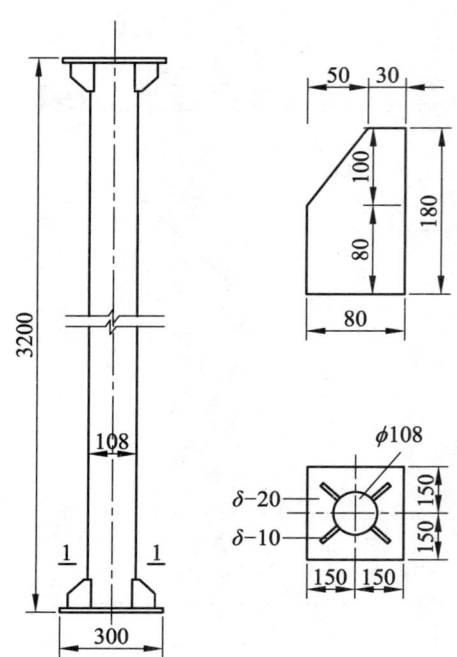

【问题】
1. 计算钢管柱清单工程量。(5分)
2. 若项目所在地人工费调整系数为10%,计算钢管柱清单项目综合单价。(4分)
3. 计算钢管柱油漆清单工程量。(3分)

六、某市区道路 K0+370~K0+850 为沥青混凝土面层,其结构如下图所示,路肩各宽 1 m,路面宽度为 16 m,路面两边铺侧石,土质为三类。依据《市政工程工程量计算规范》(GB 50857—2013) 和 2020 年《四川省建设工程工程量清单计价定额》规定,完成下列问题(计算结果保留 2 位小数)。

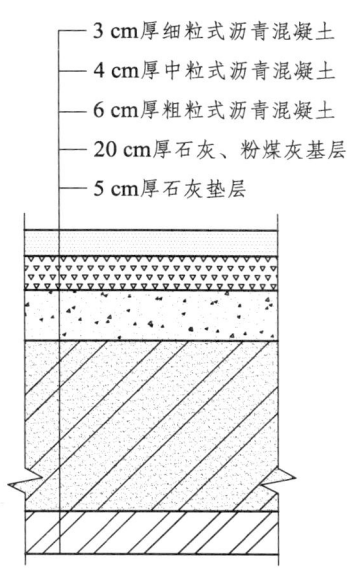

【问题】

1. 计算道路垫层清单工程量。（3分）
2. 计算道路基层清单工程量。（3分）
3. 计算道路面层清单工程量。（6分）
4. 计算安砌侧石清单工程量。（3分）

七、某工程带形砖基础剖面如下图所示（图中未标注的单位为"mm"），室外标高 -0.30 m，室内标高 ±0.00 m，土壤类别为三类土，机械顺沟槽坑上挖掘，C15 混凝土垫层非原槽浇筑，一砖半基础墙厚按轴线居中布置，外墙中心线长度 160.00 m，内墙净长 156.35 m、内墙墙基挖土净长 146.40 m、内墙墙基垫层净长 151.20 m。砖基础采用 MU20 页岩标准砖 M5 水泥砂浆（细砂）砌筑，-0.06 m 标高处设水泥砂浆（特细砂，加无机铝盐防水剂）防潮层一道。依据《房屋建筑与装饰工程工程量计算规范》（GB 50854—2013）和 2020 年《四川省建设工程工程量清单计价定额》规定，完成下列问题（计算结果保留 2 位小数）。

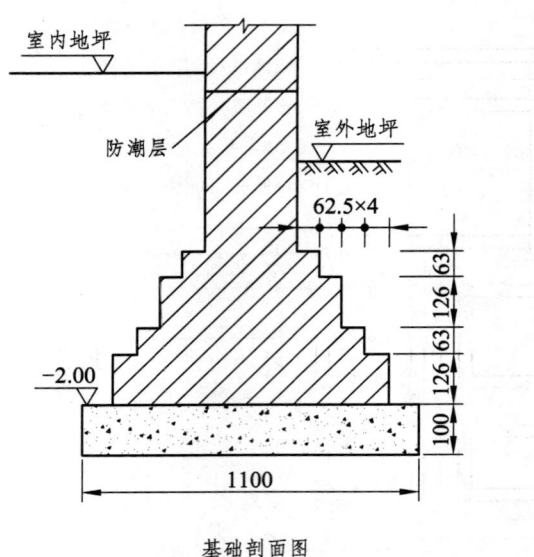

基础剖面图

【问题】
1. 计算挖沟槽土方清单工程量。(3分)
2. 计算垫层清单工程量。(2分)
3. 计算砖基础清单工程量。(3分)
4. 计算沟槽基础回填土方清单工程量。(3分)

八、某工程基础平面、剖面如下图所示(图中未注明单位为"mm"),室外标高为 -0.30 m,室内地面标高 ±0.00 m,土壤类别二类土,采用人工开挖,60%土方由人力车场内运输150 m,其余土方5 m内基础边堆放。基础墙体为一砖墙,且按轴线居中布置,采用M5水泥砂浆砌筑,C15混凝土垫层为原槽浇灌。依据《房屋建筑与装饰工程工程量计算规范》(GB 50854—2013)和2020年《四川省建设工程工程量清单计价定额》规定,完成下列问题(计算结果保留2位小数)。

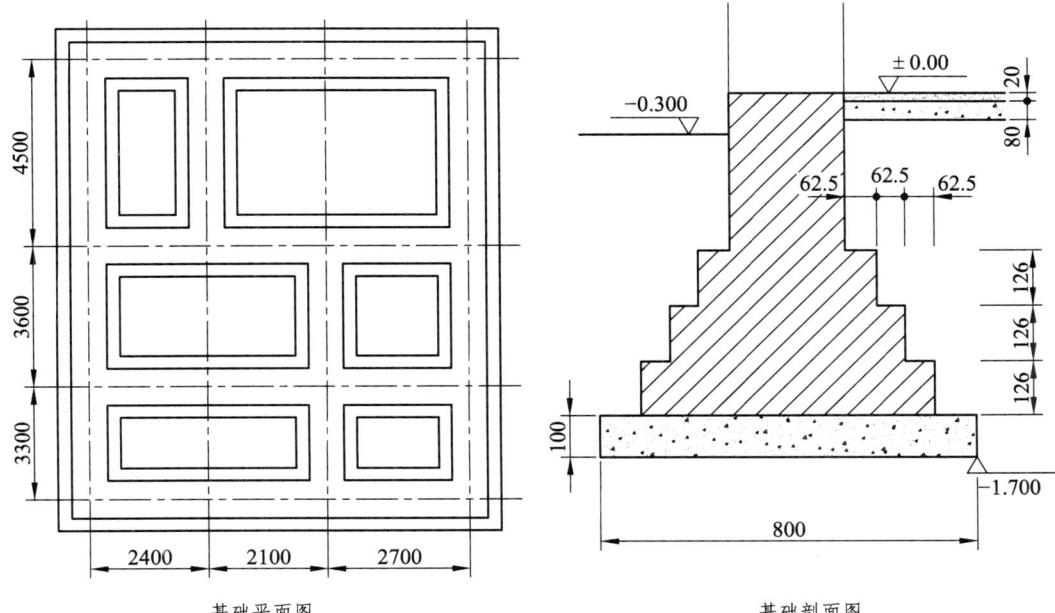

基础平面图　　　　　　　　　　基础剖面图

【问题】

1. 计算垫层清单工程量。(2分)
2. 计算挖沟槽土方清单工程量。(3分)
3. 计算砖基础清单工程量。(2分)
4. 计算土方回填清单工程量。(4分)

专项训练题解析

第一部分　计算题

1. 【答案】C

   【解析】本题考查的是计价定额的应用。查询 2020 定额保温隔热屋面现浇水泥珍珠岩定额编码为 AK0017，定额基价为 3116.62 元/10 m³。

   保温隔热定额工程量 = 300 × 0.14 = 42.00（m³），则保温隔热屋面综合单价 = 3116.62 ÷ 10 × 42 ÷ 300 = 43.63（元/m²）。

2. 【答案】B

   【解析】本题考查的是计价定额的应用及标准换算。查询 2020 定额外墙外保温贴挤塑聚苯板定额编码为 AK0071，基价为 6463.34 元/100 m²，其中人工费 2216.10 元/100 m²。2020 定额规定，当为弧形墙保温时人工费乘以 1.1 系数。

   弧形墙部分保温工程量 = 1000 × 20% = 200（m²），则外墙外保温综合单价 = [6463.34 × (1000 − 200) + (6463.34 + 2216.10 × 0.1) × 200] ÷ 100 ÷ 1000 = 65.08（元/m²）。

3. 【答案】B

   【解析】本题考查的是计价定额的应用及标准换算。根据清单、定额规则可知，整体面层工程量计算时不增加门洞开口部分的面积；本题整体面层清单工程量 = 定额工程量 = 12（m²）。已知题干整体面层厚度为 20 mm 厚，查询 2020 定额水泥砂浆整体面层定额编码为 AL0003，基价为 2661.22 元/100 m²，定额整体面层 AL0003 初始设置厚度为 25 mm 厚，厚度不等。按定额规定，厚度不等需按找平层每增减子目调整厚度，查询每增减 5 mm 厚的定额编码为 AL0072，基价为 422.09 元/100 m²，则综合单价 = (2661.22 − 422.09) ÷ 100 = 22.39（元/m²）。

4. 【答案】B

   【解析】本题考查的是计价定额的应用。干混砂浆粘贴 300 × 300 釉面地砖，对应的定额编码为 AL0117。定额 AL0117 包括结合层砂浆，结合层厚度为 15 mm。2020 定额规定，结合层厚度如与设计不同时，按平面找平层相应"每增减"项目调整。结合层厚度差 5 mm，增加"每增减 5 mm"定额编码 AL0072，因此调整后的定额为 AL0117 + AL0072。

5. 【答案】D

   【解析】本题考查的是计价定额的调整。干混砂浆一般抹灰定额初始设置厚度最小厚度为 18 mm 厚，题干厚度为 16 mm 厚，需调整厚度；2020 定额规定，设计厚度与定额厚度不同时，按立面砂浆找平层每增减一遍项目调整；根据题干要求，砂浆材料价格需按信息价调整（当材料价格与定额初始设置价格不等时需调整）；可分三步进行换算调整：

第一步：查询混凝土外墙干混砂浆一般抹灰定额编码为 AM0028，基价 3566.93 元/100 m²，干混砂浆材料价为 270 元/t，材料消耗量为 3.41 t/100 m²。

第二步：AM0028 定额厚度为 18 mm 厚，需按立面砂浆找平层每增减一遍项目调整，查询定额编码 AM0133，基价 59.79 元/100 m²；干混砂浆材料价为 270 元/t，材料消耗量为 0.126 t/100 m²；调整后的定额基价 = 3566.93 – 59.79 × 2 = 3447.35（元/100 m²）。

第三步：调整砂浆材料价，定额初始设置材料价为 270 元/t，信息价为 300 元/t，调整后的砂浆消耗量 = AM0028 砂浆消耗量 – AM0133 砂浆消耗量 × 2 = 3.41 – 0.126 × 2 = 3.158（t/100 m²），则最终调整后的定额综合基价 = 3447.35 + （300 – 270) × 3.158 = 3542.09（元/100 m²）。

6.【答案】D

【解析】本题考查的是计价定额的应用。根据题干可知，本题应选用人工挖基坑土方定额子目，根据挖土深度，选用定额编码为 AA0008（挖深 2 m 以内）和 AA0009（挖深 4 m 以内）；定额基价分别为 4165.57 元/100 m³ 和 4676.45 元/100 m³，则人工挖基坑综合单价 = （AA0008 基价 × 28 m³ + AA0009 基价 × 38 m³）÷ 100 ÷ 66 m³ = （4165.57 × 28 + 4676.45 × 38）÷ 100 ÷ 66 = 44.60（元/m³）。

7.【答案】A

【解析】本题考查的是计价定额的应用。土方回填清单工程量等于挖方清单量减去自然地坪以下埋设的基础体积（包括基础垫层及其他构筑物），即回填土体积 = 100 – 10 = 90（m³）。根据四川省相关规定，土方清单工程量 = 定额工程量。查询人工夯填定额编码为 AA0082，基价为 947.47 元/100 m³，则土方回填清单合计 = 90 × 947.47 ÷ 100 = 852.72（元）。

8.【答案】C

【解析】本题考查的是计价定额的应用。2020 定额规定框架结构间和预制柱间砌砖墙、砌块墙按相应项目人工乘以系数 1.25；定额中的墙体砌筑高度按 3.6 m 编制的，如高度超过 3.6 m 时，其超过部分工程量的定额人工乘以系数 1.3。则本题高度 3.6 m 以下部分工程量为 240 m³，超过部分工程量为 60 m³。根据题干信息，查询 2020 定额，干混砂浆砌筑烧结多孔砖（规格为 200 mm × 115 mm × 90 mm）定额编码为 AD0039，定额基价 4299.07 元/10 m³，其中人工费为 1715.13 元/10 m³。（定额 AD0039 子目已包含实心配砖消耗量，无需单独计算）

第一步：计算定额合价：300 × 4299.07 ÷ 10 = 128972.1（元）

第二步：调整人工费 = 240 × 1715.13 × （1.25 – 1）÷ 10 + 60 × 1715.13 × （1.25 × 1.3 – 1）÷ 10 = 16722.5175（元）

第三步：多孔砖墙清单综合单价 = （128972.1 + 16722.5175）÷ 300 = 485.65（元/m³）

9.【答案】A

【解析】本题考查的是计价定额的应用。有梁板（包括主、次梁与板）按梁、板体积之和计算。查询 2020 定额，有梁板定额编码为 AE0062，定额基价为 4209.83 元/10 m³，其中人工费为 336.54 元/10 m³；有梁板清单项目合价 =（4209.83 + 336.54 × 10%）÷ 10 × 8 = 3394.79（元）。

10.【答案】B

【解析】本题考查的是计价定额的应用。根据 2020 定额说明，采用机械连接时，钢筋含量为 1.03，机械费乘以系数 0.4。

根据题干要求，查询 2020 定额，直径为 25 mm 高强钢筋定额编码为 AE0146，定额基价为 5842.28 元/t；其中人工费为 1035.45 元/t；材料费为 4259.98 元/t，其中钢筋消耗量为 1.05 t/t，单价为 4000 元/t；机械费为 165.99 元/t，管理费为 116.54 元/t，利润为 264.32 元/t。

方法一：

① 调整后材料费（换进换出法）= 4259.98 − 4000 × 1.05 + 5000 × 1.03 = 5209.98（元/t）

② 调整后机械费 = 165.99 × 0.4 = 66.396（元/t）

③ 管理费、利润单价 = 116.54 + 264.32 = 380.86（元/t）

清单项目综合单价 = 1035.45 + 5209.98 + 66.396 + 380.86 = 6692.69（元/t）

方法二：清单项目综合单价 = 5842.28 − 4000 × 1.05 + 5000 × 1.03 − 165.99（1 − 0.4）= 6692.69（元/t）

11.【答案】B

【解析】本题考查的是计价定额的应用。屋面卷材防水清单工程量 = 430（m²）（应包含泛水面积），卷材防水定额工程量 = 清单工程量 + 附加层工程量 = 430 + 40 = 470（m²）。

根据题干要求，查询 2020 定额，SBS 改性沥青防水卷材（Ⅰ型）定额编码为 AJ0016，基价 = 5109.84（元/100 m²），其中人工费 850.26 元/100 m²，则屋面卷材防水清单综合单价 =（5109.84 + 850.26 × 10%）÷ 100 × 470 ÷ 430 = 56.78（元/m²）。

第二部分 案例题

一、【解析】

外墙中心线 =（27.2 + 12.1）× 2 = 78.60（m）

挖土深度 = 0.15 + 0.35 × 3 + 0.7 = 1.90（m），其中放坡部分深度为 1.75 m。

1. 沟槽挖土清单工程量 = [1.54 × 0.15 +（1.54 + 0.33 × 1.75）× 1.75]×（78.6 + 8 − 1.54）= 334.85（m³）

   石基础剖面面积 = 0.35 ×（1.14 + 0.84 + 0.54）= 0.882（m²）

内墙石基础净长：

下阶 = 8 − 1.14 = 6.86（m）

中 = 8 − 0.84 = 7.16（m）

上 = 8 − 0.54 = 7.46（m）

2. 石基础清单工程量 = 0.882 × 78.6 + 0.35 ×（1.14 × 6.86 + 7.16 × 0.84 + 7.46 × 0.54）
= 75.58（m³）

二、【解析】

1. 屋面保温隔热清单工程量 = 16 × 9 = 144.00（m²）
2. 屋面卷材防水清单工程量 = 16 × 9 +（16 + 9）× 2 × 0.3 = 159.00（m²）
3. 1 : 3 水泥砂浆找平层清单工程量 = 16 × 9 +（16 + 9）× 2 × 0.3 = 159.00（m²）

三、【解析】

基坑挖土体积公式 $= (a+2c+KH)^2 H + \dfrac{1}{3}K^2 H^3$

1. 挖基坑土方清单工程量 = [（2.3 + 0.3 × 2 + 0.33 × 1.7）² × 1.7 + 1/3 × 0.33² × 1.73³] × 20 = 410.84（m³）

   垫层埋深体积 = 2.3 × 2.3 × 0.1 × 20 = 10.58（m³）

   独基埋深体积 = [2.1 × 2.1 × 0.15 + 0.25/3 ×（0.5² + 2.1² + 0.5 × 2.1）] × 20 = 22.747（m³）

   柱埋深体积 = 0.4 × 0.4 ×（1.5 − 0.3）× 20 = 3.84（m³）

2. 独立基础回填清单工程量 = 410.84 −（10.58 + 22.747 + 3.84）= 373.67（m³）

3. 矩形柱清单工程量 = 0.4 × 0.4 ×（1.5 + 3.6）× 20 = 16.32（m³）

四、【解析】

1. 有梁板清单工程量 = 0.3 × 0.7 × 4.5 × 4 +（5.5 − 0.3 × 2）² × 0.12 = 6.66（m³）
2. 柱模板清单工程量 =（0.5 × 4 × 4.2 − 0.3 × 0.7 × 2 − 0.2 × 0.12 × 2）× 4 = 31.73（m²）
3. 有梁板模板清单工程量 =（0.7 + 0.3 + 0.58）× 4.5 × 4 + 4.9² − 0.2² × 4 = 52.29（m²）

五、【解析】

δ-20 钢板单柱质量 = 0.3 × 0.3 × 0.02 × 7850 × 2 = 28.26（kg）

δ-10 钢板单柱质量 =（0.08 × 0.18 − 0.05 × 0.1/2）× 0.01 × 7850 × 8 = 7.47（kg）

1. 钢管柱清单工程量 = [（3.2 − 0.02 × 2）× 10.85 + 28.26 + 7.47] × 10 ÷ 1000 = 0.700（t）

   参照装配式建筑，套用定额：

   钢管柱安装"MB0059"定额基价 7223.10 元/t，其中人工费 679.23 元/t；

   钢管柱吊"MB0060"定额基价 281.66 元/t，其中人工费 66.24 元/t。

2. 钢管柱清单项目综合单价 = 7223.1 + 281.66 +（679.23 + 66.24）× 0.1 = 7579.31（元/t）

3. 钢管柱层面油漆工程量 = 0.700（t）

六、【解析】

1. 道路垫层清单工程量 = 16 × (850 − 370) = 7680 (m²)
2. 道路基层清单工程量 = 16 × (850 − 370) = 7680 (m²)
3. 道路面层清单工程量：

   6 cm 厚粗粒式沥青混凝土下面层清单工程量 = 16 × (850 − 370) = 7680 (m²)
   4 cm 厚中粒式沥青混凝土中面层清单工程量 = 16 × (850 − 370) = 7680 (m²)
   3 cm 厚细粒式沥青混凝土上面层清单工程量 = 16 × (850 − 370) = 7680 (m²)

4. 安砌侧石清单工程量 = 2 × (850 − 370) = 960 (m)

七、【解析】

1. 挖沟槽土方清单工程量 = [1.1 + 0.3 × 2 + 0.33 × (2 + 0.1 − 0.3)] × 1.8 × (160 + 146.4) = 1265.19 (m³)
2. 混凝土垫层清单工程量 = 1.1 × 0.1 × (160 + 151.2) = 34.23 (m³)

   砖基础截面积 = 0.365 × 2 + 0.007875 × [4 × 5 − (1 + 3)] = 0.856 (m²)
3. 砖基础清单工程量 = 0.856 × (160 + 156.35) = 270.80 (m³)

   砖基础埋深体积 = {0.365 × 1.7 + 0.007875 × [4 × 5 − (1 + 3)]} × (160 + 156.35)
   　　　　　　　 = 236.16 (m³)
4. 沟槽基础回填清单工程量 = 1265.19 − 34.23 − 236.16 = 994.80 (m³)

八、【解析】

1. 外墙中心线 = (2.4 + 2.1 + 2.7 + 3.3 + 3.6 + 4.5) × 2 = 37.20 (m)

   内墙中心线 = (2.4 + 2.1 + 2.7) × 2 + 4.5 + 3.6 + 3.3 = 25.80 (m)

   内墙净长线 = 25.8 − 0.24 × 5 = 24.60 (m)

   垫层清单工程量 = 0.8 × 0.1 × (37.2 + 25.8 − 0.8 × 5) = 4.72 (m³)

   基础挖土截面宽度（包括工作面）= 0.24 + 0.0625 × 6 + 0.2 × 2 = 1.015 (m)
2. 沟槽挖土清单工程量 = 4.72 + (1.015 + 1.3 × 0.5) × 1.3 × (37.2 + 25.8 − 1.015 × 5)
   　　　　　　　　　 = 130.10 (m³)

   砖基础截面积 = 0.24 × 1.6 + 0.007875 × 3 × 4 = 0.4785 (m²)
3. 砖基础清单工程量 = 0.4785 × (37.2 + 24.6) = 29.57 (m³)

   主墙间面积 = (2.4 + 2.1 + 2.7 − 0.24) × (3.3 + 3.6 + 4.5 − 0.24) − 0.24 × 24.6
   　　　　　 = 71.720 (m²)

   基础埋深体积 = (0.24 × 1.3 + 0.007875 × 3 × 4) × (37.2 + 24.6) = 25.122 (m³)
4. 回填方清单工程量 = 130.1 − 4.72 − 25.122 + 71.72 × 0.2 = 114.60 (m³)

全真模拟试卷（一）

第一部分 客观题

一、判断题（共 5 题，每小题 1 分，共 5 分。你认为正确的请选"√"，错误的选"×"）

1. 设计使用年限为 5 年的建筑为四类建筑，适用于临时性的建筑。（   ）
2. 基坑开挖深度超过 5 m（包含 5 m）称为深基坑。（   ）
3. 根据《建筑工程建筑面积计算规范》（GB/T 50353—2013）规定，多层建筑物的首层应按勒脚外围水平面积计算建筑面积。（   ）
4. 施工现场的机械设备降噪声费属于文明施工费。（   ）
5. 规费可以作为竞争性费用。（   ）

二、单项选择题（共 15 题，每小题 1 分，共 15 分。每小题仅有 1 个选项是正确的，请选择你认为正确的答案）

1. 以下属于构筑物的是（   ）。
   A. 宾馆　　　　　B. 工厂　　　　　C. 商店　　　　　D. 桥梁
2. 厚度 4 mm 的热轧钢板为（   ）。
   A. 厚板　　　　　B. 超厚板　　　　C. 薄板　　　　　D. 超薄板
3. 基坑开挖采用明排水法施工，其集水坑应设置在（   ）。
   A. 基础范围以外的地下水走向的下游
   B. 基础范围以外的地下水走向的上游
   C. 便于布置抽水设施的基坑边角处
   D. 不影响施工交通的基坑边角处
4. 某工程基坑深度 3 m，地下水位较高，较多黏土，适宜选择的单斗挖掘机的类别为（   ）。
   A. 正铲挖掘机　　　　　　　　　B. 反铲挖掘机
   C. 抓铲挖掘机　　　　　　　　　D. ABC 都适用
5. 当同一标段的一份工程量清单中含有多个单位工程，且工程量清单是以单位工程为编制对象时，在编制工程量清单时应特别注意项目编码（   ）位的设置不得有重码。
   A. 1 到 3　　　　B. 4 到 6　　　　C. 7 到 9　　　　D. 10 到 12
6. 根据《国家建筑标准设计图集》（16G101）图集规定，剪力墙上柱的标注代号为（   ）。
   A. QZ　　　　　B. JLQSZ　　　　C. LZ　　　　　D. JLQZ

7. 根据《建筑工程建筑面积计算规范》(GB/T 50353—2013)规定,当 h 为何值时,如图所示建筑物的建筑面积以下部砌体外围水平面积计算。(　　)

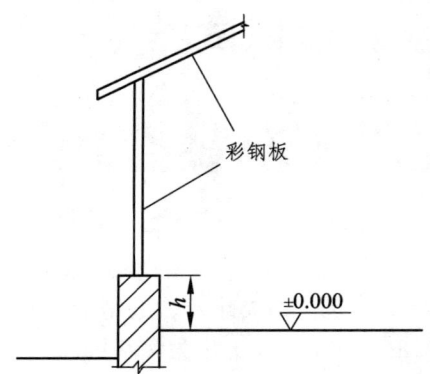

A. 0.40 m　　B. 0.15 m　　C. 0.50 m　　D. 0.30 m

8. 根据《建筑工程建筑面积计算规范》(GB/T 50353—2013)规定,地下室的建筑面积计算正确的是(　　)。

　　A. 等于外墙结构外围(包含防水层)的水平面积

　　B. 结构层高 2.10 m 及以上者计算全面积

　　C. 结构层高不足 2.20 m 者应计算 1/2 面积

　　D. 结构层高在 1.20 m 以下者不计算面积

9. 根据《房屋建筑与装饰工程工程量计算规范》(GB 50854—2013)规定,若开挖设计长为 20 m,宽为 6 m,深度为 0.8 m 的土方工程,在清单中列项应为(　　)。

　　A. 平整场地　　B. 挖沟槽　　C. 挖基坑　　D. 挖一般土方

10. 根据《房屋建筑与装饰工程工程量计算规范》(GB 50854—2013)规定,下列工程量中,按设计图示尺寸以面积(平方米)为计量单位计算的是(　　)。

　　A. 现浇混凝土天沟　　　　B. 现浇混凝土雨篷

　　C. 现浇混凝土板后浇带　　D. 砖砌散水

11. 根据《市政工程工程量计算规范》(GB 50857—2013)规定,下列关于市政工程路基处理说法中,错误的是(　　)。

　　A. 预压地基、强夯地基、振冲密实(不填料)工程量,按设计图示尺寸以加固面积计算

　　B. 掺石灰、掺干土、掺石、抛石挤淤工程量,按设计图示尺寸以体积计算

　　C. 土工合成材料工程量,按设计图示尺寸以体积计算

　　D. 排水沟、截水沟、盲沟工程量,按设计图示尺寸以长度计算

12. 根据《园林绿化工程工程量计算规范》(GB 50858—2013)规定,乔木的胸径是指其(　　)树干的直径。

　　A. 地表面处　　　　　　　B. 离地表面向上 1.2 m 高处

　　C. 离根系向上 1.2 m 高处　D. 最粗处

13. 招标工程量清单的准确性和完整性，由（　　）负责。
   A. 设计单位   B. 招标人
   C. 招标人委托的编制人   D. 投标人
14. 工程计价的基本原理就在于项目的（　　）。
   A. 兼具单件性与多样性的集合体   B. 分解与汇总
   C. 组合与汇总   D. 分解与组合
15. 计价定额的消耗量标准反映了（　　）。
   A. 社会最高水平   B. 社会平均水平
   C. 国家最高水平   D. 国家平均水平

三、多项选择题（共 10 题，每小题 2 分，共 20 分。每小题所设选项中有 2 个或 2 个以上正确答案，至少有 1 个错项。错选，本题不得分；少选，所选的每个选项得 0.5 分）

1. 以下不属于辅助生产厂房的是（　　）。
   A. 机加工车间   B. 装配车间
   C. 修理车间   D. 工具车间
   E. 热处理车间
2. 下列水泥中，具有早期强度低、后期强度增长较快、凝结硬化慢特点的是（　　）。
   A. 硅酸盐水泥   B. 普通硅酸盐水泥
   C. 矿渣硅酸盐水泥   D. 火山灰质硅酸盐水泥
   E. 粉煤类硅酸盐水泥
3. 下列关于土方回填说法错误的是（　　）。
   A. 土方回填不宜采用同类土
   B. 膨胀土不能作为回填土用
   C. 大面积填土工程多采用夯实法
   D. 有机物含量大于 8% 的土可作回填土
   E. 硫酸盐含量大于 5% 的土不可作回填土
4. 推土机的类型很多，按行走装置的不同有（　　）。
   A. 轮胎式   B. 履带式
   C. 固定式   D. 环形
   E. 8 字形
5. 下列关于施工组织设计的编制，审核和审批，下列说法正确的是（　　）。
   A. 施工组织总设计应由总承包单位技术负责人审批后，向监理报批
   B. 施工组织总设计应由总承包单位技术负责人审批后，向建设单位报批
   C. 单项工程施工组织设计应由施工单位技术负责人或技术负责人授权的技术人员审批

D. 单位工程施工组织设计应由施工单位技术负责人或技术负责人授权的技术人员审批

E. 施工单位完成内部编制、审核、审批程序后，报建设单位审核、审批

6. 根据《房屋建筑与装饰工程工程量计算规范》（GB 50854—2013）规定，下列有关工程量清单项目编码的描述，下列说法正确的是（　　）。

A. 项目编码是指分部分项工程和措施项目工程量清单项目名称的阿拉伯数字标识

B. 应采用十二位阿拉伯数字表示

C. 一至九位应按附录的规定设置

D. 十至十二位应根据拟建工程的工程量清单项目名称设置

E. 同一招标工程的项目编码可以重复

7. 根据《建筑工程建筑面积计算规范》（GB/T 50353—2013）规定，按自然层计算建筑面积的是（　　）。

A. 建筑物通道　　　　　　　B. 电梯井

C. 室内楼梯　　　　　　　　D. 管道井

E. 建筑物的门厅

8. 根据《建筑工程建筑面积计算规范》（GB/T 50353—2013）规定，下列应计算全面积的是（　　）。

A. 结构层高 > 2.10 m 的单层厂房

B. 设计加以利用并且结构净高 ≥ 2.10 m 的坡屋顶

C. 结构层高 > 2.20 m 的半地下室

D. 有永久性顶盖无围护结构的货棚

E. 有柱雨篷

9. 根据《房屋建筑与装饰工程工程量计算规范》（GB 50854—2013）规定，关于土方工程量计算与项目列项，说法正确的是（　　）。

A. 建筑物场地挖、填厚度 ≤ ±300 mm 的挖土应按一般土方项目编码列项计算

B. 平整场地工程量按设计图示尺寸以建筑物首层建筑面积计算

C. 挖一般土方应按设计图示尺寸以挖掘前天然密实体积计算

D. 挖沟槽土方工程量按沟槽设计图示中心线长度计算

E. 挖基坑土方工程量按设计图示尺寸以基础垫层底面积乘以挖土深度按体积计算

10. 根据《房屋建筑与装饰工程工程量计算规范》（GB 50854—2013）规定，下列关于石砌体说法不正确的有（　　）。

A. 基础垫层包括在基础项目内计算工程量

B. 石勒脚工程量按设计图示尺寸以面积计算

C. 外墙石基础长度按外墙中心线计算

D. 石护坡按设计图示尺寸以体积计算

E. 石砌体中工作内容包括了勾缝

第二部分 主观题

一、(15分) 某工程基础平面、剖面、基础梁如下图所示(图中未注明的单位为"mm",标高为"m"),土壤类别三类土,室外地坪标高为-0.300 m,沟槽土方采用人工开挖,放坡起点为1.5 m,放坡系数1:0.33。C15混凝土垫层为非原槽浇筑,工作面为300 mm,30%土方置于基坑边5 m内堆放,70%土方采用人力车运输场内堆放,运输距离为100 m。基础采用C20混凝土,柱采用C25混凝土。依据《房屋建筑与装饰工程工程量计算规范》(GB 50854—2013)和2020年《四川省建设工程工程量清单计价定额》规定,采用增值税一般计税法,完成下列问题。(计算结果保留2位小数)

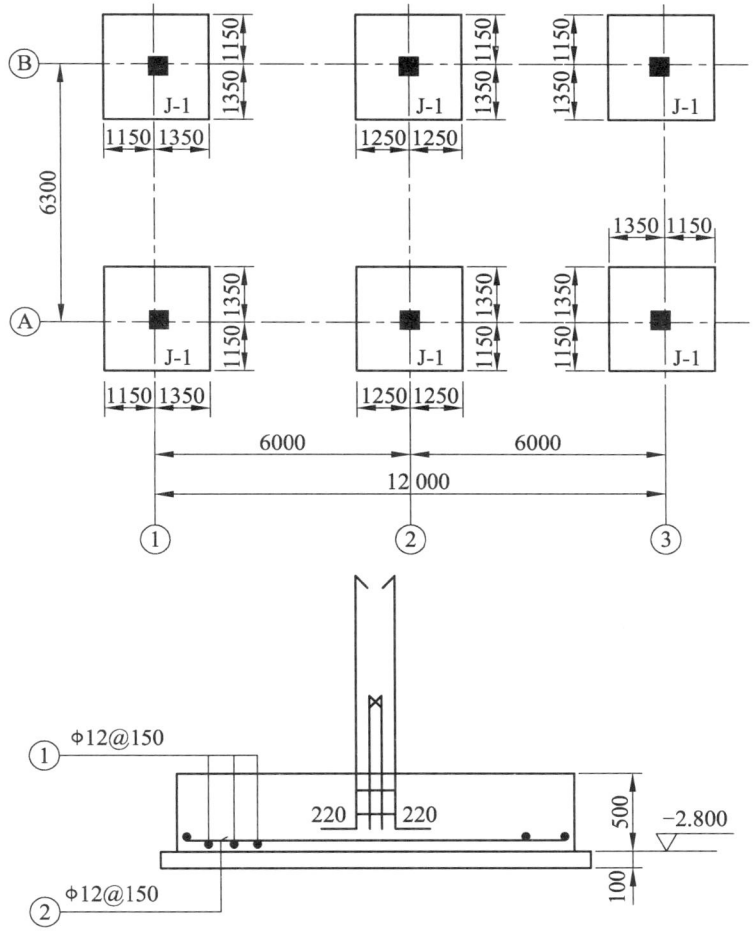

【问题】
1. 计算挖基坑土方清单工程量。(3分)
2. 计算独立基础清单工程量。(1分)
3. 计算基础回填清单工程量(不考虑基础梁部分的土方体积)。(2分)

4. 计算±0.000以下矩形柱清单工程量。(1分)
5. 计算基础梁清单工程量(3分)。
6. 若项目所在地人工费调整系数为10%,计算挖基坑土方清单项目综合单价。(5分)

二、(15分)某工程为框架结构,建筑平面图、剖面图如下图所示(图中及背景资料未注明的单位为"mm"、标高为"m")。框架柱截面尺寸为400×400,屋面板厚100,墙体上方的框梁截面尺寸均为250×500(梁内侧与墙内侧平齐,梁顶与板顶平齐,有梁板顶标高5.50 m),所有门、窗、洞口均设C20现浇混凝土过梁,过梁截面尺寸为240×150、长度为洞口宽度加500。墙体(包括女儿墙)厚度为240且按轴线居中布置,采用KP2型烧结多孔砖干混砂浆砌筑,砖墙起于基础梁,基础梁梁顶标高为-0.06 m,女儿墙高600 mm,其中压顶高60 mm。门窗洞口尺见表1,室内有关装饰见表2。依据《房屋建筑与装饰工程工程量计算规范》(GB 50854—2013)和2020年《四川省建设工程工程量清单计价定额》规定,采用增值税一般计税法,完成下列问题。(计算结果保留2位小数)

表1 门窗表

名称	代号	数量	洞口尺寸
成品钢板门	M1	1	1800×3000
钢质防盗门	M2	1	1000×2100
60系列塑钢固定窗	C1	6	1800×1500
60系列塑钢固定窗	C2	5	1500×1200
60系列塑钢固定百叶窗	C3	7	1200×1200
洞口	D1	2	1200×1400

表2 室内装饰做法

序号	名称	装饰做法
1	水泥砂浆地面	① C10混凝土(中砂,砾石5~40 mm)垫层80 mm厚;② 1:2水泥砂浆(中砂)面层25 mm厚
2	水泥砂浆踢脚线	120 mm高1:2水泥砂浆(中砂)
3	内墙	① 刷素水泥浆一道(无胶);② 混合砂浆(细砂)抹灰21 mm厚;③ 满刮成品腻子膏(一般型);④ 刷乳胶漆一底两面

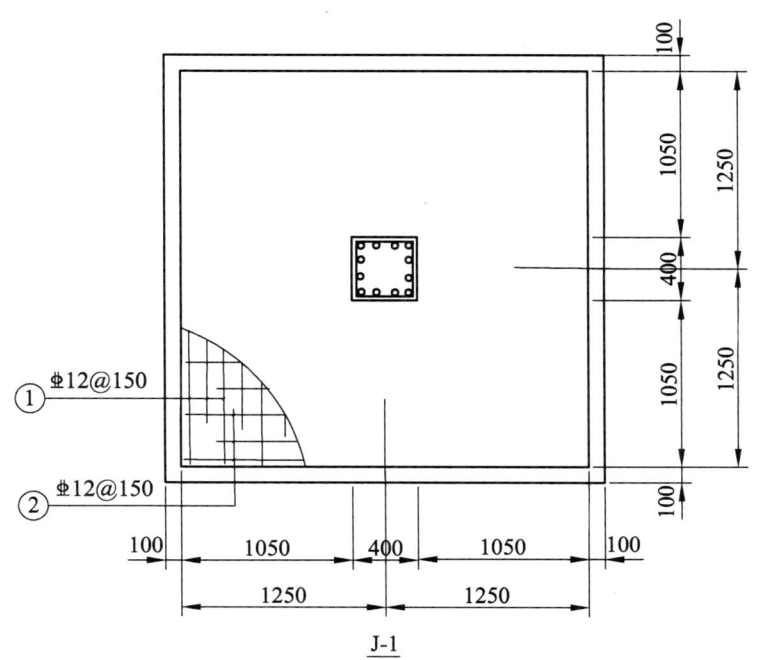

J-1

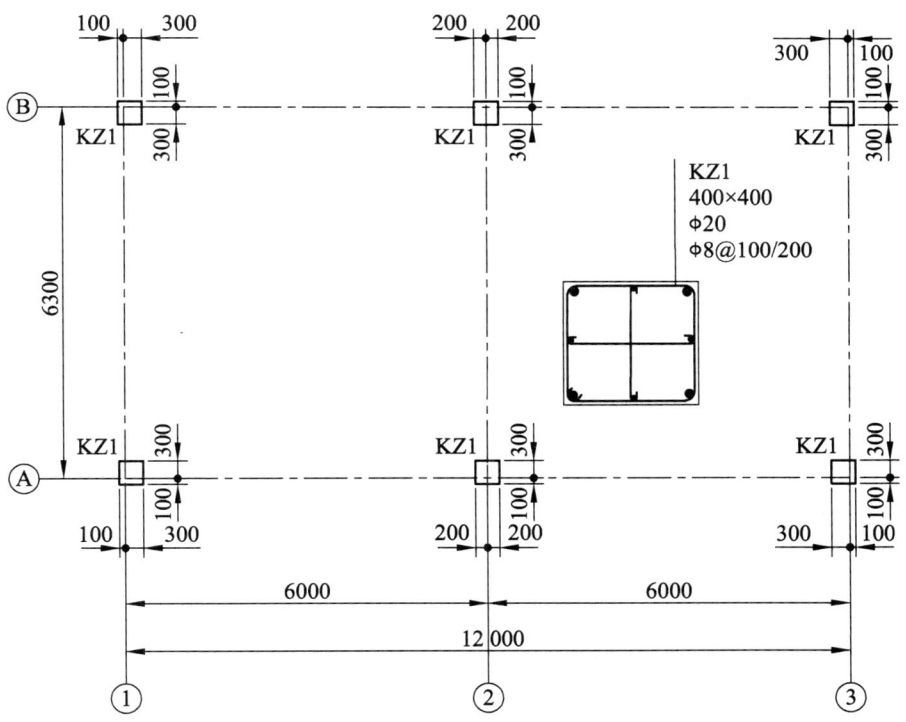

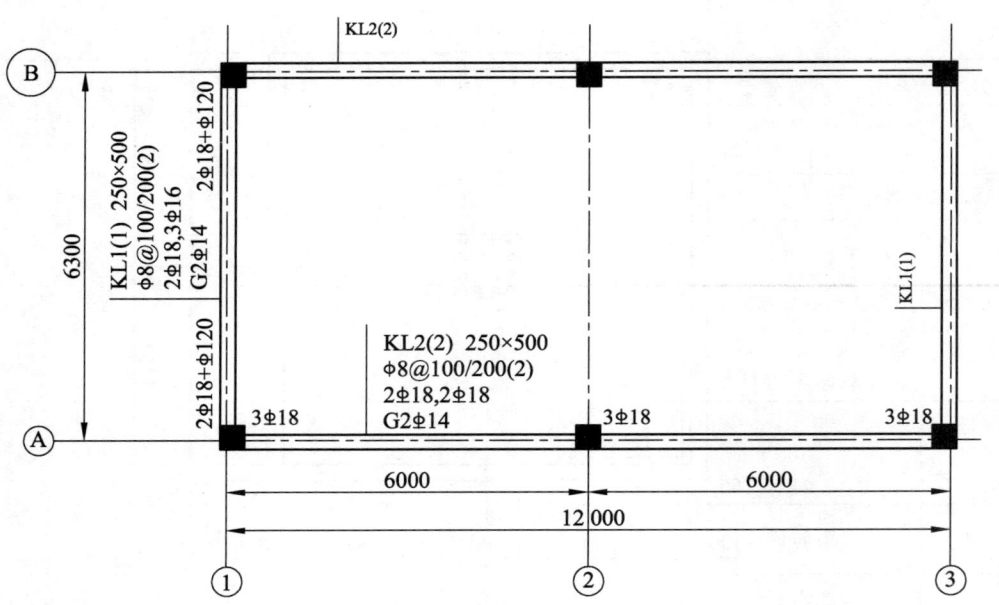

【问题】

1. 计算过梁清单工程量。（2分）
2. 计算多孔砖墙清单工程量。（4分）
3. 计算水泥砂浆地面清单工程量。（2分）
4. 计算水泥砂浆踢脚线清单工程量（按平方米计量，不考虑门洞口侧面）。（2分）
5. 计算内墙一般抹灰清单工程量（3分）。
6. 若项目所在地人工费调整系数为10%，计算内墙一般抹灰清单项目综合单位。（2分）

三、（15分）某工程建筑平面图、天棚平面图如下图所示（图中未注明的单位为"mm"，标高为"m"），室内地坪标高±0.000。砌块墙厚度300 mm，轴线距外墙外边线均为250 mm，柱截面均为500 mm×500 mm。门窗洞口尺寸见表3，室内有关装饰做法见表4。依据《房屋建筑与装饰工程工程量计算规范》（GB 50854—2013）和2020年《四川省建设工程工程量清单计价定额》规定，采用增值税一般计税法，完成下列问题。（计算结果保留2位小数）

表3　门窗表

名称	代号	洞口尺寸	备注
成品实木装饰门（双扇）	M	3000×2700	成品实木装饰门（带门套），框截面尺寸120 mm×60 mm，球型执手锁、门碰珠、普通五金
塑钢组合推拉窗	C1	1800×1800	窗框居墙中安装、5 mm厚白玻、普通五金

表4　室内装饰做法

序号	工程部位	工程做法
1	室内地面面层（包括台阶平台及门洞口）	1∶2水泥砂浆铺贴800 mm×800 mm彩釉砖面层（结合层20 mm厚），白水泥擦缝
2	台阶	1∶2水泥砂浆（特细砂）铺贴600 mm×300 mm彩釉砖面层（结合层20 mm），白水泥擦缝，每阶2根金属防滑条（长度＝台阶长－300 mm）
3	踢脚线	水泥砂浆粘贴彩釉砖踢脚板，高度120 mm（门洞侧面按100 mm计算，独立柱未做踢脚线）
4	内墙面装饰	抹灰墙面上满刮成品腻子膏一般型（Y），墙裱糊对花墙纸（门窗洞口侧壁按100 mm宽计算）
5	顶棚装饰	天棚吊顶标高3.30 m，U形轻钢龙骨、面层石膏板450 mm×450 mm

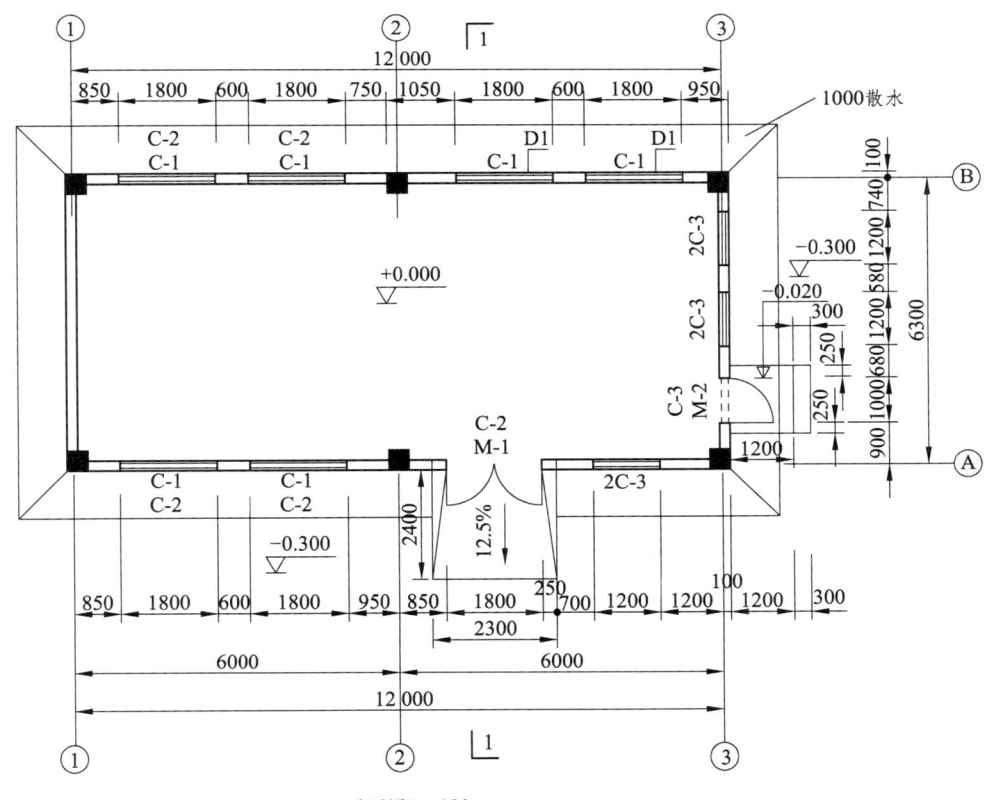

平面图1∶100

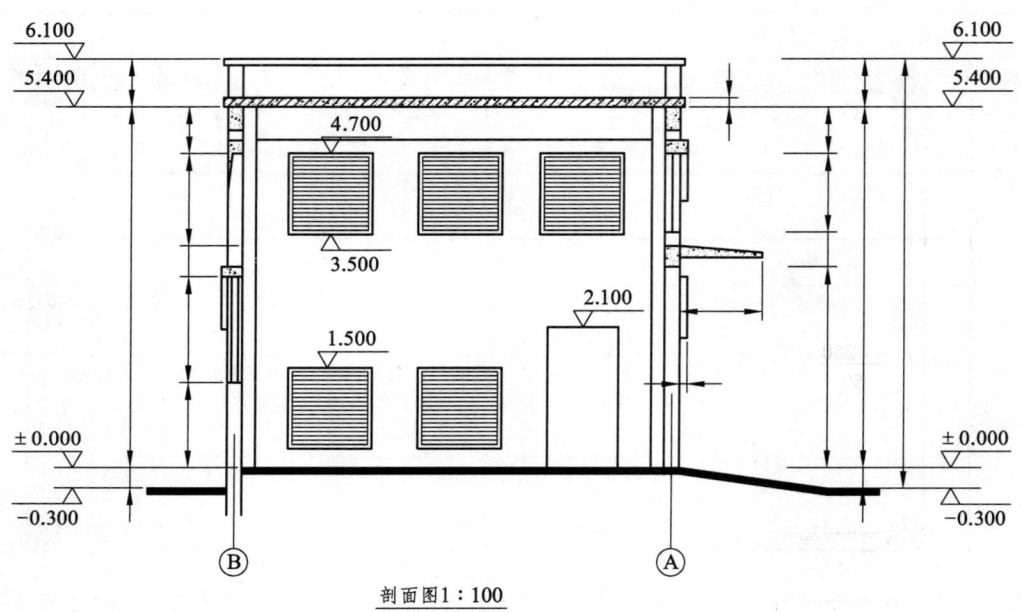

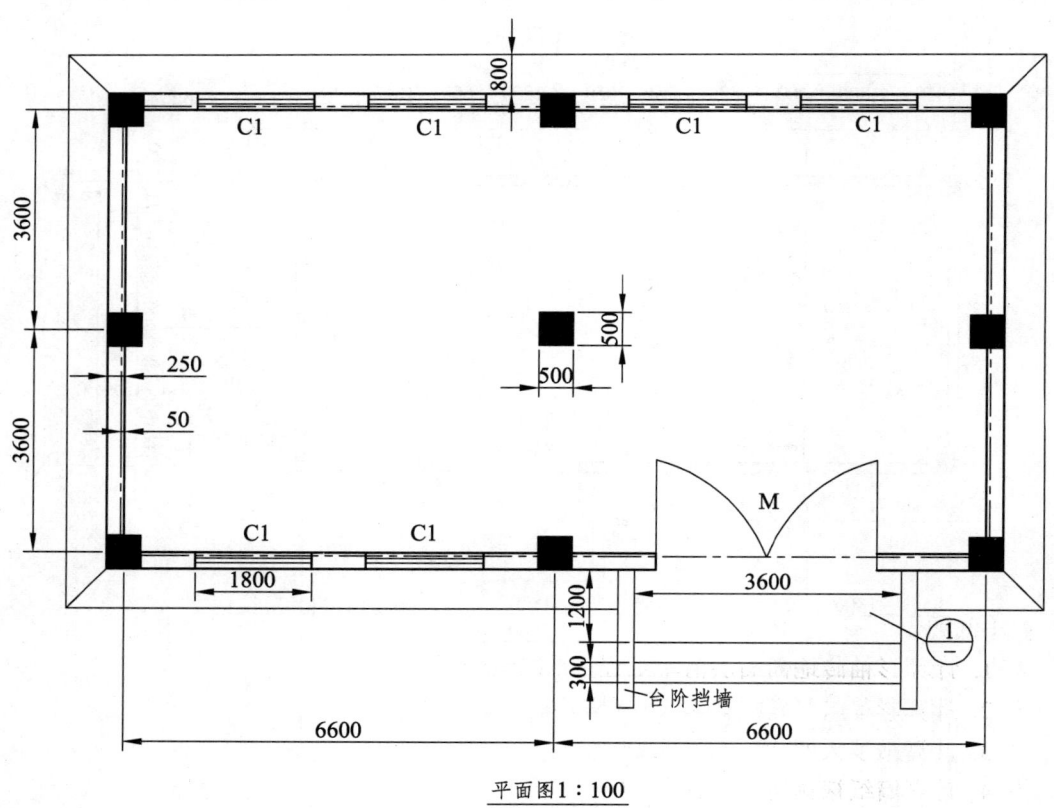

剖面图 1:100

平面图 1:100

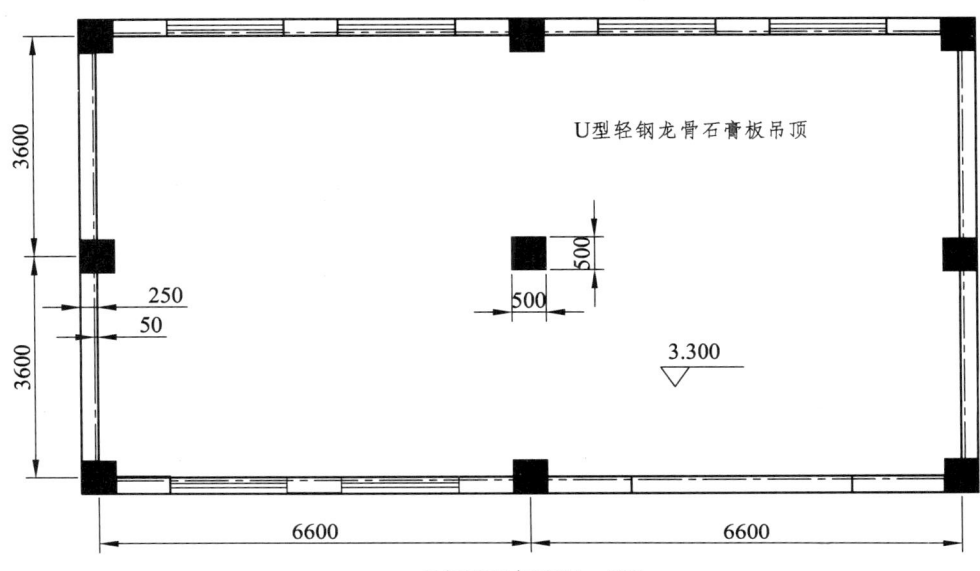

天棚平面布置图 1:100

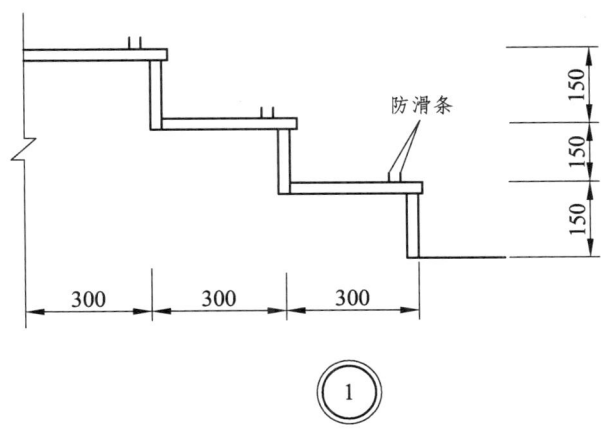

①

【问题】
1. 计算彩釉砖地面面层清单工程量。(2分)
2. 计算彩釉砖踢脚线清单工程量(按平方米计量)。(3分)
3. 计算吊顶天棚清单工程量。(2分)
4. 计算墙纸裱糊清单工程量。(4分)

5. 若项目所在地人工费调整系数为 10%，计算台阶面层清单综合单价（4 分）。

四、(15 分) 某工程建筑平面图、吊顶天棚平面图如下图所示（图中未注明的单位为"mm"，标高为"m"）。层高 3.60 m，室内地坪标高 ±0.000。砌块墙厚度 300 mm，轴线距外墙外边线均为 250 mm，柱截面尺寸均为 500 mm×500 mm。室外散水 800 mm 宽，做法：① 碎砖灌水泥浆垫层 100 mm 厚；② C20 商品混凝土提浆压光 60 mm 厚；③ 外墙与散水接触处、散水与台阶挡墙接触处（台阶挡墙宽度 240 mm）使用建筑油膏嵌缝。门窗洞口尺寸见表 5，室内有关装饰做法见表 6。若项目所在地人工费调整系数为 10%。依据《房屋建筑与装饰工程工程量计算规范》(GB 50854—2013) 和 2020 年《四川省建设工程工程量清单计价定额》规定，采用增值税一般计税法，完成下列问题。（计算结果保留 2 位小数）

表 5　门窗表

名称	代号	洞口尺寸	备注
成品实木装饰门（双扇）	M	3000×2700	成品实木装饰门（带门套），框截面尺寸 120 mm×60 mm、球型执手锁、门碰珠、普通五金
塑钢组合推拉窗	C1	1800×1800	窗框居墙中安装、5 mm 厚白玻、普通五金

表 6　室内装饰做法

序号	工程部位	工程做法
1	室内地面面层（包括台阶平台及门洞口）	1∶2 水泥砂浆铺贴 800 mm×800 mm 玻化砖面层（结合层 20 mm 厚），白水泥擦缝
2	踢脚线	水泥砂浆粘贴玻化砖踢脚板，高度 120 mm（门洞侧面按 100 mm 计算，独立柱未做踢脚线）
3	台阶	① 1∶2 水泥砂浆（特种砂）铺贴 600 mm×300 mm 玻化砖面层（结合层 20 mm），白水泥擦缝；② 每阶 2 根金属防滑条（长度＝台阶长－300 mm）
4	内墙面装饰	① 墙面干混砂浆一般抹灰 21 mm 厚；② 满刮成品腻子膏一般型（Y）；③ 面层刷乳胶漆一底两面（门窗洞口侧壁按 100 mm 宽计算）
5	顶棚装饰	吊顶底标高 3.30 m，U 型轻钢龙骨，面层石膏板 450 mm×450 mm

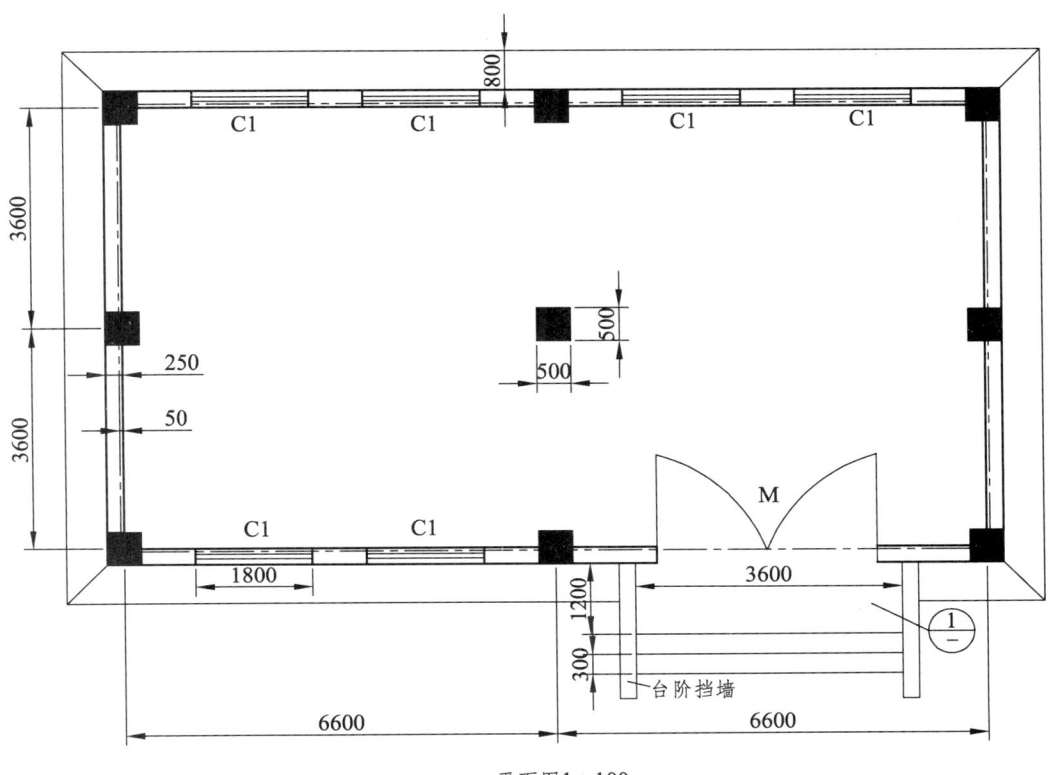

平面图 1:100

天棚平面布置图 1:100

【问题】
1. 计算墙面一般抹灰清单工程量。(2分)
2. 计算墙面乳胶漆清单工程量。(3分)
3. 计算墙面一般抹灰清单项目综合单价。(2分)
4. 计算墙纸裱糊清单工程量。(4分)
5. 计算室外散水清单综合单价。(4分)

全真模拟试卷（一）解析

第一部分 客观题

一、判断题（共 5 题，每小题 1 分，共 5 分。你认为正确的请选"√"，错误的选"×"）

1. 【答案】×

   【解析】本题考查的是民用建筑分类。设计使用年限为 5 年的建筑为 1 类级建筑，适用于临时性建筑。

2. 【答案】√

   【解析】本题考查的是土石方工程主要分类。超过 5 m（含 5 m）称为深基坑。

3. 【答案】×

   【解析】本题考查的是建筑面积的概念。根据《建筑工程建筑面积计算规范》（GB/T 50353—2013）规定，建筑面积应按外墙勒脚以上外围水平面测定的各层平面面积之和。

4. 【答案】×

   【解析】本题考查的是安全文明施工费。施工现场的机械设备降噪声费属于环境保护费。

5. 【答案】×

   【解析】本题考查的是规费。规费不得作为竞争性费用。

二、单项选择题（共 15 题，每小题 1 分，共 15 分。每小题仅有 1 个选项是正确的，请选择你认为正确的答案）

1. 【答案】D

   【解析】本题考查的是工业与民用建筑工程的分类、组成及构造。建筑是建筑物与构筑物的总称，是根据人们物质生活和精神生活的要求，为了满足社会生活需要而建造的有组织的内部和外部的空间环境。满足功能要求并提供人们活动空间和场所的建筑称为建筑物，如工厂、住宅、学校、商店等；仅满足功能要求的建筑称为构筑物，如水塔、烟囱、桥梁、纪念碑等。

2. 【答案】C

   【解析】本题考查的是建筑结构材料。按厚度来分类，热轧钢板可分为厚板（厚度大于 4 mm）和薄板（厚度不大于 4 mm）两种；冷轧钢板只有薄板。

3.【答案】B

【解析】本题考查的是土石方工程的准备与辅助工作。集水坑应设置在基础范围以外，地下水走向的上游。

4.【答案】B

【解析】本题考查的是土石方工程施工机械。

① 正铲挖掘机。正铲挖掘机的挖土特点是：前进向上，强制切土。其挖掘力大，生产率高，能开挖停机面以内的Ⅰ~Ⅳ级土，开挖大型基坑时需设下坡道，适宜在土质较好、无地下水的地区工作。根据挖掘机与运输工具的相对位置不同，正铲挖土和卸土的方式有以下两种：正向挖土、侧向卸土；正向挖土、后方卸土。

② 反铲挖掘机。反铲挖掘机的挖土特点是：后退向下，强制切土。其挖掘力比正铲小，能开挖停机面以下的Ⅰ~Ⅲ级的砂土或黏土，适宜开挖深度 4 m 以内的基坑，对地下水位较高处也适用。反铲挖掘机的开挖方式可分为沟端开挖与沟侧开挖。

③ 抓铲挖掘机。抓铲挖掘机的挖土特点是：直上直下，自重切土。其挖掘力较小，只能开挖Ⅰ~Ⅱ级土，可以挖掘独立基坑、沉井，特别适于水下挖土。

5.【答案】D

【解析】本题考查的是工程量计算规范。当同一标段（或合同段）的一份工程量清单中含有多个单位工程且工程量清单是以单位工程为编制对象时，在编制工程量清单时应特别注意对项目编码十至十二位的设置不得有重码的规定。

6.【答案】A

【解析】本题考查的是柱平法注写方式。柱编号由柱类型代号和序号组成，柱的类型代号有框架柱（KZ）、转换柱（ZHZ）、芯柱（XZ）、梁上柱（LZ）、剪力墙上柱（QZ）。

7.【答案】C

【解析】本题考查的是应计算建筑面积的范围及规则。建筑物的建筑面积应按自然层外墙结构外围水平面积之和计算其中关于围护结构的概念，维护结构是指围合建筑空间的墙体、门、窗。当围护结构下部为砌体，上部为彩钢板围护的建筑物，其建筑面积的计算：当 $h<0.45$ m 时，建筑面积按彩钢板外围水平面积计算；当 $h \geqslant 0.45$ m 时，建筑面积按下部砌体外围水平面积计算。

8.【答案】C

【解析】本题考查的是应计算建筑面积的范围及规则。结构层高在 2.20 m 及以上的，应计算全面积；结构层高在 2.20 m 以下的，应计算 1/2 面积。

9.【答案】B

【解析】本题考查的是土石方工程。沟槽、基坑、一般土方的划分为：底宽≤7 m 且底长>3 倍底宽为沟槽；底长≤3 倍底宽且底面积≤150 m² 为基坑；超出上述范围则为一般土方。底长 20 m>3×6 m（底宽）；底宽 6 m<7 m，故属于"沟槽"。

10.【答案】D

【解析】本题考查的是现浇混凝土工程。砖散水、地坪以"m²"为单位，按设计图示尺寸以面积计算。

11.【答案】C

【解析】本题考查的是路基工程。土工合成材料工程量，按设计图示尺寸以面积计算。

12.【答案】B

【解析】本题考查的是绿化工程工程量计算规则及应用。胸径应为地表面向上1.2 m高处树干直径。

13.【答案】B

【解析】本题考查的是建筑工程工程量清单编制。招标工程量清单必须作为招标文件的组成部分，其准确性和完整性由招标人负责。

14.【答案】D

【解析】本题考查的是工程计价方法。工程计价的基本原理就在于项目的分解与组合。

15.【答案】B

【解析】本题考查的是消耗量标准。计价定额的消耗量标准是根据国家现行设计标准、施工质量验收规范和安全技术操作规程，以正常的施工条件、合理的施工组织设计、施工工期、施工工艺为基础，结合四川省的施工技术水平和施工机械装备程度进行编制的，它反映了社会的平均水平。

三、多项选择题（共10题，每小题2分，共20分。每小题所设选项中有2个或2个以上正确答案，至少有1个错项。错选，本题不得分；少选，所选的每个选项得0.5分）

1.【答案】ABE

【解析】本题考查的是工业建筑的分类。工业建筑按用途分类可分为：① 主要生产厂房。指进行备料、加工、装配等主要工艺流程的厂房，如机械制造厂中的铸造车间、热处理车间、机加工车间和装配车间等。② 辅助生产厂房。指为主要生产厂房服务的厂房，如机械制造厂房的修理车间、工具车间等。③ 动力用厂房。指为生产提供动力源的厂房，如发电站、变电所、锅炉房等。④ 仓储建筑。贮存原材料、半成品、成品房屋（一般称仓库）。⑤ 其他建筑。如水泵房、污水处理建筑等。

2.【答案】CDE

【解析】本题考查的是常用水泥。表7为常用水泥的主要特性及适用范围。

表 7　常用水泥的主要特性及适用范围

水泥种类	硅酸盐水泥	普通硅酸盐水泥	矿渣硅酸盐水泥	火山灰质硅酸盐水泥	粉煤类硅酸盐水泥
强度等级	42.5,　42.5R 42.6,　52.5R 42.7,　62.5R	42.8,　42.5R 42.9,　52.5R	42.10,　32.5R 42.11,　42.5R 42.12,　52.5R	42.13,　32.5R 42.14,　42.5R 42.15,　52.5R	42.16,　32.5R 42.17,　42.5R 42.18,　52.5R
主要特性	① 早期强度较高,凝结硬化快; ② 水化热较大; ③ 耐冻性好; ④ 耐热性较差; ⑤ 耐腐蚀及耐水性较差; ⑥ 干缩性较小	① 早期强度较高,凝结硬化较快; ② 水化热较大; ③ 耐冻性较好; ④ 耐热性较差; ⑤ 耐腐蚀及耐水性较差; ⑥ 干缩性较小	① 早期强度低,后期强度增长较快,凝结硬化慢; ② 水化热较小; ③ 耐热性较好; ④ 耐硫酸盐侵蚀和耐水性较好; ⑤ 抗冻性较差; ⑥ 干缩性较大; ⑦ 抗碳化能力差	① 早期强度低,后期强度增长较快,凝结硬化慢; ② 水化热较小; ③ 耐热性较差; ④ 耐硫酸盐侵蚀和耐水性较好; ⑤ 抗冻性较差; ⑥ 干缩性较大; ⑦ 抗渗性较好; ⑧ 抗碳化能力差	① 早期强度低,后期强度增长较快,凝结硬化慢; ② 水化热较小; ③ 耐热性较差; ④ 耐硫酸盐侵蚀和耐水性较好; ⑤ 抗冻性较差; ⑥ 干缩性较小; ⑦ 抗碳化能力较差

3. 【答案】ACD

【解析】本题考查的是土石方工程施工。填方宜采用同类土填筑;碎石类土、砂土、爆破石渣及含水量符合压实要求的黏性土可作为填方土料。淤泥、冻土、膨胀性土及有机物含量大于 8%的土,以及硫酸盐含量大于 5%的土均不能作为填土。填土压实的方法有碾压法、夯实法及振动压实法,平整场地等大面积填土多采用碾压法,小面积的填土工程多用夯实法,而振动压实法主要用于压实非黏性土。

4. 【答案】AB

【解析】本题考查的是土石方工程施工机械。推土机的类型很多,按行走装置的不同有轮胎式和履带式之分。按工作装置的构成不同可分为固定式与回转式两种。选项 DE 是铲运机的开行路线。

5. 【答案】AD

【解析】本题考查的是施工组织设计的编制、审核和审批。
施工组织总设计应由总承包单位技术负责人审批后,向监理报批。单位工程施工组织设计应由施工单位技术负责人或技术负责人授权的技术人员审批。重点、难点分部分项工程施工方案应由施工单位技术部门组织相关专家评审,施工单位技术负责人批准。施工单位完成内部编制、审核、审批程序后,报总承包单位审核、审批,然后由总承包单位项目经理或其授权人签章后,向监理报批。

6. 【答案】ABCD

【解析】本题考查的是项目编码。项目编码是指分部分项工程和措施项目清单名称的阿拉伯数字标识。工程量清单项目编码采用十二位阿拉伯数字表示,一至九位应按计量规范附录规定设置,十至十二位应根据拟建工程的工程量清单项目名称设置,同一招标工程的项目编码不得有重码。

7. 【答案】BCD

【解析】本题考查的是应计算建筑面积的范围及规则。

选项 A，骑楼、过街楼底层的开放公共空间和建筑物通道，不计算建筑面积。

选项 B、C、D，建筑物的室内楼梯、电梯井、提物井、管道井、通风排气竖井、烟道，应并入建筑物的自然层计算建筑面积。有顶盖的采光井应按一层计算面积，结构净高在 2.10 m 及以上的，应计算全面积；结构净高在 2.10 m 以下的，应计算 1/2 面积。

选项 E，建筑物的门厅、大厅应按一层计算建筑面积。

8. 【答案】BC

【解析】本题考查的是应计算建筑面积的范围及规则。

选项 A，建筑物的建筑面积应按自然层外墙结构外围水平面积之和计算。结构层高在 2.20 m 及以上的，应计算全面积；结构层高在 2.20 m 以下的，应计算 1/2 面积。

选项 B，形成建筑空间的坡屋顶，结构净高在 2.10 m 及以上的部位应计算全面积；结构净高在 1.20 m 及以上至 2.10 m 以下的部位应计算 1/2 面积；结构净高在 1.20 m 以下的部位不计算建筑面积。

选项 C，地下室、半地下室应按其结构外围水平面积计算。结构层高在 2.20 m 及以上的，应计算全面积；结构层高在 2.20 m 以下的，应计算 1/2 面积。

选项 D，有顶盖、无围护结构的车棚、货棚、站台、加油站、收费站等，应按其顶盖水平投影面积的 1/2 计算建筑面积。

选项 E，有柱的雨篷按结构板水平投影面积的 1/2 计算建筑面积。

9. 【答案】BCE

【解析】本题考查的是土石方工程。建筑物场地挖、填厚度≤±300 mm 的挖土应按平整场地项目编码列项计算；挖沟槽土方、挖基坑土方工程量按设计图示尺寸以基础垫层底面积乘以挖土深度按体积计算。

10. 【答案】ABE

【解析】本题考查的是石砌体工程。石基础长度：外墙按中心线，内墙按净长计算；石勒脚工程量按设计图示尺寸以体积计算，石护坡按设计图示尺寸以体积计算，石砌体中工作内容包括了勾缝。除混凝土垫层外，没有包括垫层要求的清单项目应按砌筑工程中垫层项目编码列项。

第二部分 主观题

一、【解析】

挖基坑土方体积 $V = (a + 2c + KH) \times (b + 2c + KH) \times H + 1/3 K^2 H^3$

挖土深度 $= 2.9 - 0.3 = 2.60$（m）

1. 挖基坑土方清单工程量 =（2.7 + 0.3 × 2 + 0.33 × 2.6）×（2.7 + 0.3 × 2 + 0.33 × 2.6）× 2.6 + 1/3 × 0.33^2 × 2.6^3）× 6 = 273.54（m^3）
2. 独立基础清单工程量 = 2.5 × 2.5 × 0.5 × 6 = 18.75（m^3）
   埋深体积：垫层体积 = 2.7 × 2.7 × 0.1 × 6 = 4.374（m^3）
   柱 = 0.4 × 0.4 × 2 × 6 = 1.92（m^3）
3. 基础回填清单工程量 = 273.54 − 4.374 − 18.75 − 1.92 = 248.50（m^3）
4. ±0.00 以下矩形柱清单工程量 = 0.4 × 0.4 × 2.3 × 6 = 2.21（m^3）
5. 基础梁清单工程量 = 0.25 × 0.5 ×［（6.3 − 0.3 × 2）+（12 − 0.3 × 2 − 0.4）］× 2
   = 4.18（m^3）

套用定额：
基坑土方"AA0009"定额基价 4676.45 元/100 m^3，其中人工费 4038.39 元/100 m^3。
人力车运输"AA0086"定额基价 1348.61 元/100 m^3，其中人工费 1164.60 元/100 m^3。
每增运 50 m "AA0087"定额基价 325.17 元/100 m^3，其中人工费 280.80 元/100 m^3。
人力车运输土方定额工程量 = 273.54 × 0.7 = 191.48（m^3）

6. 基坑土方清单项目综合单价 = {（4676.45 + 4038.39 × 0.1）× 273.54 +［1348.61 + 325.17 +（1164.6 + 280.8）× 0.1］× 191.48} ÷ 100 ÷ 273.54 = 63.53（元/m^3）

二、【解析】

洞口长度 = 2.3 + 1.5 + 2.3 × 6 + 2 × 5 + 1.7 × 7 + 1.7 × 2 = 42.90（m）

1. 过梁清单工程量 = 0.24 × 0.15 × 42.9 = 1.54（m^3）
   墙体高度 = 0.06 + 5.5 − 0.5 = 5.06（m）
   外墙中心线长 =［（12 − 0.28 × 2 − 0.4）+（6.3 − 0.28 × 2）］× 2 = 33.56（m）
   女儿墙高 = 0.6 − 0.06 = 0.54（m）
   女儿墙中心线长 =（12 + 6.3）× 2 = 36.60（m）
   洞口面积 = 1.8 × 3 + 1 × 2.1 + 1.8 × 1.5 × 6 + 1.5 × 1.2 × 5 + 1.2 × 1.2 × 7 + 1.2 × 1.4 × 2
   = 46.14（m^2）
2. 多孔砖墙清单工程量 = 0.24 ×［（33.56 × 5.06 − 46.14）+ 0.54 × 36.6］− 1.54 = 32.89(m^3）
3. 水泥砂浆地面清单工程量 =（12 − 0.24）×（6.3 − 0.24）= 71.27（m^2）
4. 水泥砂浆踢脚线清单工程量 =［（11.76 + 6.06）× 2 + 0.16 × 4 −（1.8 + 1）］× 0.12
   = 4.02（m^2）
5. 内墙一般抹灰清单工程量 =［（11.76 + 6.06）× 2 + 0.16 × 4］× 5.4 − 46.14 = 149.77（m^2）
   套用定额：
   刷素水泥浆"AM0026"定额基价 250.88 元/100 m^2，其中人工费 160.77 元/100 m^2。
   内墙一般抹灰"AM0007"定额基价 2203.07 元/100 m^2，其中人工费 1395.60 元/100 m^2。
6. 内墙一般抹灰清单项目综合单价 =［250.88 + 2203.07 +（160.77 + 1395.6）× 0.1］÷ 100 = 26.10（元/m^2）

三、【解析】

柱占位面积 = 0.2×0.2×4 + 0.2×0.5×4 + 0.5×0.5 = 0.810（m²）

门洞处地面块料面层 = 3×0.3 = 0.90（m²）

台阶平台 = 3.6×（1.2 – 0.3）= 3.24（m²）

1. 彩釉砖地面面层清单工程量 =（13.2 – 0.1）×（7.2 – 0.1）– 0.81 + 0.9 + 3.24
   = 96.34（m²）

2. 彩釉砖踢脚线清单工程量 = ［（13.1 + 7.1）×2 + 0.2×2×4 + 0.1×2 – 3］×0.12
   = 4.70（m²）

3. 吊顶天棚清单工程量 = 13.1×7.1 = 93.01（m²）

   扣门窗洞口面积 = 3×（2.7 – 0.12）+ 1.8×1.8×6 = 27.18（m²）

   增加门窗洞口侧壁长度 = ［3 +（2.7 – 0.12）×2］+ 1.8×4×6 = 51.36（m）

   墙纸裱糊高度 = 3.3 – 0.12 = 3.18（m）

4. 墙面墙纸裱糊清单工程量 = ［（13.1 + 7.1）×2 + 0.2×2×4］×3.18 + 51.36×0.1 –
   27.18 = 111.52（m²）

   台阶面层清单（定额）工程量 = 3.6×0.9 = 3.24（m²）

   金属防滑条定额工程量 =（3.6 – 0.3）×2×3 = 19.80（m）

   套用定额：

   台阶面层"AL0298"定额基价 12547.13 元/100 m²，其中人工费 5948.10 元/100 m²。

   调整结合层厚度"AL0249"定额基价 869.76 元/100 m²，其中人工费 549.12 元/100 m²。

   防滑条台阶面层"AL0355"定额基价 1271.21 元/100 m，其中人工费 454.80 元/100 m。

5. 台阶玻化砖面层清单项目综合单价 = {［12547.13 + 869.76 +（5948.1 + 549.12）×
   0.1］×3.24 +（1271.21 + 454.8×0.1）×19.8} ÷100÷3.24 = 221.13（元/m²）

四、【解析】

门窗洞口面积 = 3×2.7 + 1.8×1.8×6 = 27.54（m²）

内墙抹灰清单计算高度 = 3.3（m）

门窗洞口侧壁长度 =（3 + 2.7×2）+（1.8×4）×6 = 51.60（m）

乳胶漆涂刷高度 = 3.3 – 0.12 = 3.18（m）

1. 墙面一般抹灰清单工程量 = ［（13.1 + 7.1）×2 + 0.2×4×2］×3.3 – 27.54 = 111.06
   （m²）（扣除踢脚线高度后，门洞口需相应减少 = 3×0.12 = 0.36，门侧壁减少 =
   0.1×0.12×2 = 0.024）

2. 墙面乳胶漆清单工程量 = ［（13.1 + 7.1）×2 + 0.2×4×2］×3.18 – 27.54 + 51.6×
   0.1 + 0.36 – 0.024 = 111.52（m²）

   外墙外边线 =（13.2 + 7.2）×2 + 0.25×8 = 42.80（m）

   散水中心线 = 42.8 + 0.8×4 –（3.6 + 0.24×2）= 41.92（m）

3. 室外散水清单工程量 = 41.92 × 0.8 = 33.54（m²）
   墙面抹灰定额工程量 = [（13.1 + 7.1）× 2 + 0.2 × 4 × 2] ×（3.3 + 0.2）- 27.54
   　　　　　　　　　 = 119.46（m²）
   套用定额：
   一般抹灰"AM0029"定额基价 2978.93 元/100 m²，其中人工费 1658.43 元/100 m²。
4. 墙面一般抹灰清单项目综合单价 =（2978.93 + 1658.43 × 0.1）× 119.46 ÷ 100 ÷ 111.06 = 33.83（元/m²）
   散水垫层定额工程量 = 33.54 × 0.1 = 3.35（m³）
   混凝土散水定额工程量 = 33.54 × 0.06 = 2.01（m³）
   建筑油膏嵌缝 = 42.8 -（3.6 + 0.24 × 2）+ 0.8 × 2 = 40.32（m）
   套用定额：
   碎砖垫层"AD0233"定额基价 1417.13 元/10 m³，其中人工费 381.66 元/10 m³。
   混凝土散水"AE0098"定额基价 4019.25 元/10 m³，其中人工费 415.08 元/10 m³。
   变形缝"AJ0104"定额基价 144.61 元/10 m，其中人工费 42.39 元/10 m。
5. 室外散水清单项目综合单价： = [（1417.13 - 381.66 + 381.66 × 1.1 × 1.2）× 3.35 + 4019.25 + 415.08 × 0.1）× 2.01 +（144.61 + 42.39 × 0.1）× 40.32] ÷ 10 ÷ 33.54 = 57.60（元/m²）

全真模拟试卷（二）

第一部分　客观题

一、判断题（共 5 题，每小题 1 分，共 5 分。你认为正确的请选"√"，错误的选"×"）

1. 刚架结构的基本特点是柱和屋架（或梁）铰接性连接，形成一个刚性构件。（　　）
2. 硅酸盐水泥适用于大体积混凝土工程。（　　）
3. 中波板即波高大于 35～50 mm 的压型钢板，多用于屋面板。（　　）
4. 喷射混凝土支护，因干喷回弹和粉尘严重，一般不采用，现基本采用湿喷。（　　）
5. 抓铲挖掘机其挖掘力较小，只能开挖Ⅰ～Ⅱ级土，可以挖掘独立基坑、沉井，特别适于水下挖土。（　　）

二、单项选择题（共 15 题，每小题 1 分，共 15 分。每小题仅有 1 个选项是正确的，请选择你认为正确的答案）

1. 位于某城市的标志性纪念碑，其耐久年限为（　　）。
    A. 5 年　　　　　B. 25 年　　　　　C. 50 年　　　　　D. 100 年
2. 对于 5 层砖砌宿舍，应至少设置（　　）道圈梁。
    A. 1　　　　　B. 2　　　　　C. 3　　　　　D. 4
3. 对于严寒地区并处在水位升降范围内的混凝土工程，下列水泥不宜选用的是（　　）。
    A. 普通硅酸盐水泥　　　　　B. 矿渣硅酸盐水泥
    C. 火山灰质硅酸盐水泥　　　　　D. 粉煤灰类硅酸盐水泥
4. 钢筋混凝土预制桩构件起吊时，混凝土强度应至少达到设计强度的（　　）。
    A. 30%　　　　　B. 50%　　　　　C. 70%　　　　　D. 100%
5. 起重机的工作速度不包括（　　）。
    A. 起升　　　　　B. 变幅　　　　　C. 回转　　　　　D. 转移
6. 单位工程施工组织设计由（　　）负责编制。
    A. 设计单位主管工程师　　　　　B. 建设单位主管工程师
    C. 承包单位主管工程师　　　　　D. 监理单位主管工程师
7. 根据《国家建筑标准设计图集》（16G101）规定，托柱转换梁的标注代号为（　　）。
    A. KZL　　　　　B. JZL　　　　　C. TZL　　　　　D. TZHL

8. 建筑物内设有局部楼层时，对于局部楼层的二层及以上楼层，无围护结构的应（   ）计算，且结构层高在 2.20 m 及以上的，应计算全面积，结构层高在 2.20 m 以下的，应计算 1/2 面积。

  A. 按结构底板水平面积 B. 按结构顶板水平面积

  C. 不计算 D. 按维护设施的外围水平面积

9. 某矩形建筑共 6 层，自下而上各层外墙轴线尺寸为 60 m × 15 m 且按轴线居中布置，外墙均为一砖墙厚，首层架空，结构层高为 2.1 m，其顶板水平投影面积为 918.06 m²，其他层高均为 3 m，根据《建筑工程建筑面积计算规范》（GB/T 50353—2013）规定，该建筑物的建筑面积为（   ）。

  A. 5508.35 m² B. 5049.32 m² C. 4590.29 m² D. 5400.00 m²

10. 根据《房屋建筑与装饰工程工程量计算规范》（GB 50854—2013）规定，当土方开挖底长≤3 倍底宽，且底面积＞150 m²，开挖深为 0.8 m 时，清单项目应列为（   ）。

  A. 平整场地 B. 挖一般土方

  C. 挖沟槽土方 D. 挖基坑土方

11. 根据《建筑工程工程量清单计价规范》（GB 50500—2013）规定，措施项目清单编制中，下列适用于以"项"为单位计价的措施项目费是（   ）。

  A. 二次搬运费 B. 超高施工增加费

  C. 大型机械设备进出场及安拆费 D. 施工排水、降水费

12. 根据 2020《四川省建设工程工程量清单计价定额》规定，下列关于文明施工费的选项，错误的是（   ）。

  A. 地面混凝土硬化

  B. 现场卫生清扫和保洁

  C. "三宝""四口""五临边"防护费用

  D. 临时设施的装饰装修

13. 根据《建筑工程工程量清单计价规范》（GB 50500—2013）规定，编制招标控制价时，专业工程暂估价按规定应计入（   ）。

  A. 承包人提供主要材料和工程设备一览表

  B. 招标控制价的总价

  C. 发包人提供主要材料和工程设备一览表

  D. 综合单价

14. 根据《建筑工程工程量清单计价规范》（GB 50500—2013）规定，对暂列金额，在投标报价时投标人应按招标人在招标工程量清单中的其他项目清单列出的金额填写（   ）。

  A. 可以减少 B. 可以增加 C. 可以调整 D. 不得调整

15. 期中支付的计量工作是局部的，只能作为支付当期进度款的依据，不能作为（   ）的依据。

  A. 签证 B. 付款 C. 计量 D. 结算

三、多项选择题（共 10 题，每小题 2 分，共 20 分。每小题所设选项中有 2 个或 2 个以上正确答案，至少有 1 个错项。错选，本题不得分；少选，所选的每个选项得 0.5 分）

1. 基础类型按材料及受力特点可分为（　　）。
   A. 砖基础　　　　　　　　　　　B. 毛石基础
   C. 刚性基础　　　　　　　　　　D. 混凝土基础
   E. 柔性基础

2. 下列属于节能装饰玻璃的有（　　）。
   A. 吸热玻璃　　　　　　　　　　B. 镀膜玻璃
   C. 喷花玻璃　　　　　　　　　　D. 压花玻璃
   E. 釉面玻璃

3. 下列关于混凝土浇筑的说法正确的是（　　）。
   A. 浇筑前发生初凝，应重新搅拌
   B. 混凝土运输、输送、浇筑过程中散落的混凝土可以用于结构浇筑
   C. 浇筑过程中发生离析现象即不能浇筑
   D. 自由倾落高度不超过 3 m
   E. 节点处的混凝土实行"先高后低"的浇捣原则，即先浇高强度等级混凝土，后浇低强度等级混凝土

4. 反铲挖掘机的特点有（　　）。
   A. 前进向上，强制切土
   B. 后退向下，强制切土
   C. 适宜在土质较好、无地下水的地区工作
   D. 适宜开挖深度 4 m 以内的基坑，对地下水位较高处也适用
   E. 特别适于水下挖土

5. 根据《建筑工程建筑面积计算规范》（GB/T 50353—2013）规定，以下不计算建筑面积的有（　　）。
   A. 露台　　　　　　　　　　　　B. 附墙柱
   C. 室外台阶　　　　　　　　　　D. 独立的烟囱
   E. 室外楼梯

6. 根据《房屋建筑与装饰工程工程量计算规范》（GB 50854—2013）规定，现浇混凝土工程量计算，正确的有（　　）。
   A. 构造柱工程量包括嵌入墙体部分
   B. 梁工程量不包括伸入墙内的梁头体积
   C. 墙体工程量包括墙垛体积
   D. 有梁板按梁、板体积之和计算工程量
   E. 无梁板伸入墙内的板头和柱帽并入板体积内计算

7. 根据《园林绿化工程工程量计算规范》（GB 50858—2013）规定，以下工程量按图示数量计算，仅以"株"为计量单位的有（   ）。
   A. 栽植乔木   B. 栽植绿篱
   C. 伐树、挖树根（蔸）   D. 绿地起坡造型
   E. 栽植花卉、栽植水生植物

8. 根据《建筑工程工程量清单计价规范》（GB 50500—2013）规定，采用综合单价的方式计算工程总价时，总价包括（   ）。
   A. 分部分项工程费   B. 措施项目费
   C. 企业管理费   D. 规费
   E. 税金

9. 根据2020《四川省建设工程工程量清单计价定额》规定，下列选项中不是人工费的有（   ）。
   A. 计件工资   B. 奖金
   C. 特殊情况下支付的工资 D. 职工福利费
   E. 差旅费

10. 根据《建筑工程工程量清单计价规范》（GB 50500—2013）规定，暂估价包括（   ）。
    A. 材料暂估单价   B. 工程设备暂估单价
    C. 不可预见费用   D. 专业工程暂估价
    E. 预估材料费用

第二部分　主观题

一、（15分）某工程基础平面、剖面如下图所示（图中未注明的单位为"mm"，标高为"m"），室内外高差为0.30 m。墙体厚度240 mm且按轴线居中布置，C10混凝土基础垫层为非原槽浇筑，砖基础使用页岩MU20标准砖、M5水泥砂浆（细砂）砌筑，防潮层为1∶2水泥砂浆（特细砂）掺无机铝盐防水剂。

【背景资料】
1. 本工程已完成三通一平。
2. 土壤类别为三类土，基础土方采用人工开挖，工作面为0.3 m，放坡系数为0.33。挖方量的60%采用人力车场内运输堆放，运输距离40 m，40%的土方基坑5 m内堆放。
3. 土方回填为人工夯填，余土弃置距离为5 km（机械运输）。

依据《房屋建筑与装饰工程工程量计算规范》（GB 50854—2013）和2020年《四川省建设工程工程量清单计价定额》规定，采用增值税一般计税法，完成下列问题。（计算结果保留2位小数）

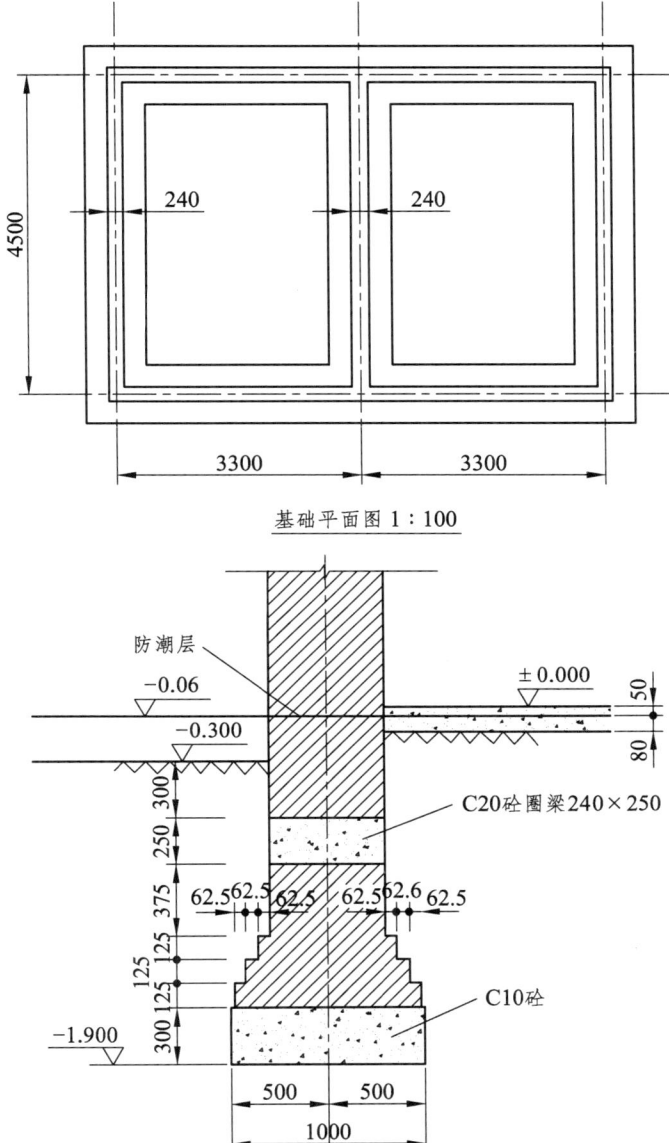

基础平面图 1:100

基础详图 1:100

【问题】
1. 计算挖沟槽土方清单工程量。(2分)
2. 计算基础垫层清单工程量。(2分)
3. 计算地圈梁清单工程量。(1分)
4. 计算砖基础清单工程量。(3分)

5. 计算回填土清单工程量。(3分)
6. 若项目所在地人工费调整系数为10%,计算砖基础清单综合单价。(4分)

二、(15分)某工程屋顶平面图、女儿墙大样图如图所示(图中未注明单位为"mm")。女儿墙厚240 mm且按轴线居中布置,高度为600 mm、其中混凝土压顶高100 mm,构造柱(GZ)截面240 mm×240 mm,高度600 mm,布置如下图所示,并按规范设置马牙槎,女儿墙墙体为MU10页岩标砖M5水泥砂浆(细纱)砌筑,屋面防水做法为弹性体改性沥青卷材防水,自结构层由下而上的依次做法为:

① 1:6水泥炉渣保温隔热兼找坡(坡度2%)最薄处60 mm。
② 20 mm厚1:2水泥砂浆找平层(上翻300 mm)。
③ 3 mm厚弹性体改性沥青卷材防水层(上翻300 mm,女儿墙内侧四周与屋面平面接触处设置同材质防水附加层、宽度500 mm)。
④ 20 mm厚1:3水泥砂浆找平层(上翻300 mm)。

依据《房屋建筑与装饰工程工程量计算规范》(GB 50854—2013)和2020年《四川省建设工程工程量清单计价定额》规定,采用增值税一般计税法,完成下列问题。(计算结果保留2位小数)

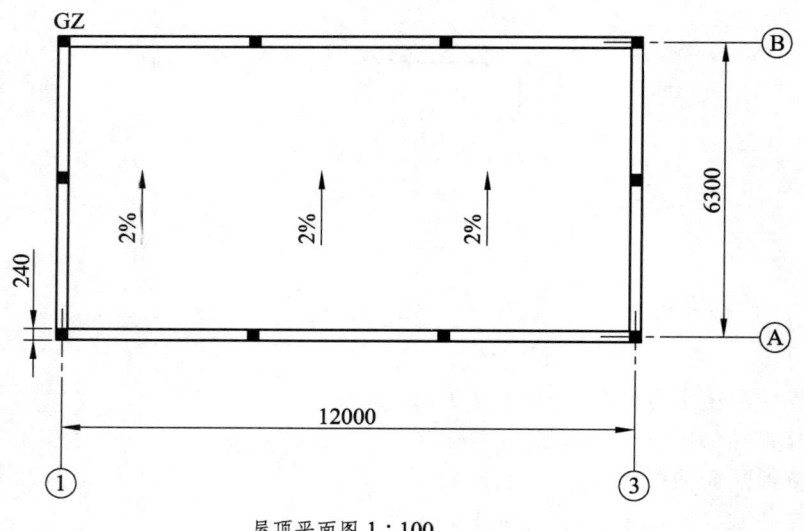

屋顶平面图 1:100

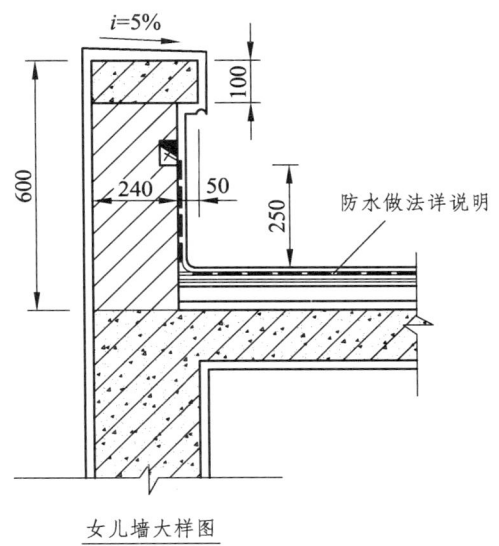

女儿墙大样图

【问题】
1. 计算构造柱清单工程量。(2分)
2. 计算构造柱模板清单工程量。(2分)
3. 计算女儿墙清单工程量。(3分)
4. 计算卷材防水清单工程量。(2分)
5. 若项目所在地人工费调整系数为10%,计算保温隔热清单项目综合单价。(3分)
6. 若项目所在地人工费调整系数为10%,计算屋面防水清单综合单价。(3分)

三、(15分)某工程为一层框架结构,其平面布置如下图所示(图中及题干中未注明的单位为"mm")。层高3.60 m,墙体厚度240且按轴线居中布置。门窗洞口尺寸为:M1:1800×3000、M2:1000×2100、C1:1800×1500、C2:1200×1500,窗台标高为0.90 m。

外墙面做法(标高-0.30~4.10):

① 胶粉聚苯颗粒（浆料）外墙外保温 30 厚（门、窗洞口侧壁不作要求）。
② 抹抗裂砂浆加镀锌钢丝网 6 厚（门、窗洞口侧壁不作要求）。
③ 干混砂浆粘贴 95×95×6 外墙砖结合层 8 mm 厚，缝宽 8 mm。
④ 门、窗洞口侧壁干混砂浆打底 13 mm 厚，干混砂浆粘贴 95×95×6 外墙砖（结合层 8 mm 厚），缝宽 8 mm。打底砂浆、贴砖宽度均按 100 mm 计算。

依据《房屋建筑与装饰工程工程量计算规范》（GB 50854—2013）和 2020 年《四川省建设工程工程量清单计价定额》规定，采用增值税一般计税法，完成下列问题。（计算结果保留 2 位小数）

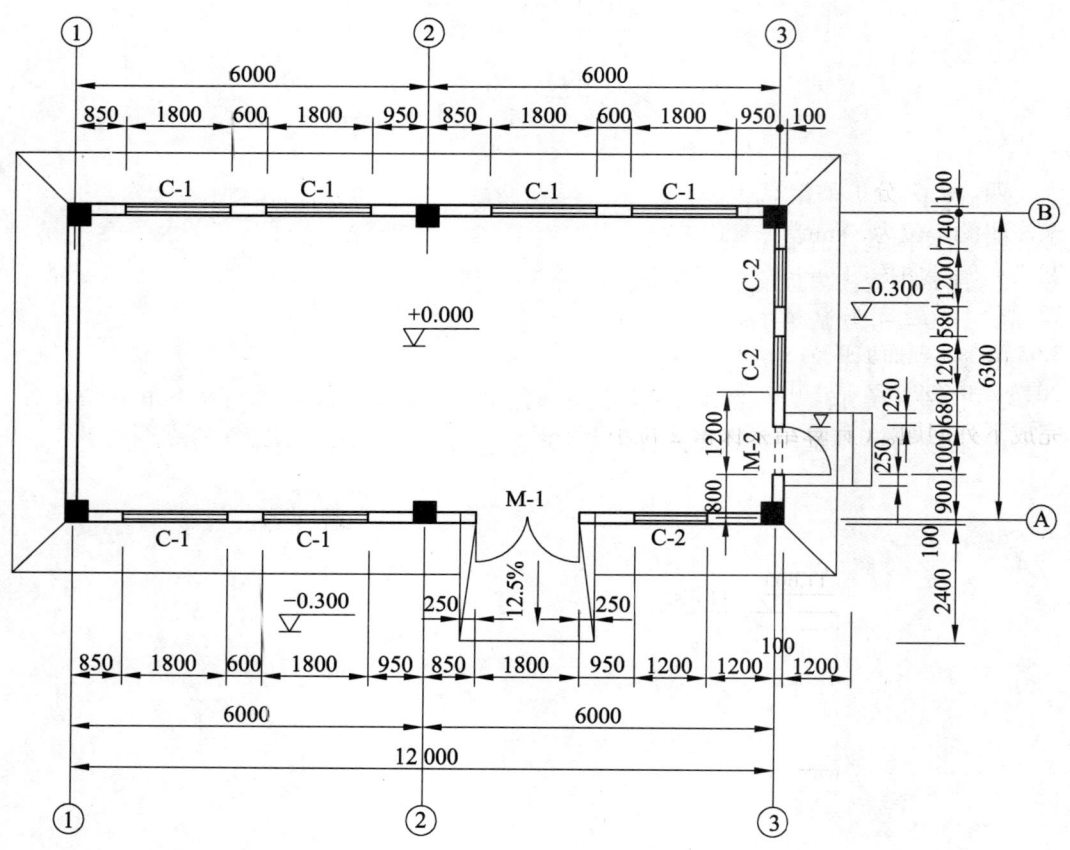

【问题】

1. 计算该工程建筑面积。（2 分）
2. 计算外墙外保温隔热清单工程量。（2 分）
3. 计算外墙砖墙面清单工程量。（3 分）
4. 计算门窗洞口侧壁块料面层清单工程量。（2 分）
5. 若项目所在地人工费调整系数为 10%，计算外墙保温隔热清单项目综合单价。（4 分）

6. 若项目所在地人工费调整系数为10%,计算门窗洞口侧壁块料面层清单项目综合单价。(2分)

四、(15分)某建筑立面、屋顶平面如下图所示(图中标注的尺寸为结构外边线,未注明的单位为"mm"、标高为"m"),该建筑由Ⅰ栋、Ⅱ栋组成,两栋之间设0.20 m宽变形缝且两栋的同一楼层之间完全互通。Ⅱ栋阳台水平投影尺寸为1.80 m×3.60 m(共12个),雨篷2水平投影尺寸为2.60 m×4.00 m,坡屋顶阁楼建筑空间的净高最高点为3.65 m,坡屋面坡度为1:2。依据《房屋建筑与装饰工程工程量计算规范》(GB 50854—2013)和2020年《四川省建设工程工程量清单计价定额》规定,采用增值税一般计税法,完成下列问题。(计算结果保留2位小数)

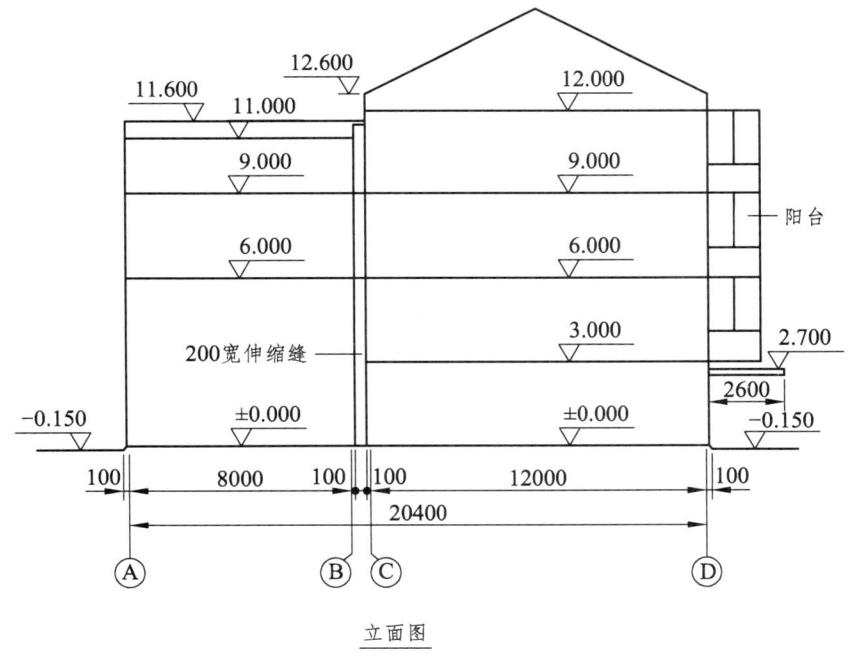

立面图

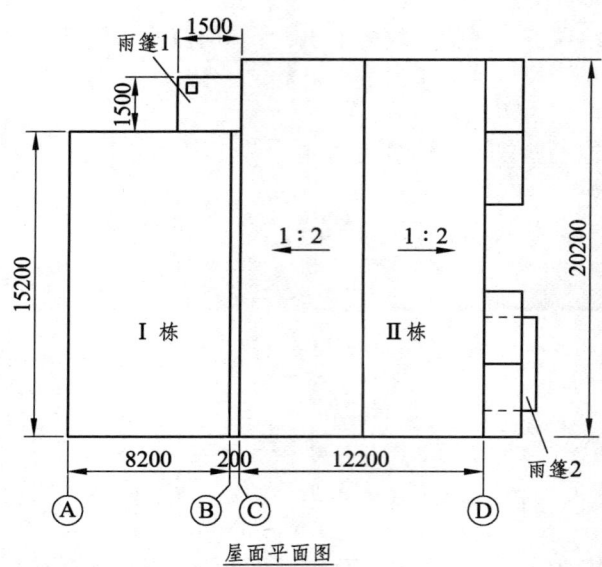

屋面平面图

【问题】
1. 计算Ⅰ栋建筑面积。(3分)
2. 计算Ⅱ栋建筑面积(包括阁楼、阳台、雨篷)。(7分)
3. 计算该建筑综合脚手架清单工程量。(2分)
4. 若项目所在地人工费调整系数为10%、脚手架钢材信息价为5100元/t,计算综合脚手架清单项目综合单价。(3分)

全真模拟试卷（二）解析

第一部分 客观题

一、判断题（共 5 题，每小题 1 分，共 5 分。你认为正确的请选"√"，错误的选"×"）

1. 【答案】×

   【解析】本题考查的是工业与民用建筑工程的分类。刚架结构的基本特点是柱和屋架（或梁）刚性连接，形成一个刚性构件。

2. 【答案】×

   【解析】本题考查的是建筑结构材料。硅酸盐水泥不宜用于大体积混凝土工程；不宜用于受化学侵蚀、压力水（软水）作用及海水侵蚀的工程。

3. 【答案】√

   【解析】本题考查的是钢结构工程施工。

   高波板，即波高大于 50 mm 的压型钢板，多用于单坡长度较长的屋面。

   中波板，即波高为 35～50 mm 的压型钢板，多用于屋面板。

   低波板，即波高为 12～35 mm 的压型钢板，多用于墙面板和现场复合的保温屋面，也可用于墙面的内板。

4. 【答案】√

   【解析】本题考查的是隧道工程施工。喷射混凝土支护是将掺有速凝剂的混凝土拌合物喷射到新开挖出的岩壁，及时胶结加固岩壁，从而形成一层支护结构，阻止松动块体脱落引起应力释放，影响围岩的稳定性，从而对围岩起到支护作用，喷射混凝土可作为Ⅱ～Ⅴ级围岩中的隧道工程围岩的临时支护或永久支护，也可与各种形式的锚杆、钢筋网、钢纤维和钢拱架等构成复合式支护结构，喷射混凝土分为干喷、潮喷、湿喷及混合式喷射等，因干喷回弹和粉尘严重，一般不采用，现基本采用湿喷。

5. 【答案】√

   【解析】本题考查的是土石方工程施工机械。抓铲挖掘机的挖土特点是：直上直下，自重切土。其挖掘力较小，只能开挖Ⅰ～Ⅱ级土，可以挖掘独立基坑、沉井，特别适于水下挖土。

二、单项选择题（共 15 题，每小题 1 分，共 15 分。每小题仅有 1 个选项是正确的，请选择你认为正确的答案）

1.【答案】D

【解析】本题考查的是民用建筑分类。

表 8　设计适用年限分类

类别	设计适用年限/年	示例
1	5	临时性建筑
2	25	易于替换结构构件的建筑
3	50	普通建筑和构筑物
4	100	纪念性建筑和特别重要的建筑

2.【答案】C

【解析】本题考查的墙体细部构造。宿舍、办公楼等多层砌体民用房屋，且层数为 3～4 层时，应在底层和檐口标高处各设置一道圈梁。当层数超过 4 层时，除应在底层和檐口标高处设置一道圈梁外，至少应在所有纵、横墙上隔层设置。

3.【答案】B

【解析】本题考查的是各类硅酸盐水泥的主要特征。

表 9　常用水泥的主要特性及适用范围

水泥种类	硅酸盐水泥	普通硅酸盐水泥	矿渣硅酸盐水泥	火山灰质硅酸盐水泥	粉煤类硅酸盐水泥
强度等级	42.19、42.5R 42.20、52.5R 42.21、62.5R	42.22、42.5R 42.23、52.5R	42.24、32.5R 42.25、42.5R 42.26、52.5R	42.27、32.5R 42.28、42.5R 42.29、52.5R	42.30、32.5R 42.31、42.5R 42.32、52.5R
主要特性	① 早期强度较高，凝结硬化快； ② 水化热较大； ③ 耐冻性好； ④ 耐热性较差； ⑤ 耐腐蚀及耐水性较差； ⑥ 干缩性较小	① 早期强度较高，凝结硬化较快； ② 水化热较大； ③ 耐冻性较好； ④ 耐热性较差； ⑤ 耐腐蚀及耐水性较差； ⑥ 干缩性较小	① 早期强度低，后期强度增长较快，凝结硬化慢； ② 水化热较小； ③ 耐热性较好； ④ 耐硫酸盐侵蚀和耐水性较好； ⑤ 抗冻性较差； ⑥ 干缩性较大； ⑦ 抗碳化能力差	① 早期强度低，后期强度增长较快，凝结硬化慢； ② 水化热较小； ③ 耐热性较差； ④ 耐硫酸盐侵蚀和耐水性较好； ⑤ 抗冻性较差； ⑥ 干缩性较大； ⑦ 抗渗性较好； ⑧ 抗碳化能力差	① 早期强度低，后期强度增长较快，凝结硬化慢； ② 水化热较小； ③ 耐热性较差； ④ 耐硫酸盐侵蚀和耐水性较好； ⑤ 抗冻性较差； ⑥ 干缩性较小； ⑦ 抗碳化能力较差

4.【答案】C

【解析】本题考查的是桩基础施工。钢筋混凝土预制桩应在混凝土达到设计强度的 70% 方可起吊；达到设计强度的 100% 方可运输和打桩。

5.【答案】D

【解析】本题考查的是起重机械。起重机的工作速度主要包括起升、变幅、回转和行走的速度。对伸缩式起重机还包括吊臂伸缩速度和支腿收放速度。

6.【答案】C

【解析】本题考查的是单位工程施工组织设计的编制。它是在施工图设计完成后，由承包单位工程项目主管工程师负责编制的，可作为编制季度、月度计划和分部分项工程施工组织设计的依据。

7.【答案】C

【解析】本题考查的是梁平法施工的注写方式。梁的类型代号有楼层框架梁（KL）、楼层框架扁梁（KBL）、屋面框架梁（WKL）、框支梁（KZL）、托柱转换梁（TZL）、非框架梁（L）、悬挑梁（XL）、井字梁（JZL）。

8.【答案】A

【解析】本题考查的是应计算建筑面积的范围及规则。建筑物内设有局部楼层时，对于局部楼层的二层及以上楼层，有围护结构的应按其围护结构外围水平面积计算，无围护结构的应按其结构底板水平面积计算，且结构层高在 2.20 m 及以上的，应计算全面积，结构层高在 2.20 m 以下的，应计算 1/2 面积。建筑物内设有局部楼层时，对于局部楼层应正确区分有无围护结构；另外，应正确理解围护结构和围护设施的概念，围护结构是指围合建筑空间的墙体、门、窗、栏杆、栏板属于围护设施。

9.【答案】B

【解析】本题考查的是应计算建筑面积的范围及规则。建筑物的建筑面积应按自然层外墙结构外围水平面积之和计算。结构层高在 2.20 m 及以上的，应计算全面积；结构层高在 2.20 m 以下的，应计算 1/2 面积。

建筑物架空层及坡地建筑物吊脚架空层，应按其顶板水平投影计算建筑面积。结构层高在 2.20 m 及以上的，应计算全面积；结构层高在 2.20 m 以下的，应计算 1/2 面积。

其建筑面积计算应为：918.06/2 +（60 + 0.24）×（15 + 0.24）× 5 = 5049.32（m²）

10.【答案】B

【解析】本题考查的是土石方工程。沟槽、基坑、一般土方的划分为：底宽≤7 m 且底长＞3 倍底宽为沟槽；底长≤3 倍底宽且底面积≤150 m² 为基坑；超出上述范围则为一般土方。

11.【答案】A

【解析】本题考查的是建筑工程工程量清单编制。措施项目清单按项计算的有：安全文明施工费、夜间施工增加、非夜间施工照明费、二次搬运费、冬雨季施工增加费、地上、地下设施、建筑物的临时保护设施费、已完工程及设备保护费；采用综合单价计价的有：脚手架费、混凝土模板及支架（撑）费、垂直运输费超高施工增加费、大型机械设备进出场及安拆费、施工排水、降水费。

12.【答案】C

【解析】本题考查的是安全文明施工费的内容。现场食堂制作间灶台及周边、厕所便槽贴瓷砖、地面混凝土硬化或贴地砖的费用，现场卫生清扫和保洁的费用，其他施工现场临时设施的装饰装修、美化措施费用。C 选项为安全施工费。

13. 【答案】B

【解析】本题考查的是专业工程暂估价及结算价表的编制。专业工程暂估价也是招标人在编制招标工程量清单中已经确定的，编制招标控制价时只需直接引用并填入该表即可，并按规定计入招标控制价的总价中。

14. 【答案】D

【解析】本题考查的是投标报价的编制方法。对暂列金额，在投标报价时投标人应按招标人在招标工程量清单中的其他项目清单列出的金额填写，不得增加或减少。

15. 【答案】D

【解析】本题考查的是工程结算与合同价款的内容。期中支付的计量工作是局部的，只能作为支付当期进度款的依据，不能作为竣工结算的依据。

三、多项选择题（共 10 题，每小题 2 分，共 20 分。每小题所设选项中有 2 个或 2 个以上正确答案，至少有 1 个错项。错选，本题不得分；少选，所选的每个选项得 0.5 分）

1. 【答案】CE

【解析】本题考查的是基础的类型。基础按受力特点及材料性能可分为刚性基础和柔性基础，按构造的方式可分为条形基础、独立基础、筏形基础、箱形基础、桩基础等。

2. 【答案】AB

【解析】本题考查的是节能装饰玻璃。节能装饰玻璃包括吸热玻璃、镀膜玻璃、中空玻璃、真空玻璃。

3. 【答案】ACE

【解析】本题考查的是混凝土结构工程施工。① 混凝土浇筑前不应发生离析或初凝现象，如已发生，须重新搅拌。浇筑混凝土前，应清除模板内或垫层上的杂物。② 混凝土运输、输送、浇筑过程中严禁加水，混凝土运输、输送、浇筑过程中散落的混凝土严禁用于结构浇筑。③ 先浇筑竖向结构。在浇筑竖向结构混凝土前，应先在底部填厚度不大于 30 mm 与混凝土内砂浆成分相同的水泥砂浆；浇筑过程中混凝土不得发生离析现象。④ 混凝土自高处倾落时，其自由倾落高度不宜超过 2 m；若混凝土自由下落高度超过 2 m，应设串筒、斜槽、溜管或振动溜管等。⑤ 混凝土输送宜采用泵送方式。混凝土的浇筑工作应尽可能分段、分层连续进行，随浇随捣。⑥ 节点处的混凝土实行"先高后低"的浇捣原则，即先浇高强度等级混凝土，后浇低强度等级混凝土，严格控制在先浇筑的混凝土初凝前继续浇捣梁板的混凝土，事先做好技术交底和准备工作。

4. 【答案】BD

【解析】本题考查的是土石方工程施工机械。

① 正铲挖掘机。正铲挖掘机的挖土特点是：前进向上，强制切土。其挖掘力大，生产率高，能开挖停机面以内的Ⅰ~Ⅳ级土，开挖大型基坑时需设下坡道，适宜在土质较好、无地下水的地区工作。

根据挖掘机与运输工具的相对位置不同，正铲挖土和卸土的方式有以下两种：正向挖土、侧向卸土；正向挖土、后方卸土。

② 反铲挖掘机。反铲挖掘机的挖土特点是：后退向下，强制切土。其挖掘力比正铲小，能开挖停机面以下的Ⅰ~Ⅲ级的砂土或黏土，适宜开挖深度4 m以内的基坑，对地下水位较高处也适用。反铲挖掘机的开挖方式可分为沟端开挖与沟侧开挖。

③ 抓铲挖掘机。抓铲挖掘机的挖土特点是：直上直下，自重切土。其挖掘力较小，只能开挖Ⅰ~Ⅱ级土，可以挖掘独立基坑、沉井，特别适于水下挖土。

5.【答案】ABCD

【解析】本题考查的是不计算建筑面积的范围。

① 与建筑物内不相连通的建筑部件。建筑部件指的是依附于建筑物外墙外不与户室开门连通，起装饰作用的敞开式挑台（廊）、平台，以及不与阳台相通的空调室外机搁板（箱）等设备平台部件。"与建筑物内不相连通"是指没有正常的出入口，即通过门进出的，视为"连通"；通过窗或栏杆等翻出去的，视为"不连通"。

② 骑楼、过街楼底层的开放公共空间和建筑物通道。骑楼指建筑底层沿街面后退且留出公共人行空间的建筑物。过街楼指跨越道路上空并与两边建筑相连接的建筑物。建筑物通道指为穿过建筑物而设置的空间。

③ 舞台及后台悬挂幕布和布景的天桥、挑台等。这里指的是影剧院的舞台及为舞台服务的可供上人维修、悬挂幕布、布置灯光及布景等搭设的天桥和挑台等构件设施。

④ 露台、露天游泳池、花架、屋顶的水箱及装饰性结构构件。露台是设置在屋面、首层地面或雨篷上的供人室外活动的有围护设施的平台。

⑤ 建筑物内的操作平台、上料平台、安装箱和罐体的平台。建筑物内不构成结构层的操作平台、上料平台（包括：工业厂房、搅拌站和料仓等建筑中的设备操作控制平台、上料平台等），其主要作用为室内构筑物或设备服务的独立上人设施，因此不计算建筑面积。

⑥ 勒脚、附墙柱、垛、台阶、墙面抹灰、装饰面、镶贴块料面层、装饰性幕墙，主体结构外的空调室外机搁板（箱）、构件、配件，挑出宽度在2.10 m以下的无柱雨篷和顶盖高度达到或超过两个楼层的无柱雨篷。

⑦ 窗台与室内地面高差在0.45 m以下且结构净高在2.10 m以下的凸（飘）窗，窗台与室内地面高差在0.45 m及以上的凸（飘）窗。

⑧ 室外爬梯、室外专用消防钢楼梯。专用的消防钢楼梯是不计算建筑面积的。当钢楼梯是建筑物唯一通道，并兼作消防用，则应按室外楼梯相关规定计算建筑面积。

⑨ 无围护结构的观光电梯。无围护结构的观光电梯是指电梯轿厢直接暴露，外侧无井壁，不计算建筑面积。如果观光电梯在电梯井内运行时（井壁不限材料），观光电梯井按自然层计算建筑面积。

⑩ 建筑物以外的地下人防通道，独立的烟囱、烟道、地沟、油（水）罐、气柜、水塔、贮油（水）池、贮仓、栈桥等构筑物。

6.【答案】ACDE

【解析】本题考查的是现浇混凝土工程。构造柱按全高计算，嵌接墙体部分并入柱身体积。梁与柱连接时，梁长算至柱侧面；主梁与次梁连接时，次梁长算至主梁侧面。现浇混凝土墙，按设计图示尺寸以体积计算。不扣除构件内钢筋、预埋铁件所占体积，扣除门窗洞口及单个面积 > 0.3 m² 以外孔洞所占体积，墙垛及突出墙面部分并入墙体体积内计算。有梁板（包括主、次梁与板）按梁、板体积之和计算，无梁板按板和柱帽体积之和计算。

7.【答案】AC

【解析】本题考查的是绿化工程。园路、园桥工程包括园路、园桥工程，驳岸、护岸共两大类 19 个清单项目。

8.【答案】ABDE

【解析】本题考查的是工程计价基本步骤。采用综合单价时，即采用工程量清单计价办法。在综合单价确定后，乘以相应项目工程量，经汇总即可得到分部分项工程费，再按相应的办法计取措施项目费、其他项目费、规费和税金，各项费汇总后得出相应工程造价。

9.【答案】DE

【解析】本题考查的是综合基价。人工费组成包括：计时工资或计件工资、奖金、津贴补贴、加班加点工资、特殊情况下支付的工资。

10.【答案】ABD

【解析】本题考查的是暂估价。暂估价是指招标人在工程量清单中提供的用于支付必然发生但暂时不能确定价格的材料、工程设备的单价以及专业工程的金额，包括材料暂估单价、工程设备暂估单价、专业工程暂估价。

第二部分　主观题

一、【解析】

外墙中心线 =（6.6 + 4.5）× 2 = 22.20（m）

内墙挖土净长 = 4.5 − 1 − 0.3 × 2 = 2.90（m）

挖土深度 = 1.9 − 0.3 = 1.60（m）

1. 挖沟槽土方清单工程量 =（1 + 0.3 × 2 + 1.6 × 0.33）× 1.6 ×（22.2 + 2.9）= 85.46（m³）

2. 基础垫层清单工程量 = 1 × 0.3 × （22.2 + 4.5 − 1）= 7.71（m³）
3. 混凝土地圈梁清单工程量 = 0.24 × 0.25 × （22.2 + 4.5 − 0.24）= 1.59（m³）
   砖基础截面积 = 0.24 × （1.6 − 0.25）+ 0.0625 × 0.125 × 3 × 4 = 0.418（m²）
4. 砖基础清单工程量 = 0.418 × （22.2 + 4.5 − 0.24）= 11.06（m³）
   砖基础埋深体积 = [0.24 × （1.6 − 0.25 − 0.3）+ 0.0625 × 0.125 × 3 × 4] × （22.2 + 4.5 − 0.24）= 9.149（m³）
5. 回填方清单工程量 = 85.46 − 7.71 − 1.59 − 9.149 + （3.3 − 0.24）× （4.5 − 0.24）× 2 × [0.3 − （0.05 + 0.08）]
   = 71.44（m³）

套用定额：
砖基础"AD0001"定额基价 4361.59 元/10 m³，其中人工费 1300.14 元/10 m³。
防潮层"AJ0131"定额基价 2151.65 元/100 m²，其中人工费 1061.1 元/100 m²。
防潮层定额工程量 = 0.24 × （22.2 + 4.26）= 6.35（m²）

6. 砖基础清单项目综合单价 = [（4361.59 + 1300.14 × 0.1）÷ 10 × 11.06 + （2151.65 + 1061.1 × 0.1）÷ 100 × 6.35] ÷ 11.06 = 462.12（元/m³）

二、【解析】

构造柱均为两面带马牙槎，则构造柱截面尺寸为 240 mm × 300 mm，构造柱共 10 根。

1. 构造柱清单工程量 = 0.24 × 0.3 × 0.6 × 10 = 0.43（m³）
2. 构造柱模板清单工程量 = 0.3 × 2 × 0.6 × 10 = 3.60（m²）
   女儿墙中心线长 = （12 + 6.3）× 2 = 36.60（m）
3. 女儿墙清单工程量 = 0.24 × 0.5 × （36.6 − 0.3 × 10）= 4.03（m³）
4. 卷材防水清单工程量 = 11.76 × 6.06 + （11.76 + 6.06）× 2 × 0.3 = 81.96（m²）
   保温隔热清单工程量 = 11.76 × 6.06 = 71.27（m²）
   平均厚度 = 6.06 × 0.02 × 0.5 + 0.06 = 0.1206（m）
   定额工程量 = 71.27 × 0.1206 = 8.60（m³）
   套用定额：
   保温隔热"AK0016"定额基价 3290.64 元/10 m³，其中人工费 1227.60 元/10 m³。
5. 保温隔热清单项目综合单价 = （3290.64 + 1227.60 × 0.1）÷ 10 × 8.6 ÷ 71.27
   = 41.19（元/m²）
   卷材防水定额工程量 = 11.76 × 6.06 + （11.76 + 6.06）× 2 × （0.3 + 0.5）= 99.78（m²）
   套用定额：
   卷材防水"AJ0016"定额基价 5109.84 元/100 m²，其中人工费 850.26 元/100 m²。
6. 卷材防水清单项目综合单价 = （5109.84 + 850.26 × 0.1）÷ 100 × 99.78 ÷ 81.96
   = 63.24（元/m²）

三、【解析】

外墙外边线长 = （12 + 6.3）× 2 + 0.12 × 8 = 37.56（m）

1. 建筑面积 =（12 + 0.24）×（6.3 + 0.24）+ 37.56 × 0.03 = 81.18（m²）
   门窗洞口面积 = 1.8 × 3 + 1 × 2.1 + 1.8 × 1.5 × 6 + 1.2 × 1.5 × 3 = 29.10（m²）

2. 外墙保温清单工程量 =（4.1 + 0.3）× 37.56 − 29.1 = 136.16（m²）
   外墙结构外边线距外墙砖面层距离 = 0.03 + 0.006 + 0.008 + 0.006 = 0.05（m）
   外墙砖表面长度 = 37.56 + 0.05 × 8 = 37.96（m）
   扣除门窗洞口面积（成活后）=（1.8 − 0.027 × 2）×（3 − 0.027）+（1 − 0.027 × 2）×（2.1 − 0.027）+（1.8 − 0.027 × 2）×（1.5 − 0.027 × 2）× 6 +（1.2 − 0.027 × 2）×（1.5 − 0.027 × 2）× 3 = 27.27（m²）

3. 外墙砖清单工程量 =（4.1 + 0.3）× 37.96 − 27.27 = 139.75（m²）
   门窗洞口外墙结构外边线距外墙砖面层距离 = 0.013 + 0.008 + 0.006 = 0.027（m）
   门洞口侧壁长度 =［1.8 − 0.027 × 2 +（3 − 0.027）× 2］+［1 − 0.027 × 2 +（2.1 − 0.027）× 2］= 12.784（m）
   窗洞口侧壁长度 =［(1.8 + 1.5) × 2 − 0.027 × 8］× 6 +［(1.2 + 1.5) × 2 − 0.027 × 8］× 3 = 53.856（m）

4. 门窗洞口侧壁块料面层清单工程量 =（12.784 + 53.856）× 0.1 = 6.66（m²）
   套用定额：
   外墙保温"AK0076"定额基价 4126.56 元/100 m²，其中人工费 2188.89 元/100 m²。
   抗裂砂浆"AK0080"定额基价 4713.46 元/100 m²，其中人工费 2770.20 元/100 m²。
   抗裂砂浆加镀锌钢丝网定额工程量 =（37.56 + 0.03 × 8）×（4.1 + 0.3）− 29.1 = 137.22（m²）

5. 外墙保温清单项目综合单价 =［(4126.56 + 2188.89 × 0.1) × 136.16 +（4713.46 + 2770.20 × 0.1）× 137.22］÷ 100 ÷ 136.16 = 93.75（元/m²）
   套用定额：
   零星块料面层"AM0446"定额基价 10966.92 元/100 m²，其中人工费 7500.54 元/100 m²。

6. 门窗洞口侧壁块料面层清单项目综合单价 =（10966.92 + 7500.54 × 0.1）÷ 100 = 117.17（元/m²）

四、【解析】

1. Ⅰ栋建筑面积 =（8.2 + 0.2）× 15.2 ×（2 + 0.5）= 319.20（m²）

2. Ⅱ栋建筑面积 = 985.76 + 161.6 + 38.88 + 6.325 = 1192.57（m²）
   ① 主体建筑面积 = 12.2 × 20.2 × 4 = 985.76（m²）
   阁楼最高点标高（净高）= 12 + 3.65 = 15.65（m）
   计算全面积标高始点 = 12 + 2.1 = 14.1（m）
   计算半面积标高始点 = 12 + 1.2 = 13.2（m）

计算半面积对应的宽：(14.1 − 13.2) × 2 = 1.8 (m)
计算不建面对应的宽：(13.2 − 12.6) × 2 = 1.2 (m)
计算全面积对应的宽：12.2 − 1.8 × 2 − 1.2 × 2 = 6.2 (m)（坡度为 1∶2）
② 阁楼建筑面积 = 20.2 × 6.2 + 1.8 × 20.2 × 0.5 × 2 = 161.6 (m^2)
③ 阳台建筑面积 = 1.8 × 3.6 × 12 × 0.5 = 38.88 (m^2)
④ 雨篷建筑面积 = (2.6 × 4.0 + 1.5 × 1.5) × 0.5 = 6.325 (m^2)

3. 综合脚手架清单工程量 = 319.2 + 1192.57 = 1511.77 (m^2)

脚手架套用定额"AS0008"：定额基价 2110.14 元/100 m^2。其中，人工费 1275.24 元/100 mm^2，脚手架钢材定额消耗量 49.22 kg/100 m^2、价格 4.15 元/kg。

4. 综合脚手架清单项目综合单价 = [2110.14 + 1275.24 × 0.1 + 49.22 × (5.1 − 4.15)] ÷ 100 = 22.84（元/m^2）

全真模拟试卷（三）

第一部分　客观题

一、判断题（共 5 题，每小题 1 分，共 5 分。你认为正确的请选"√"，错误的选"×"）

1. 当圈梁遇到洞口不能封闭时，应在洞口上部设置截面不小于圈梁截面的附加梁；现有门洞宽为 2.1 m，两梁高差为 400 mm，则门洞处应设置 3.1 m 的附加梁。（　　）
2. 引气剂是一种能减少拌合物泌水离析，改善和易性的外加剂。（　　）
3. 墙面石材铺装时，较厚的石材应在背面粘贴玻璃纤维网布。（　　）
4. 卷材防水层施工时，卷材宜平行屋脊铺贴，上下层卷材不得相互垂直铺贴。（　　）
5. 满堂脚手架应按搭设方式、搭设高度、脚手架的材质分别编码列项。（　　）

二、单项选择题（共 15 题，每小题 1 分，共 15 分。每小题仅有 1 个选项是正确的，请选择你认为正确的答案）

1. （　　）是将厂房承重柱的柱顶与屋架或屋面梁做铰接连接。
   A. 钢架结构　　B. 排架结构　　C. 钢结构　　D. 空间结构
2. 对于抗震性能要求较高的钢筋混凝土结构，优先采用（　　）钢筋。
   A. HPB300　　B. HRB400　　C. HRB500　　D. HRB600
3. 下列关于土方回填说法正确的是（　　）。
   A. 填方不应分层进行，尽量采用不同类土填筑
   B. 填方应分层进行，并尽量采用同类土填筑
   C. 填方不应分层进行，尽量采用同类土填筑
   D. 填方应分层进行，并尽量采用不同类土填筑
4. 推土机是一种既能浅挖又能短距离推运的土方机械。在（　　）短距离转运土方时最为经济。
   A. 30～60 m　　B. 80～100 m　　C. 100 m 之内　　D. 120 m 之内
5. 施工组织总设计是以一个（　　）为编制对象，规划其施工全过程各项活动的技术、经济的全局性控制性文件。
   A. 建设项目　　B. 单项工程　　C. 单位工程　　D. 分部工程
6. 下列关于工程量计算规则，下列说法错误的是（　　）。
   A. 工程量计算规则是工程计量的主要依据之一
   B. 工程量计算规则是工程量数值的取定方法

C. 《房屋建筑与装饰工程工程量计算规范》(GB 50854—2013)属于现行的工程量计算规范

D. 采用《市政工程工程量计算规范》(GB 50857—2013)计算工程量时需考虑施工余量

7. 根据《建筑工程建筑面积计算规范》(GB/T 50353—2013)规定，下列关于结构层高表述正确的是（　　）。

A. 建筑物结构层高，从楼板结构层上表面算至屋面板结构层下表面

B. 建筑物结构层高，从混凝土结构上表面算至上层楼板结构层下表面

C. 建筑物结构层高，楼面或地面结构层上表面至上部结构层上表面之间的垂直距离

D. 建筑物结构层高，相邻两层楼板结构层下表面之间的垂直距离

8. 根据《建筑工程建筑面积计算规范》(GB/T 50353—2013)规定，下列说法正确的是（　　）。

A. 地下空间应按顶板水平投影面积计算

B. 场馆看台下的空间，结构净高为 1.20 m 部分应计算全面积

C. 无顶盖的场馆看台应按底板水平投影面积的 1/2 计算

D. 无顶盖的场馆看台不计算

9. 根据《房屋建筑与装饰工程工程量计算规范》(GB 50854—2013)规定，下列说法正确的是（　　）。

A. 钢筋混凝土支撑按设计数量以体积"根"计算

B. 预制钢筋混凝土板桩按设计图示数量以"根"计算

C. 钢板桩按设计图示数量以"根"计算

D. 钢支撑按设计数量以"根"计算

10. 招标工程清单编制时，在其他项目清单与计价汇总表中，应由招标人填写的是（　　）。

A. 暂列金额　　　　　　　　B. 计日工费用

C. 总承包服务费用　　　　　D. 价差预备费

11. BIM 技术是以三维数字技术为基础，集成了工程项目各种相关工程信息，在建设工程及设施全生命周期内，对其物理和功能特性进行数字化表达，其运用不包括（　　）阶段。

A. 设计　　　　B. 施工　　　　C. 运营　　　　D. 报废拆除

12. 关于计价定额主要作用，下列说法错误的是（　　）。

A. 计价定额是编审建设工程设计概算、施工图预算、最高投标限价等的依据

B. 计价定额是调解处理工程造价纠纷，裁定工程造价的依据

C. 计价定额是招标人组合综合单价，衡量投标报价合理性的基础

D. 计价定额是编制建设工程投资估算指标的基础

13. 下列选项中不属于人工费的是（　　）。
    A. 计件工资　　　　　　　　　B. 奖金
    C. 特殊情况下支付的工资　　　D. 职工福利费
14. 安全文明施工费分基本费和（　　）计取。
    A. 环境保护费　　　　　　　　B. 安全施工费
    C. 现场评价费　　　　　　　　D. 临时设施费
15. 编制招标控制价时，当招标人仅要求总包人对其发包的专业工程进行施工现场协调和统一管理、对竣工资料进行统一汇总整理等服务时，总包服务费按发包的专业工程估算造价的（　　）左右计算。
    A. 0.5%　　　　B. 1%　　　　C. 1.5%　　　　D. 2%

三、多项选择题（共 10 题，每小题 2 分，共 20 分。每小题所设选项中有 2 个或 2 个以上正确答案，至少有 1 个错项。错选，本题不得分；少选，所选的每个选项得 0.5 分）

1. 型钢混凝土与钢结构相比，具有的优点是（　　）。
    A. 抗震性能好　　　　　　　　B. 防火性能好
    C. 刚度大　　　　　　　　　　D. 整体稳定性好
    E. 节省钢材
2. 下列属于安全玻璃的是（　　）。
    A. 防火玻璃　　　　　　　　　B. 钢化玻璃
    C. 夹丝玻璃　　　　　　　　　D. 夹层玻璃
    E. 刻花玻璃
3. 下列关于模板拆除顺序，说法正确的是（　　）。
    A. 先拆非承重模板，后拆承重模板
    B. 先拆承重模板，后拆非承重模板
    C. 先拆侧模板，后拆底模板
    D. 先拆底模板，后拆侧模板
    E. 拆除大型结构的模板时，必须事先制定详细方案
4. 下列关于铲运机施工说法正确的是（　　）。
    A. 铲运机适宜运距为 600～1500 m
    B. 施工地段较短、地形起伏不大的挖、填工程，适宜采用 8 字形路线
    C. 对于挖、填相邻、地形起伏较大，且工作地段较长的情况，可采用环形路线
    D. 大环形路线的优点是一个循环能完成多次铲土和卸土，从而减少铲运机的转弯次数，提高工作效率
    E. 8 字形路线特点是铲运机行驶一个循环能完成两次作业，而每次铲土只需转弯一次，比环形路线可缩短运行时间

5. 根据《房屋建筑与装饰工程工程量计算规范》(GB 50854—2013)规定,下列关于计量单位说法正确的是(   )。
   A. 清单计算规范中的计量基本单位与消耗量定额中所采用基本单位相同
   B. 面积可以"樘"为计量单位
   C. 在同一个建设项目(或标段、合同段)中,有多个单位工程的相同项目计量单位必须保持一致
   D. 工程量计算规范附录中有两个以上计量单位的,应结合拟建工程项目的实际情况,选择其中一个确定
   E. 不同的计量单位汇总后的有效位数也不相同

6. 根据《国家建筑标准设计图集》16G101规定,下列说法正确的是(   )。
   A. 平法标准图集内容包括平法制图规则和标准构造详图
   B. 柱平法施工图有列表注写方式、原位注写方式
   C. Φ8@100(4)/200(2),表示箍筋为HPB300钢筋,直径为8,加密区间距为100,四肢箍;非加密区间距为200,双肢箍
   D. 梁标注"300×700,PY500×250",表示梁的竖向加腋截面尺寸为500×250
   E. 注写为"LB5 h=110 B:XΦ10/12@100;YΦ10@110"表示5号楼面板、板厚110 mm,板下部配置的贯通纵筋X向Φ10和Φ12隔一布一、间距100 mm,Y向Φ10@110

7. 按建筑面积的组成,以下属于有效建筑面积的(   )。
   A. 卧室   B. 厨房   C. 电梯井
   D. 框架填充墙   E. 阳台

8. 根据《房屋建筑与装饰工程工程量计算规范》(GB 50854—2013)规定,关于混凝土工程量计算的说法,正确的是(   )。
   A. 框架柱的柱高按自柱基上表面至上一层楼板上表面之间的高度计算
   B. 依附柱上的牛腿及升板的柱帽,并入柱身体积内计算
   C. 现浇混凝土无梁板按板和柱帽的体积之和计算
   D. 预制混凝土楼梯按水平投影面积计算
   E. 预制混凝土沟盖板、井盖板、井圈按设计图示尺寸以体积计算

9. 根据《市政工程工程量计算规范》(GB 50857—2013)规定,下列说法中错误的是(   )。
   A. 预压地基、强夯地基、振冲密实(不填料)工程量,按设计图示尺寸以加固面积计算
   B. 掺石灰、掺干土、掺石、抛石挤淤工程量,按设计图示尺寸以体积计算
   C. 土工合成材料工程量,按设计图示尺寸以体积计算
   D. 排水沟、截水沟、盲沟工程量,按设计图示尺寸以长度计算
   E. 喷射混凝土工程量按设计图示尺寸以体积计算

10. 工程计价包括(   )。
    A. 工程单价的确定   B. 工程总价的计算

C. 项目的分解 D. 项目的组合
E. 项目的分部汇总

第二部分 主观题

一、(15 分) 某会议室平面、立面及室外台阶大样如下图所示 (图中未注明的单位为 "mm"),墙体厚度如图所示且按轴线居中布置,部分装饰做法见表 10。依据《房屋建筑与装饰工程工程量计算规范》(GB 50854—2013) 和 2020 年《四川省建设工程工程量清单计价定额》规定,采用增值税一般计税法,完成下列问题。(计算结果保留 2 位小数)

表 10 部分装饰做法

序号	工程部位	工程做法
1	台阶	台阶:300 mm×300 mm 米黄色抛光砖面层,15 mm 厚 1:2 水泥砂(特细砂)浆结合层,白水泥擦缝,每阶安装 2 条金属防滑条(长度=踏步-300 mm)
2	室内柱面装饰(Z1、Z2、Z3)	Z1、Z2、Z3 截面尺寸均为 700 mm×700 mm,自地面至吊顶天棚饰面做法:木龙骨:厚 30 mm,刷防火涂料两遍;基层:12 mm 厚木工板(钉在木龙骨上);榉木板面层粘在基层上
3	踢脚线	实木成品踢脚板 120 mm 高
4	平面吊顶天棚	不上人 U 形轻钢龙骨,120 mm 厚纸面石膏板基层,乳胶漆面层
5	门窗洞口尺寸	M1:1200×2150(设石材门槛石);C1:3000×1500

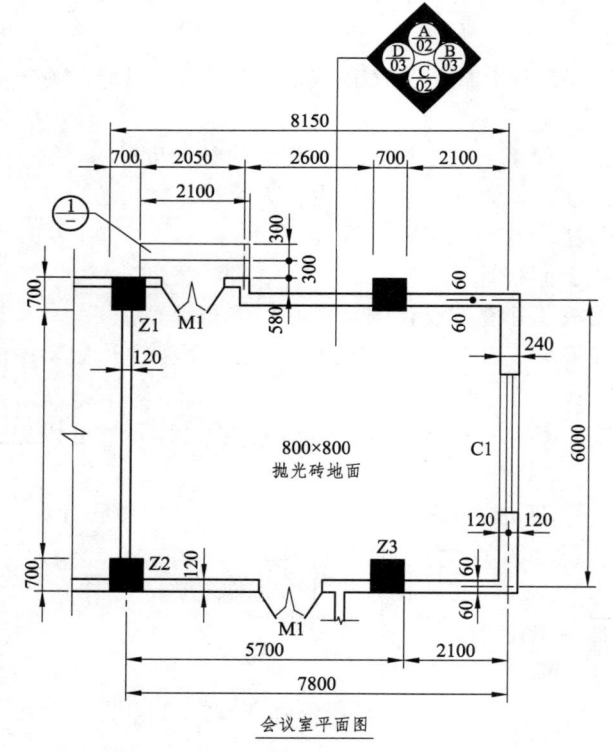

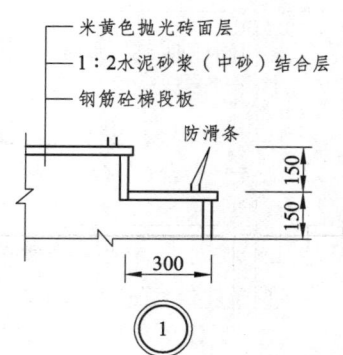

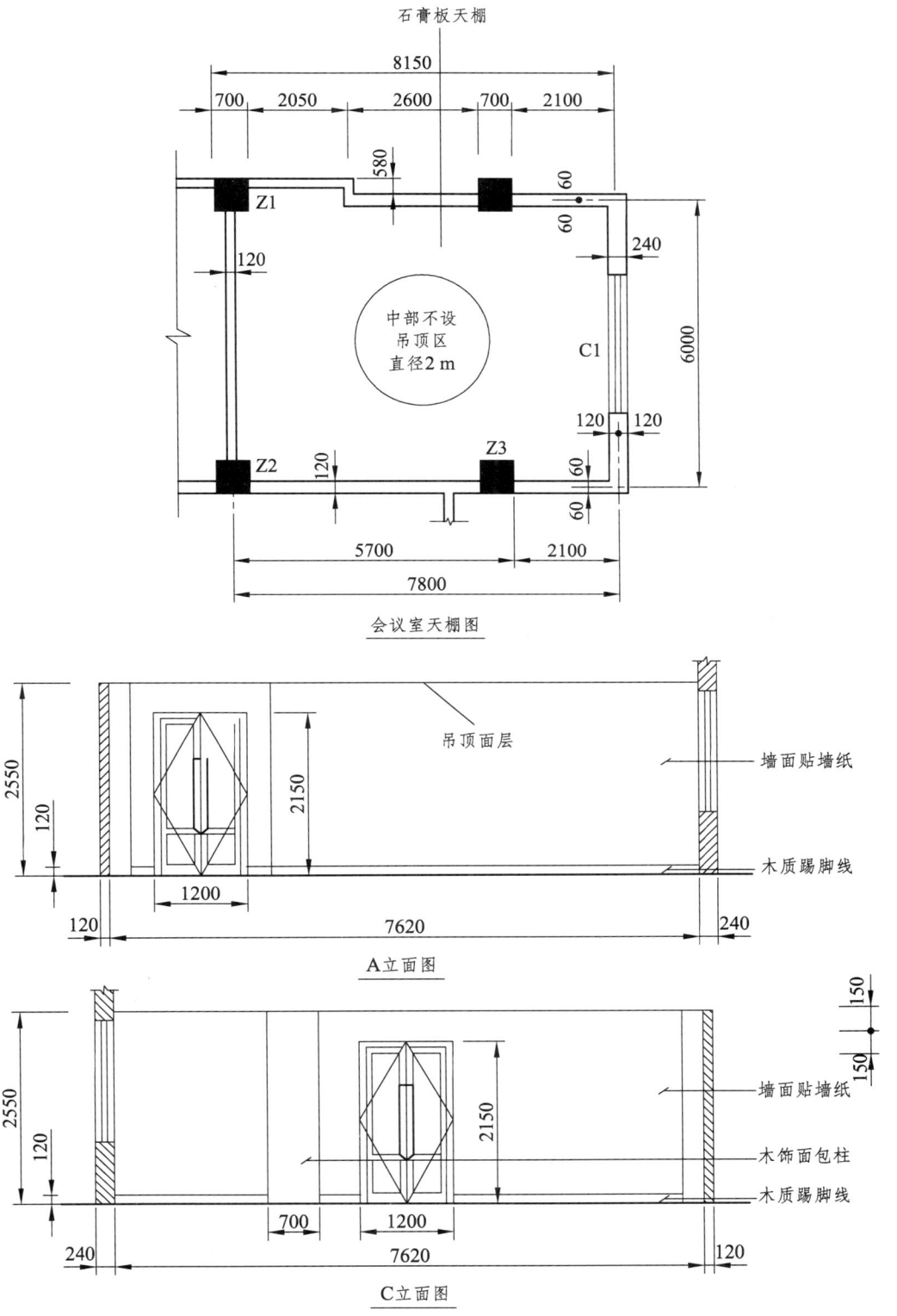

【问题】
1. 计算会议室地砖面层清单工程量。(3 分)
2. 计算木踢脚清单工程量（按平方米计量，门洞侧面长度按 100 mm）。(3 分)
3. 计算台阶块料面层清单工程量。(1 分)
4. 计算吊顶天棚清单工程量。(2 分)
5. 计算柱饰面清单工程量（不考虑柱饰面做法厚度）。(2 分)
6. 若项目所在地人工调整系数 10%，计算台阶面清单项目综合单价。(4 分)

二、(15 分) 某单层三跨工业厂房，边柱、中柱及剖面如下图所示（图中未注明的单位为"mm"），柱采用 C30 商品混凝土，四周外墙结构外边线与柱外侧平齐。若项目所在地人工费调整系数为 10%，C40 商品混凝土信息价 520 元/m³，柱采用复合模板。依据《房屋建筑与装饰工程工程量计算规范》(GB 50854—2013) 和 2020 年《四川省建设工程工程量清单计价定额》规定，采用增值税一般计税法，完成下列问题。(计算结果保留 2 位小数)

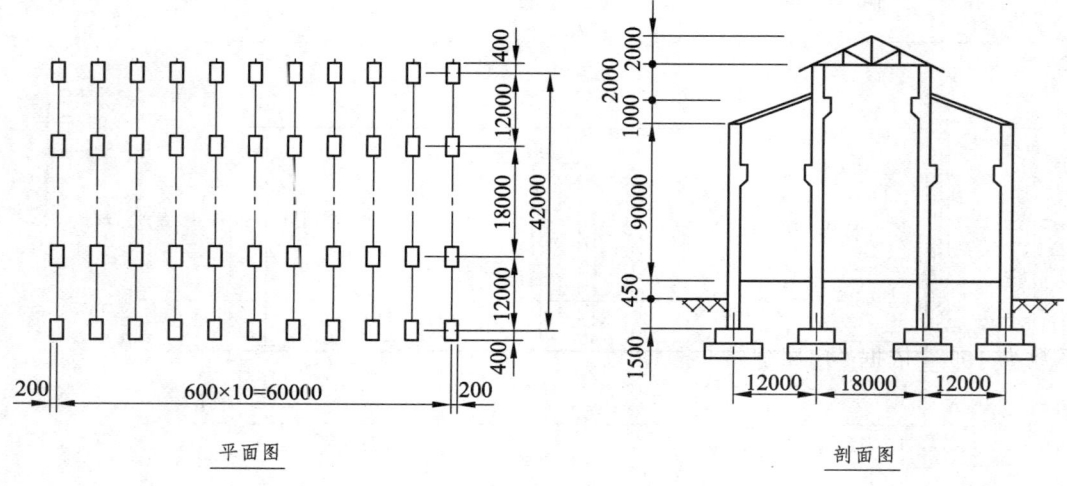

平面图　　　　　　剖面图

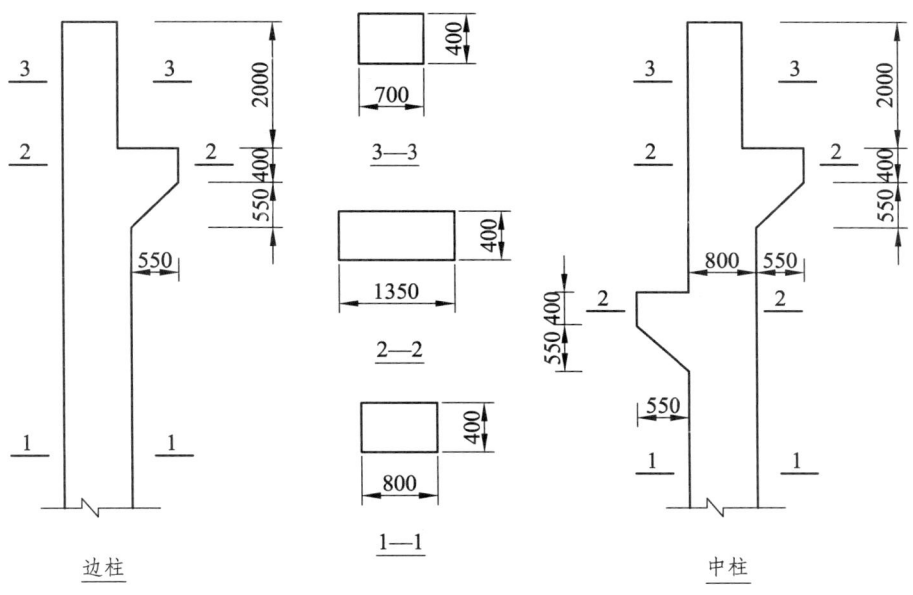

边柱 　　　　　　　　　1—1　　　　　　　　　中柱

【问题】
1. 计算边柱混凝土清单工程量。(4 分)
2. 计算边柱模板清单工程量。(5 分)
3. 计算混凝土边柱清单项目综合单价。(3 分)
4. 计算综合脚手架清单工程量。(3 分)

三、(15 分) 某单层三跨厂房为排架结构，采用 C30 商品混凝土，预制边柱、中柱及剖面如下图所示 (图中未注明的单位为 "mm")。柱基为杯口基础，预制柱插入杯口基础的深度为 800 mm，四周外墙结构外边线与柱外侧平齐。若项目所在地人工费调整系数为 10%，依据《房屋建筑与装饰工程工程量计算规范》(GB 50854—2013) 和 2020 年《四川省建设工程工程量清单计价定额》规定，采用增值税一般计税法，完成下列问题。(计算结果保留 2 位小数)

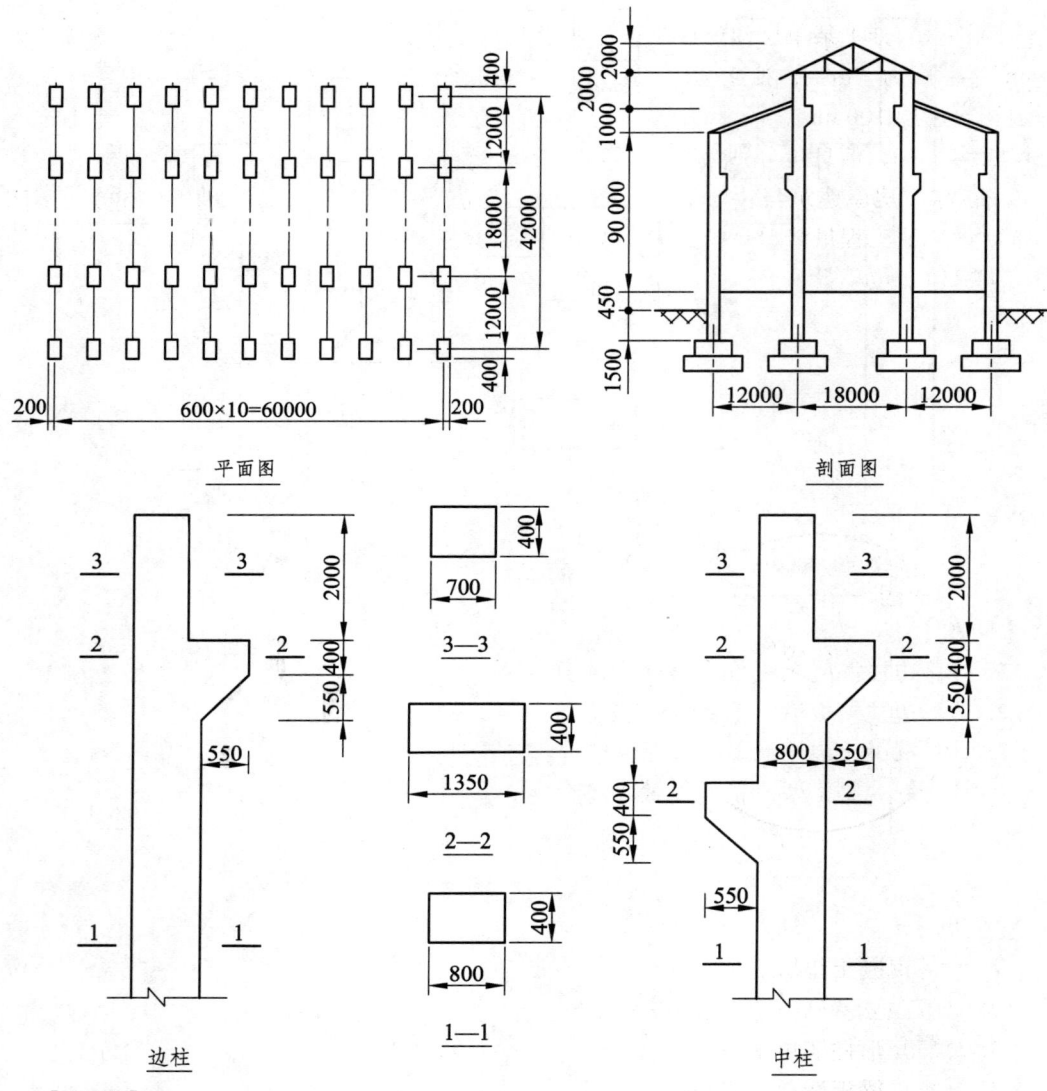

平面图　　　　　　　　　　　　剖面图

边柱　　　　　　　　　　　　中柱

【问题】
1. 计算边柱混凝土清单工程量。（3分）
2. 计算中柱混凝土清单工程量。（5分）
3. 计算垂直运输清单工程量。（3分）
4. 计算垂直运输清单项目综合单价。（4分）

四、(15 分) 某单层建筑柱平面布置及基础立面如下图所示 (图中未注明的单位为 "mm"、标高为 "m"),独立基础底面尺寸为 2000 mm×2000 mm,C15 垫层厚 100 mm、每边宽出基础 100 mm,采用商品混凝土,混凝土强度等级:独立基础为 C25、矩形柱及无梁板为 C30,信息价分别为 480 元/m^3、500 元/m^3;若项目所在地人工费调整系数为 10%,依据《房屋建筑与装饰工程工程量计算规范》(GB 50854—2013) 和 2020 年《四川省建设工程工程量清单计价定额》规定,采用增值税一般计税法,完成下列问题。(计算结果保留 2 位小数)

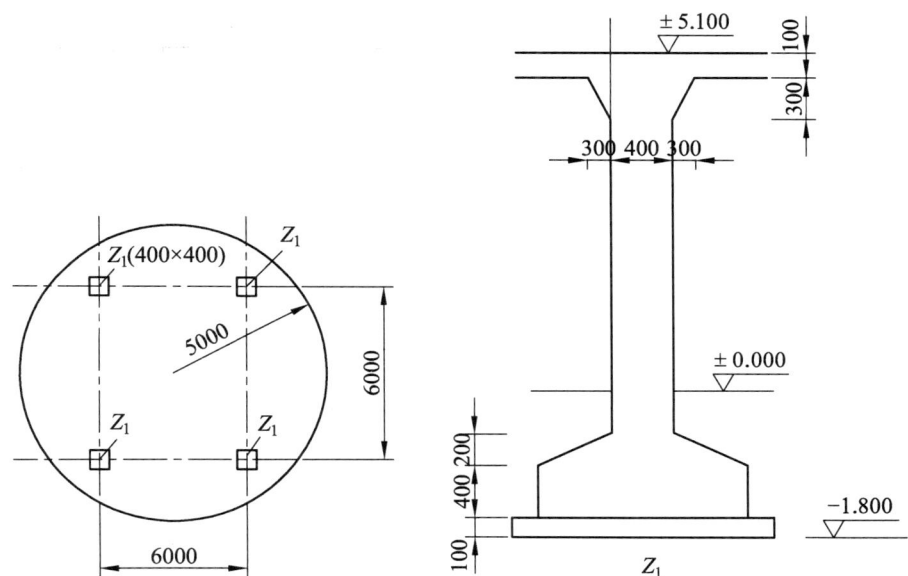

【问题】
1. 计算混凝土垫层清单工程量。(1 分)
2. 计算独立基础清单工程量。(3 分)
3. 计算矩形柱清单工程量。(3 分)
4. 计算无梁板清单工程量。(4 分)
5. 计算无梁板清单项目综合单价。(4 分)

全真模拟试卷（三）解析

第一部分　客观题

一、判断题（共 5 题，每小题 1 分，共 5 分。你认为正确的请选"√"，错误的选"×"）

1. 【答案】×

   【解析】本题考查的是墙体细部构造。当圈梁遇到洞口不能封闭时，应在洞口上部设置截面不小于圈梁截面的附加梁，其搭接长度不小于 1 m，且应大于两梁高差的 2 倍，此处应设置 4.1 m 的附加梁。

2. 【答案】×

   【解析】本题考查的外加剂。引气剂是在混凝土搅拌过程中，能引入大量分布均匀的稳定而封闭的微小气泡，以减少拌合物泌水离析，改善和易性，同时显著提高硬化混凝土抗冻融耐久性的外加剂。兼有引气和减水作用的外加剂称为引气减水剂。

3. 【答案】×

   【解析】本题考查的是墙面铺装工程。墙面石材铺装应符合下列规定：墙面砖铺贴前应进行挑选，并应按设计要求进行预拼；强度较低或较薄的石材应在背面粘贴玻璃纤维网布；当采用湿作业法施工时，固定石材的钢筋网应与预埋件连接牢固；当采用粘贴法施工时，基层处理应平整但不应压光。

4. 【答案】√

   【解析】本题考查的是建筑防水和保温工程施工。卷材防水层施工时，应先进行细部构造处理，然后由屋面最低标高向上铺贴；檐沟、天沟卷材施工时，宜顺檐沟、天沟方向铺贴，搭接缝应顺流水方向；卷材宜平行屋脊铺贴，上下层卷材不得相互垂直铺贴。

5. 【答案】√

   【解析】本题考查的是脚手架工程。满堂脚手架应按搭设方式、搭设高度、脚手架的材质分别编码列项。

二、单项选择题（共 15 题，每小题 1 分，共 15 分。每小题仅有 1 个选项是正确的，请选择你认为正确的答案）

1. 【答案】B

   【解析】本题考查的是工业与民用建筑工程的分类。排架结构是将厂房承重柱的柱顶与屋架或屋面梁做铰接连接，而柱下端则嵌固于基础中，构成平面排架，各平面排架再经纵向结构构件连接组成为一个空间结构。

2.【答案】D

【解析】本题考查的是各类钢筋的适用范围。HRB600 主要用于抗震性能要求较高的钢筋混凝土结构。

3.【答案】B

【解析】本题考查的是土石方工程施工。填方应分层进行，并尽量采用同类土填筑。

4.【答案】A

【解析】本题考查的土石方工程施工机械。推土机是一种既能浅挖又能短距离推运的土方机械。在平整场地时它具有独特的优势。运距在 100 m 之内生产率最高，尤其在 30~60 m 短距离转运土方时最为经济。它被广泛地使用在基坑的开挖、管沟的回填、工地的现场清除、场地平整等作业中。

5.【答案】A

【解析】本题考查的是施工组织设计概述。它是以一个建设项目为编制对象，规划其施工全过程各项活动的技术、经济的全局性控制性文件。它是整个建设项目施工的战略部署，涉及范围较广，内容比较概括。一般是由总承包单位的总工程师负责，会同设计和分包单位的工程师共同编制。施工组织总设计是施工单位编制年度施工计划和单位工程施工组织设计的依据。

6.【答案】D

【解析】本题考查的是工程量的含义。工程量计算规则是工程计量的主要依据之一，是工程量数值的取定方法。采用的规范或定额不同，工程量计算规则也不尽相同。采用该工程量计算规则计算的工程量一般为施工图纸的净量，不考虑施工余量。

7.【答案】C

【解析】本题考查的是应计算建筑面积的范围及规则。结构层高指楼面或地面结构层上表面至上部结构层上表面之间的垂直距离。

8.【答案】D

【解析】本题考查的是应计算建筑面积的范围及规则。结构层高在 2.20 m 及以上的，应计算全面积；结构层高在 2.20 m 以下的，应计算 1/2 面积。地下空间未形成建筑空间的，不属于地下室或半地下室，不计算建筑面积。

场馆看台下的建筑空间，结构净高在 2.10 m 及以上的部位应计算全面积；结构净高在 1.20 m 及以上至 2.10 m 以下的部位应计算 1/2 面积；结构净高在 1.20 m 以下的部位不计算建筑面积。有顶盖、无围护结构的场馆看台应按其顶盖水平投影面积的 1/2 计算面积。

9.【答案】B

【解析】本题考查的是地基处理与边坡支护工程。钢筋混凝土支撑按设计图示尺寸以体积"m³"计算。钢板桩按设计图示尺寸以质量计算或按设计图示墙中心线长乘以桩长以面积计算。预制钢筋混凝土板桩按设计图示尺寸桩长（包括桩尖）计算，按设计图示数量计算。钢支撑按设计数量以质量"t"计算。

10.【答案】A

【解析】本题考查的是建筑工程工程量清单编制。其他项目清单包括暂列金额、暂估价（包括材料暂估单价、工程设备暂估单价、专业工程暂估价）、计日工、总承包服务费。编制招标工程量清单时，暂列金额、暂估价属招标人费用，其金额大小及内容在招标工程量清单由招标人确定和计算，提供给投标人。而计日工、总承包服务费属投标人费用，由投标人在投标时报价。

11.【答案】D

【解析】本题考查的是BIM基础的运用。BIM技术是以三维数字技术为基础，集成了工程项目各种相关工程信息，在建设工程及设施全生命周期内，对其物理和功能特性进行数字化表达，并运用于设计、施工、运营的全过程。

12.【答案】B

【解析】本题考查的是计价定额的作用。计价定额是编审建设工程设计概算、施工图预算、最高投标限价（招标控制价、招标标底）、竣工结算，调解处理工程造价纠纷，鉴定及控制工程造价的依据。

13.【答案】D

【解析】本题考查的是综合基价。人工费组成包括计时工资或计件工资、奖金、津贴补贴、加班加点工资、特殊情况下支付的工资。

14.【答案】C

【解析】本题考查的是安全文明施工费的内容。安全文明施工费不得作为竞争性费用，包括环境保护费、文明施工、安全施工、临时设施费。上述费用分基本费、现场评价费两部分计取。

15.【答案】C

【解析】本题考查的是总承包服务费。①当招标人仅要求总包人对其发包的专业工程进行施工现场协调和统一管理、对竣工资料进行统一汇总整理等服务时，总包服务费按发包的专业工程估算造价的1.5%左右计算。

三、多项选择题（共10题，每小题2分，共20分。每小题所设选项中有2个或2个以上正确答案，至少有1个错项。错选，本题不得分；少选，所选的每个选项得0.5分）

1.【答案】BDE

【解析】本题考查的是民用建筑的分类。型钢混凝土组合结构是把型钢埋入钢筋混凝土中的一种独立的结构形式。型钢、钢筋、混凝土三者结合使型钢混凝土结构具备了比传统的钢筋混凝土结构承载力大、刚度大、抗震性能好的优点。与钢结构相比，其具有防火性能好，结构局部和整体稳定性好，节省钢材的优点。型钢混凝土组合结构应用于大型结构中，力求截面最小化，承载力最大化，以节约空间，但是造价比较高。

2. 【答案】ABCD

【解析】本题考查的是安全玻璃。安全玻璃包括防火玻璃、钢化玻璃、夹丝玻璃、夹层玻璃。

3. 【答案】ACE

【解析】本题考查的是模板工程施工。先拆非承重模板，后拆承重模板；先拆侧模板，后拆底模板。框架结构模板的拆除顺序一般是柱、楼板、梁侧模、梁底模。拆除大型结构的模板时，必须事先制定详细方案。

4. 【答案】ADE

【解析】本题考查的土石方工程施工机械。铲运机对行驶道路要求较低，行驶速度快，操纵灵活，运转方便，生产效率高。常用于坡度在20°以内的大面积场地平整、开挖大型基坑、沟槽，以及填筑路基等土方工程。铲运机可在Ⅰ～Ⅲ类土中直接挖土、运土，适宜运距为600～1500 m，当运距为200～350 m时效率最高。

① 环形路线。施工地段较短、地形起伏不大的挖、填工程，适宜采用环形路线。当挖土和填土交替，而挖填之间距离又较短时，则可采用大环形路线。大环形路线的优点是一个循环能完成多次铲土和卸土，从而减少了铲运机的转弯次数，提高了工作效率。

② 8字形路线。对于挖、填相邻、地形起伏较大，且工作地段较长的情况，可采用8字形路线，其特点是铲运机行驶一个循环能完成两次作业，而每次铲土只需转弯一次，比环形路线可缩短运行时间，提高生产效率。

5. 【答案】CDE

【解析】本题考查的是计量单位。清单项目的计量单位应按工程量计算规范附录中规定的计量单位确定。规范中的计量单位均为基本单位，与消耗量定额中所采用基本单位扩大一定的倍数不同。如质量以"t"或"kg"为单位，长度以"m"为单位，面积以"m^2"为单位，体积以"m^3"为单位，自然计量的以"个、件、根、组、系统"为单位。工程量计算规范附录中有两个或两个以上计量单位的，应结合拟建工程项目的实际情况，选择其中一个确定，在同一个建设项目（或标段、合同段）中，有多个单位工程的相同项目计量单位必须保持一致。不同的计量单位汇总后的有效位数也不相同。

6. 【答案】ACE

【解析】本题考查的是混凝土结构平法施工图识读。选项A错误，柱平法注写方式有列表注写方式、截面注写方式；选项D错误，梁标注"300×700，PY500×250"，表示梁的水平加腋截面的尺寸为500×250。

7. 【答案】ABCE

【解析】本题考查的是建筑面积组成。建筑面积＝有效面积＋结构面积＝使用面积+辅助面积+结构面积,有效面积包括使用面积+辅助面积。使用面积包括卧室、起居室、厅、卫生间、阳台和室内走道、储藏室、室内楼梯间;辅助面积包括储藏室、水箱间、垃圾道、楼梯间、通道、电梯井。结构面积指墙、柱等构件所占面积(不含抹灰厚度所占面积)。注意理解建筑面积组成。

8.【答案】BCE

【解析】本题考查的是混凝土及钢筋混凝土工程。选项 A,有梁板的柱高按自柱基上表面至上一层楼板上表面之间的高度计算;选项 D,预制混凝土楼梯以立方米或块计量。

9.【答案】CE

【解析】本题考查的道路工程。选项 C 错误,土工合成材料工程量,按设计图示尺寸以面积计算。选项 E 错误,喷射混凝土工程量按设计图示尺寸以面积计算。

10.【答案】AB

【解析】本题考查的是工程计价的基本步骤。工程计价包括单价的确定和总价的计算。

第二部分 主观题

一、【解析】

扣除柱(结构尺寸)室内占位面积 = $0.7 \times (0.7 - 0.12) + [(0.7 - 0.12) \div 2 \times (0.7 - 0.12)] \times 2 = 0.742$(m²)

1. 会议室地砖面层清单工程量 = $(7.8 - 0.12 - 0.06) \times (6 - 0.06 \times 2) + (7.8 - 2.1 - 0.7 - 2.6 - 0.06 \times 2) \times 0.58 - 0.742 = 45.39$(m²)

   $Z1$ 出口处增加长度 = $0.58 \times 2 = 1.16$(m)

   $M1$ 洞口 = $0.1 \times 2 \times 2 = 0.4$(m)

2. 踢脚线清单工程量 = $\{[(7.8 - 0.18) + (6 - 0.12)] \times 2 + 1.16 + 0.4 - 1.2 \times 2 - (0.58 + 0.58 \div 2) \times 2 - 0.7\} \times 0.12 = 2.85$(m²)

3. 台阶面清单工程量:$2.1 \times 0.6 = 1.26$(m²)

   展开宽度 $Z1$、$Z2$ = $[0.58 + (0.7 - 0.12) \div 2] \times 2 = 1.74$(m)

   $Z3 = 0.58 \times 2 + 0.7 = 1.86$(m)

4. 柱面清单工程量 = $(1.74 + 1.86) \times 2.55 = 9.18$(m²)

5. 吊顶天棚清单工程量 = $(7.8 - 0.12 - 0.06) \times (6 - 0.06 \times 2) + (7.8 - 2.1 - 0.7 - 2.6 - 0.06 \times 2) \times 0.58 - 3.14 \times 1.0 \times 1.0 = 42.99$(m²)

   防滑条定额工程量 = $(2.1 - 0.3) \times 4 = 7.20$(m)

   ① 台阶面套用定额"AL0298"定额基价 12547.13 元/100 m²,其中人工费 5948.10 元/100 m²。

   ② 防滑条套用定额"AL0355"定额基价 1271.21 元/100 m,其中人工费 454.80 元/100 m。

6. 台阶面清单项目综合单价 = [（12547.13 + 5948.1 × 0.1）× 1.26 +（1271.21 + 454.8 × 0.1）× 7.2] ÷ 100 ÷ 1.26 = 206.66（元/m²）

二、【解析】

单个牛腿混凝土体积 = [（0.4 + 0.55 + 0.4）× 0.55 ÷ 2] × 0.4 = 0.1485（m³）

单个牛腿模板面积 = [（0.4 + 0.55 + 0.4）× 0.55 ÷ 2] × 2 +（0.55 × $\sqrt{2}$ + 0.4）× 0.4
   = 1.2136（m²）

单个牛腿与柱重叠部分模板面积 = 0.95 × 0.4 = 0.38（m²）

1. 边柱混凝土清单工程量 = [0.8 × 0.4 ×（1.5 + 0.45 + 7）+ 0.7 × 0.4 × 2 + 0.1485] × 22 = 78.60（m³）
2. 边柱模板清单工程量 = [（0.8 + 0.4）× 2 ×（1.5 + 0.45 + 7）+（0.7 + 0.4）× 2 × 2 + 1.2136 − 0.38] × 22 = 587.70（m²）
   套用定额混凝土柱"AE0025"定额基价 4323.36 元/10 m³，其中人工费 430.5 元/10 m³，混凝土消耗量 10.05 m³/10 m³、价格 370 元/m³。
3. 混凝土边柱清单项目综合单价 = [4323.36 + 430.5 × 0.1 + 10.05 ×（520 − 370）] ÷ 10 = 587.39（元/m³）
4. 综合脚手架清单工程量 = 60.4 × 42.8 = 2585.12（m²）

三、【解析】

边柱长度 = 0.8 + 1.5 + 0.45 + 9 = 11.75（m）
中柱长度 = 11.75 + 1 + 2 = 14.75（m）
单个牛腿混凝土体积 = [（0.4 + 0.55 + 0.4）× 0.55/2] × 0.4 = 0.1485（m³）

1. 边柱混凝土清单工程量 =（0.8 × 0.4 × 9.75 + 0.7 × 0.4 × 2 + 0.1485）× 22 = 84.23（m³）
2. 中柱混凝土清单工程量 =（0.8 × 0.4 × 12.75 + 0.7 × 0.4 × 2 + 1.1485 × 2）× 22 = 108.61（m³）
3. 垂直运输清单工程量 = 60.4 × 42.8 = 2585.12（m²）
   套用定额：
   垂直运输"AS0121"定额基价 1748.38 元/100 m²，其中人工费 629.04 元/100 m²。
4. 垂直运输清单项目综合单价 =（1748.38 + 629.04 × 0.1）÷ 100 = 18.11（m²）

四、【解析】

1. 混凝土垫层清单工程量 = 2.2 × 2.2 × 0.1 × 4 = 1.94（m³）
2. 混凝土独立基础清单工程量 = [0.2/3 ×（0.4 × 0.4 + 2 × 2 + 0.4 × 2）+ 2 × 2 × 0.4] × 4
   = 7.72（m³）
   柱高：H = 1.8 − 0.7 + 5.1 − 0.4 = 5.8（m）
3. 矩形柱混凝土清单工程量 = 0.4 × 0.4 × 5.8 × 4 = 3.71（m³）
4. 板混凝土清单工程量 = 5 × 5 × 3.14 × 0.1 + 0.3 ÷ 3 ×（0.4 × 0.4 + 1 × 1 + 0.4 × 1）× 4
   = 8.47（m³）
5. 无梁板清单项目综合单价 = [4117.77 + 268.74 × 0.1 + 10.05 ×（500 − 370）] ÷ 10
   = 545.11（元/m³）

四川省2020年建设工程计量与计价实务（土木建筑工程）真题

第一部分 客观题

一、判断题（共5题，每小题1分，共5分。你认为正确的请选"√"，错误的选"×"）

1. 根据《建筑工程建筑面积计算规范》（GB/T 50353—2013），建筑物的结构层高在2.2 m及以下的都应计算1/2面积。（   ）
2. 对热轧钢筋冷拉处理，其屈服强度降低，而塑性韧性提高。（   ）
3. 民用建筑按建筑物层数分类时，住宅建筑4~6层称为多层建筑。（   ）
4. 剪力墙结构平面布置灵活，适用于大空间的公共建筑。（   ）
5. 装配式建筑（PC建筑）具有设计标准化、生产工厂化、施工装配化等特点，其施工符合绿色建筑要求，是我国大力提倡的建筑方式。（   ）

二、单项选择题（共15题，每小题1分，共15分。每小题仅有1个选项是正确的，请选择你认为正确的答案）

1. 根据《园林绿化工程工程量计算规范》（GB 50858—2013）规定，下列关于冠径说法正确的是（   ）。
   A. 应为苗木冠丛垂直投影面的最大直径和最小直径之间的平均值
   B. 应为苗木冠丛水平投影面的最大直径和最小直径之间的平均值
   C. 应为苗木冠丛垂直投影面的最大直径
   D. 应为苗木冠丛垂直投影面的最小直径

2. 根据《市政工程工程量计算规范》（GB 50857—2013）规定，下列关于混凝土管道项目工程量计算规则描述正确的是（   ）。
   A. 按管道设计图示中心线长度以延长米计算，扣除附属构筑物、管件及阀门所占长度
   B. 按管道设计图示中心线长度以延长米计算，不扣除附属构筑物、管件及阀门所占长度
   C. 按管道设计图示体积计算，扣除附属构筑物、管件及阀门所占体积
   D. 按管道设计图示体积计算，不扣除附属构筑物、管件及阀门所占体积

3. 采用横道图编制施工进度计划时，应表达出各施工项目的开工时间、竣工时间及施工（　　）。
   A. 关键时间　　B. 关键路线　　C. 持续时间　　D. 调整时间
4. 粗、中、细砂均可作为普通混凝土用砂，但最佳的是（　　）。
   A. 粗砂　　　　B. 中砂　　　　C. 细砂　　　　D. 特细砂
5. 下列不适用于大体积混凝土工程的水泥是（　　）。
   A. 矿渣硅酸盐水泥　　　　　　B. 粉煤灰硅酸盐水泥
   C. 火山灰质硅酸盐水泥　　　　D. 普通硅酸盐水泥
6. 下列关于抹灰工程施工流程正确的是（　　）。
   A. 基层处理→浇水处理→抹灰饼→墙面充筋→分层抹灰→设置分隔缝→保护成品
   B. 基础处理→抹灰饼→浇水处理→墙面充筋→分层抹灰→设置分隔缝→保护成品
   C. 基础处理→抹灰饼→浇水处理→墙面充筋→设置分隔缝→分层抹灰→保护成品
   D. 基础处理→浇水处理→抹灰饼→分层抹灰→墙面充筋→设置分隔缝→保护成品
7. 在施工招投标阶段，暂列金额一般由（　　）。
   A. 招标人在招标工程量清单中确定　　B. 投标人在投标报价中确定
   C. 造价管理部门规定确定　　　　　　D. 定额标准规定确定
8. 下列关于柔性基础叙述正确的是（　　）。
   A. 混凝土基础是柔性基础
   B. 钢筋混凝土基础是柔性基础
   C. 柔性基础要受刚性角的限制
   D. 柔性基础比刚性基础多耗用混凝土材料
9. 建筑物按其使用性质分为（　　）。
   A. 民用建筑和工业建筑　　　　B. 居住建筑和公共建筑
   C. 一级建筑和二级建筑　　　　D. 高层建筑和低层建筑
10. 根据2020年《四川省建设工程工程量清单计价定额》（房屋建筑与装饰工程）规定，圆弧形、锯齿形、不规则形墙面抹灰，应按相应项目乘系数1.15考虑费用增加的是（　　）。
    A. 材料费　　　B. 机械费　　　C. 综合费　　　D. 人工费
11. 向承包人支付结算款，应在发包人签发竣工结算支付证书后的（　　）。
    A. 14天内　　　B. 7天内　　　C. 5天内　　　D. 3天内
12. 下列不属于一般大中型建设项目竣工决算报表的是（　　）。
    A. 工程概况表　　　　　　　　B. 竣工结算表
    C. 交付使用财产总表　　　　　D. 竣工财务决算表
13. 施工组织设计按编制对象分为施工组织总设计、单位工程施工组织设计和（　　）。
    A. 建设项目总设计　　　　　　B. 分部分项工程施工组织设计
    C. 单项工程施工组织设计　　　D. 措施项目设计

14. 按照现行国家标准规定，热轧光圆钢筋牌号为（   ）。
    A. HPB300   B. HRB400
    C. HRB500   D. HRB600

15. 下列关于装配整体式结构中混凝土强度等级描述不正确的是（   ）。
    A. 预制构件的混凝土强度等级不宜低于 C30
    B. 预应力混凝土预制构件的混凝土强度等级不应低于 C40
    C. 预应力混凝土预制构件的混凝土强度等级不宜低于 C40
    D. 现浇混凝土的强度等级不应低于 C25

三、多项选择题（共 10 题，每小题 2 分，共 20 分。每小题所设选项中有 2 个或 2 个以上正确答案，至少有 1 个错项。错选，本题不得分；少选，所选的每个选项得 0.5 分）

1. 根据《房屋建筑与装饰工程工程量计算规范》（GB 50854—2013），下列属于文明施工费范畴的是（   ）。
    A. "五牌一图"费用
    B. 现场围挡墙面的美化费用
    C. 施工现场地面的硬化费用
    D. 水平防护架、垂直防护架和外封闭架等防护的费用
    E. 施工安全用电费用

2. 下列关于市政管道描述正确的是（   ）。
    A. 一般情况下，污水管道比雨水管道埋置较深
    B. 一般情况下，污水管道比雨水管道埋置较浅
    C. 污水管道主要由管道、基础、接口抹带、检查井构成
    D. 雨水管道主干管一般沿道路纵向布置，平行于道路中心线
    E. 污水管道主干管一般垂直于道路中心线布置

3. 承包人应根据办理的竣工结算文件向发包人提交竣工结算款支付申请，其申请的主要内容包括（   ）。
    A. 竣工结算合同价款总额   B. 累计已支付的合同价款
    C. 应预留的质保金   D. 建设期贷款利息
    E. 实际应支付的竣工结算款金额

4. 隧道暗挖法按地层开挖方法的特点可分为（   ）。
    A. 基坑开挖法   B. 矿山法
    C. 盾构法   D. 掘进机法
    E. 顶进法

5. 屋面卷材防水工程施工中，铺贴顺序与卷材接缝正确的是（   ）。
   A. 由屋面最高标高向下铺贴
   B. 檐沟、天沟卷材施工时，以顺檐沟、天沟方向铺贴
   C. 搭接缝顺流水方向
   D. 卷材宜垂直屋脊铺贴
   E. 上下层卷材不得相互垂直铺贴

6. 滑升模板的组成包括（   ）。
   A. 模板系统　　　　　　　　　　B. 操作平台系统
   C. 液压系统　　　　　　　　　　D. 面板
   E. 支撑桁架

7. 建筑工程中，变形缝包括（   ）。
   A. 水平缝　　　B. 垂直缝　　　C. 沉降缝
   D. 伸缩缝　　　E. 防震缝

8. 下列属于常用聚合物改性沥青卷材的是（   ）。
   A. SBS 改性沥青防水卷材　　　　B. APP 改性沥青防水卷材
   C. PVC 改性焦油沥青防水卷材　　D. 三元乙丙橡胶防水卷材
   E. 三元丁橡胶防水卷材

9. 烧结砖按其所用原材料不同，可以分为（   ）。
   A. 烧结黏土砖　　　　　　　　　B. 烧结页岩砖
   C. 烧结粉煤灰砖　　　　　　　　D. 灰砂砖
   E. 炉渣砖

10 下列属于塔式起重机特点的是（   ）。
   A. 吊臂长，幅度利用率大
   B. 有较高起升高度，可满足不同层数和高度建筑物施工
   C. 自身稳定性较弱，需要牵缆
   D. 具有多种工作速度，生产效率高
   E. 不能适应频繁的工地转移

第二部分　主观题

一、（15 分）某建筑二层平面图如下图所示，卫生间采用氯丁橡胶卷材防水，卫生间地面防水反边高度为 400 mm，外墙保温为外保温，楼面为保温隔热楼面（除卫生间外）。图示轴线均为墙体中心线，墙厚均为 240 mm，独立柱截面尺寸为 490 mm×490 mm，墙垛截面尺寸为 490 mm×250 mm，门窗洞口尺寸 M-1：1800 mm×2400 mm；M-2：900 mm×2100 mm；C-1：1800 mm×2000 m。依据《房屋建筑与装饰工程工程量计算规范》（GB 50854—2013），完成下列问题。（计算结果保留两位小数）

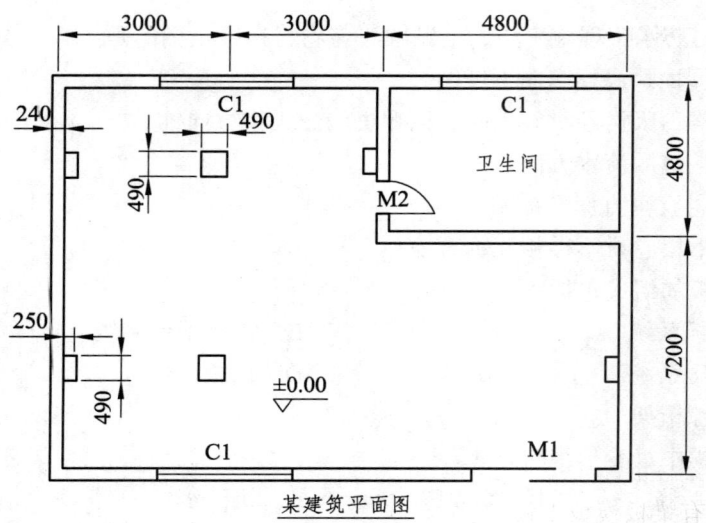

某建筑平面图

【问题】
1. 计算外墙外保温工程量时应扣除的门窗洞口面积。(4分)
2. 计算卫生间地面卷材防水工程量(不考虑洞口开口部分)。(4分)
3. 计算保温隔热楼面工程量(不考虑洞口开口部分)。(7分)

二、(15分)某结构平面布置如下图所示,图示轴线为柱中心线,柱梁板混凝土均采用C30商品混凝土,模板采用复合模板,框架柱截面尺寸为600 mm×600 mm,框架柱计算高度为4.00 m。依据《房屋建筑与装饰工程工程量计算规范》(GB 50854—2013),完成下列问题。(计算结果保留两位小数)

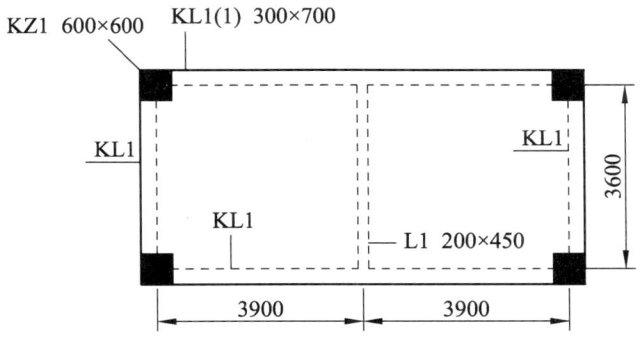

【问题】
1. 分别确定框架柱混凝土和有梁板模板清单项目编码。（4分）
2. 计算框架柱混凝土工程量。（5分）
3. 如图示有梁板模板工程量为 62.74 m²，依据 2020 年《四川省建设工程工程量清单计价定额》规定，已知人工费调整系数为 10.55%，列出所选定额的编号，并计算有梁板模板的人工费用。（6分）

三、（15分）某框架梁如图所示，抗震等级为三级抗震，柱、梁保护层厚度均为 25 mm，KZ1 截面尺寸为 600 mm × 600 mm，图示轴线为柱中心线。已知抗震设计受拉钢筋基本锚固长度 L_{abE} 为 33d，受拉钢筋抗震锚固长度 L_{aE} 为 35d（d 为锚固钢筋直径），若纵筋锚固为弯锚时，弯锚长度按 $0.4L_{abE} + 15d$ 计取；箍筋加密范围为 Max（1.5H_b，500），其中 H_b 为梁截面高度。依据《房屋建筑与装饰工程工程量计算规范》（GB 50854—2013），完成下列问题。

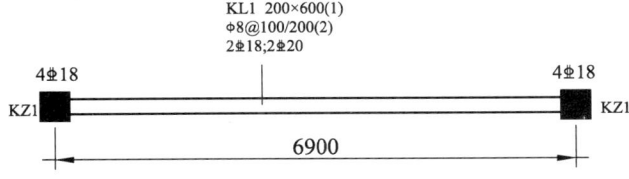

【问题】
1. 影响受拉钢筋锚固长度的因素有哪些。（3分）
2. 已知 C18 mm 钢筋线密度为 1.998 kg/m，以 "t" 为计量单位，计算图示上部通长筋工程量。（计算结果保留三位小数）（5分）

3. 计算图示箍筋根数。(7分)

四、(15分)某建筑平面图如下图所示,外墙厚度为240 mm,内墙厚度为120 mm,轴线居中布置。独立柱截面尺寸为600 mm×600 mm。M1洞口尺寸1200 mm×2400 mm,M2洞口尺寸1000 mm×2100 mm,①轴交B轴处为800 mm×500 mm砖砌烟道。

已知室内地面面层为12 mm厚强化木地板;踢脚线为高度120 mm彩釉砖踢脚板;台阶面层铺贴20 mm厚花岗石。依据《房屋建筑与装饰工程工程量计算规范》(GB 50854—2013)规定,完成下列问题。(以"m^2"为计量单位计算,结果保留两位小数)

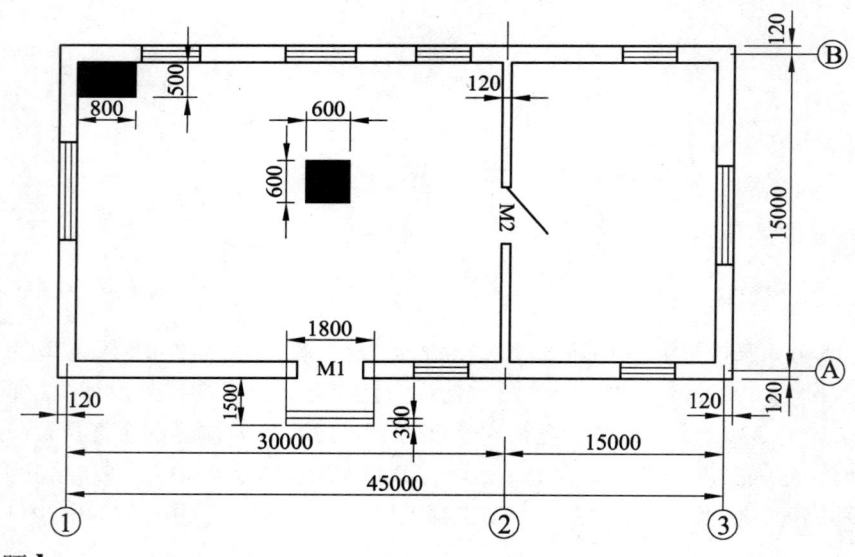

【问题】
1. 计算花岗石台阶面工程量。(4分)
2. 计算室内强化木地板面层的工程量(注:门洞口做黑金砂门槛石)。(5分)
3. 门洞口侧边共计400 mm宽,计算块料踢脚线的工程量(以面积计算,含独立柱、烟道处)。(6分)

四川省 2020 年建设工程计量与计价实务（土木建筑工程）真题解析

第一部分　客观题

一、判断题（共 5 题，每小题 1 分，共 5 分。你认为正确的请选"√"，错误的选"×"）

1. 【答案】×

   【解析】建筑物的建筑面积应按自然层外墙结构外围水平面积之和计算。结构层高在 2.20 m 及以上的，应计算全面积；结构层高在 2.20 m 以下的，应计算 1/2 面积。

2. 【答案】×

   【解析】在常温下将热轧钢筋拉伸至超过屈服点小于抗拉强度的某一应力，然后卸荷，即制成了冷拉热轧钢筋。冷拉可使钢筋的屈服强度、抗拉强度提高，但也造成钢材变脆、塑性、韧性降低。

3. 【答案】√

   【解析】住宅建筑按层数分类：1～3 层为低层住宅，4～6 层为多层住宅，7～9 层（高度不大于 27 m）为中高层住宅，10 层及以上或高度大于 27 m 为高层住宅。

4. 【答案】×

   【解析】剪力墙结构的优点是侧向刚度大，水平荷载作用下侧移小；缺点是间距小，建筑平面布置不灵活，不适用于大空间的公共建筑。另外，结构自重也较大。

5. 【答案】√

   【解析】装配式建筑（PC 建筑）具有设计标准化、生产工厂化、施工装配化、装修一体化、管理信息化的特点，同时节能环保，施工受气候条件制约小，节约劳动力，符合绿色建筑的要求，是我国大力提倡的建筑方式。

二、单项选择题（共 15 题，每小题 1 分，共 15 分。每小题仅有 1 个选项是正确的，请选择你认为正确的答案）

1. 【答案】A

   【解析】冠径又称冠幅，应为苗木冠丛垂直投影面的最大直径和最小直径之间的平均值。

2.【答案】B

【解析】混凝土管工程量以"m"计量,按设计图示中心线长度以延长米计算。不扣除附属构筑物、管件及阀门等所占长度。

3.【答案】C

【解析】横道图上应表达出各施工项目的开工、竣工时间及其施工持续时间。

4.【答案】B

【解析】砂按细度模数分为粗、中、细三种规格:3.7~3.1为粗砂,3.0~2.3为中砂,2.2~1.6为细砂。粗、中、细砂均可作为普通混凝土用砂,但以中砂为佳。

5.【答案】D

【解析】本题考查的是常用水泥的主要特性及适用范围。硅酸盐水泥不宜用于大体积混凝土工程;不宜用于受化学侵蚀、压力水(软水)作用及海水侵蚀的工程。

6.【答案】A

【解析】抹灰工程施工流程为:基层处理→浇水处理→抹灰饼→墙面充筋→分层抹灰→设置分隔缝→保护成品。

7.【答案】A

【解析】暂列金额是招标人在编制招标工程量清单中已经确定的,编制招标控制价时只需直接引用并填入暂列金额明细表即可,并按规定计入招标控制价的总价中。

8.【答案】B

【解析】在混凝土基础底部配置受力钢筋,利用钢筋抗拉,这样基础可以承受弯矩,也就不受刚性角的限制,所以钢筋混凝土基础也称为柔性基础。在相同条件下,采用钢筋混凝土基础比混凝土基础可节省大量的混凝土材料和挖土工程量。

9.【答案】A

【解析】建筑物通常按其使用性质分为民用建筑和工业建筑两大类。

10.【答案】D

【解析】圆弧形、锯齿形、不规则形墙柱面抹灰,按相应项目人工乘以系数1.15。

11.【答案】A

【解析】发包人签发竣工结算支付证书后的14天内,应按照竣工结算支付证书列明的金额向承包人支付结算款。

12.【答案】B

【解析】竣工决算由"竣工决算报表"和"竣工情况说明书"两大部分组成。一般大中型建设项目的竣工决算报表包括:竣工工程概况表、竣工财务决算表、建设项目交付使用财产总表和建设项目交付使用财产明细等。

13.【答案】B

【解析】施工组织设计按编制对象范围分类为:施工组织总设计、单位工程施工组织设计、分部分项工程施工组织设计。

14. 【答案】A

【解析】HPB300 热轧光圆钢筋，其余三个选项及 HRB400E、HRB500E 为普通热轧带肋钢筋。

15. 【答案】B

【解析】装配整体式结构中，预制构件的混凝土强度等级不宜低于 C30；预应力混凝土预制构件的混凝土强度等级不宜低于 C40，且不应低于 C30；现浇混凝土的强度等级不应低于 C25。

三、多项选择题（共 10 题，每小题 2 分，共 20 分。每小题所设选项中有 2 个或 2 个以上正确答案，至少有 1 个错项。错选，本题不得分；少选，所选的每个选项得 0.5 分）

1. 【答案】ABC

【解析】选项 D、E 为安全施工费。

2. 【答案】ACD

【解析】城市排水管道主要分为污水管道和雨水管道，污水管道和雨水管道主干管一般沿道路纵向布置，平行于道路中心线。一般情况下，污水管道比雨水管道埋置较深，故先施工污水管道，后施工雨水管道，污水管道和雨水管道主要由管道、基础、接口抹带、检查井等构成。

3. 【答案】ABCE

【解析】承包人应根据办理的竣工结算文件，向发包人提交竣工结算款支付申请。申请应包括：竣工结算合同价款总额，累计已实际支付的合同价款，应预留的质量保证金，实际应支付的竣工结算款金额。

4. 【答案】BCDE

【解析】隧道开挖方法按开挖面是否出露可分为明挖法和暗挖法，明挖法按工艺特点又可分为基坑开挖法、盖挖法和沉管法，暗挖法按地层开挖方法的特点可分为矿山法（常采用钻爆法施工）、盾构法、掘进机法和顶进法。

5. 【答案】BCE

【解析】卷材防水层施工时，应先进行细部构造处理，然后由屋面最低标高向上铺贴；檐沟、天沟卷材施工时，宜顺檐沟、天沟方向铺贴，搭接缝应顺流水方向；卷材宜平行屋脊铺贴，上下层卷材不得相互垂直铺贴。

6. 【答案】ABC

【解析】滑升模板是一种工具式模板，由模板系统、操作平台系统和液压系统三部分组成。适用于现场浇筑高耸的构筑物和高层建筑物等，如烟囱、筒仓、电视塔、竖井、沉井、双曲线冷却塔和剪力墙体系及筒体体系的高层建筑等。

7. 【答案】CDE

【解析】变形缝包括伸缩缝、沉降缝和防震缝，它的作用是保证房屋在温度变化、基础不均匀沉降或地震时能有一些自由伸缩，以防止墙体开裂，结构破坏。

8.【答案】ABC

【解析】聚合物改性沥青防水卷材是以合成高分子聚合物改性沥青为涂盖层，纤维织物或纤维毡为胎体，粉状、粒状、片状或薄膜材料为覆面材料制成的可卷曲片状防水材料。常见的有 SBS 改性沥青防水卷材、APP 改性沥青防水卷材、PVC 改性焦油沥青防水卷材等。

9.【答案】ABC

【解析】砖分烧结砖和蒸养（压）砖。烧结砖经焙烧而制成的砖称为烧结砖。常结合主要原材料命名，如烧结黏土砖、烧结粉煤灰砖、烧结页岩砖等。蒸养（压）砖主要有：粉煤灰砖、灰砂砖和炉渣砖。

10.【答案】ABD

【解析】塔式起重机特点：

① 塔式起重机的吊臂很长，故幅度利用率大；

② 塔式起重机的塔身高度大，可满足不同层数及高度的建筑物与构筑物的施工；

③ 塔式起重机具有可靠的自身稳定与平衡，无需牵缆；

④ 能起吊各种类型的建筑材料；

⑤ 塔式起重机具有多种工作速度；

⑥ 机械化、标准化程度高，能适应频繁的工地转移，并且工作平稳，安全可靠。

第二部分　主观题

一、【解析】

1.（1）应扣除门的面积 = $1.8 \times 2.4 = 4.32$（m²）

（2）应扣除窗的面积 = $1.8 \times 2 \times 3 = 10.80$（m²）

合计应扣除门窗洞口的面积 = $4.32 + 10.8 = 15.12$（m²）

2. 卫生间地面卷材防水清单工程量 = $(4.8 - 0.12 \times 2) \times (4.8 - 0.12 \times 2) = 20.79$（m²）

3. 保温隔热楼面清单工程量 = $(7.2 + 4.8 - 0.12 \times 2) \times (3 + 3 + 4.8 - 0.12 \times 2) - 4.8 \times 4.8 = 101.15$（m²）

二、【解析】

1.（1）框架柱混凝土清单项目编码：010502001001

（2）有梁板模板清单项目编码：011702014001

2. 框架柱混凝土清单工程量 = $0.6 \times 0.6 \times 4 \times 4 = 5.76$（m³）

3.（1）有梁板模板定额编号：AS0057

（2）有梁板模板的人工费用：$62.74 \times 2702.46/100 \times (1 + 10.55\%) = 1874.40$（元）

三、【解析】

1. 影响受拉钢筋锚固长度的因素有：钢筋种类、钢筋直径、混凝土等级。

2.（1）判断能否直锚：$600 - 25 = 575 < L_{aE} = 35 \times 18 = 630$，不能直锚，即应弯锚考虑。
（2）上部通长钢筋的长度 $L = [6.9 - 0.3 \times 2 + (0.4 \times 33 \times 0.018 + 15 \times 0.018) \times 2] \times 2$
$= 14.6304$（m）
（3）上部通长钢筋的工程量 $= 14.6304 \times 1.998/1000 = 0.029$（t）

3. 梁箍筋分加密区和分非加密区，在支座（柱）两侧箍筋加密，加密区长度题干已知，中间为非加密区长度，则：
（1）一端加密区箍筋根数 $= (1.5 \times 600 - 50)/100 + 1 = 9.5$ 取整 $= 10$（根）
（2）非加密区箍筋根数 $= (6900 - 300 \times 2 - 900 \times 2)/200 - 1 = 22.5$ 取整 $= 22$（根）
梁箍筋根数合计 $= 10 \times 2 + 22 = 42$（根）

四、【解析】

1. 花岗岩台阶面清单工程量 $= 1.8 \times (0.3 \times 3) = 1.62$（m²）
2. $(30 - 0.12 - 0.06) \times (15 - 0.12 \times 2) - 0.6 \times 0.6 - 0.5 \times 0.8 + (15 - 0.12 - 0.06) \times (15 - 0.12 \times 2) = 658.13$（m²）
3.（1）踢脚线长 $L = (45 - 0.12 \times 2 - 0.12) \times 2 + (15 - 0.12 \times 2) \times 4 + 0.6 \times 4 - 1 \times 2 - 1.2 + 0.4 = 147.92$（m）
（2）踢脚线清单工程量 $= 147.92 \times 0.12 = 17.75$（m²）

参考文献

[1] 住房和城乡建设部标准定额研究所,四川省建设工程造价管理总站. 建设工程工程量清单计价规范：GB 50500—2013[S]. 北京：中国计划出版社，2013.

[2] 住房和城乡建设部标准定额研究所,四川省建设工程造价管理总站. 房屋建筑与装饰工程工程量计算规范：GB 50854—2013[M]. 北京：中国计划出版社，2013.

[3] 住房和城乡建设部标准定额研究所,浙江省建设工程造价管理总站. 市政工程工程量计算规范：GB 50857—2013[M]. 北京：中国计划出版社，2013.

[4] 住房和城乡建设部标准定额研究所,江苏省建设工程造价管理总站. 园林绿化工程工程量计算规范：GB 50858—2013[M]. 北京：中国计划出版社，2013.

[5] 住房和城乡建设部标准定额研究所. 建筑工程建筑面积计算规范：GB/T 50353—2013[M]. 北京：中国计划出版社，2013.

[6] 四川省建设工程造价管理总站. 四川省建设工程工程量清单计价定额2020[M]. 成都：四川科学技术出版社，2020.

[7] 住房和城乡建设部,交通运输部,水利部. 2019年版全国二级造价工程师职业资格考试大纲[M]. 北京：中国计划出版社，2019.

[8] 四川省造价工程师协会. 建设工程计量与计价实务（土木建筑工程）[M]. 北京：中国计划出版社，2021.

[9] 四川省造价工程师协会. 建设工程计量与计价实务（安装工程）[M]. 北京：中国计划出版社，2021.

[10] 全国造价工程师职业资格考试培训教材编审委员会. 建设工程造价管理基础知识[M]. 北京：中国计划出版社，2020.

[11] 全国造价工程师职业资格考试培训教材编审委员会. 建设工程技术与计量（土木建筑工程）[M]. 北京：中国计划出版社，2021.

[12] 全国造价工程师职业资格考试培训教材编审委员会. 建设工程技术与计量（安装工程）[M]. 北京：中国计划出版社，2021.

[13] 全国造价工程师职业资格考试培训教材编审委员会. 建设工程造价案例分析（土木建筑工程、安装工程）[M]. 北京：中国城市出版社，2021.